無花果

四川被販賣的農村婦女口述史

（修訂版）

周浙平 著

「你偷你的山藥蛋，我已回川」
四川女人們被賣到山西，而山西當地流傳著這樣的順口溜，然而這麼多年，沒看著誰跑了，
女人們依然被看著、關著，還挨打。

鐵鍊女、八孩兒，不是開始，也不是結束！
這是中國境內最大規模的集體人口販賣，是所有人眼底漠視之下發生的殘酷暴行。
是最苦最澀的，無花果。

崧燁文化

目錄

題記 7

內容簡介 8

作者簡介 9

無可選擇的命運（導言）.............................. 10

從四川販來的女人們 17

各村都有賣來的女孩 32

蓬南鎮的茶館聚滿了賣口舌的人 44

那一批賣上來五人 67

山西人下四川引女人 86

我是人販子箍將來的 91

自己給自己布下的陷阱 100

人販子是自己的親友 109

買來賣去還得過日子 126

你要跑就打斷你的腿 130

相隔十年進了同一家門的妯娌 164

我就是我男人販回來中的一個 189

兄弟三人都是從四川引的女人 218

自己摘下的苦果自己嘗 227

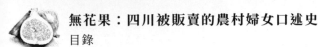

被賣了就難回頭 ⋯⋯⋯⋯⋯⋯⋯⋯⋯⋯ 244

兩邊都有個家 ⋯⋯⋯⋯⋯⋯⋯⋯⋯⋯⋯ 256

一個反勸你留下的公安人員 ⋯⋯⋯⋯⋯ 274

一對被賣的姐妹 ⋯⋯⋯⋯⋯⋯⋯⋯⋯⋯ 280

揮之不去的怕 ⋯⋯⋯⋯⋯⋯⋯⋯⋯⋯⋯ 292

不能放過賣你的人 ⋯⋯⋯⋯⋯⋯⋯⋯⋯ 302

兩次都沒遇上好男人 ⋯⋯⋯⋯⋯⋯⋯⋯ 310

無路可逃 ⋯⋯⋯⋯⋯⋯⋯⋯⋯⋯⋯⋯⋯ 317

為了孩子又折回山西 ⋯⋯⋯⋯⋯⋯⋯⋯ 324

那個家能走就得走 ⋯⋯⋯⋯⋯⋯⋯⋯⋯ 327

相差十七歲的夫妻 ⋯⋯⋯⋯⋯⋯⋯⋯⋯ 336

個人碰將來的謎 ⋯⋯⋯⋯⋯⋯⋯⋯⋯⋯ 350

沒有身分證的人出不了門 ⋯⋯⋯⋯⋯⋯ 353

為了爸爸 ⋯⋯⋯⋯⋯⋯⋯⋯⋯⋯⋯⋯⋯ 366

為錢也為出路 ⋯⋯⋯⋯⋯⋯⋯⋯⋯⋯⋯ 381

日昇即起日落回家 ⋯⋯⋯⋯⋯⋯⋯⋯⋯ 393

可憐人遇到了一起 ⋯⋯⋯⋯⋯⋯⋯⋯⋯ 407

不知愁的女人 ⋯⋯⋯⋯⋯⋯⋯⋯⋯⋯⋯ 415

收彩禮不算花人家的錢 ⋯⋯⋯⋯⋯⋯⋯ 425

殘疾男人背後的女人 —————————— 440

沒有必要回去了 —————————————— 447

三個男人四個孩子 —————————————— 456

未能見離世父母一面 ————————————— 459

賣我的人自殺了 —————————————— 471

人家引上來的不知算不算騙 ——————— 484

不知道我是哪年來的怎樣來的 ————— 490

父母尋我整整三年 —————————————— 498

男人們那 ————————————————————— 520

父兄送我上來 —————————————————— 529

入贅改姓頂門又都返回了 ——————— 537

一個煩惱接著一個煩惱 ————————— 550

怎麼賣過來的忘了 ————————————— 563

那裡都一樣 —————————————————— 566

生活不了又過來 —————————————— 579

表姊妹招的兄弟倆 ————————————— 590

母女一塊嫁到這地面 ——————————— 601

哥哥暴虐下的妹妹 ————————————— 610

媒人引上來一樣花錢 ——————————— 620

讓我說心上還不好哩 —————————————— 644

那段歷史到該說出來的時候 —————————— 656

口述人人像圖索引 ————————————————— 667

口述人名單、訪問地點、時間索引 ——————— 675

題記

　　無花果，取其字義。五十九位農村婦女口述者，幾乎整體缺失花季的童年、少年時光，她們直接開始的人生就是那望不到盡頭的苦難。

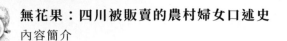
內容簡介

　　一九八〇年代初期，農民為急切地改變集體化時期造成的貧困，付出了怎樣的代價？從本書記錄的五十九位女性受訪者的故事中可見一斑。她們勇敢地將心中最柔弱的部分展示給讀者，告訴我們今天的生活是她們用心痛和淚水換來的，甚至包括屈辱和生命。

　　本書記錄的是一九八〇年代年代至二十一世紀初，在涉及南北方十數省販賣婦女事件中，口述者們親歷深陷歧途的遭遇。她們當中最小的只有十二歲，一多半是未成年少女。她們未嘗花季的甜美，卻拾起人生的苦果。她們被人販子，有時還包括自己的親人，投進舉目無親的異樣環境中，被迫與陌生男人成家生子，操家務，受苦重，被白眼，遭虐待。三十幾年過去了，她們雖過上了常人的生活，卻付出了讓人意料之外的代價。

　　本書是以女性為主體的口述歷史，雖也間雜了八位男性的口述，仍然是圍繞著女性特殊的話題展開。在她們述說的話語間，深深地留下了女性的無奈和頑強，透露出女性的多重關注，如無法選擇配偶的家庭生活，男性對女性的家暴虐待，為人生子的性奴工具，女性在子女眼中的擔當，女性在農民家庭中的地位，女性對家庭經濟的負擔，女性在子女教育中的希冀，女性對父母孝道的遵從，女性在子女和個人意願兩難中的選擇，又是如何屈從命運的安排留在了異鄉的山西。

作者簡介

　　周浙平，一九四八年出生。獨立觀察者。長期傾心中國農民生活現實，近十年行走在黃土高原，進村入戶，坐炕頭，與農民盤膝長談。他堅持採用訪談原始記錄翻記和保持方言語言的方法，完成多部農民口述史，有《影像中的「文革」農村》（二○一二），《周浙平文獻攝影集》（二○一八）、《酸刺林》（二○一九）、《難民紙》。

無可選擇的命運（導言）

　　正在發生的，也正在成為歷史。中國新政策以一九七九年為起點，宣布摘掉地主、富農、資本家、右派等各類反動階級、反革命分子的帽子為特徵，放棄了堅持幾十年的階級鬥爭政治方針，一九八〇年以承認私人商販合法性為特徵，準備放棄仿效蘇聯的中央計劃經濟的經濟政策，開始進入了一個以經濟為中心的階段。平魯縣（一九九〇年改為區）一九七九年出現了第一個以分「口糧田」為由實行「分田單幹」的生產隊，郭家窯公社薛家窯大隊。一九八〇年冬，大部分生產隊效仿，將集體土地分等劃級，抽籤「分田到戶」，一九八一年的春播是在家家戶戶的承包地上開始的。在一九八三年政府宣布取消人民公社組織前，公社和生產隊已是名存實亡。此時束縛在農民身上的集體組織紀律同時瓦解。

　　口述人敘述的這段歷史就是在農民獲得自由之身後同步發生的，一直持續到二十一世紀初。訪問者從受訪者口中了解到，販賣女人買賣雙方的地域涉及中國雲南、貴州、四川、湖南、湖北、安徽、甘肅、陝西、內蒙、山西、山東、河北、河南數省。買賣女人的數量雖無法統計，僅以平魯為例，全縣四百五十二個（一九八四年）自然村，買女人的農民，一村少則一、二人，多則二、三十人。由此窺見一斑。一個女人的價格，一至五千元不等。二〇〇八年九月，訪問者在計家窯村親見買賣的現場，二個四川昌都地區的男青年領著三個女人在出賣，在四小的家裡，三個女人坐在炕上，下面站滿了一窯人，觀看、評論，年齡最小的開價兩萬元，年齡最大的，看上去約摸三十多歲，開價三千元。販賣者是由四小的媳婦引來的，她也是四小花五千元買的，姓名、年齡均不知。四小媳婦操的語音無人能聽懂，我懷疑是某種少數民族語言，當我二〇一七年十一月再次來訪，準備向東水窪村一個四小媳婦的同鄉求證時，她會說漢語，卻得知她們雙雙均已留下生下的孩子離去，當地人的說法是跑了。從訪問的各村情況判斷，跑了的女人約占三分之一到半數間，跑的原因各有不同。按四小的說法，給他生了個兒子跑了，錢花得值。

　　無論賣家、買家，還有當作商品的女人，在二十多年的時間裡如此多人捲入其中，只為了錢，或出路，釋放的人性撕去所有法律、道德、親情的遮羞，赤裸裸地行走在我們的日常生活中。人們不禁要問我們不是自由了嗎？再沒有農業社集體化的紀律約束了，可以透過自己的努力獲得小康了嗎？怎麼會成了這樣，我們成了一群毫無良知的行屍走肉。被捆綁和壓抑了三十多年的人性，原本不該是這個樣子，

是什麼力量讓在禁錮中的人性扭曲變形了，三十年後釋放出來不覺意間害人害己。過去的三十年中每個人被削足適履的要求做一個無私的人、高尚的人，做一個共產主義的新人，三十年後削去的部分不但沒有被埋葬，適得其反，膨脹變形，而被詞語汙染的舊道德卻被踩在腳下，不見了蹤影。但，我們完全沒有必要對眼前景象故作驚訝，而有意無意忽略了別樣的真相。

販賣女人的話題，在我近十年做「平朔農民口述史」的時間內常有談及，無論平魯還是朔縣，受訪者多會談到誰或本人娶的是四川女人或「侉子（外鄉人，貶義詞）」。所謂「娶」，就是買的另一種表述，因為娶女人，一要舉辦事（婚）宴，二要辦理婚姻登記手續，而買一個外省女人做媳婦，這兩樣都被有意取消了。對外而言，既不合理也不合法。在村子內，村民採取了配合接受的態度，沒人提出異議。當地政府改採的態度很曖昧，除去一九九五年山西省省委書記提出北部縣市集中打擊拐賣婦女的一次行動，其餘時間基本放任。政府幹部們，包括警察都繞著走，偶有明晰的線索，被賣女人的家人投訴追尋，進村調查難度大，村民相互遮掩。一九九五年平魯在打擊拐賣的行動中，被「解救」的拐賣女人二百餘人，公費返鄉，卻有部分女人因對已生子女的牽掛，回鄉後又自費返回。因此有人說，政府的行動拆散了很多家庭。

販賣女人的情況恰恰出現在有組織、有紀律、有計劃的社會主義農業合作化管理方式終結的背景下，是各種因素綜合發生影響的結果。習俗、道德、人情、法律、政策等內容的考慮交織在一起，出現使用買女人的方式產生的不合法規的家庭普遍存在的事實，隱性的反映出這類家庭成員對女性、家庭訴求的某種急迫、不安、恐懼、隱藏等複雜的心理。就在我此次專訪的第一天，在東水窪村訪問了三名川籍婦女回到住所的當晚，帶我進村的人就接到東水窪年輕村長的電話，據他說被訪婦女的丈夫找他談，說我這是要幹什麼，這會破壞他們的家庭夫妻關係。我並不相信他的話，因為在我作訪談時她們的丈夫均在場，在整個受訪過程中沒有表示任何異議。這個村長為什麼要這樣做，他阻止我訪談的動機是什麼？東水窪村最早發生買女人的事應在一九八〇年代初，他不過是個十來歲的孩子，對三十多年前發生的事為何如此緊張？在我第二次進村訪問時才明白了個中緣由，這次接受訪問的孫天謀、陳匯榮夫婦正是村長的三爹（三叔）、三媽（三嬸），他的四爹正是這個村第一個娶四川女人的人（此時已搬離村子）。他要維護的正是家族親友的家庭，並非什麼正義。這不是我遇到的唯一有此顧慮的人。

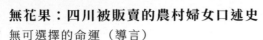
　　經過一次訪談就會產生動搖這類家庭的夫妻關係，有如此虛弱的心理陰影，可見一些人對買四川女人成家歷史的不踏實感還罩在心頭。這不僅存在於買女人這一方的人群中，還存在於一些被賣一方的女人中。經過第三者聯絡，一些四川籍婦女乾脆拒絕訪問，一句「沒有什麼可說的」，緊緊鎖住心理的大門。當訪問者已來到受訪者面前，在說明來意後，一位雙碾村的川籍婦女三句話結束了談話，「現在生活很好，在這兒很習慣，我正忙著呢」。用各種話語拒絕深談的女人不止一、二位，有的還顯得態度粗暴。她們以這樣的方式我以為是在保護自己，告知娶她們的當地人不會說出她是被賣來的。他們要隱藏的除去買賣雙方都想隱藏的部分，可能還有會引起家鄉親友不安的部分。

　　傷疤只有揭開了，才能治癒，捂著就會繼續發生陣陣隱痛。受訪者李小霞明確告訴訪問者，這段歷史到該說出來的時候，她的子女、家人都該知道，這段歷史已經過去，說出來是為了過好當下的日子。隱去姓名的一位受訪者，在講出她當年以被賣的方式賺錢，最終不忍騙對方，選擇留了下來，自己把自己賣了的經過。她願講出，希望訪問者寫出來，告訴世人，但她的子女不知道她的歷史，不同意留下她的影像，以免影響子女的生活。她的心思讓人動容。事後她還給介紹訪談的同鄉說，她的談話讓她出醜了。面對過去，她們不是後悔、怨恨，訴說時會心痛，流淚，但畢竟過去了，日子還要過下去，更要操心的事情是兒孫的生活，家庭的收入和未來。

　　在接受訪談的四十九位川籍、五位甘籍、三位滇籍、一位陝籍、一位晉籍婦女的家庭中有一個共同點，她們現在的生活基本屬於常識認識的正常狀態，雖不能按當地人的說法都處於「好活」（幸福）的時候，但與多數農村家庭比較沒有什麼大的差異。當訪問者在傾聽她們敘述的經歷時，自然地想到托爾斯泰曾描寫一位婦女生活時寫到的一句話：幸福的家庭都一樣，不幸的家庭各有各的不幸。她們的境遇是現在的「幸福」家庭也有各個不幸的經歷。初到時不能自由行走防逃離的看管，被當地人歧視不稱姓名為「四川侉子」的稱號，遭男人打罵更是家常便飯，成為沒有婚姻登記、沒有戶口的「黑人」等等。談到這些經歷，她們往往忽略一些細節，可能是忌諱家庭其他成員的感受，卻談出比她們更可憐、更悲慘命運的「她人」。如白辛莊村的一位川籍婦女，先後被賣過三次，頭一次賣到白辛莊村，二次賣到九坪梁村，三次又賣回白辛莊村，一個原因是當地人認為她是「愣子」（可能有精神疾病）。在最後這家，她被男人用鐵鏈子拴在文革時挖的防空洞裡，一年後她生下一個孩子，把她放出來，繼續拴在窯家裡，又生下一個孩子。這位不幸的女人，連「性

奴」都算不上，只是一個性工具。我在二〇一五年九月還訪問過他的男人和婆婆，他們隻字未提。就在同一時間，九坪梁村也有這樣一位被「撿」回來的，連籍貫都搞不清楚的女人，給賣四當老婆。她們還談到大泉溝村、小川村的兩位川籍女人，被男人用羊鞭抽打，逼她們幹農活，小川村的那個女人被男人用鞭桿戳瞎了一隻眼還不放過，整日挨打。在她們的男人心裡，她們只是花錢買來的一個對象，不是人，不是和他們一樣的男人、女人。

被經濟學者稱作「市場經濟」開始運行的年代，出現買賣女人的現象不是一朝一夕偶然發生的個別刑事案件。蔓延數省、涉事數萬人口的販賣女人，首先與傳統積習發酵相關。傳統習俗女子出嫁要向男方家庭索要彩禮，民國時期的彩禮，多數為糧食、牲畜、衣妝等，農業合作化時期糧食統一平均分配，社員私養牲畜的種類、數量也被限制，彩禮多為現金，外加一、兩身衣妝，時尚的彩禮有縫紉機、自行車等控制商品，總的在計劃經濟配給商品供應的年代，索要彩禮的習俗，雖經在政府經常批判買賣婚姻的輿情下，也無法禁止。無論在那種環境中，在普遍貧困的背景下，對要娶女人成家的男方家庭都是不小的一筆支出，物質準備成為組成家庭的先決條件。在普遍貧困的年代，光棍必然就多，這種看上去女人優先的態勢，卻隱含著男女不平等的習俗觀念，只要你付得起彩禮，就等於你買得起女人，就可以享用你的夫權。出賣女子的家庭也是為了買回女子給在家的男孩。女子就成為婚姻中最重要的物質交換籌碼。一位老年婦女回憶年輕出嫁時的情景，曾講到她的父親和未來的公公當著她的面，兩人坐在炕頭上，雙方伸手放在衣襟下捏咕（暗暗比劃）討論身價，她說就像買賣牲口一樣。在買賣牲畜的集市上，雙方也是用這樣的方式討價還價，不能公開講價是不想讓第三方知道，以免影響可能存在的下一家買賣。就在一九八〇年代至一九九〇年代買賣女人最猖獗的時候，口述人曾經歷在四川一些縣鎮的茶館裡到處是買賣女人的掮客活動的場景。

由於歷史原因，在山西北部、內蒙南部、山東、河南、河北產生的大量光棍需要女人，在四川、雲南、貴州、湖南、湖北等省有大量想急於擺脫貧困生活的女子。人販子從中嗅到了商機，伸出了手。買賣女人成為一樁半公開的生意。介入到這樁生意中的人，包括圍獵可能被出賣女人的血親成員，父親賣女兒、兄弟賣妹妹、姐姐賣妹妹、姨姨賣侄女，這些人為了錢可以將親情拋在一邊。在一九九五年打擊拐賣婦女行動中，平魯判死刑的二十二名人販子中有二名女性，她們自身就是被賣到山西的女人，她們對深陷困境的感知是麻木不仁，轉身又對同性的同胞下手。據一

位當時領導打拐行動的地方公安部門負責人講，判死刑的標準是販賣六名以上的人員。這些人中既有四川販賣女人到平魯的人，也有當地再從他們手中將販來的女人轉賣到各村中的人。成為一條生意鏈。

一些人誤解，以為賣出地的女人因為窮，是尋找出路的被迫之舉。這位公安人員講，買的地方同樣是窮，越是窮的地方，買四川女人的就越多，整個山西北部雁北地區，忻州地區二十多個縣都有涉及。逃離苦海的渴望，因又入苦海沒有絲毫改變。口述人歸納買四川女人的男人有三個類型，一是窮娶不起當地女人，二是有殘疾娶不上當地女人，三是歲數大娶不上當地女人。以當時糧價計算，主產的糧食有莜麥（裸燕麥）和豌豆，平均一斤售價二、三角，花三千元買一個女人，需要一萬五千斤糧食，平魯縣包產地人均六·二畝（一九八五年），畝產平均百斤，三千元需要二十三年的產量，一九八四年糧價放開後，以糧價翻一倍計，仍需十二年的產量。集全家之力，向親友借貸，才能買得起一個女人。據口述人講，至今還有因成家未還清借貸的家庭。平魯縣是有名的貧困縣，相鄰的朔縣同樣娶四川女人的農民也不在少數，只不過選擇性大些，除了四川來的，還有湖南、湖北、陝西的。集體化結束不久，普遍貧困的狀況還沒有大的改善，販賣女人的地域自然就廣。三十年後，這種差異才顯現出來。如有一種說法，朔縣外地女人跑的少些，是因為生活狀況比平魯強些。

許多受訪者在回答訪問者被賣後有沒有逃走的想法，或者是已經回到了家鄉怎麼又回來了的提問時，她們幾乎一致的回答是捨不得孩子，自己已經經了苦難，不想孩子遭同樣的罪，不能讓被迫母子分離的痛苦在孩子身上再經一遍。出於本能的母愛，使她們能忍受命運不公的結果，繼續接受未知生活的磨練。連娶她們的男人們也深知成了母親的四川女人們，為了孩子，她們就可能待下去，有了孩子的四川女人，就不再嚴管看守了。

在我接觸的受訪者中，賣來時最小的只有十二歲，大的不過二十歲，十五、六歲的居多。她們從溫暖氣候的四川，一下跌入寒冷的黃土高原地帶，舉目無親，被關在閉塞的山區窰洞裡，連方向都辨別不清，加上身無分文，逃跑是很難的。計家窰村的四個四川女人結伴，只能沿大路徒步出走，走了七、八十里路，還是給追回來了。有的被抓回來，還要遭到打罵，說再跑就打斷她的腿，嚇得不敢再有逃跑的念頭。一位受訪者描述她的困苦，說一晚她流的淚，滲透了蕎麥皮的枕頭，溼在了炕席上，回憶三十年前的情景，仍不輕鬆，依然是淚流當面。如此冷酷的現實，出

生的孩子成了她們最柔弱的地方，同時也是她們最堅韌的地方。孩子是她們的希望，也是她們願意付出一切的寄託，包括自己青春的年月，再也回不來的年華。

在販賣女人的歷史中，她們由女孩變成了母親。她們經受了常人無法體驗的屈辱和苦難，她們挺過這樣的人生，支撐命運的動力就是母愛的付出，至今如是。當初誘騙她們來山西的人販子說，山西一年只種一季莊禾，苦輕（勞動強度），不像四川地方一年四季勞作，人生經驗尚淺的她們不知，苦重是不分地域的，生存的代價哪裡都一樣。分田單幹後，與農業社時期不同，女人幹的活是和男人一樣的，她們也學會了耕田、抓糞這類過去只有男人才幹的活。我在訪問東水窪村、東港村、劉井溝村、白辛莊村時，受訪者中都還在有放羊的活在幹，這種春、夏、秋、冬整日在山野裡受罪的營生，女人們也同樣承擔。我去劉井溝村的那天，零下十九度，山上的風大，特別的冷，李鮮榮還又買了一群羊，原本的羊群擴大到四百隻，都是為了孩子支付上大學的學費、生活費。政府從二○○二年開始推行的退耕還林政策，使得很多村子的地不讓耕種，農民只得另覓出路。四川來的女人們成為縣城及周邊工程打工隊伍中的不可或缺的群體，她們當小工，綁鋼筋、搬磚、運料。她們種樹，早上五點就出發，自帶乾糧、水，不見日頭才回，一天要幹十五、六個小時。我後十天的訪問，正是天太冷、地凍了，不能種樹了，才使我有機會訪問到這些口述人。

平魯人口中，被賣到當地做媳婦的女人們是一個特殊的群體，她們從南方來到北方，在一個完全陌生的環境裡，生兒育女，持家生活。三十年過去，她們也講著道地的平魯話，在人群中當地人也很難認出誰是四川女人。當我問她們那裡才是你的家鄉時，很多人沒有回答，是因為她們不知道怎樣回答，或者如她們所說，在那裡都是生活，或者是對家鄉的記憶還不到喚起的時候，她們的年齡多數不到五十歲，還沒有卸去家庭生活的重擔，沒有思念家鄉的閒暇，或者是家鄉留給她們的記憶不願訴說。我原以為她們對家鄉會有強烈的思念之情告訴我，在訪談中的內容卻告訴我們另外一種情景。由於貧困女孩子讀書的機會比男孩子更少，在她們的記憶裡就是割餵豬用的雜草、拾柴這些幹不完的活路。與平魯女孩不同的記憶就是「包產到戶」後，她們第一個念頭就是離開家鄉出門打工，這在平魯同齡女孩中幾乎沒有，這也給人販子騙她們出去打工販賣女人製造了機會，事實是很多陷入被販賣困境的女孩事件都發生在成都火車站附近有名的荷花池人市（勞動力市場）。所謂家鄉的回憶除去家庭歧視就是離家出走被賣，這就是她們對這個話題不感興趣的原因，美好的童年對她們來說是不存在的。

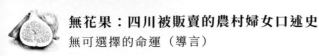

從女孩到女人，從女人到母親，有辛酸、有苦熬，有的苦盡甘來，有的還在受罪。對這樣的人生命運，對那些拒絕接受訪談說出來的人，可能心中仍懷有不平的念頭，但多數接受訪談的人已經覺得那段歷史是過去式，沒有什麼需要隱瞞的。隱瞞自己的悲痛，等於給製造悲痛的人留下繼續造孽的理由。個子矮小的鄭貴，在結束訪談後還問我怎樣才能抓住當年販賣她的人。她至今也不原諒那個人販子。那段歷史遺留下來的殘缺，至今仍在她們身上無法彌合。其中一些人，如郭應仙、夏秀紅、邱冬蓮、賈英、雷金蘭等人至今沒有戶口，成了沒有身分的「黑人」，這樣的人不在少數。在她們有機會可以回鄉與家人團聚的時候，卻因沒有身分證買到車票，被困守在當地。還有，如羅淑蓮的妹妹被人販子賣到何處，至今下落不明，渺無音訊。還有，如譚華珍從第一天賣到白辛莊村起，就遭到沒完沒了的罰款，非法同居罰款、非婚生子罰款、超生子女罰款等等。她們是所謂弱勢群體中的弱勢，她們受到的不公、不平等對待來自各方面，他們是人販子罪惡結下的苦果，她們沒有承包地，沒有醫療保險，沒有選舉權，更談不上有最低生活保障的可能。她們的生活開始好轉，是靠女性特有的堅韌性格取得的。

這段大肆販賣女人的歷史，就發生在農民從處於長期饑寒狀態下突然開始爭取獲得溫飽的關口，在集體化組織下壓制個人利益鑄成的扭曲人性，與「包產到戶」釋放出的人性成為人慾橫流的衝動相交織的背景中，實現溫飽目標成為農民的全部生活內容，赤裸裸地追求物質帶來的滿足，不顧忌任何道德和法規的信條。從一個國家至上、集體至上的極端秩序徒然轉入一個個人利益至上的極端秩序，一切該發生和不該發生的都發生了，買賣女人以一切可以交易的商品衡量，良心的譴責和法規的禁令就都被封鎖了。一個制度不能提供成員生存的基本保障不是一個好制度，一個制度為了滿足不斷增長的私慾不能提供道德與法律的秩序同樣不是一個好制度。對於從集體至上的歷史轉換為個人至上的歷史，李小霞說對於什麼是幸福，過去的窮日子與今天的好日子沒有可比性，今天的富裕與昨天的貧窮沒有因果關係，她今天住在一所溫暖的二層小樓裡，與她被賣的歷史無關，那是不該發生的事情。在這個一切向錢看的時代，在你獲得金錢的滿足時，所付出的精神代價是金錢買不回來的。造成惡德的事實，人們常說一句話，是過去窮怕了。於是，富人成了美德的代名詞，媒體的宣傳是「誰富誰光榮，誰窮誰狗熊」。那個村長的恐懼，就是怕失去錢買回來的女人們。可誰又為此失去道德秩序感到過恐懼呢！

從四川販來的女人們

口述人：塗桂琴（一九六七～），女，川籍

訪問地點：山西省朔州市平魯區井坪鎮出租屋

訪問時間：二〇一七年十一月二十一日

周：你叫什麼名字。

塗：塗桂琴。

周：你家鄉是什麼地方的。

塗：四川樂山。

周：樂山地區，哪個縣。

塗：夾江[1] 的。

周：你家裡還有些什麼人。

塗：有哥哥，還有媽，有個弟弟。

周：父親呢。

塗：今年死了三週年了。

周：你是哪一年出生的。

塗：我是一九六七年。

周：你在家鄉念過書沒有。

塗：念過，念了個四年級。

周：你幾歲來的這地方。

塗：我十九歲來的。一九八六年上來的。

周：來之前在家鄉做什麼。

塗：那會也沒做啥，跟大人下地，也沒個啥。

1　四川省樂山市夾江縣。

周：你們那裡是山區，還是。

塗：我們那兒是平壩。

周：種水稻。

塗：嗯。

周：那你咋就來這呢。

塗：我啊，那會和我媽鬧矛盾，出來打工。

周：你跟你媽鬧啥矛盾。

塗：鬧點小矛盾。

周：跑出來了，到那兒打工。

塗：那兒沒打。那會去我們那有養蜂的，一個湖南養蜂的，他帶著老婆孩子，有兩個孩子，我給人家帶孩子。他姐姐在內蒙鑽[2]的，他姐姐介紹來的。

周：這個養蜂的到了內蒙，你跟著也到了內蒙。內蒙什麼地方。

塗：清水河（縣）。

周：你老公的姐姐在清水河。

塗：嗯，他姐姐在內蒙鑽的。

周：看上你了。

塗：是他姐姐介紹過來的。還有養蜂的介紹過來的。

周：是你老公的姐姐看上你了。

塗：對。

周：把你介紹到那個村子。

塗：平魯雙碾鄉南丈子村。

周：那會你十九了。你這一路跟著養蜂的，他是汽車拉，還是坐火車。

2　待著、居住。

塗：汽車拉。從四川是坐火車，到郫縣，到河南，河南待了一段時間，又到的山西長治，又由長治倒到清水河。

周：一路上養蜂走了多長時間。

塗：二月出來的，到他姐姐那快過端午了。

周：跟著花走。

塗：對，哪有花去哪。

周：那會你怎麼就同意他介紹過來呢。

塗：那會也是稀里糊塗。

周：你這個男人弟兄幾個。

塗：他姊妹五個，弟兄四個。

周：他們家找四川的有幾個。

塗：兩個。

周：你找的這個是老幾。

塗：老大。

周：那個是老幾。

塗：那個是老二。

周；老二的媳婦是四川什麼地方的。

塗：是中江的。

周：中江離樂山還遠了吧。

塗：遠了。

周：你這個妯娌是怎麼從四川來的。

塗：她是叫人販子引將來的。

周：那個人販子收了多少錢。

塗：賣了二千三。二千三買的。

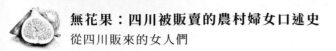
周：你這個是怎麼。

塗：沒花錢。

周：他那個姐姐也沒要兩個。

塗：沒有。

周：你去的時候看見和你老家完全不一樣，沒啥想法。

塗：不一樣哇。當時也是稀里糊塗，從家走開怕回去大人罵，姐姐介紹時我老公在煤礦上班，總的想法是走到哪兒也是尋地方，就那麼待下了。

周：你老漢（指丈夫）在哪個礦。

塗：大興礦。

周：你來的時候他就在礦上。

塗：人家是一九八五年去的礦上。

周：回到村裡也不用種地吧。

塗：先沒種地，有了大兒子後他回家種地，一九八八年有的，一九八九年又有一個。

周：他就不下窯了。你就和他一起種地。

塗：是。

周：你老漢他媽還在。

塗：在。當時他爸他媽都在。

周：你婆婆對你怎麼樣。

塗：也挺好。

周：你到這來有幾個孩子。

塗：我四個孩子，三個兒子一個閨女。

周：孩子多大了。

塗：我大兒子今年三十了。四川是二十九了，這地方說虛歲。

周：成家了沒有。

塗：大兒子成家了，二兒子也成家了，閨女也成家了，就差個三兒。

周：那你兒子成家花不少錢吧。買沒買樓房啊。

塗：二兒買了樓房。大兒養車，養的半掛車（半掛式卡車）。

周：二兒的樓房是你給買的，還是他自己買的。

塗：他自己也奮鬥哇，我們也出錢，前年才結婚。

周：女兒聘到什麼地方。

塗：他老家是內蒙四子王旗大後山那面，他們在包頭安家的。

周：他們是怎麼認識的。

塗：也是她姑姑介紹的。

周：她姑姑在內蒙，她是怎麼去內蒙的。

塗：是人介紹去的。

周：你們是什麼時候搬到井坪的。

塗：退耕還林的時候下的井坪（平魯縣城）。國家把土地退耕還林了，不種地了。

周：哪一年。

塗：今年五年了。二〇一二年。

周：你們村全退了。

塗：全退了。

周：你們家退了多少。

塗：總共一百畝。

周：你們在井坪住的房是問[3]的還是買的。

塗：是問的，租的別人房子。

周：你們來這打不打工。

3　租、借。

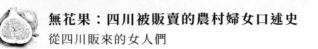

塗：打了哇。每天打。到了冬天就沒事幹了，到了夏季就打。

周：你也打。

塗：嗯。

周：種樹。

塗：種，碰見啥活也幹。

周：你老漢呢。

塗：也一樣。

周：來了三十年，後來跟你媽聯繫上沒。

塗：我和她們一直聯繫的，我和老公結婚頭一年還下四川過的，臘月下去的，過完年回來的。我是一九八六年來的，當年就回去了。

周：你媽原諒你了。

塗：那會回去了，我媽那會可封建了，我回去了也沒辦法了。後頭也後悔了，早早知道就攔著不讓上來了。後頭時間長了，慢慢的就。

周：那會你媽是不是想給你尋個人家。

塗：肯定她願意在當地找。我走了，我媽可氣了，氣壞了，氣的到處找，沒辦法。二月出來的，八月她們寫的信。八月通的信，我臘月又回個了。和我們家的一塊回去的，過個年。

周：你不吭聲就跑了，你媽氣壞了。

塗：就是，肯定的。

周：到處找，跟著養蜂的跑了。養蜂的人生活都在野外，養蜂的一家子還帶著孩子。

塗：帶著孩子。那會他們就在我家住著，我和我媽鬧矛盾呢，他急待找一個帶孩子的，就說快給我們帶孩子哇，你媽消消氣你再回。這一出個就沒再回。

周：巧了，養蜂的就住在你家裡。

塗：我和我媽鬧矛盾，他想找個帶孩子的，他是咋想的不知道，他賣也沒把我賣了，一分錢也沒拿走。他那會給我說的時候工錢可低了。給人幹一個月給三十塊錢。我走的時候跟他要這個工錢，他不給，就跟他打起來了，打了一架，就把我帶到他們家裡。

周：一直沒給你工錢。

塗：沒。在清水河住在他姐姐家，後頭他姐姐叫我去他家。我跟他算工錢，他說這地面討個老婆得好幾千塊錢，他們家撿了一個大便宜，還跟我要工錢哩。就是錢也不是給你哇，也是給我們家哩，我就跟他算工錢，最後他也不給，我就跟人打架，打了一架，他姐姐把我帶到他們家。我哇沒把你賣了不夠好哇，賣給誰，人不給三千、五千，他沒撈上錢，早知我把你賣了吧。我說你賣得遲了，不頂 **4**。

周：這人真夠壞的。

塗：我上來的時候，正是販賣人的高峰，我們村裡頭有好多女娃子人販子將帶來賣的時候我還去搞破壞，告訴她們不要叫人拿走錢，拿走錢就壞了。我們村還有一個，這個女的好像也是中江的，自來了現找了一處地方，找了一處地方男人對她也挺好，她有羊角瘋，她男人出地回來她羊角瘋犯了，就不要她了，又賣了，離我們五里地，那女人太慘了。她得這個病不給她吃藥不給她看，她生了兩個女娃娃，婆婆也不把她當人看，男人也不管她，吃啥也不管你，穿啥也不管你。這女人每天就是這地方的馬鈴薯，就是燴馬鈴薯。最後這女的好像是感冒死了。至死也沒和娘家聯繫上。

周：這女的有多大。

塗：唉，也就是三十來歲。

周：也是你們村的。

塗：南丈子的。她女兒嫁在東港了。

周：至死沒和她媽聯繫上。

塗：沒有。現在她媽也不知道。

周：昨天在商場訪問了一個，她妹妹被賣，三十年是死是活不知道。

4　不行，不能。

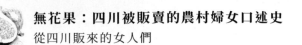

塗：這個女的是中江的。這個羊角瘋有遺傳性。腦筋也可聰明呢。

周：羊角瘋可以治呀，也不至於死呀。

塗：沒人給她治哇。沒人管，她吃飯不像咱們生活想吃啥吃啥，她每天就是能煮山藥，沒人管。男人和他媽吃的一鍋飯，她大女兒也是和她奶奶一鍋吃飯。二女兒生下兩歲了，缺乏營養。那年十五歲，她死了以後，她女兒也病了。她大女兒他爸把她送孤兒院了，現在好像念大學了。

周：井坪孤兒院。

塗：哦，大女兒自他們家出來，念小學時，是孤兒院長大的。好像是在大同念護士學校。念完了，又念什麼學校。

周：只要考上大學，孤兒院都管。考不上的就找工作了，不管了。

塗：大女兒也很聰明，腦筋可好使了，和我二兒同歲，屬羊的，今年二十五了。二女兒死時也沒檢查出是什麼病，死時十五了。她男人吧，你說他呆他也不呆，腦筋也好呢，就好要。

周：賭錢。

塗：就好賭錢。對那女的不管。

周：南丈子還不是她賣的第一個村子。

塗：是從榆卜窪（村）賣過來的，是第二家。

周：先賣的榆卜窪。

塗：榆卜窪那家男人開始可稀罕她呢，後頭因羊角瘋，男的不要了，他們家還有個老二，他爸他媽就想給這個二的續上，她就不想在了，他們家就把她賣了。來了三、四月發現這個病的，賣到南丈子是第二年二月。頭一家吃啥也吃呢，對她可好呢。她那個病跌了一跌厲害了。

周：越刺激越厲害。

塗：越來越厲害，犯的次數也多。趕死的時候是六月天，一般人感冒了吃點好的，她就沒個吃上的，炒豌豆。

周：哎呦。

塗：我那會將來的時候，人販子去我們村賣那些女娃子們，我告訴她們別叫他們拿走錢，這些都是騙子。也有出錢不多的，一定出三千的，出成二千了，左不來男方想買了哇，他不買，人販子就不給他人，他也出了，女的叫喊著不讓出。那個女的花了二千多買的，買下了。後頭不知因為啥，我也在礦上住的不在村裡，加上那家一個兒子慣的，以後又把她賣了，又賣到祝馬會（村）了。在祝馬會有三個女兒，她男人不知道是咋回事情，最後她跑回四川了。留下三個女兒，都大了，最小的都聘了。祝馬會娶她這家，男人的姐姐在我們村，和我一個村，她和我說那女人是先賣到南丈子，又賣到祝馬會。出來的那些女的，也有過好的，也有賴的，也有可悲慘的。

周：你剛才說的兩個都被賣過二次。南丈子那會四川的多不多。

塗：那會多了哇，現在也不多了，走的走，死的死，死了好幾個四川的。

周：最多的時候有多少。

塗：我們村有十幾個。

周：跑了的有一半沒有。

塗：沒有一半也差不多。

周：南丈子這個村大不大，有多少人。

塗：好像是四百人。都在外面不在村裡。來時候也就二百來人。還有弟兄倆都娶的我們四川的，宜賓的，當兵時在宜賓搞的對象。又給老四從宜賓引上一個，最後老四也去了四川，最後都去了。

周：兄弟倆都去了四川。

塗：哦。還有一個是男人死了，續嫁給小叔子，跟小叔子沒法過了，帶著三個女兒回四川了。還有兩個，和男人鑽的不對，出去打工不回來了，現在還在外面打工。

周：也沒回老家。

塗：我們可多呢。

周：大部分都不在了。你來了三十一年了。想不想老家。

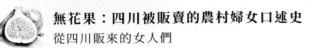
塗：想是肯定想，對兩天閒下來就想，準備回去，回去和我媽待上兩天，又一思謀現在走了，我們現在一大家人家，兒子、媳婦，還有孫子呀，還有牽連，想回也是力不從心。

周：孫子、外孫有幾個。

塗：一個孫子、一個外孫、一個孫女。

周：十幾口人。一走也是放心不下。

塗：放心不下，過了年再回吧。

周：孩子們也要跟你，他們去過了沒有。

塗：老二沒去過，剩下都去過。

周：去沒去峨眉山玩玩。

塗：沒去，去樂山了。

周：樂山有一種特殊豆腐腦做法。

塗：樂山的豆腐腦不如我們甘江的豆腐腦好吃。

周：做法也不一樣，樂山的是一口大鍋熬的。

塗：那也是一口大鍋熬，它那個配料不行，樂山配料不如甘江配料。甘江豆腐腦可出名呢，去那不如我們甘江的豆腐腦好吃，樂山也不如甘江，做法也不一樣，甘江豆腐腦裡面和的東西可多了，就是先打上芡，再把豆腐放在芡上，再一起舀上，配料有好幾種，在碗裡放著，不和。

周：再把豆腐放進去。樂山那不是，是把芡和豆腐、配料一塊煮。

塗：樂山那個不好吃，不如甘江的。

周：家鄉的味道好。常想。

塗：這地方的豆腐腦和我們家鄉的沒法比。甘江的好，我回去了就是上街喝一碗。我們家灌的那個香腸特別好吃。

周：四川過年家家戶戶都灌。

塗：別人灌的和我們家的不一樣。我拿回來，我們老叔、小叔子都在北京打工，他們那個老闆也是四川人，人家飯店裡就有那個灌腸，吃了我們家那個香腸，說我走哪也值了。走哪了也不如我們家那個香腸。

周：四川的香腸和廣東、湖南的味道都不一樣。家鄉的味道。你的孩子生活、說話與四川老家的適應不適應。

塗：他們也是小時候去的。也能聽懂。我三兒那年去的時候五歲了，和我住了兩個多月，趕回來三兒都會說四川話了。

周：小孩模仿能力快。

塗：那年他說的話把家人逗的笑的，我拿了很多東西，他背個書包就在頭前跑，他爸問他你媽呢，他說我媽在高頭（上面）呢。這娃去了四川幾天就會說四川話了。回四川，他二舅叫他就在四川念書，把他往四川引那，他頑，唱歌，可頑了，很快就會說四川話了。大兒去過，他姐也去過，就老二沒去過。今年回去都去呀，兒、媳婦，女兒、女婿。二兒的孩子太小了，原計劃開車回去。

周：現在你的孩子也都買了車。

塗：嗯。大的跑運輸，有兩個大車，一個小車，就是沒房呢。

周：慢慢會有的。大兒跑運輸主要是拉煤。

塗：啥也拉哩。配貨也拉，拉煤也拉。

周：賺錢也多，但也辛苦。人家說開車是高風險職業。

塗：山西人叫（司機）明窯黑子。

周：三十多年。

塗：就像做了一場夢。那會將來的時候，他們家呀，步走下井坪，回一次可不容易哩。

周：計家窯四個四川的，跑了，走到朔縣被追回來，估計她們走了快一百里了。

塗：到朔縣就是有一百里。那會有跑的，有跑不了的，叫人抓回去打的。我們家那個老三，他買的那個女娃子，人販子賣來的，她那會，她是安徽的，那會在北京打工，她都準備回家呀，回老家呀，叫人販子在火車站，說小賈你幫我販一晚

上服裝，我販了一些服裝，就借你一晚上，給你一千塊錢。那會掙一千塊錢可不得了，娃們一年也掙不下一千塊。最後跟上人家了。人家騙她就是賣她呀，結果把她拉到上井溝（村），剛好我們老漢做買賣呢，我大兒六、七歲了，奶奶問他想吃啥，他說我啥也不想吃就是想有個三媽，給我買個三媽。那會我們村裡從北京買回好幾個哩。他們聽見上井溝有人賣呢，公公就去了。人娃讓人販子用皮帶抽的，見了我們公公老漢（指公公）就往他身後藏呢，說大爺、大爺救救我哇。我們公公老漢說要我救你就是用錢買你。最後花了三千三。三千三買回個，臘月裡，第二年四月，反正在我們家待了四個多月，最後讓公安局接走了。那年剛好公安局抓人販子，一九九五年來了，那年咱平魯槍斃了二十二個人販子，其中還有二個女的，就把上井溝這個人販子也槍斃了。徐大虎子。我們老三家就是要回呀，堅決回。徐大虎子媽還活著呢，自這不知道她兒槍斃了，瞞著呢，說送到北大荒了。我們老三家人家就要走，要回。我那幾天感冒了在家鑽著，我娃娃突然跑進來說人家公安局把三媽尋走了。我出去看，人家上來，帶走的好幾個女娃娃，有的女娃娃在裡邊吃不上，就說我還在的哩，騙那男人給買好吃的，罐頭啥的。我們那個說啥也不在，人家就謀正回呢。

周：最後回去了沒有。

塗：回去了。

周：回安徽了。

塗：回安徽了。那個我們家總共花了四千多。

周：給人販子。

塗：哦。

周：這個徐大虎子是誰。

塗：就是人販子，上井溝的。

周：說是販六個以上夠槍斃。

塗：那年可多了，光從北京販來的就多了，從北京賣到我們村的就有五個。

周：從北京賣的。

塗：是從北京火車站騙到這兒來的，都是些出來打工的。

周：是不是就是這個徐大虎。

塗：就是從他手裡買的。

周：他從北京騙來的。

塗：還有上家那哇，上家把人騙來送到上井溝，他們從朔州火車站拿三輪車接上拉回上井溝。

周：他們算下家。

塗：他們是下家。

周：李二槍斃了沒有。

吳代真：李二沒槍斃，也是他們村的，他看見公安局來抓人，把個牛三抓住了，牛三不是人販子，實際是抓李二。

塗：那年還有個誰那哇。

吳：還有個劉軍。

塗：還有個曹井溝（村）梁上那個。

吳：叫個啥來了。兩個女的是四川的。

周：四川這兩個女的本身也是被賣過來的，她們又賣。

吳：對。還上電視了。開大會。

周：買賣的瘋狂，還用車拉，一車能拉好幾個。

塗：南丈子一次賣了從北京拉回的女娃五個。五個就在下了一個，剩下的都走了。

周：是解放走的，還是自己走的。

塗：有一個是又叫人家賣了，她不待著又賣了。有一個沒走，和她男人不過了，去北京打工了，有三個孩子，二個兒子，一個女兒。有個住下了，是湖南的。還有兩個叫公安局尋走了。

周：老三後來找媳婦沒有。

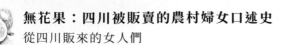
塗：找了，找了本地的，上井溝的。我們老二頭一個也是找的四川的，四川崇州縣的。原來我不知道她是崇州縣的，她上來的時候，那個女子上來是騙錢來的，和人販子勾著。她上來的時候我問她那的，一會說是仁壽的，一會說是洪雅的，最後她說話，我有一次回四川，在火車上見到一個和她說話口音一樣的，我問她你是哪的，是崇州縣的。那個到我們家住了四十天就跑了。她是騙錢的，她在四川都有孩子了，上來就是詐騙。

周：原來準備給那個兄弟。

塗：和我們老二。花了二千多塊錢。

周：錢也讓騙走了。

塗：頭一個好像是賣在井坪啥地方，就在西面些。我記得是我和老二去買的，她和那家不待的了，人家看出來了就又賣她。花了二千二百塊錢。我們又從這家買上。見了我說大姐長遠要跟我走，說啥也要跟上走，我說你要看對我們老二，她說看對了。把她買回去，晚上偷悄悄跑的。頭一天晚上我孩子病了，我和婆婆熬的，第二天晚上人家跑了，七月二十九號，錢也讓人騙了。

周：崇州這個人看上去有多大。

塗：有二十五、六了。歲數不大。

周：那會亂。

塗：有上來騙的。有兩個人販子上來騙錢，錢拿跑了，女的跑不了了。還有的人販子把些學生騙上來賣，有的歲數特別小。我們村有一個，才十六了，錢讓人販子拿走了，十六了還在學校讀書呢，這會也回四川了。她男人在大同，一個女兒一個小子，這個女兒現在成都念大學，每年放假有時就不回這了，回她媽家。

周：我訪問的還有十二、三的。

塗：西水界有個女的，也是四川的，那就瘋的啥也不知道，那女的長的可漂亮了，她可能是個大學生。

周：還有個大學生。

塗：哦。大學生也可多呢。我們村還有一個陝西的，蔡家崖的，那個女的十五歲時她爸死了，她在家裡沒法待了，好像是她哥哥和嫂子關係不太好。後頭她大媽

把她介紹到太原帶孩子，她去太原帶孩子去了，去了待不住，看孩子這家人給她買上火車票叫她回蔡家崖。她在火車上，她暈車，叫人販子瞅見她了，一下把她帶到四川廣元，在廣元旅館住了兩天，又從廣元坐上火車帶到咱們朔州火車站，這裡的人販子把那個人販子打跑了，賣到南丈子，她男人比她大十六歲。她們家找她找的上了電視。最後這個男的有了一個兒子，一個女兒。做了絕育手術了，他們才放她，以前就不讓她自己行動。做了絕育手術了，公公老漢和她男人這才說你想和你家裡聯繫可以寫信了。

周：好多年後了。

塗：初來時把她頭剃的光光的，人家磨刀，說她不在就殺她呀，她趕快說二小我在呀。

周：嚇人呢，一個女孩子。

塗：那會條件和現在不一樣，出去沒個走處，坐公車去我們那就一趟。四川的就你一個，車也不搬你，人家這地方看見你就攔下了，向著人家。哪能走呢，走也走不了。

周：你一個人就不讓上車。

塗：人家一看這是那家的媳婦跑了。

周：當地人向著當地人。

塗：上來的可有找的歲數大的，大十幾歲的。

周：唉。

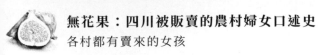

各村都有賣來的女孩

口述人：羅淑蓮（一九六五～），女，川籍

訪問地點：山西省朔州市平魯區井坪鎮出租屋

訪問時間：二〇一七年十一月二十日

羅：我是一九八九年來這地方。我不知道來解救，我們不知道，九幾年來解救，人家就不通知你，怕你走了哩，要不那會也走了，不在這地方了。

周：還有的跑，跑了好幾次。你叫個什麼名字。

羅：我叫羅淑蓮。

周：老家什麼地方的。

羅：四川宜賓的，宜賓市長寧縣。很遠，坐火車得坐幾天哩。到成都轉車，要五十多塊錢的票，才能到宜賓，到了宜賓還要坐汽車，還得二、三十塊錢。

周：當初來家裡都有些什麼人。

羅：家裡都有啊，父母，這陣還在哩。

周：還有兄弟姐妹。

羅：哥哥，兄弟們。男的女的五個。

周：你是老幾。

羅：上頭有個哥哥，我是老二。

周：你是哪一年生的。

羅：我一九六五年。

周：你來時多大了。

羅：我來都二十多歲了。我是一九八九年來這裡的，也是人拐騙來的。我四川有個妹妹，她也是叫人拐出來了，不知道在那裡，到現在都沒有音信。

周：親妹妹。

羅：啊。

周：現在還沒有找到。

羅：啊，三十多年了。不知道在那裡哩。

周：你們兩個是誰先被拐賣的。

羅：是我妹妹先被拐賣的，在我前頭一、二年。

周：也沒有和你們家聯繫過。

羅：她也不識字。

周：她叫啥。

羅：她叫羅淑榮，她沒念過書。

周：她比你小幾歲。

羅：她比我小兩歲。

周：家裡找過她沒有。

羅：找不到嘛，連賣的人這幾年也不見了。約摸的是那個人，自後頭起就不見這個人了。

周：這個人是那的人。

羅：也是我們四川的。

周：要找這個人。

羅：這個人就不說給你，你看看那個人就壞了良心了，那麼多年了。

周：這個人販子認識你們。

羅：我們村裡的一個女婿，他們弄出去賣的，我們也認不得。

周：還是有點線索。

羅：人不熟，開始那幾年人們約摸是他弄出去賣了，問人人不承認。

周：你得有證據。

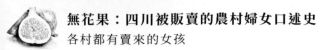
羅：你沒證據。到現在沒有音信，死的活的都不知道。我又跑的那麼遠。

周：你們一共五個。

羅：他們弟兄三個，我們是姊妹兩個。

周：你們家兩個女孩都給賣了。

羅：你看這冤的，太冤了。

周：你當時是咋被騙的。

羅：也是讓人夜裡拐賣的。

周：也是那個人嗎。

羅：不是，別人。那幾年就像一股風，我們四川拐賣到這個地方的太多了。

周：你來時已經二十多歲了，在家裡做什麼呢。

羅：在家也是可窮哩，早早聽父母的，給尋下一家人了，這人家也是可窮哩，不好活。拐賣你的人就說外邊好活，這麼也好，那麼也好。我們那個地方也沒有出過門，八幾年就沒有出過門，我們是山區來的，就叫人騙了你，把你拐賣了。結果出來了，想不跟人家都不能了，人家那麼引你也便宜，幾十塊錢就來了這地方。我們開始就不想來哇，你想走人家就不讓你走了，人家就把你引到山村裡賣哩。人家兩個人，你就走不了。你一個人。你沒出過門就不知道。

周：就直接弄到平魯了。

羅：村裡邊，我們村叫花圪坨，就把我賣到花圪坨那面了。

周：花圪坨比雙碾還偏，大山裡邊。花圪坨鄉，那個村。

羅：李家堡村，還有大石泉（村），宋紅溝（村），都挨著李家堡。

周：是不是當地有接應的。

羅：有啊，他開始賣的是一個外甥女，也是別人把他外甥女賣到這裡了，她的舅舅們和她的父親、母親就開始販賣人，他們有了落腳地了。是這麼個來的。

周：這個人販子先賣的是他外甥女。

羅：連他姐姐也來了，姐姐引上她兄弟，晌午來我這坐的那個女子，她的母親還有那個媒人引上賣到這個地方，賣到這個地方，後頭起，她的母親和她的舅舅又從四川聯繫好，又弄到她們家裡。是這麼串通來的。

周：她們又開始賣別人。

羅：哦，對了。

周：賣了多少人，知道不。

羅：賣了好幾個哩。

周：至少賣了你們幾個。

羅：賣到我們好幾個，還有附近的村子。

周：附近的村子都有。

羅：嗯。

周：把自己親人賣了，又去賣別人。

羅：他們有了落腳點，就又賣別人。

周：這個外甥女婿接應他們，他是當地人。

羅：哦，對，有了落腳處，四川來的也到他們家。

周：和劉井溝那一樣，先是一對姨姐妹嫁到劉井溝，這個女的負責從四川引，男的負責在當地賣，第一批就有五個。其中有一個十二歲的說她是第一批的。我去劉井溝問，還不是，第一個賣的是她的親侄女，賣到劉井溝。那五個還不定是那一批的。和尚碧那個女孩以為她是第一批。白辛莊還有姐妹三個讓她的丈夫賣了。那你們李家堡村是怎麼個事。

羅：我是一九八九年來的，是六月來的，那會一個月就來一回，從四川領過這裡來，那頭有好幾個村子，有燕山（村）、東孫莊（村）、宋紅溝，好幾個村莊都有，那二年一個月來一次，啊呀，真多賣上來。賣上來跑的也有。

周：有時跑不了。

羅：這地方，我覺意這會鑽慣了，就是覺意不好，不如我們四川好，他們是土生土長慣了，這地方不好。

周：當時找這個老漢，賣你賣了多少錢。

羅：賣了二千多塊錢。八幾年二千塊錢也不少了。

周：你老漢家是弟兄幾個。

羅：他們也是弟兄三個。姊妹三個。都是窮的，也可窮哩。

周：他們家找四川的有幾個。

羅：就我一個。

周：你們年齡。

羅：差不多。他大哥的老婆是換親的，用他姐姐換的，我丈夫十歲時他父親就死了，不是家裡很窮的。

周：你來時候婆婆還在。

羅：也死了多年了。我來時候還在。

周：花圪坨那地方本身就窮。

羅：也沒有礦，沒有路。

周：我一九七〇年去過，要翻好幾座大山。

羅：在山溝裡頭。

周：你來二十八年了。你有沒有孩子。

羅：來這裡呀，有。有三個。

周：老大多大了。

羅：二十八了。我今年來二十九年了。我一九八九年來的，一九九〇年生下的二兒子。

周：成家了沒有。

羅：還沒有。

周：做什麼呢。

羅：出去打工哩。

周：那兩個孩子呢。

羅：都打工哩，不念書了。那會我們在村子裡，也沒個好學校，念不成，還念初中就不念了，個人就打工個呀。

周：你在四川有沒有孩子。

羅：有呀，四川還有兩個孩子。就是讓人拐騙上來，真是呀，那會有多殘忍哩。

周：男孩女孩。

羅：一個男孩一個女孩。

周：你後來見過沒有。

羅：見過。

周：還不錯又聯繫上了。

羅：那會也沒電話，寫信，通了信知道我在那裡，家裡父母也是通信知道了。

周：後來你什麼時候回去的。

羅：唉，來了都八年了，九年了，人家不叫你回，我個人偷跑回去了，住了好幾個月，我估的不回來了，這裡不是有三個孩子啦，孩子有小的，又回來了。那兩個大了。

周：你回去見那孩子了，他們怎麼樣。

羅：女兒嫁出去了，兒子也結婚了，那頭兩個孩子都交待了，安排了。這頭還沒有。來這頭四個兒子，還給人了一個，弟兄三個。

周：送人一個，是不是負擔太重了。

羅：就是負擔太重嘛。一年一個。

周：從一九九〇年。

羅：哦。

周：生得太密了。

羅：給了人一個，經留不過，鑽村裡，那會也窮，你還要出地呀，種莊稼了，經留不過來，給人一個。

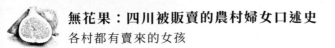
周：你來是不是也參加村裡的勞動。

羅：勞動了哇。在村裡也是種地，種豌豆、黑豆、莜麥、山藥這些。

周：那會連續四個孩子，不能勞動了。

羅：那會有個婆婆哩，她在家看著小孩，我們出地。

周：婆婆對你怎麼樣。

羅：婆婆那會對我們真不好哩，山西這兒的人，我覺意不娶哇還要娶這外地人，娶上外地人她還看不起，就虐待你呢。頭一年，和婆婆爭吵過，也是因為做飯，一開始沒孩子做飯，晌午喊她來吃飯，我們住的兩間，她在一間，我們住一間，她沒喊我，我也沒吃她的飯，下午了。一九九〇年都生下大娃娃了，半下午了我就熬點稀飯喝，人家就罵我呢，她說你吃哩我還吃哩，你這黑夜又到不做了，罵我哩，罵的就把盆端走了，不叫我吃。你看婆婆那麼凶哩。後頭就賃開家了。我說賃開家吧，我一個人想吃啥吃啥，不想吃我不做。後頭賃開家，我個人做。村裡那會可窮哩，賃開有個啥哩，啥也沒有。本來沒有公公老漢，公公老漢他十歲時就死了，家裡窮，就分給你兩個碗，兩雙筷子，分給你兩袋子，村上種的豆子呀、莜麥呀。就算賃家了。這就個人過哇，慢慢的，年年個人種些地，餵點牲口，餵點豬、羊。

周：住處呢。

羅：還有個老三麼，和我一個院住的，三小那會還沒有娶過媳婦，在一搭住。後頭起，頭一年娶過我，第二年和老人吼過，就賃開家了，還是在一個院住著，老三久已不在，後頭娶過媳婦了，也是個人過個人的。

周：像你們村裡四川的多不多。

羅：啊呀，我看幾個哩，四、五個了吧。

周：村子有多大。

羅：也不大，也就二百人吧。

周：像你們四川人，當地人欺負不欺負。

羅：也好了哩。那會都是個人種個人的地，個人吃個人的，地早就分到戶了。

周：也不好欺負，和集體時不一樣。

羅：是了。

周：你來時四川也分開了。

羅：也分開了，四川分的早。我們來這個地方就沒有地，孩子們都分不上。

周：你來了上沒上戶口。

羅：唉，一直都沒有戶。前年我借上別人的身分證回四川才上上戶，四川也是你多年不在了就給你下了戶了，在四川把戶上上又開到這面，這下才有了戶了。沒有身分證這會出門就不行，我是借的。沒有戶口不行。

周：你在四川是補上的。

羅：哦，在四川補上又開過來。在那面上上，這才結婚呀哇。

周：原來還沒有結婚手續。

羅：哦，在這面結了婚，才能上了戶。

周：辦了結婚手續才給你上戶，沒辦也不行。

羅：哦，不行。人不給上。

周：前年辦的，二十五年沒有手續。他們說四川來的大部分沒有辦結婚手續。

羅：嗯。

周：那會也不管。

羅：不管。我一直沒有戶，現在沒有身分證出不了門，這才想起趕快辦個戶。

周：現在還有很多沒上的。

羅：有哩。

周：沒有戶口很多福利沒有，現在還行，將來老了就麻煩。老年款、醫療保險等等。沒個身分就什麼也沒有。

羅：我們原來也有舊身分證，我去買票買不上，說你過期了。我又把別人的身分證借上，有時候人家不借給，怕你借上丟失呀，還不想借給你。自己辦上了方便。

周：你老漢對你怎麼樣。

羅：老公也可老實呢，不大肯說話。

周：你們什麼時候離開村子的。

羅：是二〇〇七年，從村裡來到井坪。

周：當初是因為什麼要來的。

羅：那會他母親也死了，孩子們要上學，出來的。

周：村裡上不了學了。

羅：沒學校了。

周：那生活怎麼辦呢。

羅：老公在煤礦動彈[5]。

周：下窯。

羅：是。

周：他多大了。

羅：屬馬的，也五十二了。

周：還能幹，年輕。

羅：不幹不行啊，孩子還一個沒交待哩。

周：對，不知道四川咋弄，這個山西孩子結婚還花錢真是。

羅：沒辦法。

周：尤其是一個男孩，買樓、買車，二、三十萬，三、四十萬。

羅：愁呢。

周：還得借錢。你是怎麼，好像是在商場裡賣東西。

羅：也是沒辦法，孩子們大了出去打工了，我在家沒事幹，向人家商場包了兩間櫃台，買下貨，管它賣多賣少。

周：賣些什麼。

5　勞動，幹活。

羅：就賣些書包，包包呀，皮箱呀，這些。

周：包了多少年。

羅；也好幾年了，七、八年了。

周：是不是比她們當小工，種樹強點。

羅：這會買賣不好做。

周：不好做是不是買東西的人少。

羅：買東西的人少，這會都從網路上買，實體店就不好賣貨了，買的人就少了。這會都是從手機上，網路上買東西的多。。

周：網路弄的實體店不行了。網路價格還便宜。

羅：說的是，我們這個費用高麼，人家又要櫃台費，進貨還得錢，從太原回來運費還得你出，我們這個費用就高。肯定就賣的貴，網路上沒店，就像我在家裡，你要貨給你送送就行了。租這個店，一年就要一萬三哩。

周：那麼貴。

羅：這個買賣不好做。

周：你說這個網路對你們的衝擊是哪一年開始的。

羅：網路啊。

周：對平魯來說。

羅：前二、三年就開始了，手機發達了，我們這實體店就不好做了。

周：很奇怪，說農民看的影片，喝的糊糊。

羅：說的是。

周：我看所有的人都拿著手機看影片。還特別喜歡熱衷於這個影片。我在村裡訪問都是這樣，那麼窮的地方。

羅：大人、小孩都是手機。

周：他那個手機多少錢一個。

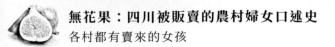

羅：也有貴的，也有便宜的，也有一、二百的，也有五、六百的，也有一千多、二、三千的，價錢不等，有錢的買好一點的，沒錢的買便宜點的。像我就沒有，孩子們用下的，給我了。

周：你說說這是不是有點害人那。

羅：就是害人。

周：不正常，是哇。生活好點的人用也還可以理解，你說那麼窮也守著那個，吃著飯就說，你仔細一聽說的全是廢話。

羅：說的全是廢話。

周：就願意花這個錢。

羅：通了電話了，也是方便。

周：你說方便，不管吃不管喝呀。

羅：每個月都要好幾十塊錢。

周：我也是這麼想，也不是必需品，那個東西可有可無。

羅：現在每家每戶每一個人都少不了。

周：我發現這個東西害人，這麼窮，這麼偏僻，在每個角落都給你架上通了，然後剝奪你的錢，而且不帶給這些人實際的好處。

羅：對。

周：去年三月我來，我每年都來，一年半就成這樣了，原來不這樣。去年三月每家也有手機了，是有事了打個電話，說閒話的幾乎沒有，現在人人都是影片，說的全是閒話，全是廢話。我觀察有事是打電話，不說影片。比如買羊，就是打電話，買多少，多少錢，不是打影片在那兒討論。

羅：對的，說的都是廢話。

周：說的是閒話，透過網路公司把一筆錢拿走了。無形中老百姓增加了一筆消費，而且還是上癮的，自覺自願的給人錢，給人送錢去了。

羅：每個月都好幾十塊。

周：啊呀，這個現代化讓人看不明白。

羅：是。

周：就像毒藥。

羅：就是毒藥，又很窮哩，又要消費。

周：真窮的，我來了先去的雙碾各個村。這兩天在井坪。村裡都沒什麼人了，破破爛爛的，人人都是影片。

羅：網路再偏僻的村都有了。都給你接上網了。

周：它那是大企業、大公司，它把網路給在全國所有角落給你通了，所有人開始用，它們就像開了銀行，所有的人都往裡送錢，自願的，主動地送。

羅：每個月給人送哩。

周：這傢伙真厲害，老百姓也不抵制。井坪也是，晚上電視也不看了，都是看手機，從爸爸到兒子，小娃娃是玩遊戲，當媽的罵，就躲到廁所玩。這現象真可怕。

蓬南鎮的茶館聚滿了賣口舌的人

口述人：唐正芬（一九六九～）女，川籍

劉世愷（一九五七～）男，晉籍

訪問地點：山西省朔州市平魯區劉井溝村

訪問時間：二〇一七年十一月九日

周：王永華的舅舅是四川的。

唐：成都的。

劉：咱們在四川的老幹部可多了。

周：他舅舅還是老幹部。

唐：廖淑蘭。王永華家[6]是廖淑蘭。那個叫廖福清。

劉：劉亮的女人叫廖福清。

周：她們倆是什麼。

唐：叔伯姊妹。

周：她們倆是這個村最早的。

---

6 某某的老婆。

唐：最早的。

周：鬧不好也是平魯最早的。

唐、劉：不知道。

周：你叫啥。

唐：唐正芬。

周：你是哪一年出生的。

唐：你問我，我也說不清。

周：你多大歲數。

唐：我這陣四十九了。

周：週歲、虛歲。

唐：虛歲。

周：週歲四十八，那就是一九六九年出生，你老家是那兒。

唐：這會改縣了，原來是蓬溪縣 [7]。

周：現在改成大英縣 [8] 了。

唐：對，我是蓬溪山村鄉五大隊二小隊。

周：家裡都有些什麼人。

唐：齊（都）有哩，我媽、我爸、我哥哥，三個哥哥，我姐，還有一個妹妹，我是老二。

周：你來那年有多大。

唐：十七了。

周：三十二年前。剛分開頭一年，第二年。你比廖淑蘭晚。

劉：遲。

7　四川省遂寧市蓬溪縣。
8　四川省遂寧市大英縣。

周：遲多少。

唐：十幾年了吧，十三年。我上來時人家那大女子都十三歲了。我是一九八六年上來的。

周：這就對了，不是一九八二年上來的，他們是一九七三年上來的。你跟她們不是一批。你來時候這個村子四川的多不多。

唐：小存（音）和蔣文君（音）是頭一年，他們倆個是頭一年，海燕在後頭。

劉：王永華、劉亮他們是兩個，蔣文君和小存不是四個。

唐：蔣文君和小存是我們頭一年。

周：就是一九八五年。

唐：是，我是一九八六年。

劉：和貨（聽不清）不是一九八五年。

唐：她和我是一年。和貨家。

周：你來之前在村子裡做啥。

唐：沒做的。我那陣小哩，啥也不懂。

周：那你是怎麼來的。

唐：那會我小哩，我爸也是，離我們跟前有個朱方，是蔣文君的大爹。

劉：蔣文君尋的朱方。

唐：那陣我也不知道。

周：你叫個啥。

劉：劉世愷。

周：是你去了蓬溪縣。誰介紹你去了。

劉：我們隔壁。我那會小，是去迎接的。尋不上，大泉溝那娃領上我，我尋將個。

唐：他開頭在蓬南鑽的。迎後才問搭到。

周：大泉溝蓬溪縣的很多。

唐：他在蓬南鎮。

劉：咱們這兒蓬溪縣的挺多，我下來是在蓬南鎮迎她。

唐：我們一塊上來幾個。

劉：那會正是那混的，混迎人那會。

周：高峰期。

劉：高峰期迎，盡是咱們這兒的人。

唐：我們上來有陳國秀，是一年上來的。

周：你們一年上來幾個。

唐：我們那兒上來就我和陳國秀，這還有三台縣[9]的，全是三台縣的。

周：她們說光蓬溪縣的鑽在雙碾就有十多個。和尚碧有一個，小個子，不高。她說方圓有十幾個。

唐：雙碾鄉也有哩。

劉：蓬溪縣，上井溝、這村。

唐：可多哩，鑽在那都有。誰也不認得誰。

周：互相不認識。

唐：趕後頭慢慢地才認得。

周：他轉著關係就轉到你們家了。

唐：嗯。

周：你爸爸就同意了。

唐：咋也是讓他騙的。

劉：那會為錢那。誰給錢就跟誰。

唐：叫他騙了，他比我大一輪。

周：大十二歲。

9　四川省綿陽市三台縣。

唐：他那會叫他哄的，他說他才二十五了，他到二十七、八了，我才十七。

周：給你爸爸多少錢。

唐：那會才給了三千八。

劉：是。

唐：你不要呲，就是三千八。三千八，我記得哩。連路費總共花了四千塊。

周：這錢是你爸爸收下了。

唐：我爸爸收下了，給我二哥娶過一個媳婦。

周：哦，拿這個錢。

唐：哦，那會是說叫我給換親呢，我是說那會人小，啥也省不得，人說換親不好，那就說快走遠處吧，走到遠處是為掙下錢給他，個人娶過一個。

周：那你這個還算不賴呢，錢都讓你爸爸拿了。

唐：人販子，媒人呀，不讓要走。那會一個媒人才給二百。

劉：東水窪那個，媒人給四十塊錢。

唐：就是那我哥哥給你說的，要不二百塊就出個了，是我哥哥說的，依這地方的媒人不用給那些些，我哥哥給他平價，給你四十塊錢紅錢就行了，這才給他四十塊錢，依他說一個人給二百塊錢就給人拿呀。

周：他是不懂。

唐：哦，他就是啥也省[10]不得。

周：你準備給呀。

劉：哦。

周：要不是她差點上當。

唐：那會是我哥哥說給的。

劉：我那會下去看人家的。

10　理解、知道。

唐：依我哥哥不給那些些，依咱們這說哇，給上四十塊錢。

周：在當地娶個媳婦也就是三、四千塊錢，你哥哥。

唐：我也不知道。我那會已經上來了。

劉：用不了那些錢。

周：那她爸爸還能剩點錢。然後你就跟他上這了。

唐：就跟他來他們這裡了。我哥我嫂送的。

周：你哥你嫂從四川把你送來的。

唐：送到這兒。人家走的。鑽了兩天。

劉：我在她那兒鑽了三個月。

周：你在四川。

劉：鑽了三個月，後頭媒人介紹到她們那了，我還引了她哥哥回來看了家，又把我引上次四川，這才又引上她回來。

唐：那還嫌騙的不夠。

劉：騙啥哩，那就沒騙，看了家就不叫騙。

周：你和她哥哥先來劉井溝觀察一下，然後又回了四川，把他妹妹引上來。

劉：他哥哥、嫂嫂又送上來。和咱們這一樣樣，看了家對了才行。

周：人家也放心了。

劉：放心。我也放心，她多會回四川就多會走了。

唐：明吧不放心，糊弄回個幾兩天，人家引上趕緊叫回呢，怕不鑽得了。

周：你來後第一次回個。

唐：五年頭上次去的。

周：那會有孩子了沒有。

唐：沒。

周：沒孩子讓你走。

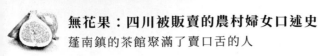

唐：要不回去幾兩天就下個叫回呢，過年叫趕緊回呢。

劉：我那會強調的是，趕五年頭上給我辦不上手續來，另外尋。

唐：連戶上來才叫回的。

劉：趕五年頭上就把手續辦上來了，我們正兒八經的辦了結婚手續。

周：從那兒辦的。

劉：從四川辦的。

周：一開始不給辦。

劉：從那開回遷移戶口，開始不給辦。

周：是不是一遷走地就收回了。

唐：我一走地就抽走了。

劉：一辦手續就沒地了。

唐：一辦手續地就讓人抽走了，給別人又分上地了，你們走了一個人，或娶呢，或聘呢，地就抽上走了。

劉：四川人說話，我是正兒八經引的。

周：你是明媒正娶。

劉：我下四川鑽了三個月，每天在茶館裡呢，今兒這個來說來，明兒那個來說來，盡是些騙子。

周：那會四川騙子多。

劉：多的就是。你在茶館裡喝茶哩，你來了他給介紹個對象，拿將三千塊錢來我給你引來，我不，我是把人引將來我才給你，給上你錢，你是野山鬼騙我呢。

唐：那會盡是騙子騙錢。

劉：那陣騙錢的多的厲害呢。

周：你來之前兩家比較了解了。

唐：嗯。

劉：我這就跟咱們這兒一樣，沒別的。

周：你來這幾年有的孩子。

唐：七、八年了。

周：有了幾個孩子。

唐：三個，兩個兒，一個女。

周：老大有多大了。

唐：二十五了。小的二十了。中間有個女，二十三了。

周：兒子成家了沒有。

唐：沒有。

周：那你們倆口子負擔還重了哇。

唐、劉：重了。鬧不到錢。

周：你們是養羊、種地。

唐：養了兩個牛。

劉：才養的。

周：早養。

劉：早養養不起。這還差養牛錢沒給人打呢。

唐：賒下。

周：他們有沒有弟兄。

唐：有了哇。弟兄三個，還有兩個姐姐，一個妹妹。

周：你是老大。

劉：還有老三在城裡。剛才那是老二家。

周：你們倆都是找的四川的。老二媳婦是什麼地方的。

唐：劍閣。

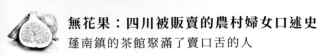

周：過去不認識。

唐、劉：過去不認識。

唐：那還是我哥找將來的。

周：是你哥介紹的。

劉：問她不如問我。她二嫂引她給拿上錢，她爸給二哥迎劍閣[11]娶的。後頭劍閣的人引的我們老二家，尋至我們外父門上，我們大舅哥給說的。

唐：叔伯哥哥引上上朔縣個呀，我哥哥給打照又來這的。

劉：引到這裡，我給我們老二說的。

周：怎麼說呢，先是因為她（唐）來了，他哥哥娶了個嫂子，嫂子是劍閣的。

劉：劍閣的人又把我們老二家引送到妹夫門上。

周：找的她爸爸。

劉：反正也是認得哩。

唐：在火車上碰上的。

劉：反正那陣四川人辦這事多呢。誰都想弄這兩個錢呢，容易，不費力，盡賣口舌呢，諞[12]上走哇，跟那那走哇，我諞上你，做這呢，做那呢。

唐：騙子可多呢。

劉：引出來由他呢。

周：四川當地很多人就靠這來點錢。

劉：對了，這就是經濟來源。會說的，就用這思路出去跟人說招工呢，給那那招工呢。

唐：還騙這念書的。

劉：說一個月掙多少錢呢。

唐：扒齒溝（村）有個十三歲就騙上來了。

11　四川省廣元市劍閣縣。

12　誇耀。

劉：一上火車不由她了。想迎那迎那，誰出錢就引那了。

周：所謂幾種情況，一種是家裡困難點，想嫁女兒的，或者想幹什麼的，就有彩禮錢了嘛，至少也是三、四千塊錢。

劉：最少的。

周：這算正常的，還有一種專門騙人，人販子，也是四川的多。

劉：四川的多，沒有當地人就引不出來。

周：都是熟人。

劉：對了，由四川本地人引上，到這裡找熟人。就是這麼個情況。

周：四川人販子騙到這頭來。

劉：就勾引的我們這樣的，就像把她引上來了。像四川人尋將我來了，我引個女人給尋個人家，我問答誰要哩，敢要呢要，不敢要不用要，說多少多少錢，敢要不敢要，在呀，跑呀，我們管不了這。盡是引上老婆賣下，前腳賣下，後腳偷偷引走了，受治人可多呢。

唐：三平哇，不是頭一個讓人騙了。

周：就是把自己老婆賣了。

劉：賣了錢，又偷引呢。

唐：還有個人上去引的，來了讓人騙上走了。

劉：也有讓人抓住，讓咱們這兒的人擰整灰 [13] 了。

周：很多都是自己親人，自己的丈夫，哥哥，是哇。

劉：哦，專門迎這弄兩個錢。引走的鬧上錢了，引不走的把老婆砍 [14] 了，引不走了，丟了。

周：為了那幾個錢。

13　壞。

14　留、丟、扔。

劉：引不走，偷不走麼，咱們這兒的人日久天長也有這個經驗了。你賣將來了，我就把這個人看管起來了，我就看管的嚴。

唐：那會逃的也多。

劉：正兒八經的凌整他，他也不來了。

周：一開始還看著。

劉：最早省不得這個，盡跑了的，花了錢了，女人跑了。

唐：受了騙了才省得了。

周：才看呀。

劉：哦，這才看管。

周：是這麼個原因。

劉：哦，後頭還有好幾方面原因。

周：我聽說王永華這個老婆後頭也引來好多。

唐：四平家娶的就是她們的親侄女。

周：把親侄女給賣了。

唐：賣不賣咱不知道，是親侄女引將來了。

周：我聽人說那一次就來了五個。我問她哪來的，她說是廖淑蘭引來的。那還是第一批，後來還引了。她引到井坪，讓王永華給聯繫的。

劉：那會這種情況多哩。

唐：咱們這裡沒有。咱們村就王永華引的侄女。別的村不知道。

周：我聽人說你本身是四川的被賣到這地方，你又去騙人。

劉：有哩。

唐：有。

周：你拉扯我，我拉扯你。

劉：就這樣。這村四川侉子可多呢。這陣盡不在村裡了。咋十幾個呢。

唐：不是十幾個，二十幾個啦。三十個也有。你數了哇。劉漢明家，曹二環家就兩呢，曹平貨，建新他們弟兄倆。

劉：跟前數這村多呢。

唐：還有福明他老二。數雙碾、劉井溝多。

周：說大泉溝也多。

劉：大泉溝多。我還是大泉溝說串的，那貨 [15] 引我跑了好幾糟。

唐：池保家是甘肅的。池五家是我們那兒的。

周：賈英就是甘肅的。怎麼說呢，主要原因就是為了錢。

唐：那會窮，跌 [16] 到這會就沒有上來的。

劉：她們那兒的政策是種兩茬田，稅務重，她們那兒比咱們緊張，生活。

周：比咱們這還窮。

劉：就像我娶的那兒就窮，是山區。另一個問答 [17] 的咱們這有個露天礦呢，說美國人開露天礦了，平魯人跟著還不知道沾啥光呀。拿這東西可哄上來了。平魯人肯定肥 [18] 呀。

周：一個是為錢，一個是為過上好日子。

劉：主要是為錢。

唐：有的是騙上來的。

劉：我這連路費花了四千塊，花五、六千錢有跑的。

唐：他們老三哇。

劉：我們老三我引上個女人不是讓人騙了。花了六、七千塊錢。

唐：又娶的麻黃頭（村）的是第二個。

15　某人。
16　遇、碰。
17　詢問。
18　富裕。

劉：花了六千塊錢人跑了。

周：剛才那是老二家。

唐：那是我們劍閣。

周：老三是讓人騙了。他是第一個找四川的。

劉：哦。

唐：騙了。騙了六千塊錢，剛上來真勤快呢，沒個不做的，另完謅口的，過正月十五呀，快下個過十五呀，錢齊叫人抬[19]的哩，憑信的，卷正那兩個錢走呀，抬的光光的。

周：人財兩空。

唐：啥也沒有了。

周：那就是有意騙的。

劉：有意騙的。

唐：她是那上歲數大的，不是那小姑娘呀，要是小姑娘也沒正勁騙不了。那是二茬貨。

劉：小的跑不了。尋不見。

唐：不知道了。凡四川來的就沒有她那麼勤快的。

周：就說明不正常。一般來的人人生地不熟。

劉：不會做飯，一般也不做。

周：還害怕。她還顧上勤快。

唐：初上來那個勤快的。人們一說誇的那個。

劉：可有那精的。

唐：那可是個好媳婦。完了跑了，謅的那狗。

劉：我在侯港（村）鑽，踢秧歌呢。

19　裝、藏。

唐：娶到劉井溝。那會他爸、他媽還活得，說可好了。頭一年冬裡引上來的，第二年過正月十五，我說快下去過十五哇，人娃沒過十五，快叫人娃下去哇。引上個下去了，我也去了，我在後頭，他們先頭下去了。過十五去了，張羅問做啥個了，人家跑了。他弟兄倆個，有生子，半夜趕緊去太原，跟上尋去了，那能尋見。還不知道那一站走了，知也不知道，趕知道了早沒影了，跟哪尋呢。

劉：共個沒離開咱這。人沒跑，錢在這兒鎖著呢。人不在，她返回來，正好好（拿走了）。

唐：捲走錢。

劉：我這個是自己引的，想走就走，我放心。別人送上來的那有個放心的。

周：這村是跑的多呀，還是留下的多。

唐：留下的多，走的沒幾個。建新家走了，頭一個二環家走了，劉二家走了，三福元家走了。

劉：三、四家走了。

唐：三福元家是公安解救走的。

劉：她本身人娃可是個好女人呢。

唐：個也不大。

劉：不遠遠家，連桶水也擔不回來。

周：殘疾人。

劉：有點殘疾。

周：走了幾個

劉：四、五個。

唐：池五家也走了。

劉：這村多數是下去尋的。

周：個人引的多。

劉：哦，個人引的多。

唐：潤和子是個人下去引的。何生子不是。

周：人販子販上來的這村不多。

唐：嗯，不多。

周：跑的那幾個是不是都是人販子販來的。

唐：嗯。那正是呢。二環家也是別人引上來的，劉二家也是別人引上來的，池五家我看也是別人引上來的，不是個人尋的。三鬼家也是騙上來的。

劉：我是在外父家老漢住著。我花了三千來塊，別人有花六千塊錢，擔心沒引上，叫我那叔伯大舅哥給盯著。

周：還有人挖呢。

劉：哦，叫我們叔伯大舅哥給外父可罵了一頓，說你這個人不是東西了，牲口了，做買賣呢。

唐：那是叫我們那個叔伯哥哥老漢嗆[20]弄的。

劉：說趕緊打發人回哇。我頭一天下個，第二天，幾月，正月，說趕緊打發人回哇，要點糧食呀。趕我引上她回來，我韃[21]送糞哩。

唐：我記得是二月二十五，二十六了。

劉：全憑我在那裡鑽了半個月。

周：誰挖呢。

劉：喬。

唐：個也不大。

劉：喬萬春呀，是誰。

周：雙碾的跑四川搶去了。

劉：哦。

唐：他也是跑我們那兒的。

20　挑撥。
21　爸爸、父親。

劉：他去了。跟前的人都認得我呢，咱那會引女人呢，大方，拿著煙，有個老人給我通信著呢。

唐：雙碾有我們蓬南鎮的，劉家窯有個（蓬溪）固井鄉的，就是去那兒呢。

劉：後頭那家人，連老娘都給我通消息，管他去那去那，你不用走，我們這隊上誰不知道你是她家的人，他走他的，你別走。後頭我們叔伯大舅哥。

唐：叔伯姐姐就是那個村的，把我執將個。

劉：我們叔伯大舅哥把她二爹罵了一頓，叫趕緊打發回哇，人家山西點糧食呀，也到種糧食的時候，還叫人住啥的哩，趕緊打發回哇。這才我們起的身。

周：了解清楚了，了解完了。

劉：那會下那地方複雜哩。我住了三個月。四川過了年了，過的大年。過的心上不好活。那地面人不過年，就吃一頓飯，過年。就像你過年哇，齊叫回個，回去吃上一頓飯就算過年了。不熬年，齊睡下，把燈吹熄了，煤油燈。睡下了我才慢慢盯頓 22，啊呀還沒熬年了嘛。人家怕費油呢，早早睡下了。

唐：大泉溝那誰下去引可多花了錢，去那家人家沒花錢，他們那點煤油燈，我們那有電燈了。

劉：你們是靠加工站的哩。

唐：不是靠那，大隊就在那兒呢。

周：大泉溝那人引你去也得給人錢。

劉：哦。

唐：可多花了。

劉：我倒是沒給他錢。

唐：吃、住。

劉：我在外父那住著呢。天每叫我割肉，鑽了十來天可多花了。走呀，不鑽了，我爬起尋蘇三外父那家了。

周：蘇三大名叫個啥。

22　思考、考慮。

劉：不知道。

周：他老婆也是四川的。

劉：四川的。把我引到他外父那裡，鹽場跟前，在那住的哩。離蓬南鎮不遠遠。上去叫割肉，一趕上就叫割肉，啊呀，怕不行了，就爬起跑了。

周：後來就自己去找。

劉：又找一家。我們村一個娃娃，他們來我用四輪車迎接的。他就認得我了，說這個人不賴，說開車也不賴。

周：等於你們村這個人先去的。

唐：他頭一年上來，我第二年來的。這陣他不活的了。

周：病死了。

唐：賴病。

周：侯滿。

唐：侯滿家是三台縣的。

周：他老婆叫白海雲。

唐：白海燕。

周：現在在西泉溝住。

唐：對。三個兒。

周：這兩天去飯店當服務員去了，打工。也是劉井溝的。

唐：哦。他家老二家也是他們引上來的。是他爸引上來的，白海燕是他爸引上來的。白海燕的妹妹在上井溝呢，在上井溝鑽的鑽的不鑽了，又回了四川了。這陣就她一個。多哩，何生家兩個，咱們家兩個，兩個的可多了。

周：就是兄弟的媳婦都是四川的。

唐：哦。

周：這種情況多，有幾個家庭。

唐：多哩，我們家倆，福明家倆，池保小家倆，二環家三個呢，跑了一個，三平家倆，再沒有了。還有滿泉家弟兄倆。

周：有六家。你說是兄弟倆娶四川老婆，是不是首先有一個娶了。

劉：是哩。

唐：有一個娶了，慢慢的就又一個娶了。

周：老二、老三，或者老四。

唐：對。別叫劉漢明就是弟兄倆呢。

劉：這種情況是一個引上了，她還找這裡的。

周：頭一個不說了，這第二個、第三個，是不是四川來的放心。當妯娌。

唐：不是。是別人引上來，也說快給兄弟收攬上一個。不是說。

劉：就像我們這引上來，我要了，我娶下了，別人又引上來了，不是尋見我了，找見我了，我說給我兄弟娶哇。這下兄弟也娶過了。

周：就是因為你已經有一個四川老婆了，再有四川來找你。

劉：他來找我呀，看誰要呢，我兄弟正好沒女人，就給我兄弟哇。

周：哦。怎麼說呢，這裡面不論是兄弟，還是親友，有一個串，你串我，我串你。

劉：就像引我這了，我就打個比方，我親友多呢，我就引上她去外頭別的村子找一個。

周：劉當初找她也是因為村裡頭有四川的。

劉：對了。

周：因為認識，像大泉溝的也好，還是這村的也好。那你們村第一個是誰呀。

唐：王永華和劉亮。

劉：人家是說下他舅舅家。

周：他舅舅家在成都，還是個老幹部。是他介紹的。

劉：是去鄉下尋的，不是成都。王永華的女人離我們女人二十里地。

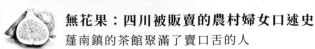
唐：也不遠。

周：劉亮那個老婆呢。

劉：也是那裡的。

唐：他們是親叔伯姊妹。特別近。

周：然後這個廖淑蘭又引很多過來。

唐：那麼把她侄女引上來了，別的我們也不知道。

周：侄女我聽大泉溝的人說了。

劉：人家後頭引的，聽見有人反映發現這個事情，對這個事情抓緊了，結果人家住手了。不再引了，以前引多少不知道，從那以後人家就住手了。很多人皆因這個事情把家庭毀了。別人騙走老婆毀了的，有的是個人引上老婆騙錢也把家庭毀了。這讓鬧的一下形勢緊了，就抓這個呢，抓人販子呢。上井溝大虎子讓槍崩了。

唐：哦，那就可多引上來了。

周：本地人，他上四川把女人們弄過來。

劉：他們好幾個人，好像是個團夥，上來把女人欺負了，又賣，武興在井坪坐了無期判刑，也是因為這。

唐：大虎子還不是丟下個女兒啊。女人得了病了。男人叫槍崩了。

劉：一夥夥呢。

周：他老婆是四川的。

唐：四川的。

周：老婆還在不在。

唐：死了，得病死了。老婆死時候娃娃才三歲了。說媽死了，娃娃尋她媽呢，可憐人娃。

劉：把騙上來的女人在家裡欺負人家呢。要不槍崩呢，罪大惡極了。

唐：騙上來的那些人齊受治了，要不告他呢。

周：一九九五年這地方槍崩了二十二個，有本地的，有四川的。還有這種，她本身是四川的被人騙了，被賣了，她又接著去騙別人，其中槍斃裡頭的有這樣的人。

劉：有哩，她毀了別人的家庭，把人騙上來就不把人當人了，由他們作為呢。這號人罪大了。一般像王永華這樣的就是引上來，說你願意去你就去，不願意就不用去，人家就在這裡問興好了，我給你下去尋個。人家是這種樣。

唐：花多少錢呢，人家搞明了。人家是正常的，不是騙上來的。海燕的爸爸那會不是攤上這個了。

劉：他們是騙呢。

唐：他們是多哩，不是一個兩個。你能了能，不能了不用。

劉：人家是說你要了，說下多少錢。

唐：是五千呢，六千呢。咋是這。

周：我還問過郝萬明，當時的公安局長，量刑的標準是超過六個的槍斃。

唐：要不槍斃大虎呢，他是喪了那良心了。真多把人騙上來了。

周：他說歷年都有，一九九五年那次是大規模的打擊。還解救了二百多人。這些人情況不一樣，很多是當地（四川）公安局投訴說人丟了，有證據的。這些回去後有些不願意。他說等於公安局花錢讓她回了一次家，路費都是公安局出嘛，她回家看看又返回來了。

田大虎：我們村那年要走兩個，三鬼家要走了。

唐：三鬼子還娶過個媳婦。

田：娶過，就那遍解救要走的。可藏了個背幸[23]。

劉：這村解救那個女子不想回，主要是那個男的不稱手，軟軟，她連溝灣擔不回一擔水，自小小生下來缺鈣就是軟軟，人娃尋個男人不稱手，她不想走。

田：大有坪大有的那個大媳婦，解救下去在井坪，上廁所趴起又走了。

周：土圈溝也有一個。劉維新講的。

23　倒楣、倒運。

劉：侯港那兩個，二老毛家，說解救婦女你不回，眼紅斑斑的咋好呢。二老毛死了，不回了。

唐：也死了，說是在朔縣喝酒了，說是讓人殺了。

周：這女人現在幹啥呢。

唐：走了。人正解救婦女她沒走，馬後人家不解救婦女了，娃多大才走。

劉：大兒十九死了，她才走的。

唐：不哇，不等那個就走了。

劉：說是住媽家去了再沒回。

唐：自那下四川再沒回。

劉：後頭還去尋她呢。

唐：二老毛是咋死的。

劉：喝酒喝死了。老大跌井裡跌成半個人了。

唐：侯港那面那年跌了三個哇。

周：你說四川來的這些，打呀、罵呀，受虐待的多不多。

劉：也有哩。她碰上那不通的人，啥也省不得。沒辦法才娶四川女人，能和你過光景你打個啥呢。

周：你說他什麼心理，是不是你是我花錢買的。

劉：是腦子有問題哩。

唐：劉漢明那個老婆跑了，不是因為這個。

劉：他怕跑呢，就打呢。

周：就因為這個。

劉：哦，有的防止這個跑的，我打你怕了就不敢跑了。

周：有的打的可厲害呢。

田：和尚碧可有個好女人呢，硬打的走也不會走了，這會連尿也不會，那女人真是，齊是她男人打成那樣。

劉：那是沒腦筋。

唐：幾個娃娃。

田：不知道幾個。

周：還有關在地洞裡。

劉：怕跑呢。侯港不是有一個，引的四川女人，窗子用鐵絲撐的，睡時候他媽從外頭撐門的，就那有一天黑夜，五更醒來老婆不在了，跑了。

周：咋跑的。

劉：不知道。他不是把窗子撐住了，人家在白日早就執開了，黑夜他睡死了，人家撐開窗子趴起跑了。第二天早上我進個拉水呀迎上了，襖結的還錯扣子，著急的，問我沒見個四川侉子。我將將起來沒見，我說你這是做啥呢，唉，這狗的把個女人也跑了。我說你哇黑夜不在一個炕上。在哩哇，睡在五更起來，人沒了。覺意 24 尋這個老婆死了。

唐：誰。

劉：那貨，劉井溝那個老三。

周：咋死的。

唐：在四川死的。

周：追到四川了。

唐：她回四川了。

劉：女人跑了，他尋去了，不知咋死了。這下結了。皆因這個事情麻煩的。

周：這是侯港的。

唐：引的那女人不知那的。

24　原因。

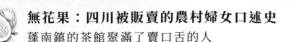

劉：齊個[25]不知道，那會不知道地方的可多了。

田：多了哇，小平小家，二拿糕的媳婦，一天兩個一塊跑的。

劉：約定的。

田：還跟人的，二妹妹還跟著跑呢。人上來個車，走的慢，人那倆人沿溝灣往下走呢，他們以為下溝串門呢，人家那小車子離不遠了，跑上車就走了。

唐：人家齊聯繫好了。

田：男人上來把老婆賣了，跑了就跑了，跑不了就成人家老婆。

劉：侯港是誰的女人，不是那兩人來尋來了，叫侯港的人抓住了，五、六月來了，綁在電桿上，日頭晒的，吃不給吃，喝也不給喝，晒得頭上流的那汗，叫人們整壞了，趴起走了，自那再沒來。

周：誰的女人。

劉：不知在不在了。可叫擰整壞了。再不敢來了。

田：我騎個洋車子，二拿糕燒紙呢，金貴看對了，我們那姨姐也看對了，我從東窪給尋回來，鑽了一黑夜，晌午我碾場呢，說跑了跑了，我說啥跑了，這倆個齊跑了，攏共鑽了一黑夜。

劉：齊是說下的。

田：我們村還不輕信人，說小平小是同學呢，唉，說不說你打她哇，打正魚兒還愁吃哩。第二天趕晌午就跑了。

周：待了一晚上就跑了。

田：就一晚上。引上來這個人說他在露天礦上班呢，說有啥上露天礦找我，齊是假的。第二天人們喊攔著、攔著。小車子誰敢攔呢，小車子搬上就迎南走了。一出村就不頂了。

劉：出了村就不頂了。

---

25 從頭、本源。

那一批賣上來五人

口述人：張璧雲（一九七二～）女，川籍

漆淑珍（一九六四～）女，川籍

訪問地點：山西省朔州市平魯區大有坪村

訪問時間：二〇一七年十月三十日

周：先說你叫什麼名字。

張：張璧雲。

周：你是哪一年出生的。

張：我一九五八年出生的。

周：你老家啥地方的。

張：我是蓬溪縣白輝公社四大隊六小隊。

周：那會你家裡都有些什麼人。

張：兩個姐姐，兩個兄弟，我父親，老母親下世了。

周：你們六口人，你小時候在村裡念過書沒有。

張：沒有念，連個學校門都沒去。

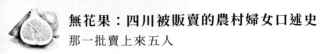

周：為什麼呢，家裡困難。

張：家裡困，就是叫我拔菜，就叫我做飯，就叫我弟弟一個念。

周：你是排行老三。

張：我是老三，最小的是弟弟。

周：就是拔豬草。

張：撿柴。做做飯，做稀飯，好做哇。下麵麼。

周：吃蕃薯。

張：吃紅苕，吃乾飯，吃稀飯。

周：四川話，他們聽不懂，紅苕就是蕃薯。你小時能不能吃飽。

張：吃不飽吧。是由人騙上來了哇。去那耍個了。

周：去哪耍。

張：去山西耍個哇，就那個劉井溝的王玉華，王玉華家也是四川的，她是蓬南鎮的。她把我們弄上來的。

周：王玉華的老婆也是四川的。

張：廖淑蘭。她是蓬溪縣蓬南鎮的。那一年她一次弄上五個來。齊淑蓉，張宮潔，有上乃河（村）那個，上水頭（村）那個，她弄上五個來。我們一個村的就有木和家，人家回去了。

周：你們村就有兩個。

張：哦，我們一搭搭，鄰居。

周：都是廖淑蘭弄來的，把你們五個。

張：哦，她也是四川的。

周：她是先來的，嫁給這個劉井溝的王玉華。

張：哦。王玉華那會也窮，娃娃們多，六個女，那會的啥也沒有，就是販賣呢。

周：販賣女人。

張：哦，就是由四川賣女人們上來賺錢哩。

周：像你們五個，他。

張：一個人五百塊，不算路費。她說不要錢，上來要，看不對就走起了，堵住你了，你沒錢就走不了吧。

周：你不用給她錢吧。

張：人家哄住我們了，我們小也曉不得。

周：那你到他（丈夫）家收不收錢。

張：他悄悄地就給他們了。

周：就給廖淑蘭了。

張：哦。她就不叫我們曉得。

周：你們全不曉得。

張：不曉得，就是吃上兩頓飯就行了。

周：那廖淑蘭掙了不少錢。

張：哦。那會五百塊錢不少了。

周：五個二千五。

張：五個呢。

周：除了你們五個，她還騙過嗎。

張：她可多騙上來了。

周：那廖淑蘭後頭也不咋沒人追究。

張：咋也不咋。沒人告她。

周：那會你來有多大了。

張：我二十了。

周：你一九五八年出生，來時二十了，你笑啥，不對吧。你是哪一年來。

杜子福（張丈夫）：要說就說實話呢。

張：我是他分開隊時來的。

周：一九八一年。

張：我是一九八一年二月來的。

周：那會你多大了，十幾了。

張：我十二了。

周：這還差不多。

杜：十三了。

周：這就對了，否則不對，十三是虛歲，十二週歲。

張：（笑）。

周：她又不是真叫你上來耍，是要賣你呢。

張：她說上來耍。和尚碧沒水，每天用罐頭掏水，每家每戶黑夜掏水，不叫你出去看。

周：怕你跑了。

張：哦。

杜：她們算第一批。

周：不算。

張：雙碾、劉井溝王玉華家就是頭一批，廖淑蘭。雙碾齊志貴的老婆，還有潤芝那個老大。我們是第二批。

周：廖淑蘭是啥時候來的。

張：我看她們是一年來的。

周：比你早幾年。

張：我也不知道早幾年。

杜：廖淑蘭一開始給雙碾引的，她們是第一批。有劉亮家。三個。這是第二批、第三批了。

周：劉亮老婆在不在了。

張：搬到哪兒。

周：我想起了，在北坪（村）呢。你們村有幾個。

張：咱和尚碧多兩個呢，總共有十來個。

杜：十來個也多。

張：這會也是齊這一下，那一下，齊不在村裡了。

杜：在正的多，跑了的少。

周：你們來的五個人，有沒有跑的。

張：啊呀，沒有。

周：全留下了。

張：嗯。

周：那五個人去和尚碧幾個。

張：我們兩個，木和家，叫劉景花，她男人死了，又回四川了。她姐姐也來了，病死了。後沙溝（村）娶的，打的不行，老鐘又娶上，生了個小子。

杜：跟上這老鐘送了命。木和子晚上偷打樹，讓樹砸死了。

周：你到平魯，十二歲就直接去他家了。

張：引時他沒下個，就是廖淑蘭下去的，把我們執上來，說把我給白辛莊那個誰呀，還去看了，二安明，不是沒看對，他出去了，那個家裡就像個豬窩，啊呀，媽呀，一進堂前門，騙來一個四川寡婦女人，這會癱了，是個神經，成天鎖的了，那家髒的進也進不了，我一進堂前扭頭就走了。

杜：她來了，我來給你老 [26] 介紹。

周：你說。

杜：她來了，我沒吃的，把那玉茭子。

26　您。

張：不要屎臉。山西人不像人。一點不老實，底下全是土，上面撒那一點點糧食，騙我們呢，不像人。

周：我知道，山西人就那樣。

張：不實在，真不像人呢。

周：對。他們那會也窮，娶不上老婆。等你們來了，好容易有了機會了。

杜：弟兄四個，瞞兩個，（說）弟兄兩個。

張：我們認不得，弟兄兩個抬了。認不得。

周：就騙你呢。

張：就是騙呢。

周：他怕說弟兄多家窮你就不願意了，是這個意思吧。

張：願意不願意你也走不了了。

周：是。

張：走也是走的了，那會路費也不貴，沒錢，省也省不得問，省不得跑。去劉井溝知道了王玉華家要錢去了，你說山西這好那好，吃這吃那，結果這樣，你說你媽屎啦，拿將那五百塊錢來。說誰和你說我賺錢來了。最後罵的，我鑽了五天，也沒省得跑。回來了，人家也沒尋我。

周：你也出了五百塊錢。

張：我沒出，我出個啥子，是他出的。

杜：男方出錢。

張：我是去要這個錢。她是媒婆，掙的這個媒婆錢。

杜：不算路費，王玉華就拿的五百塊。王玉華家引來的木和子，路費是木和子出的，人家叫木和子和我要路費呢，我給了木和子一百七十八塊路費，給了五十斤全國糧票。

張：那個錢用不了，茶水錢那會二分錢。

杜：我沒下去。

周：那會你咋就把她騙到手了。

張：那會他說他是皮匠，弟兄兩個。

杜：第一我是村上幹部，會些手藝，第三有點文化。

張：可好屄嘴哩。

杜：比別人會說話。

張：會編了。

周：比她大多少。

杜：大多了哇，最少大十二歲。

周：不止哇。

張：他六十六了。

周：你多大。

張：我屬馬的，五十二了。

周：大十四歲？你十二歲來的，一九八二年，今年四十七歲，你是六十六，比她大十九歲。就是瞎說呢。

張：進來哇。（這時漆淑珍進來）

周：後來你給他生了幾個孩子。

張：四個。

周：第一個孩子是你來了第幾年生的。

張：我生了好幾個呢。

周：沒養活。

張：沒養活。第一個是二十上生的。

周：前八年沒懷孕，瞎活呢。你懷第一個孩子幾歲。

張：十四歲。

周：是沒活還是流產了。

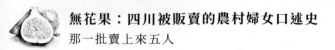

張：我不要了，流產了，養活不過。沒本事，尋上這個人。他是嘴邊會說，沒一下。他罵人可衝哩。

周：他當皮匠能不能掙點錢。

張：他啥皮匠，狗皮匠。他不是皮匠，他是謅我呢。

周：你還會平魯話，知道謅。

張：多年了，還省不得平魯話呀。啥話也會說。

周：你四川話的口音還挺重。你來時歲數小，四川話還沒忘。

張：忘不淨，忘不了。回四川說四川話。

周：你後頭回過四川嗎。

張：我回去一次。

周：來了多少年回去的。

張：多年了哇，還是大女不會走的時候，四月回去的。回那一遭再沒回。

周：你女多大了。

張：三十幾了。

周：那就是三十年前，來這幾年回去的。

張：四、五年回去的。就那一次，再也沒回去，他沒有本事。

周：那後來為什麼沒有回去。

張：沒有票票走不了，沒有錢。

漆：火車上不白搬。

張：那肯定不白搬。

周：要路費了嘛。

張：你還得攢下哇。

周：還得給親友買點禮物啥的。

張：哦。沒錢回不去。

周：你回去時是十六、七。最大的孩子是女孩。

張：女的。

周：大女多大了。

張：三十五、六了。

周：有沒有小子。

張：有一個小子，三個女子。

周：最小的多大了。

張：二十九了。

周：他們現在幹啥呢。

張：齊是莊戶人。

周：沒出去打工。

張：三女在幼兒園做飯，齊是打工的。

周：他們現在怎麼樣。

張：就是那麼個。

周：聘了沒有。

張：齊聘了，齊安排了。

周：兒子娶過了沒有。

張：孫子都十歲上了。

周：在那安家了。

張：她是朔縣 [27] 的。

周：那你有本事。

張：有啥本事。

周：你才四十七歲，孫子都十歲了。

---

27 山西省朔州市朔城區。

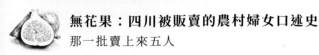

張：娶得早。

漆：你八歲上來，孫子就更大了。

張：我們老漢可有本事哩。

周：誇你了，知道不知道。

漆：他罵他呢，哪是誇他。

周：我知道。

張：有本事的，像城裡的拐的。

周：他腦子是不是有點問題。

張：問題還大呢。

周：她這個性格挺好。

張：我是個愣子。

周：不愣，你這個性格活潑。

漆：整日笑嘻嘻的。

周：比四川冷。

張：冷的多。

周：四川是潮溼，陰冷，這是乾冷。四川是從裡往外冷，這裡是從外往裡冷。

張：離成都不遠。

漆：我們兩個是一個地方的。還是一個公社。

周：你來之前認識不認識。

漆：不認識。

張：她（在）大泉溝，我（在）和尚碧，來這兒認識了。那會忙的誰也不認識。

漆：那麼是四川老鄉。

張：老鄉見老鄉兩眼淚汪汪。

周：那你跟上午甘葉珍、甘葉華是一個村。還有曹淑蓉。

漆：是，她們是妯娌，一個村的。

周：你叫啥名字。

漆：我叫漆淑珍。

周：你今年多大了。

漆：五十四了。

周：你是哪年生人。

漆：我還說不來。

周：你來時多大了。

漆：我十七了。

張：十五了吧。

漆：同你哩。

周：你是哪一年來的。

漆：我來時分組了，分地哩。

張：咱們是不是一年來的。

周：你們是一塊來的，弄不好比她早。

漆：她比我早。

張：早不了，她們也是分（地）呢。

周：一九八二年分地時。

漆：我就是那一年來的。

張：他們也是分地。

漆：她比我早來一年。

張：張功家、齊淑蓉，我們一塊，比她早一年。

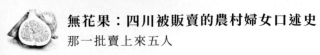
周：那是一九八一年，她是一九八〇年，那你是來了。

漆：三十六、七年了。兒子都三十六了。相當來了三十六、七年了。

周：那你大兒子做什麼呢。

漆：打工，今年跌著腿了。

張：做手術了。

漆：人說不用做手術了。

周：骨折了。

漆：斷了。跌斷了。小腿。

周：大兒成家了，有孫子沒有。

漆：孫子今年九歲了，孫女四歲了。

周：你一共幾個孩子。

漆：兩個。

張：一個女兒，一個兒。

周：那女兒也聘了吧。

漆：在包頭呢，聘了。

周：大泉溝你丈夫叫什麼名字。

漆：叫李樹德。

周：大泉溝有姓李的，姓蘇的多。

漆：有姓李的。

周：李樹德比你大多少。

漆：比我大十來歲。

張：你就是和我們擺龍門陣了。

周：是啊，擺龍門陣。

漆：擺龍門陣我也不走了。

張：都老了，走啥呢。我這老漢得行，還得我勞動，啥都是我做，我都想走了。

周：這挺好的。

漆：我是不走了。

張：你尋上好老漢了。

周：你老漢對你不賴。

張：哦，人家是捧著了。

漆：不是，我是有病哩。那年我在太原鑽了七十來天。

周：哦。

漆：我是有病，不是捧著。

周：看你這樣子，年輕時長得也漂亮。

漆：不漂亮。

周：雙眼皮，挺漂亮。

張：就是漂亮。人家是好女人，尋的是好老漢。

周：你是怎麼來的大泉溝。

漆：我是人家下去引的。我不是人家騙上來的。

張：人家個人看對的，自搞對象。

周：也是蓬溪縣的。

漆：蓬溪縣的，現在叫大英縣。你不是。

張：我不是大英縣的，我是北歸公社十六大隊六小隊，我姐姐是大英的。

周：是誰引你來的。

漆：唉，是我們村的，和他相跟的下去引的。

張：我還白說你呀。

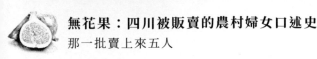
漆：引的，後頭我上來的。

周：大泉溝去了幾個人引的。

漆：去了四個。

周：引了幾個，四個。

漆：沒有，就他一個（引上了）。

周：其他沒引上。

漆：看對了。我就看對他了。

張：人家自搞對象的好，我們那不是自搞對象賴。

漆：我爸爸不讓來。

張：我就要來呢，我看對老漢了。

周：那會你爸爸還反對。

漆：反對哇，不准來，我說管他呢，要來。

張：人那眼睛毒呢。

周：看對了。你後來來這後悔不後悔。

漆：那會來了，也嚎，也嚷呢。

周：有時也吵吵鬧鬧的。

漆：還打哩。

周：還打呢。

張：是她打老漢。

漆：謅呢。

周：年歲大了好點了。

漆：這會不了。我難活了一次，做了手術。

周：就是因為有病了，老漢對你好。

張：人家老漢就是對她好。

周：知道心痛你了。

張：我們那老漢灰球的。

周：估計是他自己都顧不了自己。

張：就顧自己呢。

周：你這個不賴，說明你很有眼光。

漆：有啥眼光呢。

周：你老漢家幾口人。

漆：有兩哥哥，兩妹妹。

周：你婆婆跟你關係怎樣。

漆：婆婆早死了。

周：你來時候還在。

漆：在哩。

周：那你怎麼想起個來山西。

漆：四川窮了哇，窮的啥也沒有。

張：你來山西不窮啊。

漆：山西也窮，誰要讓你來了哇。

周：那會你們家鄉也非常困難。

漆：困難了哇。

周：你老家幾口人。

漆：姊妹五個，有個爸，小小沒記正我媽就死了。

周：是你爸經留大的。

漆：是我奶奶經留大的，我爸和這地方人一樣整日不在，我奶奶經留我們五個，我媽死時候，四妹才五個月了。

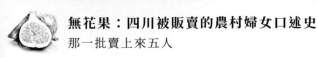

周：你們都是奶奶帶大的。

漆：四個帶大了，我奶奶死了，中風死的。

周：你多大你奶奶死的。

漆：十來歲哇。

周：你們在蓬溪時吃不吃飽飯。

漆：吃不飽哇，那會掙工分呢，是缺糧戶，啥也沒，人家分糧食，我們家除遠不分還差人家的。

周：缺糧戶，欠款戶。吃不飽。

漆：吃啥飽，不是要來個山西。

張：一樣樣家。

周：這兒也不行，後來慢慢好些。你們來這還吃不慣莜麵。

張：吃不慣也得吃。

漆：我不吃。

周：你老公對你好，給你另做。

張：就是。半個銅鈴（玉米窩頭）還吃不飽。

杜：半個銅鈴也是僅你吃呢。

張：僅我吃呢，說得不要屎臉。

杜：要是吃不上早跑了。

周：說明你對她不賴。

杜：齊是留在山西的，一定是老漢對女人好。要不然齊走了。

張：個人自己這陣能說那大話呢。

漆：走了還得尋個椿椿，還不如就這麼鑽的。

張：尋個椿椿也比這強。

周：後來也有點後悔，為啥呢。

漆：嗯，管他呢，原來不行，這回還行。

周：年紀大了，生活也好了，那會畢竟年輕。

張：省也省不得。

周：對。沒經驗。

漆：她才十三了，我十七，比她大點。

張：那會省不得走。

漆：都是小娃娃呢。

張：那會省得了，路費也不貴，走的了。

周：他不看著你。

張：看啥哩。

杜：不看。

周：那你不簡單。

張：去個廁所還跟著哩。

杜：不是我睡在那家，她睡在這家一起耍呢。

周：和你一起來的，四川的。

張：哦。

周：你來這躁 [28] 不躁。

張：躁了哇。

周：語言也不通。

張：懂不得話。

周：娘家也不來。

漆：我來山西回四川也是兩遭。那年做手術回去鑽了八天，嫌不好鑽，回來了。

張：你牛的。人家尋上好老漢了。

28　悶。

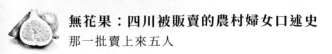
周：你回四川覺得潮溼反而不好鑽。

漆：不好鑽。

周：已經不習慣那的生活了。

漆：不習慣了。

張：人家尋上好老漢了，不習慣了，不好耍了。

周：四川確實潮溼。

漆：冷得不行。

張：我回去還是覺得好耍。

漆：胡說呢。

張：還是和那一茬茬女兒們，耍得不顧家。

周：你還是覺得那一茬茬女兒們好。

漆：哪有呢，這會都不在了。全打工不在。

張：在，可好呢。

周：差不多，她十二歲來，四年以後回去，那一茬都十六、七。

張：一塊耍，抓籽子。我韔說你還是那個樣子。

周：那會你都當媽了吧。

漆：還抓籽子。

張：還是那麼頑。我韔說我還是那樣，我一輩子就那樣。

周：從小頑到老，性格活潑。你老婆開朗，沒心沒肺。

杜：能活一百歲。

張：活一百歲鬧壞了。

周：還有一點能長壽，個人長的矮，矮人長壽。

張：活下一百歲，鬧下古董了。

周：你身高有多少，一米四。

張：沒有，我和吉二家差不多，站在一搭搭。

周：吉二家也是娶四川的。除了老大沒有，弟兄二、三、四齊是。

漆：四川的多呢。

張：都是光棍些。

漆：光棍才娶呢。

周：那會光棍都是多，這會有你們了，就少了。你們給山西貢獻很大。

張：大啥哩，罵的灰哩。數我們老漢嘴也會說，又有功勞，可會說呢。我再不回來了，我韃罵我呢，我媽給說好話呢。那張嘴可會說了。

周：天快黑了，我給你們照個相。

山西人下四川引女人

口述人：陳光秀（一九六五～）女，川籍

訪問地點：山西省朔州市平魯區井坪鎮

訪問時間：二〇一七年十一月十八日

周：你老公這會做啥。

陳：那會下窯，這會打工。老了，五、六十歲
的人了。

周：你叫個啥名字。

陳：我是叫陳光秀。

周：你念過書嗎。

陳：我寡，念過一、二年級。

周：你老家什麼地方的。

陳：蓬溪縣的，連紅公社，那會蔡塘口村。現在改了。

周：你是哪年生的。

陳：我今年五十三了。虛歲，週歲五十二。

周：一九六五年。

陳：一九六五年、六六年，就是個這。

周：你來的時候有多大了。

陳：臘月二十幾滿二十，正月來的。

周：你來了多少年了。

陳：咋三十年呀。

周：你大孩子有多大。

陳：三十了。

周：那你來了三十多年了。

陳：我二月來的，冬裡生的。三十一年了。

周：你是怎麼來的。

陳：我們村有一個人，她有個媒人，離得不遠，相跟上來的，我們老漢下個了，去引的。我爸，我媽、我嫂嫂送我來了，我爸沒來，還有個舅舅。

周：你是劉井溝的，你認識四平小家嗎。

陳：認得了。

周：你男人叫啥。

陳：我們老漢叫劉世斌。

周：四平叫劉汀，他是老四。

陳：我們是一個村子，都姓劉，不是一家。

周：你來了，村裡人對四川人好不好。

陳：也合適的。我們家他就一個，沒個幫助，他爸爸那會活的哩，活了二年，他爸難活死了。人家下窯我就在家裡，我三個小子，去掉一個，二的，三的在新疆，大的在呼市動彈，包消防工程，看圖紙。去年遇上個媳婦，要四、五十萬，我說哪有呢，我沒有那些錢，娃娃倒是好娃娃，這要錢要的，問²⁹不下。還有一個人家要一套樓房，一套樓房最少要四、五十萬，我哪有那些些錢。娃娃不能，這會還沒問下，都三十了。

周：老大還沒問下媳婦，就是因為沒錢。

陳：打工有多難那，每天出去栽樹，三點半爬起來，趕四點走了，下紅旗商店，這兩天，日每五、六點鐘，天冷呢，掙不多的錢，這有人了，這沒人就把你掀下了，走不了。咱們老實人，能做個啥做個啥，沒做的就坐著哇。

周：種樹，一天幹多長時間。

陳：那麼十幾個小時，兩頭不見日頭，黑洞洞回來，八、九點才回來。

周：一天能掙多少錢。

29　找。

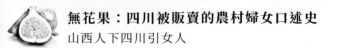

陳：平均一天一百塊錢。今年高些，像那幾年七十。對呢，最高一天一百五、六。

周：種樹女的多不多。

陳：多，我們全是種樹。認不得人就不要你。

周：工頭得認識你。

陳：哦。親友就要呢，關係好的也要，一般的，像咱們，要人多的時候要你，不要時就把你掀下車了。前兩年有採訪的，不叫說，久已不往上報，可有窮的，可有富的。官們就不叫說。

周：中午吃飯怎麼辦。

陳：就是帶乾糧。一般是饅頭，有時買些餅乾，也就是最好的了。有錢的啥也有呢，這沒錢沒人的啥也沒有，沒靠的根本不行。

周：你說外邊打工的本地人多還是四川人多。

陳：山西人也有，四川人多。人辛苦，尋的男人沒本事，全是歲數大的，都大六、七、八歲。我們家都六十歲了。

王倫會：我這個家是採空區，中央文件要求搬，現在也不搬。

陳：我們還是問的家。紅旗商場那面的家貴，要二百塊錢。

周：你問的家一個月多少錢。

陳：上頭的不貴，一個月一百塊錢。三間家，就是這。每天早上要走半個小時到紅旗商場。

周：你租的這個地方因為遠，一百塊錢三間。要是近的一間要一百塊錢。

陳：一百三呢。像娃娃念書那種一百五的也有。不等。

周：你這種樹有多長時間了。

陳：種了五、六年了。我搬下來八年了，九年了。

周：一直種樹。

陳：嗯，沒做的，不種樹幹啥，有的走不了，有的不要。

周：就是有人要今天就幹了，今天沒人要就掙不上錢了。一年下來能掙多少錢。

陳：掙下萬數塊錢頂多了。

周：能幹三幾個月。

陳：八、九個月吧，動彈幾個月，不動彈的時候也可多了，一般三月份動彈，動彈八、九個月就不動彈了，像這兩天凍得不能了，有不走的時候，最多動彈四、五個月。有人情的，合適的，漂亮的，人家就能走。像你這樣的咱人老實就不要你。現在就這社會。一般是有關係的。那幾年我也是在村裡。娃娃們那個念書也可厲害呢，咱們沒錢哇。人家鬧的煤礦就有錢哩。我們那半個，劉井溝就啥也沒有。

周：昨天上午我還去了，我訪問了劉憲。

陳：劉憲和四平是弟兄。

周：對，劉憲是老大。

陳：有個老三也是娶的四川女人，去朔縣了，娶轉兩個媳婦，買了一套樓房，三十來萬，全住在一搭。

周：老四家我也訪問了。良關（村）還有一個過劉井溝的。

陳：良關那個頭一個男人死了，姓賈。

周：前天她買了一百六十三個羊，大虎給她買的。

陳：人家有羊呢。咱們就是在家坐著。

王：要是搬遷就好了。

周：這房是你自己買的。

王：一萬零六買的。

周：你這算是窯房。你這有幾間。

王：三、四間。

周：你這還算固定資產。

陳：人家比我強，人咋下來多年了，我們才下來七、八年。

王：我下來十多年了。我為孩子念書啊。

陳：我下來的遲。

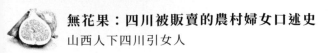

周：劉井溝那個村子現在破破爛爛的。

陳：人家不給搬。

王：有人搬北坪了。

陳：搬大有坪沒去。黑土溝裡頭，你說哪能了。

周：按你這種自己來的也有補助。

王：我們不知道。

周：區裡從二〇〇二年施行移民計劃，分兩種，一種像北坪、大有坪這種，公家出一部分錢，自己出一部分錢，像她這樣的，也補助，比那個少點。像自己搬的大部分沒給。我來後請史志辦的複印了一份文件，看了才知道。

陳：咱們那會搬的要一萬。

王：我下時誰也看不起這個家，當時我說買，買貴的買不起，尋房今天讓你搬明天讓你搬，我老漢就看不對這個家，有錢買好的。哪有錢，供娃娃念書也要錢。

陳：像我們一個也沒念出來，鑽在村裡。我那兩個娃娃念書也合適的。我三個小子。

周：三個都沒成家。

陳：二的成了。

周：花了多少錢。

陳：花了二十來萬。老大、老三沒有。問媳婦，問一個就要錢呢。

周：將來咋辦呢。

陳：不知道，咋呀。

我是人販子箍將來的

口述人：陳玉蘭（一九九六～）女，川籍

訪問地點：山西省朔州市平魯區井坪鎮出租屋

訪問時間：二〇一七年十一月十八日

周：你叫個啥名字。

陳：陳玉蘭。

周：你家鄉什麼地方。

陳：金堂[30]的。

周：你家裡有些什麼人。來的時候。

陳：我來時候家裡人可多哩，爸爸、媽媽、哥哥、姐姐、妹妹，人可多了。

周：是個大家庭。你是哪一年出生的。

陳：我，一九六六年。

周：你是多大時來的。

陳：十八。

周：你來之前在家鄉做些什麼。

陳：念書。

周：念了多少書啊。

陳：念了高中。

周：那你是怎麼來的呢。

陳：我也是人販子箍[31]將來的。

周：騙來的。

30　四川省成都市金堂縣。
31　捆綁。

陳：不叫騙，是箍。我去外婆家，走到一個巷巷裡，被兩個人箍上來的。逼上來的。

周：綁來了，是不是。

陳：嗯。

周：你是去外婆家串門，走到一個巷巷裡讓人綁了。

陳：哦。

周：綁了你，就給你送到這個地方。

陳：這個地方將我賣了三處。最後一處在偏關[32]。

周：前兩次賣到哪兒了。賣偏關是第三處。

陳：只泥泉（村）、教子溝（村）、西莊窪（村）。

周：怎麼又來平魯了。

陳：我在平魯打工呢。

周：你現在在偏關，來這個地方打工。在偏關把你賣了多少錢。

陳：三千六了哇。

周：你賣的那個人家是什麼人家。

陳：莊戶人。

周：他幾個兄弟。

陳：弟兄兩個，姊妹四個。總共六個。

周：你當時就沒想辦法去報告。

陳：報告不了哇，咋能報告，水沒水，電沒電，交通不方便。

周：那個村子電也沒有。

陳：這十來年才有的電。

周：這會交通方便了。

32　山西省忻州市偏關縣。

陳：不想走了哇。

周：這會有孩子了。後來有了幾個孩子。

陳：五個。

周：幾個男孩，幾個女孩。

陳：三個男孩，二個女孩。

周：你男人比你大幾歲。

陳：比我大十歲。

周：當時你去對你好不好。

陳：好。

周：對你還不錯。

陳：就是好才不走呢，要是不好才走。

周：你男人上沒上過學。

陳：人家也是高中生。

周：跟你一樣。那你們一直在村子裡。

陳：在村子裡種地。

周：他們那個村子裡分地是一人分了多少。

陳：地可多了，我們一百來畝地，八口人。

周：你老漢也是個大家庭。

陳：大家庭。我們連孩子是八個人的地。五個孩子，我，老漢，還有老二，八口人。

周：在偏關種些啥。

陳：什麼也有。

周：跟平魯一樣不一樣。

陳：一樣。莜麥、穀子、豌豆、山藥。

周：你在村裡待了多少年。

陳：啊呀，二十多年吧。後來在井坪包門市，老漢做買賣呢。下了一場大雨，下了半個月，井坪房塌的，我們回的。那時老大幾歲了。這次又上來，有七、八年了。頭一次上來四年。

周：你們租的房子。

陳：租的房子塌了，又回偏關了。孩子念書又下了井坪。

周：在偏關念不了書。

陳：我們是偏關的，回井坪近，交通方便，回偏關是偏路。

周：你們村子離井坪近，離偏關城遠。偏關是個什麼鄉、什麼村。

陳：南堡子鄉，教子溝村。

周：那個村子有多少人。

陳：啊呀，人多哩。這會走的沒人了。

周：那是個大村子。

陳：大村子。

周：那個村子像你們四川的多不多。

陳：走完了。

周：你在的時候。

陳：那時候多了。有十五、六個。基本上走完了，跑了。

周：都跑了。跑回四川去了。

陳：跑回四川了。

周：大部分跑了。

陳：大部分跑了。她也不好過，走了。

周：你大孩子有多大歲數。

陳：我大孩子三十了。

周：男孩女孩。

陳：男孩。

周：成家沒有。

陳：沒有。

周：三十沒成家，為什麼。

陳：二十一上成家，後頭不要了，拉倒了。

周：離婚了。

陳：算是沒結婚，結婚呀他不要了。

周：到現在也沒成家。

陳：沒有。

周：做什麼呢。

陳：在太原打工。

周：老二呢。

陳：做塑鋼門窗。

周：裝修，也在外地。

陳：就在本地。

周：就在井坪，老二是男孩女孩。

陳：男孩。

周：他成家了沒有。

陳：沒有，他二十八了。三兒二十一了。三兒還在念書的了，今年畢業。念了小中專了，機電。

周：二個女兒，聘了沒有。

陳：這就是大女兒的孩子。

周：你當姥姥了，這是外孫女。這是大女兒的兩個孩子。二女兒呢。

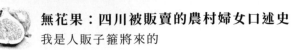

陳：二女兒一個女兒，也聘了。在朔州。就三個兒子沒成家。

周：三個兒子，三的還小，二個大的都沒成家，奇怪。

陳：人家說不著忙，娶轉還得離婚呢。

周：什麼原因。

陳：不知道。外面老二也有朋友。

周：不固定，經常換。

陳：嗯。

周：年輕人的生活方式可能跟老的不一樣。你們金堂來平魯的也不少。

陳：是，多哩。我們那兒是好地方。

周：我在大有坪訪問，有兩個金堂的。你後來也沒想報案，追那兩個人。

陳：沒有，這個老公對我好。那裡也是生活。不挨打受氣就行了。

周：你在路上就讓人段[33]了，是怎麼把你弄來的。

陳：走在路上，不讓你說話，這不是。

周：還拿刀子在腦門上割了一下。

陳：哦，你要說話就，還說讓轘轘接你呀，啥的，不說。

周：你要說了就把你殺了。

陳：嗯。把我賣在偏關這家人家，我說咋的咋的，我是賣將來的，他說不差於這幾個錢，給了人家三千塊錢，我們老公給的。我說我跟你過不成，我是讓人騙上來的。他說管他的，三、四千塊錢無所謂。

周：你跟他說了。

陳：說了。說了他給人家錢，那會人家有錢。

周：頭兩家也是偏關的。

陳：平魯的。

33　追趕。

周：先來的平魯。那時怎麼，人家不要。

陳：我不去。

周：他這個人販子你不去就不賣了。就是說人販子賣到那一家你得同意，買的那一家也得同意。如果有一家不同意也賣不成。

陳：賣不成。

周：下木角那兩個村子，你為什麼不同意呢。

陳：那兩家都有兩個老頭，兩個老母親，都六十歲了，我要麼跑，也是敞敞開開的跑，還有個八十歲的老母親，還有個八十歲的還是個瞎子，掙點錢也不容易。

周：要是騙子要了人家的錢，你再一跑，是哇。就覺得有點對不起人家。

陳：你要錢了，其實錢我一分也花不上。

周：都是綁你的人。

陳：拿走了。

周：第二家因為什麼。

陳：第二家是教書的。

周：教書的不是挺好的，為什麼，沒看對 [34]。

陳：看對是看對了，見了我們也是可好呢，看正覺得對不起，總的來說對不起。

周：覺得對不起人家。

陳：過不好萬一咋呀。這個就不用說了，還打了我。最後回來我就實話實說，人家一看給了錢，想走走，想在在，拿走三、四千塊無所謂，我到時候能走走，不能走再說。加起來他們對我好，也不想走了。

周：寬宏大量。你想走也行，在也行，錢我不在乎。

陳：願意花這個錢。

周：感動你了。

陳：嗯。

---

34 相中。

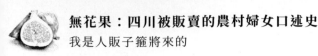
周：你從金堂來偏關多長時間回四川。

陳：十四、五年。

周：十四、五年以後回的金堂。回到家鄉時候，父親、母親還在。

陳：母親死了。

周：你母親去世你不知道。

陳：不知道。

周：也沒見著。

陳：沒見。

周：後來是不是就可以經常回去看看。

陳：哦，經常回。老爸明年九十歲了，回去過生日。前年回去了。

周：九十歲是大壽。那你四川兄弟姐妹都很好。

陳：好。人家誰也比我強，都是住的二層小洋樓。

周：你們倆口子基本上在井坪安家了。

陳：井坪安家。

周：這房子是買的還是。

陳：剛才進來的是房東。

周：租的房。這房租貴不貴。

陳：一百二，不算貴。

周：一百二一間。這房子不錯挺好。你租了幾間。

陳：就這一間。

周：你老漢做什麼呢。

陳：也是打工，我們都是打工。沒事了，他回村了。

周：你在井坪打工做點什麼。

陳：栽樹。今天想出去出去，不想出去不用出去。

周：第二次來了五、六年，全栽樹。

陳：哦，來七年了。

周：你看你這口音，你去偏關就隨偏關口音了，到平魯就。

陳：隨平魯了。

周：看來人這個語言能力走哪兒說那兒的話。

陳：那兒的都能說。

周：說的還很好。

自己給自己布下的陷阱

口述人：何小紅（化名）（一九七二～）女，川籍（遵個人意願未拍照）

訪問地點：山西省朔州市平魯區井坪鎮出租屋

訪問時間：二〇一七年十一月十九日

周：你叫個啥名字。

何：小名叫個何小紅。

周：你家鄉什麼地方。

何：廣安[35]的。

周：你來之前家裡都有些什麼人。

何：家裡啊，我爸、媽、哥、兄弟。

周：你在家鄉做點啥。

何：家鄉啊，我十六歲就不念書了，念了個初二，念的也不咋好，後頭就不念了。那會家裡賺錢也難，八幾年一斤米才一、二毛錢，都窮。都出個，我就跟著我二哥出個賺錢，去雲南學了二年裁縫，反正也不咋賺錢。那年代錢也不好掙。

周：你出去學裁縫有多大了。

何：十六歲、十七歲。

周：在雲南什麼地方。

何：雲南曲靖。

周：做衣服賣啊。

何：那時候我哥也學，二哥二十來歲，我十七、八歲，弟兄們相差二、三歲。他也是將將學會出來，不咋會，齊給人家，有個服裝廠的老師傅退休了，讓老闆僱傭了，給人家剪下衣服，我們又把他剪下的衣服拿出來軋，做好了又給他送給個。人家看合格了就收下了，不合格的又返工。

35　四川省廣安市廣安區。

周：給人家加工，幹了二、三年。後來呢。

何：覺意那也不賺錢，我哥也娶轉媳婦了，我個人就想起個出來打工，給人洗碗，當服務員。

周：還在雲南。

何：不在了，在成都，廣元，瞎跑呢。

周：又幹了多長時間。

何：就一年吧。

周：又咋到山西的。

何：後頭又回家了，在飯店也不賺錢，在飯店一個月才掙得三十塊錢，每天早早起來給人洗菜，拖地，擦桌子，做到晚上十來點，人們吃完飯走完了。

周：幹十六、七個小時。

何：做完了回個了。在火車站碰見啥人了。

周：碰見人販子了。

何：嗯。

周：是騙你打工，還是直接把你弄走了。

何：那會咱們小省不得，人家專門做這個，那會我也二十歲了，十九歲，我上來那年二十歲，基本也懂點事了，省得了。人家專門用那種手段。我就坐上火車跟上說是打工。那會火車站，火車上很亂。

周：尤其是成都火車站。

何：在廣安。火車站特別亂，秩序也不好，睡著了，他們就把包提溜走了，要麼在兜裡掏錢，啥人也有呢。人家就尋上我了，就跟上你了，就盯上你了，後頭左繞右繞，最後人家說交朋友啊，做這呀，做那啦，後頭也沒出去打工，又從火車站返回家。返回家，就是騙你家在哪住的。我個人回家了。

周：回家以後呢。

何：回家以後他說又找娃娃們，反正複雜了，麻煩的。

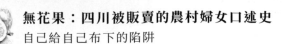

周：不著急，慢慢說。說說你的經歷。

何：他就是用那種手段說跟你交朋友，怕你不上當呢。然後男人、女人又尋上我門上了，人家和我家裡人說，他都和我結婚了，後頭說我家裡還有小孩呢，他是個人販子。對上我父母這樣說。我家裡父母兄弟在哩。他說他是人販子，說騙上我出去賣呀。人家對上我家裡去說了。當時我個人不在家裡，後頭回家裡我媽就說我，兄弟也說。我是廣安人，他是岳池[36]人，我就想起坐上車去岳池尋他，想問個究竟。問去了，人家說尋不見這個人了，尋到那個岳池的村子。你不管走到哪裡，他都能看見你。後來我又有一次去了，走到哪兒也尋不見他，藏起來了。然後人家又派一個人出來了，人家說我幫你尋他哇。人家就說我呢，人家就是結婚了，有了娃了，你不用尋他了。後頭就這貨[37]把我叫他家，在他家住著，住了二、三天。後頭說，不想叫回家。我個人那會也是，回家就算了，也是覺意不歇心。不歇心才想做啥呢。說我引上你去山西，騙錢。我去過雲南打過工，我還去飯店打過工，外面的世界我都知道了，他撇下我騙不了，就直接說給我了。說跟上我走哇，你打工也掙不了幾個錢，就夠你吃，夠你穿，家裡父母也拿不上錢，我說帶你上山西，那地面尋上個人家，鬧好幾千塊錢，尋找上人家了，拿上錢了，我帶你回個，騎上摩托，租上個車就把你帶走。聽上人家的話就跟上走了。

走到成都。我在成都打過工，在成都火車站我下個了，住店了，我還出個了，找我的老朋友。人家說你不要聽他的話。我當時也沒說人家叫我去騙錢，我是說去那頭打工，去太原打工。人家說他騙你呢。我說我不怕，我那也去過。我硬跟上人家走了。以前打工的朋友勸我呢，我回到火車站旅店，第二天坐上火車又走，到了太原。到太原出來了，說啥呢，說拿上錢人家趴起來就跑了，人家拿上錢就走了，我二、三天來接你，你不要做聲了。當時咱也蠢得屬害哩。還把錢數得夠不夠，給給人家四千塊，人家拿上了，一天不來，二天不來，後頭五、六天了，人家不來，這才知道上當受騙了。這就不叫你走了。不頂了。

周：那個人拿錢跑了。

何：開始來的時候，對那個家說我沒媽，跟上父親過，生活困難，就是想尋個人家，捏鬼[38]呢。捏的。叫人信呢。個人賣了個人。

36　四川省廣安市岳池縣。

37　傢伙。

38　撒謊。

周：就是，等於自己賣了自己。

何：給人數錢呢，個人分文沒有。後頭想偷跑哩，身上一毛錢也沒，跑不出去，走哪也尋不見，尋不見路。有一天終於想起跑，爬了一黑夜山，天明了也沒離開那地面，走不了。

周：買你這家去太原找你們。

何：不是。人販子把我賣到這地面。

周：已經到平魯了。

何：賣了我四千塊錢，他拿上跑了。

周：你跑沒跑脫。

何：沒。

周：當時賣到那個村了。是郝小峰村嗎。

何：不是。

周：賣頭一個村是那。

何：山陰[39]。

周：山陰怎麼又跑到平魯了。

何：我住在人家裡不甘心，一天想跑哩，想回家呢，我父母也不知道，去哪了，到處尋我。我初來時離家，是偷跑出來的，不敢跟家裡人說，去那。家裡人到處找我呢，我爸、我媽，見了同學也問，見了和我一齊出來打工的也問，問去了那，打電話。那時候沒電話，到郵局拍電報，到處尋找了哇。我個人也知道，我家裡就我一個女兒，獨生女，有兩個哥哥，兄弟，從小到大我爸我媽把我慣得厲害，要啥有啥，再咋家窮，想要啥都給我，兄弟們穿爛衣裳，也得給我買新的。我個人心上也知道，我爸我媽到處找我呢。無論如何我得回家。我當時在山陰那個人家裡想無論如何得回家，每日在他家吵了吵，叫喊了叫喊，飯也不吃，後頭起，說這要往這家死呀。中間有個介紹人，搬到四川了，是個貴州人，人家就想起個餿主意，說拿了四千塊錢願意給他，他家也是窮的，錢都是借的，要出人命呀，你想走呢，就再把你賣了，然後他家也好還帳，給你拿上兩個錢，你有辦法再跑。最後他把我引到下

39　山西省朔州市山陰縣。

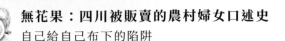

面高王家灣（村）那頭，人們一看誰也沒人要，後頭他姐姐在下面高，說看的不正常誰能要下呢，我原先那個男人說不賣了回家個呀，我和這家有娃娃了，都三、四個月了，說不賣了，說生下這個娃娃，就拖延時間吧，慢慢的，說慢慢的習慣就不走了。當中還有個介紹的媒人，他住人家裡，人家就不叫走，人家就要五百塊錢，說你拿五百塊就回吧，如果不給五百塊錢就不讓走。山陰那個男人就回家取錢去了。在他家住了兩天就不叫走了，回家取錢去了。恰恰這裡有人看了，這個媒人他想要錢了，要了二千三百塊，那一家是要五百塊，中間那個媒人拿走千數。我抓了五百塊，錢放在炕上，心裡想回家時的路費。我估計這是回家拿的車費。中間那個媒人其它拿走了，咋也哄的跟我要那五百塊錢，我說不能，先說好了，我就要這五百塊，多了我也不拿，我說我這個人講義氣呢，先說下了，我也不在這，我也不叫喊了，我說叫喊了公安局、派出所來抓你們呀，我說我也不作聲、不叫喊，給給我錢就能了。第二天，山陰那個人拿著錢來了，他沒碰上。沒見上，我就跟上人來了向陽堡（鄉）。

周：去了郝小峰。

何：嗯。就那三輪車拉上走的。

周：到了郝小峰咋沒走呢。

何：開始就是盲目的跑，後頭是怎麼想辦法跑呢，跑跑跑，跑了幾次跑不了。後頭這家還是想家，不吃飯，娃娃小月也沒了。後頭思謀那娃娃沒了，怎麼回家，天天就想這個，夢夢也想，夢想咋回家呢。到最後又有了我那個大小子了，他韃韃說你給養下個娃娃，你回家哇，有兩三個娃娃了，還是不叫回家。那一年我說迎那麼我也要回呢，他韃不叫回，那錢也沒了，窮的連車費也沒有。生下個娃娃後，我就給我韃寫信了，說給了。先去下面高（鄉），像是吃了上頓沒下頓，每天不能去動彈了，就看我的了，像犯人怕跑了呢。窮的不能，迎那麼也是個跑，還不如出去動彈呢，動彈上有了娃就不走了。我後頭去下面高給家裡寫信。來信就叫我回家哩，他姐姐就把信扣住了，不給我。人家啊還給編的，說我在這打工，家裡人放心。

周：還編的回假信。

何：嗯。說在這打工，掙了錢就回個了，放心。第二年七月，又從下面高搬到陶村，又給我爸爸寫信，我爸爸來了。

周：終於見到女兒了。你跑了到你爸見你相隔多長時間。

何：我看差不多一年半、二年。

周：見到你放心了。

何：來了住了三天就走了。

周：氣的。

何：我爸也老了。我爸才七十歲，得了冠心病，走路也不行，鑽的不習慣。八月十五了，凍的。

周：八月十五這地方就很冷了。你老漢搬來搬去都是打工。

何：都是在煤礦，下窯，那麼也得生活呀。家裡有他爸、媽、二哥。家裡種的糧食，他二哥抬到後窯，人家說全是他的，沒咱的。我那個老漢成年在外賺錢，不種莊稼，他掙上錢吃了花了，家裡就沒拿回來。家裡糧食就他韃她媽他二哥的。

周：就不給你吃。

何：不給。

周：是你老漢的親哥哥。

何：做出的飯給你吃，南方人吃不慣北方的飯，不想吃。尤其他媽還邋遢，看見那做出的飯像餵豬的，不想吃。

周：那你那個婆婆對你好不好。

何：就那樣，挺好的。

周：你後來怎麼就安心了，轉變了。

何：啊呀，反正過了多少年了。那年，有一年窯塌了，我們老漢脾氣也不好，也不想在這地面住，好幾年了，生下那個大大了，生二二的時候，我出去拔兔草，二的在肚裡窩死了，後頭我又沒心思在這地面了，丟下那個娃娃就回四川了。

周：終於跑回去了。

何：我個人倒是自由的，想走就走。

周：那會不看著你了。

何：早就看不住了，他也不看了。

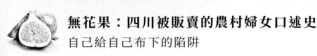
周：那老大多大了。

何：一歲半、兩歲。我回四川了。我回個了，家裡不叫上來。我就去廣州了，去廣州打工，打了半年，那麼想娃娃呢，把娃娃丟在家裡，他媽歲數也大了，他韃歲數也大了。心裡思謀再回個吧，就又回來了。

周：你走了有大半年。

何：半年，差不多，八月走的，臘月回家過的年，第二年回個的。

周：後來又有孩子沒有。

何：又生下個女兒。始終家裡吵吵鬧鬧，麻煩的不能，天天叫喊的，昨天他才走了，去應縣了。

周：去應縣打工。

何：在礦上。

周：你們老吵。

何：在家就。

周：他打不打你。

何：以前打呢，現在不打了，剛來的時候。

周：他有多大年紀。

何：比我大四歲，我四十六了。

周：你們什麼時候來井坪了。

何：我們先在礦上住著，後頭說礦上掙不上錢又回村種地，種的地，餵的羊、餵的豬子，後頭娃娃大了，念書呀，村裡沒學校，把娃娃執到城裡念書，寄在老師家裡，又麻煩人家，快個人搬進城，村裡也沒家，也是租別人的家。

周：自己沒有家。

何：村裡有三間舊窯，他二哥住的哩，就個人另外尋個家，租的別人的，搬上走了。後頭娃娃大了，念書呀，想起搬到井坪。進來了，啥做的也沒有，這往死餓呀，下煤礦的工友就來拉呀，內蒙、山西就這。

周：你來這有多少年了。

何：我二〇〇七年還是〇六年在這蓋的房。

周：在井西街蓋的。

何：嗯，在李林街。

周：你自己蓋的，蓋了幾間。

何：蓋了三間房。

周：這房是自己的了。

何：嗯。買的表兄的地，是商業局的，人家朔縣買了樓了，把地面賣給我了。

周：你大孩子有多大了。

何：二十五了。

周：現在成家了沒有。

何：沒有。

周：現在也是打工。

何：在包頭。

周：老二是個女孩。

何：嗯。

周：今年多大了。

何；二十了。在李林學校念高中呢。

周：二十才念高中，不到二十吧。

何：十九了，她念書念得遲，在村裡八歲了，念幼兒園呀，我又生個二兒子，看小小娃娃呀，沒進城念書。

周：二兒是老三，老二帶弟弟，耽誤念書了。現在是不是安心在這個地方了。

何：咱也沒了走處了，老也老了，這也身上盡是病了，一身病。

周：啥病。

何：B 肝了。病毒攜帶。

周：那不算病。

何：那年北京跑了兩趟。二〇〇六年蓋房，饑荒[40] 塌下很多，就難活呢，找不見病還到外地看，吃藥不好。

周：疲勞，噁心。

何：醫院說你有 B 肝了，原來不當個事，嚇壞了。後頭表兄說他也得過 B 肝，在北京三〇二醫院看的。我也去三〇二醫院，回來裝滿了一兜子藥，花了好幾千塊錢。回來吃了，吃了一下變肉[41] 了。吃了那藥真能吃飯，不消化，穿腸過，咋吃身體也不好。乏、軟。我這腿也痛，腰也痛，肝膽不好，渾身疲勞。

周：B 肝病毒攜帶者不算病，不影響打工。

何：我也一般不打工，就個人在家收攬收攬家。春天了，這地方有苦菜，自己挖點，賣兩個錢。冬天來了就在家裡坐著。

周：老二也念書了吧。

何：老二念職中（職業中學）。

周：有多大了。

何：十六了。

周：你這個經歷還很波折。你是哪一年生人。

何：一九七二年。

40　債。

41　胖。

人販子是自己的親友

口述人：熊力瓊（一九六九～）女，川籍

趙占明（一九六七～）男，晉籍

訪問地點：山西省朔州市平魯區井坪鎮

訪問時間：二〇一七年十一月二十日

周：你叫啥名字。

熊：熊力瓊，熊貓的熊，那個瓊，我不識字。

趙：王字旁，瓊。

周：小時候你沒念過書。

熊：沒。我小時候找了個後媽，我念書個了，人家是叫我割草個，你割草個，我就割草去了，割草割的遲了，去了老師不要，圈在學校外面就不要你了。後頭說起家裡窮，我爸爸不在，就沒供給我念書。

周：你幾歲你爸爸娶的後媽。

熊：那會我還沒記正，我一歲我媽到死了，我們四川叫婆婆把我經留大的，大了把我叫回去做營生，能做營生就把我執回個了。我自小小命可苦了。

周：你老家什麼地方。

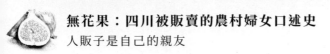

熊：四川綿陽涪城區松亞公社一大隊三小隊。

周：是綿陽郊區。兄弟姐妹還有些啥人。

熊：姐姐死了，妹妹給人了，兄弟在呢。就剩下我和兄弟了。

周：你妹妹咋就給人了。

熊：那會我媽死了，沒人經留，就給人了。

周：姐姐咋去世了呢。

熊：姐姐割草叫水淹死了。

周：姐姐去世有幾歲了。

熊：十六、七了，也大了。

周：你哪一年離開綿陽來的。

熊：那是幾幾年來的。

周：那時多大了。

熊：我是十八來的。

周：你哪一年出生。

熊：哪一年出生不記得了。

周：你今年多大了。

熊：我今年四十九了。

周：週歲四十八，那就是一九六九年。你可能是一九八七年來的。

熊：不知道是幾幾年來的，反正我記得那年我十八了。

周：你是咋來的，還是人販子賣過來的。

熊：人販子是我後媽的姐姐，人家一說那兒打工賺錢，聽人家說，我說哦。人家那個姐姐，我們那個地方叫姨姨，姨夫在市裡邊是個公安局的副局長，人家有靠，打發手底下的親的們，一貨外母娘、小舅子上來說給尋營生啊，叫出來打工呢，來這地面。

周：然後就把你賣了。

熊：嗯，賣了。

周：賣了多少錢。

熊：那會三千五了哇。

周：是你後媽的姐姐把你賣了。

熊：人家是一夥夥。

周：賣你的時候有幾個，你知道不知道。

熊：三個，四個呢，有小舅子、大兄哥、外母娘。

周：這麼多人領著你。

熊：嗯。

周：賣的就是你一個。

熊：引的就是我一個。

周：最後錢誰得到了。

熊：錢人家拿走了。人家拿走了還說，這好鑽的你就鑽的，不好鑽的半路的再來尋你，還說尋你呢。人家還引回哇。我又不認得，人生地不熟，別說錢人家拿走了，那會我十八了，小，啥也省不得。

周：後來你就去了小紅溝（村）。

熊：嗯，去了小紅溝。

周：就去了他們家，他比你大幾歲。

熊：比我大兩歲。

周：他兄弟幾個。

熊：你兄弟幾個。

趙：兄弟五個。

周：你是老幾。

趙：老四。

周：你們家娶四川女人有幾個。

趙：兩個。那個走了，老二家。

周：半路走了，老二家有沒有孩子。

趙：有三個孩子。

周：她是怎麼跑了。

熊：人家回個了。

周：也不管孩子了。

熊：嗯。

趙：回四川了。

周：那你咋就待下來了。

熊：我是咋待下來的，也是我小時候被擰整過，我媽死的早，扔下我一個受苦，經歷過，後媽一天三頓沒有飽飯，有三頓挨打哩，我也是怕娃娃受治哩，要不是這早就跑了。

周：大部分都是因為孩子。

熊：嗯，是。我小小經歷過艱苦，扔下娃娃受治呢。

周：你有幾個孩子。

熊：唉，生下四個，三個女兒，一個小子。

周：大的有多大了。

熊：多大了。

趙：二十九。

周：最小的有多大了。

熊：十七了。

周：來了三十年了，就是一九八七年。老大是男孩、女孩。

熊：老大是女子。

周：聘了沒有。

熊：聘了。娃娃也有了。外孫有哩，外孫女也有哩。

周：兒子多大了。

熊：十七了。上學呢，三閨女也上學呢。這會就交待了兩個大大。二的也聘了，外孫跑的都上幼兒園了。

周：兩個女婿做什麼呢。

熊：大女婿開裝機，二女婿修車呢。

周：什麼時候搬到井坪的。

熊：那是幾幾年。

趙：有二十多年。

周：那你們來的很早。

趙：農業社單幹開三、四年就來了。

熊：我那個大大將會走來的。

周：一九八一年分開的。

趙：一九八五年來的。

周：那你來的時候還沒和她結婚呢。

趙：結婚，就像她們四川上咱們這裡，上來就用不著結婚，四川就沒有她名字了，基本上就是到了一塊了，就算結婚了。

周：正好我想問你呢。你說四川姑娘不管什麼情況來的，實際絕大部分沒有辦過什麼結婚手續。

趙：沒有。

周：有辦的也是個別的。

趙：哦，個別的，我看一般是沒有。

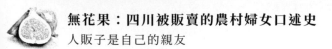

周：你和她在一起，是在村裡，還是來井坪以後。

熊、趙：在村裡。

周：你們在一起生活後來的井坪。

趙：有了兩個孩子才下的井坪。大的三歲，二的二歲。

周：那時是一九九一年來的，來了二十六、七年了。那你們來了後怎麼生活呢。

趙：來了我先到礦上，到二鋪礦。

熊：秋後來井坪，那天我還說呢，眼看冬天沒做的了，窮的連年也過不了了。我說你收豬毛，騎上那個洋車子收豬毛，收上豬毛，才一個人扯上一條褲子。那天坐在炕上吃飯，我才想起來，我和他說呢。我窮的過不了還給你扯一條褲子。那是過了個大年，第二年人家去二鋪下了窯。

周：收豬鬃給你買了條褲子。

熊：扯了一條褲子。

周：那還對你不賴。那會收豬鬃能不能掙兩個錢。

熊：那會收豬鬃不賴。

周：第二年下窯，你就跟上來了。

熊：去二鋪下窯，我就到井坪街上了。

趙：下窯共下了三個月、四個月。我一個兄弟代班呢，我在外頭看房子，他死了，我就不幹了。

周：落頂了。

趙：落頂了。我說這活不能幹，就進城了。

周：只幹了三個月就出事故了。跟你一塊幹的工友給砸死了。後頭幹什麼。

熊：裝卸。

趙：先養車，開個三輪車，拉白麵、稻米。

周：到村裡去賣。

趙：哦。

周：能有多少收入。

趙：賣了二年。

周：又改行了。

趙：裝卸。三輪車掙不了錢。

周：是，我聽好幾個人說開三輪車掙不了錢。

趙：那個時候打工一個月掙一百五十塊錢，那就算大工資了。

周：主要裝些什麼。

趙：裝糧。豌豆、黃芥。

周：背麻袋。一麻袋有多重。

趙：那個時候一百八。

周：辛苦呢，背著上跳板。

趙：哦，上跳板。

熊：這也裝呢。

周：現在還裝，那你這身體還可以呀。你今年有多大了。

趙：五十一。

周：那麼重的麻袋現在還能背的動。

趙：背不動了，現在最重的就是一百二。

周：標準不一樣了。

趙：現在少了三分之一。

周：你在家裡做什麼呢。

熊：我在家裡平常出去打工。沒事給娃娃們做飯。他那會出去我在家裡帶孩子。孩子小的時候不能出去，孩子大了能打工了。

周：你們這個房子是問的。

熊：問的。

趙：今年買下了。

周：今年買了新房。

熊：嗯。

周：二十五、六年都是問房。

熊：孩子們大了，我能刨落的買房了。他一個不行。

周：這一下你們兩個人一起掙。收入就多一些。這套房多少錢。

熊：十七萬多點。

趙：十七萬一。

周：一百五十平米，一千多塊錢一平米。你出去打工是從什麼時候開始。

熊：你那會是多少。

趙：有十年呀。

周：這十年打工都做些啥。

熊：栽樹，蓋樓房，抹灰，抹灰工抹灰，我給攪灰。

趙：她打工就是我養三輪車那年。我在家養病養了半年。

周：那你開三輪車還出過一次事故。

趙：哦，摔溝裡了。那會是農行車。

周：像小卡車。

趙：六輪的。

周：你怎麼出的事故，在那兒。

趙：段山寺（村）。

熊：那溝灣有個急轉彎呢。

趙：當時上不下，一急就下去了。

周：當時受傷重不重。厲害不厲害。

趙：厲害了哇。肋骨、葉子骨齊斷了。七天頭上才心亮了。

周：昏迷了。是誰發現的。

熊：我在哩。

周：你在車上呢。

熊：我從車上跳下來了。我站在了溝沿，還搬的我兒，三女，齊搬的了。

周：全在車上那。

熊：嗯。

周：真危險。

趙：把她們全部掉溝裡了。

熊：全掉溝裡了，把三三腿打斷了，做了手術。

趙：把四四撂了。四四八歲了。

周：還死了一個。

熊、趙：哦。

周：男孩、女孩。

趙：女孩。

周：老三是腿受傷了。

熊：是小子，老三。

周：當時在車上。

趙：他們姊妹三個。

周：加上你們兩個，五個。

趙：她跳下去了。

周：是不是你們全家人都在這車上。

熊：老大、老二不在。

趙：老大、老二不在。

周：還搬的一個人。

趙：嗯，還搬的一個人。

周：那人受傷了沒有。

趙：她倆都跳下去了。

周：你們是拐彎的時候先下來了，孩子們沒下來。

熊：孩子們不下來。

趙：孩子三個都在車廂裡邊。在裡邊耍呢。

周：拉了一車西瓜。

趙：賣完麻生，從山陰捎了一車西瓜。

周：賣麻生，從山陰捎了一車西瓜。到段山寺賣。

熊：車也報廢了，人也出事故了，三個娃娃，我那個小子把鼻子打的一個豁唇唇，小子。三三大腿打斷了，做了手術，那也花了不少錢。背幸。花了十來萬呢。

趙：不少背呢。

周：背債。

趙、熊：哦。花了十來萬塊錢，不是說我將將把饑荒打了，娃娃大了，他也歡勞了，我又動彈的又買了這家。

趙：要不早就買這家了。

周：這事故是多少年前的事。

熊：是多會來了。

趙：井坪那年。

周：小孩去世你們記住了，去世了多少年。

熊：那年八歲，活著二十七了。

周：十九年了。那就是一九九八年。

熊：八歲上出的這個事情。

周：可惜了，還去世個孩子。他不行了，養病養了幾年。

熊：三年。

周：就不能動彈了。

趙：整整在家裡養了三年。我在家裡做飯，帶孩子。

周：她出去打工。一九九八年出去打工做什麼。

熊：搬磚，攪灰。要不跟上人家抹灰。

趙：一九九八年那年井坪拆遷。

周：那年大拆遷。那時候你就是你們家主力了。主要收入就靠你了。

熊：哦，我就出去，娃娃們還念書的哩。大大還念書呢。他在家做飯，我給出去受 [42] 個。

周：三年多他才能出去動彈。

熊：哦。他就能出去了。

趙：我在家，她也能掙幾個，花過去的。

周：有點積蓄，要是沒有積蓄，啊呀，那打擊就大了。你原來就是倒麻生，由平魯到山陰。

趙：山陰、大同。

周：他們是做飼料。平魯這地方胡麻多，軋出的麻生也多。那你們經歷這麼一段事情，最後還是熬過來了。

熊：熬過來了，孩子們大了。

周：真是不簡單。你現在身體恢復怎麼樣。

趙：恢復的一點問題沒有。現在殺豬。

42　幹活。

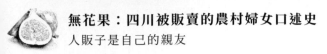
熊：殺豬他背肉哩。

周：沒留下什麼後遺症。

趙：沒有，一點沒有。

周：那挺好。你大名叫個啥。

趙：趙占明。

周：五十一。你是哪一年出生的。

趙：一九六五年。

周：你後來回去過嗎。

熊：回去過。

周：來這多久回去的。

熊：啊呀，十來年了，二十年了，我也記不正了。

周：你回去，你爸爸、兄弟還在。

熊：在哩。我爸爸沒了，我後媽和我弟弟在。

周：你爸爸去世時你知道不知道。

熊：我不知道。趕我回個就沒了。那會娃娃們窮，我光景也不好，後頭來這街上了，給寫信哩，才探見。探見了，正好趕我聘那個大閨女，我弟弟上來了。第二年趕冬裡我回去過年。

周：你沒見到父親。

趙：都下世了。

熊：我來三年頭上我父親就走了。

周：你剛來有沒有想跑的念頭。

熊：也有哩。

周：試過沒有。

熊：試倒沒試過。想來了，一和他吼過，我就想跑了。

周：一吵架就想家了。你剛來時他是不是還看著你，怕你跑了。

熊：他到不看。

周：你婆婆呢。

熊：你說不看呢，晚上睡覺時候把門執正。

周：你跑了不是人財兩空了嘛。

熊：對。

周：你兄弟倆，那個，不是，你是弟兄五個。

趙：我是姊妹九個，光小子五個，女子四個。

周；你們是個大家庭。你是老四，老二娶的也是四川的。是什麼地方的。

熊：成都的。

周：當時花了多少錢。

趙：那個時候沒多花，全是村裡也是外地的介紹上來的，花了二千多。

周：你是說你們村最早有一個四川的。

趙：也不是最早，是她後邊了。是人販子販上來的。

周：村裡這個，女的。

趙：不，是男的，她姐夫。我們村那個姓張，娶的她，女方的姐夫。

周：姐夫也是四川的。透過她丈夫販到村裡。

趙：哦。

周：你們先後販上來幾個。

趙：啊呀，那個村販上的有十幾個哩。有在的，有走的，也鬧不清了。

周：都是這一家販上來的。

趙：不是他一個人販上來的。我們老二那個是他販上來的，旁的不是，也是這個販，那個販的。

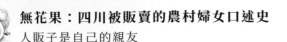

周：我問你一個問題，也問過許多人，你說她本身也是四川的，被人賣到這平魯，接著她又透過四川把別人弄過來了。你說她圖啥呢，都是老鄉，騙自己老鄉。

熊：咋是為啥哩，是為軋巴[43]兩個錢呢。還不是為軋巴兩個錢呀。

趙：實際呀，那會四川窮，比平魯還差。

周：吃不飽，為幾個錢。那會二、三千算是比較多的錢。

熊、趙：哦。就是。

周：可以補家裡用。趙占明你說，那會要娶個四川女人二千、三千、四千、五千不等，那會分開不久，一斤糧食賣多少錢。

趙：那會大小豌豆，大豌豆是二毛錢，小豌豆是一毛錢。一斤胡麻，是油料，六到七毛錢。那會的糧價。

周：你說三千塊錢得多少斤糧食。

趙：啊呀。

周：那好，你說平魯這些娶四川女人的錢從哪來。

趙：從哪來啊，大部分是有女的換親，沒女的，就是積攢下這幾個錢，只好娶外地的。有女的不敢往出問，只好換親。沒女的，起碼問媳婦問不到，咋好的光景不行，只能問四川的、蘭州的。

周：那三千塊錢得攢幾年呀。分開平均三坰地吧。

趙：按幹活的工資，一天能掙十五到二十塊錢。

周：你還得吃喝呢。

趙：那會抽菸是官廳煙，二毛八分錢。

周：要攢三千塊錢得好幾年，要不得借。

趙：咱們那會過一個六月六，拿上五塊錢，回的還剩下一塊錢。回家就基本上花不了錢。一毛錢能買十個糖蛋，現在一毛錢能買一個糖蛋。

周：當時娶四川女人是這個價錢，娶當地女人得花多少錢。

43　掙。

趙：當地的看對了，搞價錢花個四到五千塊錢。

周：跟娶四川女人差不多。

趙：差不多。那會有了，也是單幹開了，當家呀，牲口呀，也自由了。

周：實際上八十年代娶四川女人跟娶本地女人差不多。

趙：差不多。

周：差不多，可是。

趙：就是本地女人少，不是四川來的，光棍多。

周：也有一個說法就是你說當地女孩少。

趙：當地的少。

周：你怎麼就想起找個四川的。

趙：迎那麼那個本地的。

熊：弟兄們多，家底窮。

趙：手頭上沒點技術的，下煤窯的，不是開車的，找本地難。

周：不願意嫁。

趙：不願意嫁給你。

周：後來你們五個都成家了吧。

趙：齊成家了。

周：另外三個是娶本地的。花多少錢呢。

趙：那也沒多花。我大哥今年七十一吧，人家那個時候才四、五百塊錢。

周：那他早。

趙：一九六〇年。三哥吧，我頭一年娶的，他第二年，花了八千塊錢。

周：當地的，還是娶四川的便宜點。

趙：老五早早去世了，沒有娶過。

周：咋去世了。

趙：他和我一塊裝卸呢，得了胸膜炎，到醫院不行了。

周：現在你們這日子怎麼樣。有自己的房，兩個孩子也聘了。

熊：還有一個上大學的。小的念高中。

周：在那上大學。

熊：太原。

周：那你們負擔。

趙：負擔嘛，也沒辦法，困難的厲害。

周：你們年輕的時候吵架，現在吵不吵了。

熊：吵哩。

趙：吵也吵呢，可寡。

周：吵，說明有感情，不吵的家庭也有人說有問題。

熊：唉，也有問題呀。

趙：要是理也不待理了。

熊：也有一輩子不吵架，不掰嘴的。

周：肯定也有。

趙：她要吵就吵起來了。

熊：我這命不好，算了一卦，這屬羊的人就是犟。他屬羊。

周：你屬啥。

熊：我屬雞。說雞的脆，說羊的頭彎正就犟。

周：相信這個屬性。

熊：我給他算了一卦。

周：你剛來時他打過你沒有。

熊：打哩，往死打呢。我是命大。

周：你是命大。

熊：不是命大，早就把命撂這地面了。

周：什麼時候不打了。

熊：這孩子們大些不打了。年輕時候往死搗呢。

周：趙占明是不是家庭暴力。

熊：嗯。

周：老婆不能打，尤其是女人不能打。記住這句話，打人傷心呢。

熊：打得我，想撇下孩子們走馬不回頭了。

周：你也是捨不得孩子。

熊：孩子們大了，不像小小時。

周：孩子們大了，他也不打了。

熊：不打了，犟哩。

周：屬羊的。

熊：屬羊的往死犟呢。

買來賣去還得過日子

口述人：林麗芳（一九九六～）女，川籍

訪問地點：山西省朔州市平魯區九坪梁村

訪問時間：二〇一五年九月十八日

　　我是前年在八墩（村），我男人在右玉[44]打工，蓋房子，讓煤氣悶死了。兩口子睡在一個炕上，他悶死了，我沒死。前年臘月又嫁到這兒。要了二萬五。老婆婆要走了，把我賣了。嫁過來不到一個月，又得了闌尾炎，在醫院輸液又花了七千五。還搞了腦電圖，還輸氧氣，一天幾百，住了半個月院。

　　我在四川[45]有個老公，那會年輕。老公是集上的人，是居民戶口，我是農村的，隔了五里地，我到集上賣菜，早上挑起去賣，他看上我了。叫媒人來說，給我爸說，我不知道。那天叫我穿漂亮點，趕集。我就上集上了，那天也沒好好打扮，畫了眉，打了口紅，長頭髮披起。一上集上我想看電影，我爸說給你說個朋友，你看看。我一看是對門的那個男的，他走過來就拉著我去看電影，我不願意，又拉著我去他家看看。在他家吃飯，他媽回來了，還有他繼父，媒人，還有我爸爸。他讓我住下，我沒同意。他就跟著去我家了，還買了三套衣服的布料，還有條白裙子，一塊手錶。你去我家應該買點水果、糖果，啥也沒買。我氣的。我家有奶奶、爺爺。那會六十多，現在奶奶八十二了，爺爺九十二了。那會我十九歲。第二次趕集看上我了，拉上我不讓我走，讓我跟他姑姑學裁縫，說不要來回跑了，住在他家。說幾里地走上麻煩，他家有床，就住他家，我說行。我一個人睡一個房，他沒有買盆，晚上起夜要出去尿。那會他爸不在家，狗日死小子就發灰。不是他親老子，他親爹在火車站，給人做飯，是個啞巴。聽到說我了，多遠就喊，我站著看，他過來拿五百塊錢給我，我聽不懂。旁邊的人說是他的親爸爸，我不敢拿，我父親不在身邊，怕他起壞心。人說是小劉的親爹，我拿了，給我爹了。

44　山西省朔州市右玉縣。

45　四川省榮昌縣豐高鄉人。

我爹說你拿著，想買啥就買些啥。我想買好點的衣裳，買了一套西裝，花了一百八，給他也買了一件。那傢伙又吃又喝，嫖賭啥也幹。那天上班他叫我吃飯，他姑姑說你早點回去吧，不然涼了。他和他姑姑事先說好了，把他爸支走了，打我主意。先讓我喝糖水，又讓我喝酒，有雞、有魚。過會我頭暈了，飯也沒吃，就睡了。第二天啥也不知道，身上有血哩。第二個月了，我表妹來了，給我爸一個雙胞胎兄弟的兒子說對象，是當兵的，是我表兄，兩個人見面了，歡喜了。我上集上叫我表兄，有一輛拉沙的汽車過，有個穿米黃衣裳，喇叭褲，白襯衫的人，看到我說，這個閨女多漂亮，就喊我過來，我罵他滾贖子走開，還要走來摸我的臉，沒摸到，我一偏被車撞倒了，掉了五顆牙，我就叫喊，司機開著車想跑，被人攔住了，說你撞了人還想跑。攔了個車送到醫院，做檢查，搶救，住了半個月，醫生說我懷孕了，在家養了半年多。回家啥也不想吃，只是吐。我媽叫我吃，不吃不行，把孩子養好，說我懷孕了。我說我沒結婚咋懷孕哩。我媽說醫生檢查了，你懷孕一個半月了。我氣的整天哭，睡在床上哭，晚上睡著了哭醒。我喊媽把孩子弄掉吧。醫生說你體質不行，又貧血，弄掉孩子大人也保不住命。到了三月十六日，我爸媽去趕集，走了不久我肚子疼，流血了，要生了。我就到奶奶家，掛個棍，睡在奶奶家床上喊，奶奶喊我爸媽來送醫院。

頭一天下午去，第二天中午才生。醫生顧著吃午飯，看見小孩頭出來了，不是讓我使勁，是往外拉。縫了七針，不給打麻藥，我就叫，疼死了，救命呀。醫生要一百五十塊錢，沒給他，一分錢沒給他。生了兩個小子。我爸抱著孩子，我媽牽著我走，我說不用，讓人看見多丟人，下午就回家了。不知咋走漏了消息，還是他掐準了日子那天生。剛回家不久，他來了，還擔了幾節布，讓我媽做，沒買小孩衣裳。我媽弄尿布，洗，哪有時間做，還餵了幾十個雞、豬，還要做飯。我氣的不行，把布扔出去，說我不認得你，滾遠點。他說啥也是我不對。他說孩子姓啥，我說我姓啥孩子姓啥，他沒父親。他說沒父親孩子咋來的。我說孩子是大水沖出來的，是個野種，沒父親。你算哪棵蔥，看看我讓車撞了，不要我了，讓你拿幾百錢買藥，你不給，看看生孩子了你來了，你早幹嘛去了。狗日的，滾。生了孩子還沒滿月，他拿著麻袋去搶銀行，公安局攔他，他跑，開著車追他，抓住第二天槍斃了。

我們那裡有個織布廠，我去那兒上班，一個月一千幾百塊錢。有個姓張的，叫張亦文（音），兩口子，媳婦賣屄哩，跟這個睡，跟那個睡，不生孩子。男的說是打工，在外頭掏包，他說外邊有個打工處，包吃包住，一個月兩千塊錢，我就認真了。他

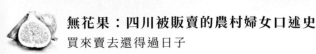

就買票帶我去了邯鄲成安縣[46]，那個男的比我大十來歲，高高大大的，雙眼皮，身體還好，兄弟倆拉煤去賣。他兩口子來了，拿了兩千五百塊錢走了。我說結婚要看日子，要抬轎子，我要坐花轎。我又碰上個人姓霍，說是四川的，問我哪裡的，我說是重慶的，告他說叫我來打工，結果把我賣了。他女人說和我一個地方。姓霍的叫那個拉煤的叔叔，說是他拉煤每天掙幾百塊錢，比我大八歲。見了面，說了三月初八，是個好日子，還抬了轎子，一樣不能少，給我買了手機，穿的婚紗，買了八套衣裳。當家的還把錢讓我管。給他添了個閨女，兄弟媳婦要跟他分家，分就分吧。買了個豬，母豬買起，頭一次下了十二個小豬，就賣了一千塊錢。閨女三歲了，又添了個小子，兄弟媳婦不願意了。添閨女她願意，添小子就不願意了。生閨女還給我送來幾斤雞蛋，生小子送的是鴨蛋，拿四個鴨蛋，三個雞蛋。我說你拿走，我吃不起雞蛋呀，你看不起我，一抱還一抱，你生孩子我送了十斤雞蛋。他兄弟聽見了，說咋了。我說你進來，你媳婦生小子，我買了布，肉給你，你媳婦咋對我，對不起我。他回去罵媳婦，說她是我親嫂子，咋那樣對她，把你餵飽了，那樣對她。

我又遭人賣了，那人是他朋友，裝土的，把我騙出去，賣了三千五，把我身分證也拿走了。也沒辦法和家人聯繫，通不到信。我先前生的兩個孩子是雙胞胎，在廣東上的大學，我的孫女都有七、八歲了，孩子是老爺爺和舅舅盤大的，我爸爸來邯鄲看過我，背了一大包東西，帶了我喜歡的臘肉，有花生、稻米、橘子、醃松花蛋。鄰居說你爸爸來了，我不信，一看，真的，跑下去。那會閨女十五了，小子十三了。離開四川十六、七年了。閨女、小子看見都叫姥爺，我爸爸給小子一百塊錢，給了閨女二百塊錢。我說爸爸你不懂事，給小子一百塊，閨女二百塊，小子親，女兒親，我是女兒，你讓我走那麼遠。他講你講笑話了，你是遭人騙了，不是我讓你走那麼遠。我忙，還種了十幾畝棉花、養的豬，餵些雞，孩子上學，做飯，沒空回去。

賣在八墩，八墩那個不識字，比我小，小八歲。對我好，婆婆對我不好，經常吵架。公公頭年死了，婆婆跟人睡，人家有媳婦，不要臉，我罵她。有個姑姑，公公死了給她下貼了，她不來，埋了第二天她來了，要吃好飯了。婆婆不說，男人也不說，我就說，我說姑姑人也埋了，請你不來，今兒來了幹啥哩，你出去，我把門關上。他姑姑的女兒死了，我拿起肉、布，拿起鞭炮送去。你看不起我，我也不怕你。老公對我還可以。我和老公在右玉租的房，一個月七十塊，幹活，搬磚，蓋樓房。住的房還漏，搭的塑料布，灶漏煙不知道。那天他在工地吃的飯，喝了酒，回來就

46　河北省邯鄲市成安縣。

睡了，我在家吃的，我也喝了半斤酒。我吃了飯，看會電視。我讓他洗腳，他不洗就睡了。睡到十二點、一點，我想吐，摸電燈也摸不著，掉到炕下邊，門也沒關，醒了，怎麼睡在地下，遭悶住了。我叫他，看他尿炕了，遭了。我去隔壁敲門叫人。給他穿起衣裳，抬到門外放在門板上，給他姐姐打電話，她說等天亮了，我說你弟不行了你還等天亮。他姐夫來了，說是我害死的。叫公安局的來了，人家說是煤氣悶死的，有塊磚掉在煙筒裡了，你冤枉人家了。五月十九拉回來的，房東賠了一千多塊錢，花七百塊錢賣了個好點的棺材，買了幾套衣服。

婆婆又把我賣了，先要五萬哩，老五不肯，給了二萬，羊館（康白）給了五千，前年臘月十九來的。正月就害病，來的路上就肚子痛，下車就吐。晚上吃飯又吐，吐了一個多月。找了個醫生看，輸了三天液也不頂事，一個星期拉不出來，就去縣醫院看病，又住院。照電影，輸液，又輸氧，老五的哥哥、侄女、侄兒、孫女都對我好，上醫院看我，還買東西，我啥也吃不下，每天幾百塊。有個醫院打掃衛生的，說你回家喝苦菜湯就頂事，不要輸液了，又省錢。我聽了要出院，花了七千多塊不頂事，不輸了，院長不同意，他說再輸十天，我說再輸命也沒了，我命也不值那麼多錢，我結婚人家花了兩萬，東家送幾百，西家送幾百，我就是冤枉人，討飯的命，我是四川的，人家留了我，不能再花錢了。我說你不叫我出院我就跳樓。院長沒辦法就簽字了。回來慢慢就好了。老五家裡的人都來看我，侄女也來看我。對我都好。

你要跑就打斷你的腿

口述人：甘葉珍（一九六九～）女，川籍

甘葉華（一九七二～）女，川籍

曹淑蓉（一九七二～）女，川籍

訪問地點：山西省朔州市平魯區大有坪村

訪問時間：二〇一七年十月三十日

周：你是姐姐，先說叫什麼名字。

甘葉珍：我咋來的就咋說，叫甘葉珍。

周：你是幾幾年生人。

甘葉珍：我是一九六九年。

周：你是妹妹，叫什麼。

甘葉華：甘葉華。

周：你是幾幾年生人。

甘葉珍：她是一九七二年。

周：你比她大三歲，你們倆先說說老家的事情，你們是什麼地方人。

甘葉珍：四川農村的。

周：什麼地方。

甘葉珍：中江[47]的，中江縣湯山區七龍公社杜陸家村。

周：那會你們家裡有幾口人。

甘葉珍：我們家人多呢，我們姊妹七個，爺爺、奶奶也在。

周：十一口人。

甘葉華：你上來他們不在了。

甘葉珍：他說的是老家，當時在呢。

周：你們小時候在村裡做什麼呢。

甘葉珍：讀書嘛。

周：你念了幾年。

甘葉珍：也沒讀多的，她比我多讀幾年。

周：妹妹讀的多些，讀了幾年。

甘葉珍：她讀了四、五年。我讀了二、三年。

周：讀完書做什麼呢。

甘葉珍：就是種地。

周：你們那裡是壩子還是山區。

甘葉珍：是山，田也不少。種蕃薯、種麥子、種玉米、種棉花，種花生。

周：你們小時候能不能吃飽。

甘葉珍：吃飽些，家裡也不窮。自我記住，我們家就不窮了，我爸爸當的村長。我們姊妹七個，數我和她最小，有幾個姐姐、哥哥，他們都是勞力。

周：你是什麼時候來的。

甘葉珍：我是一九八七年來的。

47　四川省德陽市中江縣。

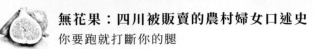

周：你來時你們家就單幹了。

甘葉珍：早單幹了，我記住時就單幹了。

甘葉華：我還不大大。七、八歲。

甘葉珍：各地不一樣，跟山西差不多，一九八〇年。

甘葉華：你十一歲了。

甘葉珍：還不到十一歲，我都記住了，那會他們在農業社幹活。

周：農業社時就能吃飽了，分開就沒問題了。

甘葉珍：嗯。那就更好了，我家的糧食就吃不完，有的（家）不夠吃。我記住，我是十七歲來山西的，還有吃不飽的，他勞力少嘛，他爸出去，是教員，就他媽一個勞力，姊妹四個，不能幹活，就他媽一個動彈，就吃不飽。

周：你是說你男人家。

甘葉珍：不是，是四川，還有人家吃不飽。勞力少，種的少。四川那家人當教員掙的少，還耍，碰得輸兩個錢。

周：你們姊妹七人，上頭那幾個現在怎麼樣。

甘葉珍：挺好。

周：都做什麼呢。

甘葉珍：全打工呢。人家光景不賴，全是好光景。

周：父母親全在呢。

甘葉珍：父親不在了，母親不在了，我們來這十年，父親還來了一次，回去臘月就死了，父親一個人來的，來看我們。

周：你們回去過沒有。

甘葉珍：經常回去，前年還回去了。多會想回去就回去了。

周：你是一九八七年來的，你們倆一塊來，還是你先來的。

甘葉珍：我先來的。

周：是怎麼來的。

甘葉珍：是我老公去四川，看能不能引上個媳婦。

周：是他自己下去引的，他是怎麼認識你的。

甘葉珍：他不認識我。我表姐在吳家窯，是一個連一個，親友連親友。

周：是互相串。

甘葉珍：相互介紹，他們三、四個人下去。

周：你這個表姐還在不在吳家窯。

甘葉珍：在呢。

甘葉華：在井坪住的哩。

周：你老公是你表姐介紹去的。

甘葉珍：不是這樣。我表姐的一個表兄在土圈溝（村）住著，不對，她是表妹，我是表姐，她十六歲就來了，土圈溝這個是她表兄，也等於是我表兄，他們下去外母娘嫁了，表妹那個村子一家姓，給我介紹的這個表妹是吳家窯的，最後介紹的相跟一路。我去我姑姑家耍去了，碰上他們，就是我表妹介紹的這個人，就問我來不來。那會在四川聽說山西好麼，說不幹活，不幹活我們也想去。我在四川時我爸想叫我換親，我就不想換，我不換。我爸就和我表兄、表妹先走了，把我這個老公留下了，看我也有心思，又怕我不去，咋不咋，叫他引我上來村裡看看，我說我想去，我不想換親，換親的不好，上山西走的遠點，看不見他們。就是迎這麼來的。

周：這就去了大泉溝，你老公叫什麼名字。

甘葉珍：賈明。

周：那會你多大了。

甘葉珍：那會我十七了。

周：來了以後日子怎麼樣。

甘葉珍：來了以後感覺怎麼樣，日子不如我們老家哇，他的家庭就不如我的家庭，唉，到底可窮哩，真窮背幸了，吃的，鑽在窮山溝裡吃的買不上，啥也沒有。我那會家裡邊，就像他韃順著我們，吃啥，給買些吃的。

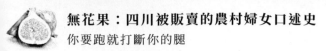
周：自己沒吃的，給你買些。

甘葉珍：對，給我們吃些掛麵，買魚，吃些稻米，僅我吃點，他們就不給吃好的。那會他們沒電。

周：大泉溝沒電。

甘葉珍：沒有，電視也沒有，窮的。他十六上就把媽死了，來就父子倆，啥也沒。

周：光棍日子肯定不好過。

甘葉珍：他哥哥娶過媳婦貴家了，有兩個姐姐、一個妹妹，全聘了，就丟下他父子倆了。來時候，水缸也沒有，爛櫃，櫃上的土滿滿，就連些鋪蓋也沒有，你看那窮的，最後就看這日子，還有姐，幫架的，我做不來飯，誰在就幫一下，就像今天我想吃點麵條，就幫著擀些麵條。他爸爸就是出去放羊，給人們種地，動彈些，時刻不在家裡，就像吃飯，我說吃啥就有人幫著，他就是吃一口不吃一口，碰搭在嫂子家吃上一口，我就一個。

周：他比你大幾歲。

甘葉珍：他比我大五歲。人是我尋的，人也湊合，就是家裡窮。

周：你來了，當地農活幹不幹。

甘葉珍：不幹，他也不叫我幹，我也幹不了。我就是一天天串門，去人家坐一陣陣，晌午了就回去做飯。

周：大泉溝四川的多不多。

甘葉珍：多，三、四十個，跑的跑，在的在，在下的有二十幾個。

周：你們四川的經常在一塊，串個門啥的。

甘葉珍：嗯。

周：有點安慰，不然和他們說話也困難。

甘葉珍：是。

周：你始終不幹農活，還是後來。

甘葉珍：我那年正月來的，那年潤六月，趕十月就生下孩子了。

周：第一個孩子。

甘葉珍：就那裡也不能去，不能幹活，也不幹活，就是在家裡餵個豬子，餵兩個雞，做點飯。

周：你生了幾個孩子。

甘葉珍：活的哇有四個，一個送人了，掉了兩個。

周：為什麼送人了。

甘葉珍：多嘛，我生了六個。

甘葉華：想要女兒，全是兒。

甘葉珍：我一口氣生了六個小子。

周：那你這負擔重了。

甘葉珍：這陣陣身邊有三個兒，一個結婚了，還有兩個。

周：這地方習慣兒子結婚都是父母辦。

甘葉珍：是了哇，二兒子、大兒子這陣在廣州。

周：他們怎麼跑那麼遠去打工。

甘葉珍：也是拉攏嘛，像這面冬天就不能幹活了。

周：是不是那邊有什麼人認識。

甘葉珍：認識嘛，有我外甥女，哥哥、嫂嫂，全都在那面。

周：等於你的兩個兒子去廣州打工是靠你娘家人幫襯。

甘葉珍：對，對。那面天氣好，那麼也是他們介紹過去的。

周：小的呢。

甘葉珍：在朔州。

周：你跟老公感情怎麼樣。

甘葉珍：挺好，我們一直挺好。

周：你也沒有婆婆。

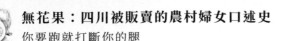

甘葉珍：沒有。我來八年頭上他韃就死了。

周：你們四川來的，當地人對你們態度好不好。

甘葉珍：我是他引來的，對我態度挺好，我們挺好。

甘葉華：不好早就跑了。

甘葉珍：他們要是不好，肯定在不住。

周：那些跑的原因是什麼。

甘葉華：跑的都是賣將來的。

甘葉珍：我給你說跑的原因，一來是賣將來的，二來是家庭不好，人不好，要是人對你好，家庭也好，肯定不走，那地方也是過。我的心思，那地面也是一樣。

周：東水窪（村）的人講，四川來的有些問題，一是年紀大的，二是家裡窮的，三是有殘疾的，找不著當地的，找些四川的。

甘葉珍：一樣，她說的這個一樣，比方山西人去四川，家庭不行，人不行，他也在不住。對哇，人對，家庭好，能合的來，關係好也不走。

周：大泉溝這些跑的具體原因是什麼。

甘葉珍：村也不好，人也沒尋好，賣將來的，要是引將來的，看見人好，家庭也能湊乎，就不走。跑的原因是兩個關係不好，你也打我，我也罵你，擱不來。像東坡的媳婦，都有兩個娃娃了，婆婆、公公對人不好。有的婆婆當家，點[48]上兒，說你這媳婦今兒不做活，明兒不做飯，啥也不做，兒信上這話，這關係就不好了。說你啥也不做，就等吃的哇，兩個人就吵架呀。挑撥上關係，兩個人就越鬧越僵了。我們這，那會他韃也在，對我也好，不賴，有時候吵個嘴，他韃就說他呢，說她小哩，不用管她。要是挑撥上，她也不幹活家也不收攔。這就要打架哇，關係也就鬧不好，肯定還是個跑。

周：東水窪跑的也都是騙來的。

甘葉珍：總是尋不好，男人有缺點。

周：男人心裡總是認為她是我花錢買來的，對她也不好。

48　挑撥。

甘葉珍：你下頭要去問的那家，就真叫攆背幸了，就拿火柱燒紅了，還有菸頭燙的，把這（咽喉）捏的不叫說話，就是啞巴吧。

周：那她還能在呀。

甘葉珍：不是，是四川賣將來的，你說話就說你不在呀。

周：就是四川賣的女的。

甘葉華：就是，你一說話，就是認為你不服教吧。

甘葉珍：她在四川有老漢呢，就是騙將來，就是朋友和她好，說走哇，去那兒那兒耍哇，領上人家就賣呀哇。賣人家也不願意哇。

周：那當然。

甘葉珍：就把人家烙的哇。

甘葉華：她那日子寫出來，越發苦。

周：噢，虐待她的那個，是賣她的那個人。

甘葉珍：是，她老公對她不賴，也不打，實話說和老公碰個牙，吵個嘴，幹個架也難免。

甘葉華：她老公尋的時候就那樣了，就是想跑也不敢跑了。

甘葉珍：她可苦了。老公二千八百塊錢買的，買上，泄火藥給吃上，慢慢的才好上了，吃的能說話了。

周：來的時候不能說話了。

甘葉珍：不能，只能寫字，人家念過初中、高中。

周：那真夠狠的。

甘葉珍：人家男人給買的泄火藥吃的。

甘葉華：別人也不敢要，說是啞巴不敢要。

甘葉珍：人家家裡窮，是自己抓正主意要，又不是父母抓正主意要的。說我就要這個啞巴呀。

甘葉華：是人家老漢要。

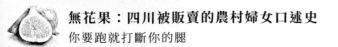

周：是她老漢抓正主意要的。

甘葉珍：是把銀元賣了，自己湊了二千八百塊錢。

周：他有銀元。

甘葉珍：是他韃和他媽的。剛才來的那個老漢啥也清楚，一開始叫他的兒問上，他不要，他一個兒，這陣他的兒也是四川的，娶得是一個寡婦，四十幾才娶的，人家四個女一個兒，可挑那吧，人家挑的高，說我這四個女兒一個兒，就要娶這本地的，給他他不要。

周：要娶本地的。四川的不要。

甘葉珍：對，最後半路地還是娶了個四川的，娃娃才七個月，還抱怨，和他同歲。小時候問媳婦不要四川的，要本地的，就給耽擱了，沒娶過，到了四十一、二，現在四十七、八了。

甘葉華：男人死了，還帶的兩個娃娃，二十的，十八、九的，這陣個人又生了個女兒，才七個月了，還攔不得，今年二月二十幾生的。人家是招將來了，給你生下一個，你也滿意了。

甘葉珍：她也是讓人騙來的，男人遭車禍死了，招來的。在偏關。

周：還不在這兒，上門女婿。

甘葉珍：不在。

周：一個兒子，還讓人招走了。那老倆口老了怎麼辦，養老送終了嘛。

甘葉珍：這老倆口剛回來，去那給兒子媳婦看孩子，不然怎麼辦，孩子沒人看。家裡也有牲口，出去幫一把算一把。如果個人抓主意，女兒也有聘了的哇，有外孫、外孫女。給生一個不錯了，要是不生，一個也沒有。女兒、孫子只是有一個。

周：你一個兒子結婚了，錢是你出，還是兒子。

甘葉珍：我出，這陣還是我養活得了。

周：花了多少錢。

甘葉珍：我這個兒子基本上花了十幾萬。給媳婦五萬，給外父老漢二萬，給人買的家具、三井摩托，這些亂七八糟的。

周：你是你姐姐來了幾年後來的。

甘葉華：我來也有十多年了，一九九〇年、九一年。

周：你姐姐一九八七年來，也就三年時間。

（曹淑蓉進來）

周：坐。

甘葉珍：寫一本書，把你寫上，越發的苦。

曹：聽見說了。

甘葉珍：後夜 [49] 訪問你呀。

周：那你是怎麼來的。

甘葉華：我是姐姐家住的，後來看見這裡也挺好，住了一年。

甘葉珍：也就半年，三個月，那會你不大呢。生下維維那一年。

甘葉華：我看見好耍，在四川還要打豬草呀，一下雨路也不好走，還得做鞋，我連鞋也不會做，這裡不用做鞋，光做個梆子，沒別的。

周：在家裡還幹活。

甘葉華：少也得幹點，不然嫂嫂們不罵呀。

周：你來這看姐姐不用幹活。

甘葉華：我看挺好，幹半年，坐半年，不像四川一年到頭幹。

甘葉珍：四川二荏田，這裡一荏田。

周：你找的老公是那個村的。

甘葉華：一個村的。

周：也是大泉溝的，他叫個啥名字。

甘葉華：他叫張國全。

周：他家有沒有兄弟姐妹。

49　下午。

甘葉華：啊呀，他家有五個兒，他是老二，老大也是娶四川的，他家沒女的。

周：那三個呢。

甘葉華：老四沒娶過，那兩個娶本地的。老四比我大一歲。

周：你大兄哥娶的是哪裡的。

甘葉華：四川大英縣的。

周：你那家公公、婆婆在不在。

甘葉華：都在。

周：婆婆對你好不好。

甘葉華：好，不好我也跑了。也是沒錢，有錢娶你四川的。

周：你們夫妻感情好不好。

甘葉華：就那樣吧，也不算愣好。

周：有幾個孩子。

甘葉華：一個女兒，二個小子。女兒聘了，這時候二小子還沒娶媳婦。二兒才十八了，大的二十四了。給你說哇，我們都是講良心呢，不講良心早跑了。我的老漢脾氣不好，和她們的不一樣，不是那寬宏大量，是那小肚雞腸，依我再啥些，早就跑了，不跟他過了。來了二十多年就是一個指頭都沒碰我，連個耳光也沒搧過，我倆不吵架，都打心眼仗，我看耍了也不尿你，也不和你嚷，不和你打架，就過。

周：就是思想上不能交流。

甘葉華：對，不像我三姐夫寬宏大量，就是那小肚雞腸，就是那也沒想起不和他過，跑了，他還打我呢，就是這會提出不和我過，我也願意。我個人養活不過我個人那，這也說的我本心話，要是早幾年出去打工，我早就不跟他過了。我四川人來尋個挨打受氣的，我在四川尋不下呀，我遠天實地的，親的沒親的，朋的沒朋的，一趕上你們這麼對待我，我哪裡也不愁尋個人，那裡不是當女人。因為這我早就跟他們說過，四川人上來你們就這樣對待，你是沒有見過，腳、手上的鏈子，怕跑了，真有苦的，像我哇挺好，來時也沒多花，花了三、二千，公、婆打的饑荒，整整花了六千塊錢。我那老公也瘦，單薄，他韃、他媽打的饑荒，我要的東西一樣一樣也

沒給，這陣老人都死了。賃家呀，五個兒，老大媳婦也是四川的，要這要那，我說先僅你要哇，你要完了我不要了，管球他呢，我白手起家呀。他啥也沒給我分，他兒多，分家呀，牲口呀，豆子呀，還數我們分的少，啥也不給我分，一袋袋豌豆也不給我分。那會，他在神頭電廠裡頭，五年的合約工，最後我就單走了，我要的立櫃，要的縫紉機，要的錶，都沒給我。

周：結婚時候，答應的東西都沒給。

甘葉華：一點點也沒給。我說公公老漢是個殘病，是肺氣腫，出不上氣來，趕我來就不幹活了，五十七上死了的。那會我有女兒了，才兩歲，她爺爺到死了。我說他，你老子那球像，老婆受回苦回來你還球胡罵呲呢，就那不是說我狠心，因為我都受多大治了，你回來還麻腦[50]，我心裡再比上那麼難活哩，你還麻腦哩，坐在炕頭上，奉伺上你，不是說我們四川人狠心，因為有個同情心了哇。你還迎這罵我呢，我幾輩子不和你過，不是我說。

曹：苦哩，我們那公公、婆婆。

甘葉華：我來時候下雙碾，你知道那雙碾吧，那會是個鄉，人們趕會呢，都拿著錢，給我二十塊錢，我說我不要，我可以啥也不買，看看紅火就回來了。這還不服呀，我們四川人咋呀，就這老漢一天天板著個臉。我是不學（說）他，學他我能嚎下，我那老公就那樣還跟他過呢。就那小肚雞腸。齊是為娃娃們呢，早就受治了，指著撈的菜，撈也沒撈頭。不是早就走了，唉。我就是受氣哩，不挨打。我就和他明說了，你要是打上我一摑，我就和你沒完，我走了也不回來了，那裡也行，不是尋老漢，山西人說這四川女人們走哪裡也不怕，走到哪裡有人要哩，這、那，明明是你們拿人不當人，是不是心對心對人家，人再咋到這地方沒親的沒朋的，就是老漢和這家人是親的，你再對人家心上不好，人心換人心哩，你好我好大家都好。因為你不好，我一個人尋你這家人就這麼對待我。我是不待說，說起那會，唉。

曹：四川人苦哩。

甘葉華：苦不苦不說，我還要咋哩，還說我不是好心呀。我們大人也是好大人，不是那顛三倒四的，你要是跟上那灰個胞早就，這會還能在你家呀。咱們也是說管他呢，走到哪裡也是尋老漢，滿世界，再尋連這也不如，越後悔，總不能一處一處尋，三、四處的尋哇。咱就是不挨打，就是小肚雞腸，這會就是不一樣了，啥也由我呢，

50　生氣。

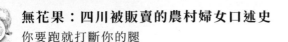

不由我就不管球他了。一九九一年我跑在廣州，就是覺意，那都兩娃娃了，說回去吧，我回來了，這分財產呀，到不了我手裡，最後都給我了，要是說到不了我手裡我也走了，最後說一五一十掙的錢都給我了，這家我也能當家。要是我要一分就給我一分，我就是不在的，咋好我也不在，因為我被尋回來了，你要實心實意過這點光景，最後拉倒了，娃娃們一天比一天大了，就這麼過吧。

周：就是因鬧矛盾跑到廣州了。

甘葉華：我哥哥、嫂嫂、外甥女都在廣州，姐姐的兒也在廣州打工。我去廣州，哪裡活不了，都有兩隻手，愁活哩。尋老漢，不尋哇我還不能活，那會我有自己的苦衷。最後又尋回來了。

曹：娃娃們也嚜。

甘葉華：我那二兒就是從廣州尋回來生下的，不然我是一兒一女。

周：就是你老公去廣州，給你說好話，尋回來。

曹：肯定的。不說好話，她不回來。

甘葉華：那是幾月，鋤山藥呢，他不說好話還是原來那樣我肯定不回來，一天不跟他過了，我走哪不是過。

周：段回來就好些了。

甘葉華：哦，我就是明跟他道哩，要是擱這會錢鋪上路我也不尋你。我氣時候跟他說，要不離婚吧。

曹：他不離。

甘葉華：打個比方，隔個一、二年我引回來一個，他還不知能不能娶過。這陣我連樓房都給他買下了，我說我啥也不要，給我拿幾個路費就行了。

曹：他不讓你走。

周：你連樓房都給他買下了。

甘葉華：給大兒。我就說不多要，給幾個路費就行。

甘葉珍：路費不管也行哩。

甘葉華：路費不要咋走呢。我飛呀。我一年到頭的受，節省的花。這陣掉頭就和你離婚，不像我這，不然三、四年回來還是和你離。

周：那你老公靠什麼，主要是種地，還是什麼。

甘葉華：以前靠種地，這陣也打工呢，全退耕還林了，沒地了。

周：你去廣州也是打工。

甘葉華：哪呢，不到一個月就被老公尋回來了吧，他尋的遲了，你尋思人不變心呀，廣州那麼好，他全憑跑的快，我回來了，跟他明道，他媽也不賴，要是賴婆婆，像我三姐說的那個東坡老人[51]也不回來。

甘葉珍：剛才學了，東坡也不是個東西。

曹：一說是他媽的過。

甘葉華：他媽有過，東坡也有過。夫妻之間，尋的就是你老公，一旦老公做不了主，再叫老人欺倒上，這日子怎麼過呢。人們說四川人是跑呢，我說四川人跑是有原因的，為啥跑呢，山西也是個過，四川也是個過，那也不會一個人過。

周：要好誰也不會跑。

甘葉華：自底我就是這話，人家有人家的苦衷，你沒見那個，說不完我們村裡的事情，寫一本書可寫出來那苦呢。有一個女人，可歷練呢，可能幹呢，人才也不賴，和老公也是，挨打受氣呢，拿騾子送糞哇，莊稼地，騾子驚了，趕我老婆過那，人家拿牛鞭打哩。

周：哦。

甘葉華：我這說哇是他小肚雞腸，也沒挨過打，就是兩個人吵架，心上有那麼點，比起她來我還好。在碾場動不動用牛鞭抽她，那才叫苦哩，那為了啥，挨打哩，可受個死不下，當毛驢，挨打呢。我哇，到不挨打。

周：那個人現在走了沒有。

甘葉華：在哩，老漢也是氣管炎，不做營生，自搬這（大有坪移民村）不做營生，人家打工養活他呢，他還不省事，打麻將輸了。就像那種人咋好心我也不和他過，

51　老伴。

憑啥哩，我是說。你說那會在村裡她還勞累哩，裡裡外外都是她，割莜麥那女人可厲害呢，一天割一坰田。

周：噢，喲。

甘葉華：我們呢，只能割少半坰，有時連半坰也割不了。

周：這人是四川什麼地方的。

甘葉珍：也是大英縣的。離我們不遠，和我們老大姐一個地方的。

甘葉華：你採訪那四川的哇，可有那苦的哩。我還沒有跟你學，剛來時，人們家窮，人們有時給吃小鍋鍋飯，我三姐不願吃，就是泡麵，罐頭，我呢，小鍋鍋飯沒吃過，這會我還和他說，你想吃啥小鍋鍋飯你就吃，我說你轄你媽不在了，我現在過我自己的了，想吃啥是自己的了。剛來時，山西人吃莜麵、小米粥，吃不進去，人家也不說給你吃點泡麵，蒸點稻米，就是一鍋飯。我是說，好吃了，多吃點，不好吃，少吃點，這一頓不好吃，不一定每天都這個，遇到一頓順口的我就多吃點，就是這，吃完我也給人家洗碗涮鍋。

曹：啊呀，那會鑽在大泉溝真苦哩。

甘葉珍：就是吃上頓沒下頓。

甘葉華：你沒見那莜麵，就是那大鍋糊糊，我們那老人就是兩頓兩頓（吃）。自鑽在個人家裡，想吃就吃，不想吃就不吃，娃娃們也是稻米、白麵。那會來了賣掛麵、稻米的，都說給四川人買的。我說你們山西人不吃啊，你有本事你能不娶四川人了哇。你去年沒來採訪。

甘葉珍：還有一個四川的。

甘葉華：多哩，可有苦的哩。

甘葉珍：就咱們四個在。就像計明家，婆婆欺倒，想吃點啥婆婆不給吃，將賁開家。

甘葉華：不給吃，八月十五烙了月餅抬了，不叫你吃。

周：哦，這個是惡婆婆。

甘葉華：我哇，倒是烙上啥沒人管。

周：家庭差異很大。

甘葉珍：肯定大了哇。

周：你這個還可以，她那個就差了。

甘葉華：我這老公也不賴，就是家窮，吃不上是吃不上沒辦法，就是公公不能受，婆婆帶著五個兒，大兒娶過媳婦到井坪了，不種地了，她就拉這四個，人老人也不容易，我娶過，好婆婆，不賴，有個娃娃幫你哄，到晌午給你做熟飯了，你回個吃個哇，吃完飯你給收拾洗涮。再要啥呢，要是給給別人，婆婆早就罵上你了。她是沒婆婆。

甘葉珍：我這沒人管。

周：你們大泉溝有沒有一來就關起來。

甘葉珍：有。像她（曹淑蓉）老二家就是，窗子都是網的。

周：是窗戶。

甘葉珍：不是，是怕你跑哩。

周：怕從窗戶跑了。

甘葉珍：對，對。

甘葉華：人家關著，就不叫你走哇。

甘葉珍：三蛋家，金梁家，也是從四川來的，說是騙錢呢，也是可苦哩，我們大泉溝齊是，她也是賣將來，白日兩個小姑跟著哩，黑夜男人看的哩，外面執上桶，桶一響就知道你跑了。白日黑夜看的哩。

甘葉華：不叫你走，上廁所小姑都跟著。

曹：怕你跑。

甘葉華：那會想下井坪也不叫你去，你要啥人家給你買，怕你去看路呢。你當這會想去哪去那。

曹：跑了就不回來了。

甘葉華：就說我們那口子，嘮的不打，要是打，身上抬幾個錢就溜了。

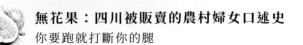

周：你剛才說用鞭子抽的那個人怎麼還在下了。

甘葉珍：誰能知道呢。

周：是什麼心理。

甘葉珍：我和你，我們也不敢問人家，別說是老鄉呢。

曹：賴脾氣。

甘葉華：好啥哩，喝上藥早死了。（如果）老漢在外邊打工養上她，也不受這個罪。

甘葉珍：和這會不一樣，是她出去打工養活他。媳婦出去動彈，他打撲克呢。

周：你們說當地人，像大泉溝的人，是不是對你們這些外地來的人看不起呀。

甘葉珍：也是看不起。

甘葉華：也是道不清。

周：都叫你們侉子。

甘葉珍：對，叫四川侉子。

甘葉華：到底叫錘子呢。這會還有人，說看那四川錘錘。就像我們大伯多會叫他老婆侉子。

曹：就是侉子。

甘葉華：看不起咱四川人，一說啥你就是四川人，罵人都是，沒有四川人，你還打光棍呢。全是四川人給你這光棍解決了。

周：四川人的家庭子女也弄的挺好，子女上了大學，像東水窪那家，比本地人的都好。

曹：說比山西人聰明，不知道聰明不了。

甘葉珍：我們那會大泉溝的娃娃們念不成書，如果那會搬出來娃娃們念上書，我大兒念書可勁大了。那會公公、婆婆沒有，種上地沒功夫，念上書這兩天放假不用學習，趕緊說給媽幹活吧，餵牲口吧。

曹：那會沒水，擔水哇。

甘葉珍：我兒念書久已誇呢，說這娃要是跌到城裡念書肯定念成大學了，這陣陣還後悔自個沒念。

周：你們說你們從四川來怎麼就慢慢說本地話了。

曹：出個不能哇。

甘葉華：也是人多，也是聽人家說也就慢慢說了。

甘葉珍：有改不過來的。

周：是不是說四川話怕人看不起。

甘葉珍：你學平魯話，出門誰也不認你是侉子。

甘葉華：有時候也擔心，就是聽不出來。大部分一開始下井坪就聽不出來是四川的，不敢認我是四川的。

周：會說平魯話出門辦事和人打交道就不怕別人欺倒了。

甘葉珍：我去包頭，誰也不說你是四川的，我說我是四川的，說那個像四川的，平魯話說的這麼標準，我說我還不標準，我那妹妹說的才標準。

周：你在外面打工做什麼呢。

甘葉珍：去飯店打工，那裡有工地，做飯呀，搬磚呀，那能賺錢那就去。

甘葉華：我當服務員，剛回來，我在呼市，她在包頭。

周：怎麼現在想起出去打工。

甘葉珍：我們移民大有坪了，沒地了，全退耕還林了，沒錢了。

周：我知道，可在村裡，你也不怎麼種地。

甘葉珍：種了哇，我們種了七、八十坰地呢。

周：剛開始不幹活。

甘葉珍：因為有大姑，他老子。

甘葉華：孩子小，看孩子。

周：後來還種。

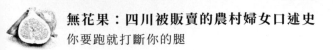

甘葉珍：幹。

曹：幹了哇。

甘葉珍：耕地、抓糞，全都幹。

周：你還抓糞，你妹妹也是。

甘葉珍：全都是。

周：那活重呢。

甘葉珍：重也得幹。個人家養上一牁，男人抓騾子，女人耕。

周：你還會耕地。

甘葉華：搆是男人，女人弄不來，剛開始我們耕，耕順了就抓。

周：你們倆還挺能幹嘛。

甘葉珍：能幹不能幹都得幹。

周：耕地、抓糞算技術活了，像莜麥呀、豌豆呀，都抓的不一樣。

甘葉珍：哦。

甘葉華：那會我那孩子大些了，不用看孩子了，就那馬鈴薯，點山藥，啥也能幹。

甘葉珍：公公、婆婆誰跟你呀，只有倆口子幹。

周：等於你們把平魯的農活全學會了。

甘葉珍：唉，啥也做過了。全做過了。

甘葉華：就像莜麵，搓魚魚，啥也會，沒個不會。

周：包括做飯。

甘葉珍、甘葉華：啥也會，沒個不做的。

甘葉華：那會有老人，搓那個麻繩呢，說是紡線。我覺得老人搓的不好，我自己搓。

甘葉珍：我三個男孩費鞋，一個人做五、六雙才行。

周：你來時還是不買鞋，自己做。

甘葉珍：做。一開始來，孩子小，沒人給你看孩子，箍住在家看孩子，二、三歲了，能自己在家裡了，就出去了，啥地也種，到冬天沒活幹了，把莜麥炒了，山藥磨了，拾攔著給人家做鞋，一做一年的鞋，做下，像明年的溜糞、抓糞、耕地、鋤田、割田，這就連著了。一開始來八、九年不動彈，最後啥也做。人們開著四輪車碾場呢，我一個人揚七、八袋子，也得給人往出揚。一開始來的時候有個公公、婆婆在家裡，七、八年死了，到了後頭吃了上頓沒下頓，村裡有個大姑，大姑光景好，人家不好吃稻米，買上碰搭說你挖上些吃去哇，冬天打下糧食還我，買上還我或給錢都可以，要是今天拆開（袋）了，你沒有挖上一盆盆。

周：親友關係還可以。

甘葉珍：全憑他姐哇，也是嫁給一個村。

甘葉華：數二小小，媽死的早，二小八歲上他媽就死了。

甘葉珍：十六上他媽死的，不是我說吃了上頓沒下頓。也可苦了，一開始有個公公。

周：一開始等於你們倆，還有個表姐。

甘葉珍：還有個表妹，也是姊妹倆。

周：你們四個，還有個在哪兒。

甘葉珍：在麻黃頭（村）。那兩個是我姑姑的女兒。

周：也是姐姐先來，妹妹後來。

甘葉珍：哦。

甘葉華：我表姐最後從吳家窯跑回四川，學會個理髮，又回來，現在在井坪開個理髮店。

甘葉珍：開理髮店開了二十來年了。跟男人攔不來，也是小心眼，丟下兩個娃娃，全是她帶大的，這會都工作上了。

甘葉華：我表姐夫和我老公一樣，都是小心眼。

甘葉珍：最後我表姐就拿正主意不和老公過了。

周：離婚了。

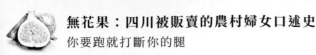

甘葉珍：離婚了，嗯。

周：那她離婚了還能在平魯待下嗎。

甘葉珍：她有兒，就是自個帶上，理髮，讓孩子念書。

周：她是又從四川回來。

甘葉珍：回來又跟那個男人過了七、八年，也不是離婚就是分居了，不過，離婚也就是個五、六年。

周：還是很有主意的。

甘葉珍：我這個表妹就是和兒倆個人過。兒子和女兒還是跟她。

周：關鍵是人家自己獨立，開了理髮館。

甘葉珍：她那受的那個磨難。

甘葉華：不開理髮店，這社會出去還能把個人餓死呀。娃娃們大了知道了，說他媽這了，那個，知道四川人為啥把你們扔下，你問問你老子。

甘葉珍：人家那兒、女理解他媽，說媽，你也受了那罪，你要和我爸過不了你就離婚，我們也知道你的難處。

周：你表妹的孩子同情媽。

甘葉珍：對。說過不在一搭就不用在一搭。

周：孩子支持離婚。

甘葉珍：對。

周：計家窯也有一家，離婚了，孩子一直跟媽保持聯繫，跟爸不聯繫。

甘葉華：那倆孩子不恨他媽。

甘葉珍：就像我表妹那娃，沒有我表妹他能念上大學呀。就是他媽鑽在井坪，讓娃娃念書念的，鑽在吳家窯能念成個大學。

周：你這個表妹和計家窯那個情況差不多。男的什麼也不幹，女的打工、做飯，搬磚什麼也幹。

甘葉珍：辛苦哇。

周：原來在平魯打工，現在在外地打工。兩個孩子現在大了，也在外邊打工。嫁在麻黃頭那個怎麼樣。

甘葉珍：那個跑了。叫老漢、婆婆看不起四川人，他那個男人也是偷、搶，做那個灰的，坐了，坐了最後表妹走了，扔下兩個女子。回老家又尋了一個，現在浙江呢。

甘葉華：你光說我們四川人的情況，你寫本書出來乾我們四川人過了，不說說當地人。

甘葉珍：她男人坐了，公公、婆婆看不起四川人，就是罵呢，最後走了。

周：你也坐近些，三個人一塊說吧。你叫個啥名字。

曹：曹淑蓉，三點水，叔叔的叔。

甘葉華：人家識字哩。

周：你是幾幾年生人。

曹：一九七二年。

周：你老家是什麼地方。

曹：四川樂山地區榮縣 [52] 雙石鎮，這會不賴，修水泥廠人家搬遷了。

周：你在家時。

甘葉珍：學你小時候吧。

曹：我在時姊妹四個，父親、母親，數我小，念書呢，念了個八年級。

周：那你是初中生了。

曹：那會有家務活，沒考上高中，又補習了一年，我爸說你念哇，念到多會供你到多會。那會我爸在糧站，退休了有錢，數我小，供得起我念。

周：你爸爸是糧站職工。

52　四川省自貢市榮縣。

曹：是。退休了，那會我大姐姐頂的班，她大，接了班，她尋的女婿也是這村裡的，這大姐夫對她好。兩人不賴，擠著眼還不尋那個人呀。人家不聽別人說，你頂了你爸的班尋什麼樣的不行呀，人不，就尋大姐夫呢。

周：後來你不念書了怎麼來這地方呢。

曹：也是叫人騙上來的。

周：怎麼騙上來的。

曹：那會四川不是也是趕集哩，趕場，出這外頭，咱這人省不得，叫人騙上去那哇，打工，這就引上，喉嚨裡話也不會說了。

甘葉珍：你不認識他咋就跟上人走了。

曹：認識。

甘葉華：朋友。

周：那會你多大了。

曹：十八、九了。

甘葉珍：都成家了。

曹：哦。

周：結婚了，你多大結的婚。

曹：十九。

周：對象是哪的。

曹：也是四川的。

周：你們有孩子沒有。

曹：有跟沒有一樣，不夠日期。

周：夭折了。

曹：哦。

周：你朋友就說來這。

曹：沒說，就說出去打工，你省不得就跟上了，半路地就執的不會說話了。

周：怎麼給你弄的。

曹：不知道，是喝茶放了藥，還是咋的。不會說話了。

甘葉珍：賣她呀。

周：就給你賣到平魯了。

曹：弄到這還不會說話，後頭看的慢慢會說了。

周：把你賣到那個村子了。

甘葉珍：就在我們一個村子。剛才我說的。

周：噢，對了，大泉溝。

曹：一個村子。

甘葉珍：不了，我們了解她。

曹：比他家還窮呢，不信你問她。

周：你去的那家。

曹：哦。

甘葉珍：你詳細說，販你呢，咋凌整你呢。

周：對。

曹：你看這，把指頭燒的還有（疤痕）呢，菸頭燙的燒的，把皮剝了，還流膿哩。

周：折磨你的目的是什麼，怕你跑。

曹：怕說了哇。

甘葉珍：說了這家不要吧。

周：迫害你就不敢說了。

甘葉珍：她也不會說了吧。

曹：弄啞了不會說，弄你指頭，他是四川的急等著把你賣了回呀，拿不上錢走不了哇，就凌整你呢。

甘葉珍：她被賣了好幾處，你問她哇。這家不要，那家不要。啞了沒人要。

周：尋了好幾家。

曹：尋到沒尋，就是看的多，杜家陽坡（村）高二家看了還說行，就是不會說話，好幾家來看，還有小平易（村）的。

甘葉珍：康小平把你執到這頭的，紅溝（村）那家也尋她，就是嫌她不會說話，又去杜家陽坡，又從杜家陽坡弄到大泉溝。

曹：不是，我也去了杜家陽坡，是環五也是他叫哥哥呢，說有個四川的不會說話，他媽說管她呢，啞巴就那娶上哇，看見說，真是呀，這人可受治了，耳朵不聾。

甘葉珍：回來引上看醫生，買上泄火藥給吃上。

曹：自那二、三個月，好幾個月才會說話了，就是說不起話了。

周：賣你的人一直跟著。

曹：哦。

周：就是直到蘇五把你買下。

曹：不是，還有認得這個村的人，他認不得，在窩窩會（村）。

甘葉珍：一個村介紹一個村，會說話還能讓他哄我呢。

曹：是窩窩會的人介紹的。

甘葉珍：要挨正講可苦哩。

曹：來人家，家也窮的屬害，我也不會說話，他歲數也大，比我大七、八歲，脾氣也是賴脾氣。

甘葉珍：說打就打，氣惱了就把家具擾[53]了。

曹：哦，就是，你說你沒辦法。後頭我媽打聽見了，寫信打聽，以為沒影了。

甘葉珍：以為死了。聽見不叫你通信。

曹：都十幾年了。

甘葉珍：那裡也不叫你去。

53　扔、丟。

曹：兒說你通個信哇，家裡是咋個情況，回去瞅瞅，要不回個信。

甘葉珍：她個人沒有回，那年老漢引上坐飛機回去繞了一遭。

曹：那都二十幾年了。

周：那就是十幾年後才跟你們家通上信。二十幾年回去了一次。

曹：哦。

甘葉珍：不，來這才回去的。

曹：來這兒。二〇一二年回去的。說起整個能嚎下呢。你老說跑呢，人說你跑這家人能打斷你的腿，你說你敢跑了哇。

周：噢。

曹：就是不敢跑，你說呢。

周：對。

曹：你要是跑不脫，人家要打斷你的腿，你敢跑啊。

周：不敢。

曹：你錢也沒有，（路）那兒尋不見，那裡也不敢跑，叫人執著你了，你還敢跑。

周：你是哪一年來的。

曹：記不清了。

甘葉珍：拿雨文（音）推了哇。

曹：他今年二十三了。

周：來幾年生的孩子。

曹：我看是二年。來了二十五年了。

周：一九九二年來的。

曹：娘家不在這，打你罵你和誰說呀，只是個人嚎。

周：沒處說去，只能自己嚎。

甘葉華：親的沒親的，朋的沒朋的，誰個知道和你一心。

曹：沒個說上的。

甘葉華：像她那情況誰敢跟她說，給她出個主意。到時候人心隔肚皮，你的光景也過不成了，個人誰也不管誰了，自底子還是個人抓主意呢。

甘葉珍：這會好活了，人家三個兒，一個女兒，全是念高中的、初中的。

甘葉華：好比說你今年到我這兒串門了，明天不在了。

（進來一位本地男性插話）：那年來人說（解救），四川來的誰想在誰在，誰想走誰走。

甘葉珍：那會還叫我走，我沒走。

周：那是一九九五年吧。

甘葉珍：不知道是哪一年。

甘葉華：就是解救四川女子回家。

周：就是解救。

甘葉珍：沒人回。

插話：不知哪一年，公安局上來說誰想走送上走，不要路費。

周：對，政府出路費。

曹：聽人說過，沒來。

周：打擊拐賣婦女。

曹：我聽他二嫂說過。

周：救走二百多。

甘葉珍：還有回來的。

曹：二女跑了，不知去那兒了。

甘葉華：二女在朔縣呢，二女比咱們有一下，像她那樣我也早跑了。

曹：扔下那兩個娃娃早打工回去了。

周：你生了幾個孩子。

曹：四個，三個小子，一個女兒。

周：現在孩子怎麼樣。

甘葉珍：不賴。

甘葉華：那些娃娃比他韈強，當兵了。

甘葉珍：大的開吊車，三的和女兒念書呢。李林中學。

曹：明年考大學呢。

周：是縣裡最好的學校了。

曹：是不是最好的學校，那麼還念著呢。

甘葉珍：搬遷搬好了。

曹：能多念幾天書。

甘葉華：要是在大泉溝，你那娃娃們能念成個書，早就失學了。

曹：是。

周：搬到這兒幾年了。

甘葉珍：十一年了。

曹：剛下來娃娃不大，大的才十一、二了。

周：二〇〇六年搬過來的，你們是一起搬來的。

曹：哦。也是叫娃們多識兩個字，叫娃娃們念書。

甘葉華：在大泉溝就顧下個種地，哪有時間念書。

甘葉珍：我比她們早一年。

周：搬下來好不好呢。

曹：好到好哩，就是沒營生。

周：沒地了。

曹：沒地種了，老漢也是像她老漢一樣身體受不行，有娃娃念書，碰搭有栽樹（的活），別的給人幹不了。

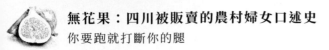

周：主要是沒營生。找不到打工的地方。收入就受影響。

曹：哦。就是老漢動彈，啥也做不了，就是給娃娃們做飯。種了不大點半畝地，種點黑豆。

周：租的地，大有坪的。

曹：哦，種兩個山藥，不用買了，娃娃們吃。

周：後來你回過老家嗎。

甘葉珍：回過一趟，說的。

曹：二〇一二年，我姐姐說回去吧。回去得錢呢，那麼也得幾個錢。

周：給親友們得送點禮呀。

曹：這是一個。我還怕一個尋不見。

周：是你一個人回去的。

曹：相跟上次去的，還有老漢，外甥女婿，買票啊尋不見，那買哩。人念過書，那裡知道。

周：三個人一起回去的，那得花不少錢。

曹：說的是呢，花萬數，飛機票就七、八百呢。

周：還是坐飛機回去的，從太原。

曹：坐到成都，坐大巴到樂山。那遭我媽到沒了，八年了，寫信來老爸爸九十二了，走一遭吧，父親還活著哩，瞅了一下，隔了一、二年就沒了。我爸爸平平的院子跌了一跌，跌了就不會走了。

周：老了最怕摔跤。

曹：到我還瞅了一下，還稀罕的了不得呢。我父親都九十來歲了，一直送到車站，連棍棍也不拄。說我還要等我四女回去。我說你咋等呢。說我就坐在院子裡等，坐在院子裡瞭著，你們還要回來一趟。回個了，還給拿了兩千塊錢。我說給你買了一瓶奶，他說我不喝，喝了跑肚。我說給你買些啥，他說啥也別買。我爸高興的，還說我大請人呀，唉，聽你說娃娃們多，快給娃娃們拿上哇。二千塊錢做個路費，

給娃娃們花吧，原來準備在飯店裡大請人呢，高興的。給女兒們說你妹妹說回來呢，半夜打電話說怎麼還不回來，姐姐說回來呀，等著呢，在窗上瞭呢。

周：你是最小，上邊有哥哥、姐姐。

曹：哦，不是我媽想那，想的得了病，七十來歲死了。我爸退休了，有兩個錢呢，娃娃們到跟前也不賴。

周：你媽想你想的。

曹：哦，尋我就尋了一個月。

周：當初你走的時候。

曹：人說到縣城尋我，尋了一個月。走哪了，尋不上。我回個了，去我姐姐那，姐姐說給的。

周：你走了，多少年回去的。

曹：小二十年呀。你看有多少時間。人說要是活著回來呀。回個父親、哥哥、姐姐都在，媽沒了。

甘葉珍：人心都一樣的。跑有跑的原因。

曹：人對你好，那鑽不是一樣，還跑啥哩。

周：凡是在的相對好一點，凡是走的就差。

曹：走的都是有原因的，沒原因不走哇。

甘葉華：我就同情跑了的，肯定有原因。

曹：大有平家就打的跑了，不打還跑啥。

甘葉華：連個門也不叫串。

曹：打呢，罵呢。

甘葉華：叫個誰能鑽住。

曹：人說誰來個呢，其實誰也沒有，大人耍撲克，女人們看一下也不能。

甘葉華：不是人家想跑。

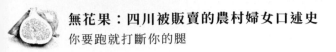

曹：你說二姐四個娃娃，能忍心扔下。

甘葉華：反過來說同情她們，有一種女人不管你好不好我就不想在你們山西鑽。

曹：那種情況往往都是騙來的，或者想騙錢的，那種人畢竟是少數。

甘葉華：就像高四家，高四對她也不賴。

曹：人家走時候還給拿上路費，走了哇。

甘葉華：可會騙呢。

周：有的人是有意騙呢。稍微有點良心的是我給生個孩子再走。

甘葉華：叫我說千萬別生下，生下害了這個男人了，你說再尋一個有了這個娃娃了，娃娃受治了，還不如別生下，娶過娃娃不受治哇。娃娃們又沒騙。

周：每個人想法不一樣，有的窮啊，生個孩子有個後就行了。

甘葉華：像李文軍那樣，生下還不如不生。

曹：讓他媽說我有孫子了，你老說是不是。

周：是。

甘葉華：像紅紅他媽那樣，到底受毒哩。

曹：人家高興呢，給我留下孫子了。六十幾了，還接送孫子念書哩，在井坪。

甘葉華：那孫子得遭受多少罪呢。他奶奶歲數那麼大，他不大大，總不能侍奉他一輩子吧。他韃這陣又要娶女人呀，人說帶著兩個娃娃。

曹：我還見了呢。

甘葉華：你說那個娃娃能好了。

曹：就那他媽活著有了孫子，管他呢。

周：想法不一樣。

曹：就是。反正有了後了。他娶過全是人家的娃娃，不一樣。

甘葉華：像和尚碧那誰，如果有媽那娃娃能成那樣。

曹：噢。

甘葉華：劉七那樣，那要是有媽。

周：有媽和沒媽差遠了。

曹：教育了啥的。

周：單親家庭。

曹：沒人管了。他攆外頭打工呢，親媽也能打他罵他，取心呢。

周：對。

曹：取心呢，人家打一下，罵一下，你老說對哇。

周：現在和你家人有聯繫吧。

曹：有電話號呢，聯繫打一下。

周：現在方便了。

甘葉華：方便多，人們就說這微信。

周：現在手機是要了命了。

曹：我那個外甥女，我姐姐的女兒，久已說，四娘娘回來哇，回來我去接你，她在成都呢。

甘葉華：再回個哇，一個。

曹：一個回去，膽小，尋不見。

甘葉華：那尋不見，這會直通車，直接從太原買到成都就回個了，也不用倒車，看那會了，我三姐來時路費才五十塊錢，倒了好幾趟車，麻煩，這不用怕，直接去朔縣坐在太原，只有你有錢，去井坪坐車去太原，到回個了。

周：成都到樂山用不了幾個小時。

曹：我暈車了。

甘葉華：你哪都不去就不敢走。

曹：就是不敢。

甘葉華：只要你不信別人話，別跟別人說話，就直接拉你到了。

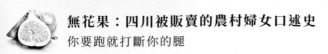
曹：平時不拿個錢，拿上錢就怕人哄走呢。

甘葉華：這會錢都在卡里呢。

曹：卡也沒辦，啥也沒辦。

周：現在卡也不用辦，帶個手機就行。

甘葉華：有支付寶就行，你認識字再咋也好弄。

周：連街上賣菜的都用支付寶。

曹：我不會用手機，我今年吃飯人家就用手機付了。

甘葉珍：快不用回個，有兩個好娃娃就這個哇。

曹：我不回個，是說那會的苦，受的那個罪。

周：現在你老漢咋樣。

曹：打工呢。

甘葉珍：這會也不賴，勤勤呢。

甘葉華：比大泉溝強八倍。

曹：就是回來還背一背硬柴哩。比我大八歲。

甘葉珍：在大泉溝真是往背幸裡受呢。別人不知道，你知道這裡。

周：哦。

甘葉珍：要是下井坪買些東西，回來下車往背幸裡走哇，十幾里。

曹：小車車也到不了跟前，大泉溝全是簍馱，叫人扶哩，哪能扶上。

周：大泉溝在那個方向。

甘葉珍：楊家窯那山上扒起，翻下去。這會讓風電鬧的，路打通了，打到黃榆坡（村）了。

周：黃榆坡我去過，挨著。

甘葉珍：不，黃榆坡在山這邊，大泉溝在那面。還夠個七、八里。

曹：實在不方便。就是馱。

周：沒有公路。

曹：是小路路，沒有大路。

甘葉華：現在可以去了，騎上摩托能去。原來是土路騎不了。

周：你們去的時候大泉溝有多少人。

甘葉珍：四百多人，我們這搬遷一撥撥還不夠，分兩批搬來的。還有沒來的，是個大村子。

周：得有六、七十戶。

甘葉珍：坐客車，等雞叫就得走才能趕上，還有十幾里路呢，要回來和家人說下去接，不然東西拿不回來。

曹：要不少買點，要不牲口迎接呢，沉的拿不動。

周：你們是覺得搬這好多了。

甘葉珍：好多了，人也苦輕了，吃飯就是工作。

甘葉華：老人們罵的不叫搬，說討吃呀。

周：老人們的想法，故土難離呀。

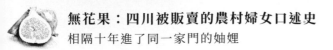

相隔十年進了同一家門的妯娌

口述人：李素英（一九六四～）女，川籍

蔣豔春（一九七二～）女，川籍

訪問地點：山西省朔州市平魯區大有坪村

訪問時間：二〇一七年十月三十日

周：先說說叫什麼名字。

李：叫李素英。

周：木子李，素呢。

李：我原來是艱苦樸素的素，現在給改樸了。

周：給你改錯了，原來是李素英。老家是什麼地方的。

李：原來是蓬溪縣蓬南鎮，現在改成大英縣。

周：那你認識不認識東水窪的漆玉蘭，她也是大英縣的。

李：不認識。

周：是什麼地區。

李：遂寧。原來是綿陽地區。

周：你是幾幾年出生。

李：我是一九六四年，現在改成一九五九年的。身分證上鬧正的。

周：怎麼差那麼多。

李：笑。

周：家裡都有些什麼人。

李：四川的，原來有爸爸、媽媽，哥哥，兩個妹妹，一個弟弟。

周：你原來在老家做什麼呢。

李：老家，先是小學念書，讀了五年半。

周：畢業以後呢。

李：初中讀了半年，讀了半年，窮的讀不起了，就放牛，原來餵的牛，這到分開了，一九七九年不念了，冬裡還念，一九八〇年不念的。

周：一九八〇年分開的。

李：我們那裡一九七九年冬分開的。分的牛，餵的，餵完在村裡種地，種地也很少，就是餵牛。

周：你們家分了多少地。

李：啊呀，不知道，總共沒幾畝地，還不知道有沒有三畝地。

周：種點什麼呢。

李：麥子、油菜、蕃薯。

周：你是怎麼來山西的。

李：聽我們村有個他老婆的侄女送來雙碾，人說來這地方好耍，種的半年，坐半年。我原來是長的很小很小，又瘦又小，家裡窮就來這裡了。是聽人們說，還是我爸爸送將來的。我正是自己來的。

周：是你爸爸引你來的。你來的時候有多大。

李：我啊，十八、九。

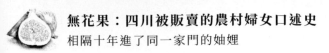

周：你來時分開了嗎。

李：分開了，我一九八二年來的。他這裡頭一年分開。

周：對，這裡是一九八一年分開的，你來的頭一年分開。你來在那個村。

李：段山寺（村）。

周：你爸爸把你送到段山寺。

李：嗯。

周：你爸爸收了人家多少彩禮錢。

李：沒錢。

周：那你爸爸為什麼把你送到這兒。

李：人說我在四川擔不起個，擔不起擔，人說來山西好耍，抬，就把我送來了。

周：你個子小，你爸爸覺得你幹不了什麼活。

李：他也幹不了什麼活，他有氣管炎，家裡很窮。

周：你來山西前，你家裡生活怎麼樣。

李：反正收不到糧食，你看，就我媽一個人幹活，我們姊妹五個，都不大大，我上面有個哥哥，比我大的兩歲，兩個妹妹小，我爸爸是氣管炎不幹活，活到五十五就死了。

周：你來段山寺以後。

李：來了八、九年後。啊呀，沒有八、九年，我那個小子五歲了，五歲頭上。我那個小子是一九八七年出生，一九九二年去世。

周：那你段山寺這家人怎麼樣。

李：也不好，原來弟兄四個，姊妹三個，七個，他爸他媽九個。

周：那你老漢是老幾。

李：老二。

周：那你老漢他們家主要靠什麼生活。

李：種地。他原來是民辦（教員），一個月十九塊錢。

周：你來時候他還在教書。

李：教的哩，教了七、八年，他一九七五年教的書，他今年六十幾了，教了四十多年。

周：就靠他這點工資生活。

李：他爸爸種地，家裡餵的兩個牛，沒別的收入。

周：有沒有婆婆。

李：有，他媽。

周：你婆婆對你怎麼樣。

李：挺好的。就是家窮，孩子多。窮的沒法。

周：一九八二年他們家能不能吃飽肚子。

李：他們能吃飽，我是不習慣。

周：你是四川來的，莜麵那東西。

李：莜麵我吃不慣，就是吃的兩個馬鈴薯，沒有稻米，沒有麵條，沒有錢買，不是沒有賣的。

周：就十九塊錢你想想。

李：我原來是家窮，供不起念書了，我也不懂來這裡是幹什麼來了。

周：那會你小，不懂來這是幹什麼來了。

李：不知道來這裡是幹什麼來了，就知道人家比我有文憑，我是家裡窮供不起我念書，從一年級念到二年級家裡就不讓念書了，說你會寫你自己的名字了，能找到男女廁所了這就行了，供不起。我們有個好老師，一開學就把我叫去了，一直一直，開學一個月了，老師今天也叫明天也叫，開學一個月了我才能去。對我大人說你就是嫌貧愛富，光叫兒念書不叫女兒讀書。大人就說你去讀你去讀，沒有錢給你繳學費。原來一學期有二塊多錢（學費）。

周：繳不起。

李：繳不起。

周：老師很好，很負責任。

李：去年我下去還問，問老師在不在。

周：你回老家還問你的老師。

李：我問我的同學，同學也不清楚，不知道活著不活著，要是活著究竟在那，活著也有八十幾了。

周：你想，懷念這個老師。

李：哦，問了一下，他們也不清楚，我也找不到。

周：最後也沒見到面。

李：沒有，是個女老師，挺好的。

周：你是什麼時候去找她的。

李：去年冬天，臘月。

周：回老家看看。

李：我還有個媽。下去看看我媽。我停個三、四年就回去一次。這是這幾年，原來要六、七年才能回。沒有錢。我是有兩個兒子。

周：這兩個兒子做什麼。

李：大的在井坪，自己成家了。原來在綿陽讀的衛校。

周：回四川讀的書。

李：哦，讀的是成人學校，這裡不承認。

周：不承認學歷。

李：他還開了兩天門診，沒有醫生證開不了了，這就是打工。二的在太原，他是念的建築學校，現在還在太原。

周：二的成家沒有。

李：沒有。今年滿三十歲了。

周：兒子結婚要花很多錢，老大花多少錢。

李：沒花多的，就是買了個樓房，買的早哩。

周：買的值了，現在漲了。

李：二的想在太原買，是買不起。

周：太原太貴。

李：我現在連一半半也給攢不下。

周：比平魯、朔州都貴。

李：他要是在這頭買，難我也給買，買的起，他要是迎那頭買，一下買不起。

周：他是不是在太原找下對象了。

李：沒有，他不找。

周：那他在太原買房子幹什麼，想投資啊。

李：他想買，這陣我沒買，又想買家，又想買車，我就給他拿不起。

周：那是。孩子大了，獨立了，有本事去掙嘛。

李：他也是掙的了，他是想買，有這個想法。

周：他有這個想法，指望父母給他出。

李：他也出，也掙。

周：那還行。

李：也挺聽話的。反正現在我感覺還不錯了。

周：關鍵老倆口有沒有收入。

李：我沒有，就這樣坐著哩。就是有點地，不多，一畝地才是九十塊錢。

周：就是退耕還林款，那也沒幾年了吧。

李：前八年是一畝給的一百六十塊，今年起九十塊。

周：還能領七年。

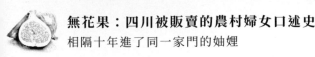

李：不曉得，就是沒有其它收入。

周：領了一年了，八年還有七年。

李：原來的領了八年。我地不多，就三個人的地。小的沒分到地。

周：老漢有點退休金。這民辦後來轉沒轉。

李：轉了。去年退休了，現在有四千塊錢。

周：那你這生活還可以，關鍵還要給兒子投資，生活兩人還可以。一九八二年來的，有三十多年了。

李：三十六年了。

周：我訪問幾個你是來的最早。

李：雙碾那個比我早。

周：你是包產到戶第二年就來了。你和老漢感情怎麼樣。

李：也挺好的，他歲數比我大。

周：大多少。

李：大十歲。

周：年齡差距大，你歲數小，怎麼溝通呢。

李：聽不懂，反正是聽不懂，他在外頭我在家，啥也不會。

周：他在外頭教書。家裡的事婆婆管不管。

李：不管。他有爸爸，他有兄弟。

周：你在時分家沒分家。

李：第二年，第三年分了。各過各的，他在外頭教書，我在屋頭開荒種地。

周：你自己開荒種地，開了多少荒。

李：開的多了，開了我有二十幾畝地。

周：不簡單。

李：有他爸幫助開。

周：你第一個孩子什麼時候生的。

李：來的第二年。

周：第二個呢。

李：停了三、四年。

周：那你這個地方的農活你都會幹。

李：會，現在我都會。

周：耕地、抓糞。

李：裝車，我一個人趕車，牛、驢、羊都有。啥都有，餵雞。

周：趕毛驢車，拉莊禾。

李：哦，割倒，裝上車，我拉回個，反正啥都幹。

周：他不在你一個人種，種多少。

李：三十畝，十一、二埫。

周：三十五、六畝那。

李：他爸爸種到地裡，我薅草。星期天他回來幫著幹一天。後來是兩天，星期六。

周：放假了回來能幫幫你。

李：啥都能幫一下。

周：他也挺辛苦。

李：他是勤快。那兩天他還打工呢。

周：退休以後。他叫什麼名字。

李：吉寬。

周：你們倆口子夠花還打工。

李：夠花，給孩子攢點錢，我有一個孫女，在幼兒園，讀書得行。

周：五歲了，給她攢錢。

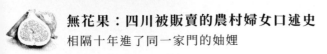
李：十五歲就讀高中了，可以考大學。

周：啊呀，這個爺爺、奶奶真是操心了。

李：可乖了，長得也好，都是得行，不知長大了怎樣，現在記性也好。

周：你們這爺爺、奶奶真是，操完兒子的心，又操孫女的心。

李：一回來就是爺爺叫，上次考了三樣，考了兩百九十分，有一個題她做脫了。

周：差點滿分了。

李：回來高興的，好好學了，高興的爺爺說給你一百塊錢，說下次你考幾百爺爺給你幾百塊錢。

周：物質刺激。

李：說好、好，我考。那一次又考呢，又有一門沒達一百，哭了一下午。

周：學習上心。他們經常回來看你們老倆口。

李：來呢，回來帶著番茄、蛋糕。

周：媳婦在蛋糕廠工作，等於倆口子都工作。

李：嗯。

周：那這孩子誰管。

李：她媽媽。她在屋頭做蛋糕，送出去。她早上七點半送孩子，下午五點半接起。

周：白天幹。你一九八二年來，像山西人對四川人好不好。

李：對我挺好的，我出去也不和人吵架，不嚷架。

周：關係融洽，可語言不通。

李：語言不通，不出門，就在家睡覺。一個人也不認識，也不會說，只能看他們做啥就做啥。

周：經過幾年可以和他們溝通了。

李：有三、四年吧。也不知道他們姓啥叫啥，在那裡住的。

周：三、四年好些。

李：是他們認得我，我認不得他們。

周：你們家後來有沒有四川來的。

李：有三個。

周：她們是從哪來的。

李：剛才給我打電話那個是最小的，老四娶的，是德陽來的。我是老二娶的，老三娶的那個在北坪。

周：你們妯娌都是四川的，這可以交流。

李：她們都是我認得的人送來的。

周：是不是因為你嫁到這家了，就來了。

李：都是親戚送起的。

周：就是說老三、老四的媳婦都是和你是親戚。

李：我沒給他介紹，都是他送來的。

周：是你老家親戚送來的，她們是因為啥送來的。

李：我也不清楚，老三家是我一個縣的。

周：德陽那個也是親戚。

李：是隔房的兄弟，都姓李。

周：是一家人，不是一房的。

李：隔得遠了。

周：但都是聽說你來這送來的。

李：嗯。反正不是我帶來的，一個沒有帶。她們也是很窮，沒帶，我嫌這地方窮，連水也沒有。我們也是靠天吃飯。

周：（老四媳婦進來）這是老四媳婦。剛才她說你是同房兄弟介紹來的。

蔣：嗯。

周：你是哪一年來的。

蔣：我也忘了，好像晚十年，我的兒比她兒小十歲。我來了二十六年了，頭一年養的，今年兒二十五歲了，虛歲。

李：我今年三十六年了。

周：你來二十六年了，差十年。

蔣：哦，利利比軍軍小的多呢。

周：一九九二年，你是哪一年生人。

蔣：我一九七二年。

周：小你八歲。你那個名字叫什麼。

蔣：蔣豔春。

周：你老家什麼地方。

蔣：德陽中江縣的。

周：東水窪有個中江的，吳發會，今天上午也有一個，你認識不認識。

蔣：有的認識。

周：是誰送你來的。

李：不認識。

周：那不認識咋就，找到你了。

李：不知道，你問她。

蔣：念完書在成都打工，被人騙上來的。

周：你在成都什麼地方打工。

蔣：叫不將來了，離火車站不遠，現在沒了。

周：你家還有什麼人。

蔣：我有父母，哥哥、姐姐。

周：姊妹三個，五口人。你在家裡時做些什麼。

蔣：我們是在一個小鎮上住著，四川種的田地不多，那幾年我爸開個飯店賣飯，一畝地也不種，我們分三分地，一個人，連田帶地。

周：那你們那兒夠少的。

蔣：鎮上的人越發多。

周：田能種點水稻。

蔣：我爸、媽年歲大了，我媽都八十幾了，我哥也五十幾了，盡是病。

李：多大了。

蔣：屬蛇的，道不清，比我大的六歲、七歲。

周：你今年四十幾了。

蔣：四十五了。

周：你今年週歲五十三了。

李：我記下比我大一歲。

蔣：我還以為你做下啥灰事了，調查你呢。二媽說有人尋你呢。

李：我能做下啥灰事。他是寫書的。

周：你接著說，你是咋從成都騙來的。

蔣：人家說打工呢，說是出差呀。

周：勞動力市場。

蔣：對，人市上。

周：成都有個很大的人市，很多人都是從那騙來的。

蔣：哦。

周：說打工出差就引來了。

蔣：直接就來這兒了。

周：直接就引到段山寺了。

蔣：哦。

周：那他目標很明確嘛。

蔣：說是去大同，這裡有個親友呢。

周：哄你呢，先說到這裡看看。

蔣：剛念完書沒經過社會，啥也不知道。

周：騙你時那會有多大。

蔣：我二十了。

周：你來時十八了，還比你大二歲。巧了，你怎麼就去她家了。

蔣：我也不知道，就去了。

李：那個娃娃是我們村的。

周：就是騙她那個人。

李：哦。那個娃娃正是考正大學了，念的念的不念了。那娃唱歌可好了。他就掙的多了。

周：認識你，就把她騙過來了。

李：他來過我家，認識我爸爸。

蔣：寫的一部啥書呢。

周：寫平魯縣川籍婦女口述史。那你老漢叫啥。

李：吉富。

周：（吉富進來）你是老四。老三在北坪，叫什麼。

李：吉祥。

周：這名字都起的好。你父親還挺有文化。

李：一點文化沒有。

周：她靠老漢教書，你靠什麼，種地。

蔣：種地，這幾年地也沒了，栽了樹，打工。

周：你剛來時候呢。

蔣：種地。

周：你幹不幹。

蔣：幹了哇。不出咋呀。

周：不是說有的剛來時先不幹呢。

李：先不幹。

蔣：不出個也不能吧。

周：種地的活你都學會了嗎。

蔣：受苦營生都學會了。

周：你來這有幾個孩子。

蔣：三個。四個呢，他還經留了一個。

周：經留啥意思，是收養。

蔣：哦。

周：自己有三個，還為啥收養一個。

蔣：我來時候就收養了。

吉：我為了人多呢。

周：山西人有個說法，家裡人越多越好。

吉：越多越好。

周：吉富你們弟兄四個，姊妹有沒有。

李：三個。七個。

周：那你們過去吃不飽。

吉：吃不飽，哪能吃的飽，剝的吃樹皮。

周：困難時候。

吉：挖的吃野菜。

周：你今年多大了。

吉：五十六了。

周：困難時候你還沒出生呢，一九六〇年、六一年，最苦的時候你沒趕上。你們的孩子現在做什麼。

蔣：大女聘了，大小子打工，二小子打工。

周：大小子多大了。

蔣：二十五了。

周：成家沒有。

蔣：成了。

周：花了多少錢。

蔣：唉，十來萬。

周：那你們倆口子夠掙的。

蔣：這還差人家的呢。

周：還借人家的。老二呢。

蔣：老二在大同，還沒成家，週歲才二十一了。

周：那女兒呢。

蔣：二女比二小大一歲，在成都打工呢，沒聘。

周：怎麼去了成都。

蔣：二女是我媽帶大的，養活不轉，那會沒奶，餵不起。

周：送回四川，是你媽帶大的。

蔣：窮的養活不起。

周：你什麼時候回四川的。

蔣：把那個二女執下去，幾乎每年回去一次。

周：那得花多少錢呀。

蔣：我就拿兩個路費，拿四、五百塊錢，夠來回路費。啥也沒有。

周：你回那麼頻繁是不是想家。

蔣：小女放在那兒了。

（吉富有活要幹回去了）

周：就怕懶。

蔣：人不大，勤勤。

周：他們兄弟個子都不高。

蔣：嗯，數他二爹吉寬高些，三爹不高，老大不死也一樣。

周：四個媳婦三個是四川的，你們妯娌關係怎麼樣。

李：挺好。

周：是不是因為都是老鄉，這個關係很大。

李：人不親土親。

周：四川話也通，生活習慣啦也一樣，本地都沒有親人。老三媳婦怎麼樣。

李：人家越好哇。

周：比你們倆還好，為什麼呢。

蔣：她也是送上來的。是她五爹送上來的。

周：五爹把她賣了。

李：賣了，也沒幾個錢，那時窮。

周：之所以把她賣了，也是因為是她五爹，生人可能還不行。

李：我也搞不清。

周：那引你來的是不是也是熟人。

蔣：不認識，就是在成都認識的。

周：不認識你跟他走啊。

蔣：人拿的那些文件，招你那哇。

周：招工，拿著假文件，騙你走。

蔣：對呀，我剛從學校出來不懂。

周：年輕。

蔣：叫這會肯定不會。

周：那個人市在成都什麼地方。

蔣：離荷花池不太遠，坐什麼公車兩站地。

周：荷花池是個小商品市場。

蔣：離火車站也不太遠。

周：還有個中藥市場。

蔣：具體叫什麼忘了，這多年了。這都二十幾，快三十年了。

周：荷花池人市那會人多不多。

蔣：多了哇，整天人山人海。

周：那麼多。

李：哦，都是人們找工作。

周：勞動力多，尤其包產到戶以後。

蔣：四川打工人多，地少。一般人那點地夠吃，沒個花上的，沒有經濟來源。

周：從成都人市場不管是拐呀、騙呀、賣呀，來山西挺多，你們村有多少。

李：有是有，不知道是那來的。

蔣：有馬齊家，林四家，趙二家。

李：趙二家是陝西的。

周：加上陝西的有五、六個了。段山寺不算太多，那時村裡有多少人口。

李：四百多，聽人說。

周：那不算多，四百多人口，只有五、六個四川的。上午說大泉溝也是四百多人，四川的有三十多個。

蔣：對，大泉溝四川的多。

李：段山寺數我來的早，為啥我來的早，他那會在雙碾教書，他是聽說雙碾那頭有四川來的。叫那的女人帶的，引的。不是也不知道。

周：那就是說雙碾有比你早來的。

李：有哩。

周：那時是一九八一年，或者沒分開。

蔣：那一年內蒙下四川引來了哇，我表姐就是內蒙下四川引來的。

李：我的表姐也是。

周：你們倆的表姐也是被引上來的。

李、蔣：內蒙。

蔣：我表姐是個人下去引的。

周：對，在朔州我認識一個女孩，是攀枝花的，那個縣記不清，她就是先被引到內蒙。

蔣：內蒙托克托縣的多。

李：內蒙先引的。

蔣：托克托縣黑城公社。

周：那會還是公社呢。

蔣：我表姐就在黑城公社黑城大隊，和她表姐不遠。

周：你們兩個人的表姐都是引到內蒙。

李：也是騙，說不幹活，幹的半年，我也是聽的這話，幹半年，坐半年，才來的這地方。

周：東水窪的也是這麼說，我估計到你們四川形成一個模式（謊話）了。

李：都是一樣的。

周：幹的少，苦輕，走那都是那麼一句話。

李：我也是。雙碾的喬日亮，我來時就是他說的。

周：你想你們互相都不認識，聽到的都是這句話。

李：喬日亮引的那個女人，是那的。

蔣：是（四川）廣元的，那個是重慶的。

周：你們村那兩個，四川人在平魯大聚會，有德陽、綿陽、廣元、遂寧、廣安、宜賓、南充，那的都有。

李：我和二姐回成都坐一個車。

蔣：不是一處。

周：回成都倒車。坐火車從太原到廣元、綿陽、德陽可以直接，到南充要倒車，成都以南要倒車。

李：二姐是南充的，在成都倒。

蔣：現在改了。

周：你知道雙碾那個比你早多少。

李：最少早兩年。早兩年也多，那女人不生孩子，是經養的，抱養的。

蔣：最早的有四十多年的。

李：雙碾有兩個早的，我來的時候娃娃都大了。

蔣：你都三十幾年了。

李：三十六年。

蔣：眼看四十年。可有早的。我表姐來時我才念小學。

周：我遇到過，一九七二年我在花圪坨公社下鄉，我遇到一個人領著好幾個女孩，都不大，十五、六、七，到公社什麼都不要求，只要給口飯吃就行，南充的。

李：那是討吃的，這些年都是騙來的。

蔣：馬二家就是，是甘肅的。

周：那是逃難，更早了，段山寺也有。

李：有哩。

蔣：她是回族。

周：那更早了，死了。

蔣：沒有，老人有三個媳婦。

李：甘肅的。

周：到現在五十七年了，是一九六〇年逃荒的那一批。

蔣：是回族。

周：四川來的也有少數民族。

蔣：彝族。

周：計家窯有一個，我見了，是樹小的四兒媳婦，二〇〇八年我來還在，生了個小孩，後來跑了。東水窪有一個，那人我也見過。昨天我去問，也說跑了。

李：人說你偷你的山藥蛋，我已回川。

周：順口溜。

李：是說男人黑夜去偷山藥蛋，女人黑夜偷跑了。你偷你的山藥蛋，我已回川。

周：有意思，沒看著跑了。大泉溝也是，看著、關著。還挨打。

李：就那也有跑了的。大泉溝我聽見多了，賣的那些女人也是雙碾送去的，都連著。大泉溝蘇三家就是。

蔣：大泉溝甘四不是，她姐來了，甘三，甘四看對曹小了，她姐不願意，她要看對了。

周：有兩對姐妹。

蔣：那個不一樣，計明家和計平家。

周：不是。甘葉珍、甘葉華是親姐妹，她們姑姑家的兩個女兒也來了。

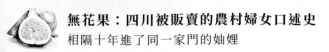

李：甘三、甘四。她們都連著呢。

蔣：不連著就來不了。

周：大的嫁到吳家窯，甘葉姐妹是中間，小的嫁到麻黃頭。

李：我們也是不願意。

周：小的跑了，大的離婚了，現在又回來了，有兩個孩子，開了個理髮室。

蔣：又尋了個男人，是包（栽）樹的，記得叫個啥名字，包工頭，待了一年又拉倒了，也有個孩子。

周：兩對都是姐妹。

李：黃榆坡有個姐妹倆嫁給弟兄倆。

蔣：三個哩。

李：那個出車禍死了。

蔣：是個人下朔縣，開個電三輪早起拉菜，男人開著，她坐在上邊。他們說是鬼迷正了，沙迷眼了是咋鬧的。說頭一天，個人把衣裳倒騰出來，說脾氣也變了，一睜眼就麻腦的不行，一說啥就麻腦的了。頭一二天就把三小、二小的衣服齊收攬，洗了，把扣子釘上，疊著，還安頓那兩個小子，棉衣裳在這哩，單衣裳在這裡哩，個人後頭尋的時候好尋，媽可不管你們了，人家就是這話。

周：是不是有意尋死。

蔣：不知道，是不是鬼尋上了。撞見鬼了，迷信的說法。頭一二天就把娃娃們的衣裳。

李：收攬便益了。

蔣：黑夜就收攬了，厚的放在厚的，薄的放在薄的，秋衣放在秋衣。

李：說的是姐妹倆嫁給弟兄倆這個。

周：就是這個。

蔣：嗯。第二天早起，抬了十塊錢，人娃可仔細了，人死了十塊錢也沒捨得花。早上開上電三輪拉菜去了，走在橋邊，男人說站一下哇，我眼睛啥也看不見了，男

人說不敢走了。她扒在車廂裡，說趕緊走，趕緊走，前頭等著哩。就這。喝喊的男人趕緊走，你走哇，下哇。男人說別得嘞，我眼睛一下啥也看不見了。她說趕緊走，就這急豁豁的。男人一踩油門把握不住了，直竄到橋底了，衝下去，她男人不咋。

周：男人沒事。

蔣：就把她，外皮沒傷，說是氣悶的，跌的裡頭出血了。

周：內臟出血。

蔣：跌下個了，男人眼睛一下能看見了。

周：死時多大。

蔣：四十幾了。連我大也沒有。

周：姐妹倆死了一個，死的是大的、小的。

李：小的。

蔣：唉，命苦，養了三個兒，一個女兒。死了，那個女兒連嚎也不嚎。那三個小子還小，兩個大兒和女兒嚎都不嚎，把他爹氣的，罵了他們一頓，說媽媽活了一輩子，親的你們，連氣也沒了，捨不得花，換不下你們一聲嚎。真能受苦呢，你道。身高力大的，個可高了，真能受呢。

周：三個孩子。

蔣：四個。

周：她姐姐有幾個孩子。

李：姐姐有兩個。

蔣：一小一女。

李：姐姐也是念過書，給人們寫信。

周：奇怪，男人一點事沒有。

蔣：沒，車子也不咋。

李：就把她摔著了。

周：車也沒事。

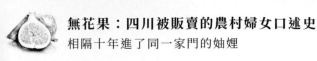

蔣：就是把她摔出去了，男人還在車上坐著。

周：啊呀，她命不好。

李：這有點問題呢。

蔣：說是人們說讓鬼捏住了。

周：命，巧了。

蔣：她男人說，我說不走不走，你個人氣的罵呢，個人明擺著眼睛看不見了，趕緊走，趕緊走，前頭等著了。

周：她要不催也沒事。

李：不由她心。

蔣：不是他兩手把著腳一下踩油門，她催得了，一下就下去了。剛好走在下朔縣那橋跟前，

李：究竟有沒有鬼。

蔣：不知道。

周：那是迷信，不是鬼。

蔣：我一輩子也不信個這，我說那有鬼呢，逢人說，不知道。你說我嬔死了，我姐在棺材前一陣陣說身上麻乎乎的，脊背麻乎乎的，就那麼說。我在棺材裡摸了我嬔的臉，摸了我嬔的嘴，一點也想不起個怕。人家跪在棺材跟前，嚎，燒點紙，身上也抖搭的，怕的說是。

周：你爸爸去世你回去了。

蔣：嗯。

李：有的人就是怕呢。

蔣：和我一搭跪在那燒紙，人家怕的，身上抖的是，送的紙手上也是抖搭的。我說你是咋鬧的呢，人說怕的抖搭哩。我說個人的老子你還怕呀。

李：你忘了，吉三怕他嬔哩，咱們一下不怕。他爸爸死了，他三兒怕呢，怕的那樣，嚇的不能。我們摸過去，摸過來。

周：死人有什麼怕的。

李：平常不親，不親他老子。

蔣：我說我姐，你肯定在韃面前作了哪些可恨的事。

周：心虛。

李：他韃後頭病重，（吉三）他回來都不回來看一下，你思謀吧。他韃心上清楚，只是不會說了。

蔣：我韃病時，我姐連跟前都不到。

李：他三兒看他爸他媽像還怕哩。這會他爸他媽的像還在我家掛著。

周：也是個紀念。

李：我們那老人死時還在我家炕上，正月打工齊不在，我一個人不還在呢。

周：人說鬼上身呢，我還見過。

蔣：說就有一個人蹲著在那看呢。說小時候看見過。

周：我是在計家窯見過，活人，比如你，某一個人死了。

蔣：就是我那二小子，說他看見了。

周：不是看見，是撞客了。

蔣：我那二小子就是看見了，又撞客了。

周：說鬼附身了，鬼附在你身上了，你說話呀，神態呀。

李：都是他的。

周：對。

李：咱村康耀他媽就這。說他說話，走路像他媽。趴女兒身上。

蔣：我那二小子也是。

周：是，往往是女的，男的我沒見過。

蔣：那老人是一個人，難活的不能了。

李：死的時候去我家了，向我要火柴，另完給我放的一根針，大的，上鞋的針。

蔣：問我要的喝糖滾水，我給放的紅糖，完了喝的。死的時候在那個把把[54]，你忘了，人們指出來。

李：這說的是我們村康耀的媽，不是九坪梁那個。（康耀）現在朔州呢。

54　罐。

我就是我男人販回來中的一個

口述人：譚華珍（一九六八～）女，川籍

杜海義（一九五八～）男，晉籍

訪問地點：山西省朔州市平魯區白辛莊村

訪問時間：二〇一七年十一月二日

周：先說你叫個啥。

譚：我姓譚，譚華珍。

周：你是哪一年出生的。

譚：一九六五年。

周：你老家什麼地方的。

譚：我們那個地方這個時候變的，還寫那個。

周：你媽那個，老家是那個縣。

譚：遂寧縣 [55]，四川省，南江區光福鄉，老家是，說小時候的事啊。

周：對，說說你爸爸、媽媽，說你們家都有些什麼人，小的時候咋生活的。

55　四川省遂寧市遂寧區。

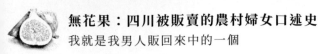
譚：啊呀，我們小時候可苦哩。我小時候是譚家灣的一個老村子，趕我媽去世以後搬到謝家溝，生活了幾年。

周：你媽去世時候你多大了。

譚：十一、二了。

周：你姊妹幾個。

譚：姊妹到多了，有五個。農業社那時候大集體，我們小，我媽去世了。

周：你爸就帶著你們換了個地方。

譚：我們那個地方讓水淹了。

周：發水災了。

譚：發水災了就去別的村生活，還是光福鄉就是倒了隊，原來是一大隊，倒到二大隊七小隊。

周：你小時候在家讀過書沒有。

譚：沒讀書，沒文化。

周：小時候在家做點啥。

譚：小娃娃呢，十一、二能做個啥，撿柴、打豬草，四川那個風俗，老家。

周：那你後來怎麼就來這了呢。

譚：家裡沒人掙工，缺糧戶，那個時候人小不懂事，剛剛上個一年級，背個書包上個一年級就叫他帶上來。

周：那會你多大了。

譚：十五。

周：那你上小學晚。

譚：沒錢，我媽去世了，沒人供你念書，將將上學就讓他把我騙來了。

周：他去你們那兒。

譚：他去我們那兒了，帶著他姥爺，我們家帶個上，去我們那個地方。

周：就是後來你這個男人。

譚：哦。

周：他們兩個是兄弟。

譚：兄弟，姐夫小舅子。

周：是姐夫小舅子，他們怎麼就上你們家去了。

譚：那個時候山西娶不到媳婦，他們帶上他去了，他四川有親的，他姐夫四川有親的。

周：他在四川有親友。

譚：哦，他帶來的，介紹。

周：等於給他兄弟在四川找對象。就去了你們村了。

譚：哦。

周：你就同意跟上了。

譚：我小，省不得。那會我們不懂事。那會大集體，沒分開的時候，分開頭一年，第二年我就上來了。

周：你們是幾幾年分開的。

譚：一九八〇年冬天。

周：你一九八一年就上來了。

譚：一九八二年春季。

周：一九八二年春季上來，來了以後怎麼樣。

譚：還能有怎麼樣，我一個小女兒，由人家做翻[56]哩。

（譚帶著外孫，小孩哭鬧）

周：要不上你家說。

譚：我不敢，他姥爺在呢。

56　折騰。

周：那會他們家富裕不富裕。

譚：富裕啥哩，得了病了，我們家那口子得了病了。

周：得了啥病。

譚：冠心病。

周：呦，他多大年紀。

譚：六十了。

周：比你大多少，（譚用手比劃）哦，比你大十歲。得了冠心病也不能勞動了。

譚：不能了。

周：得了幾年了。

譚：今年四年了。

周：得了冠心病不能重體力勞動了。

譚：不能了，我們收入，還有兩個兒子沒有結婚，負擔太重了。

周：你們生了幾個孩子。

譚：四個。二個男的，二個女的。

周：老大是男孩還是女孩。

譚：老大兩個全是女孩。

周：問出去了沒有。

譚：問出去了。

周：全結婚了，那兒子呢。

譚：沒，沒結婚。

周：那你負擔就重了。

譚：太重了。

周：兒子結婚，現在都要花錢的嘛。

譚：花了哇，二、三十萬，三、四十萬，找也找不到。

周：是。這兩個兒子現在做啥呢。

譚：下煤礦，個人掙點錢。

周：在那下煤礦。

譚：在左雲[57]。

（一同回到譚家）

杜：小時候一上來，叫非法同居，就罰上款了。

周：罰了款了。

杜：我這多罰了，有了我那個大女兒了，沒結婚人家叫非婚生子。

周：也罰款。

杜：一趕有了二女，也結了婚了，就有超生子了。

周：又罰款。

杜：挨正這罰。

周：罰了三、四次。

杜：罰了多年了。娶過她，自罰的娃娃們都大了。

周：年年罰。

杜：哦，年年罰。

周：不是一次性罰。

杜：打下些黍子還要超生錢，叫人挖上走了，個人吃的啥也沒有。這糊弄的超生子不罰了，娃娃們開始念書了，這四個娃娃念書，三個供的念了大學，小小一方面學的賴，咱們也沒力量了，供不起了，小小念了個初中。

周：前三個都是大學。

杜：那麼賴，也是大學。

57　山西省大同市左雲縣。

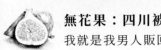
周：那你們供學費，負擔重，不容易。

譚：那陣我就說了，供完他們上學就病了。簡單的說了一下。

周：是。你還心臟不好。

杜：冠心病。

周：你今年多大了。

杜：六十了。

周：那你還年輕呢，年紀大的容易得。

杜：我都得了多年了。那年太原看的，說不能放支架，做搭橋呀，咱們沒錢，湊不夠，沒做，回來就是長年吃藥，吃藥。

周：實際沒放對了，放支架就是醫院賺錢，放多了更麻煩，國產的好幾千，進口的好幾萬。

杜：人家說十三萬。

周：那就是放好幾個。

杜：放五個。

周：沒放就對了，這叫過度治療，本來不用放他給你放兩，本來放兩個就行了，他給你放五個。

杜：這沒放。

周：沒放，現在也沒事。

杜：就是吃點藥，用藥維持。

周：當初你是怎麼認識她的。

杜：我下她們家來了。

周：你怎麼就去她家了。

杜：那會咱家困，我父親下世的早，咱們這兒娶不過，下她們那。也是找一個咱們這的人，和她一個地方的。

周：引上來的，等於你找了一個已經來了的四川人，是她老鄉。

杜：對。人給介紹的。

周：是這麼來的。上次（二〇一五年）就聽你們說過「非法同居款」，其它村子好像沒聽說。

杜：這村管有呢。

譚：你有做的去做哇，管不來就這些事，我和他說哇。

杜：完了，就是個這。

譚：他寫的是過去的事，咋寫都行呢。

周：對，談歷史，談過去。

譚：要是說這了，你去做吧，我和他說。

周：你剛才說你來時十五了。虛歲週歲。

譚：虛歲哇。個人說非法同居呢。

周：你老大多大了。

譚：三十五了。

周：也是虛歲。

譚：一九八三年出生的。

周：你是一九八二年來的。

譚：一九八二年春季來的。

周：你來的時候這個村子有沒有四川的。

譚：有一個。我是第二個。

周：是不是就是她介紹的。

譚：不是。

周：其它村的。

譚：其它村的，就是他姐夫，和他一起。

杜：她啥也省不得。

周：那會她小，所以不知道。你比她大幾歲。

杜：九歲。

周：你們弟兄幾個。

杜：弟兄三個。

周：你是老幾。

杜：我是老大。

周：老二、老三成家了沒有，那時找那的。

杜：成了，老二找的內蒙的，老三找的也是四川的。

周：那會你們家困難。

杜：家庭困難。

周：找當地要彩禮要的多。

杜：拿不出來，咱們那會家庭困難也沒人尋。

周：弟兄三個找的都是外地的，兩個四川的，一個內蒙的。那兩個在住了沒有。

譚：在呢。

杜：齊在哩。

周：這村有沒有跑回去的。

譚：跑了八個。

周：你說跑了的都是因為啥跑的。

譚：那要說家庭個人過的，有時候女方條件好走了的，男方不好。

周：是不是一般男方對女方好的就留下了。

杜：哦。有一種上來就是為了騙錢，拿上錢就跑了。

周：這也是一種。這個村留下的有幾個。

譚：多兩個呢，除了跑的，還有死的。死了兩個，跑了七、八個。

周：死了兩個，因為啥死的。

譚：得病死的。

周：死的時候多大了。

譚：啊呀，那娃娃小哩。

周：還有娃娃呢。

譚：死時候娃娃不大，也就兩、三歲。

杜：死時有三十幾。

譚：那有哩。三新合家的兒和咱么女同歲，二十八了。

杜：她歲數比她大，四川還有好幾個娃娃呢。

譚：三新合家哪有呢。

杜：三新合家是得了疾病。

周：你來這回過家沒有。

譚：回過。那幾年不跟心就走了。

周：跑回去了。

譚：跑回去，人家又段下去。

周：跑回去多長時間去尋你。

譚：唉，跑回去兩、三天就尋去了，段回個了。

周：他怎麼就又把你哄回來了。

譚：他就哄回來了，把娃娃砍下了，又回來。

周：還是想娃娃，還是有感情，要不咋又回來了。

譚：我從小沒媽，可憐娃娃呢。

周：當媽的都是心疼孩子。

譚：從小沒娘的孩子可苦哩，說人家扔下娃娃，我說心黑呢。我小時候就沒媽，小時候可苦哩，誰想打你就打你，沒人護架，有媽到底護架呢。就像我那兩娃娃念書，那個打娃娃，我就跑到學校打他，打不打把他嚇住了。娃娃們念書老師打發回來，我就不叫老師打發回來，我說你打發回來娃娃耽誤念書了，我說我有錢給你，沒錢你打發也不行。人多了，在雙碾念書時候，沒見過我這四川的。

周：你那兩娃娃都在雙碾念書。

譚：雙碾念書來了。

周：那會雙碾還有。

譚：有了哇，以前有，現在沒有了。小學至初中。村裡沒錢不要，就過雙碾念了。老師有時候外面好說話，我說你不要打發我的娃。

周：你兩個娃念大學在那念的。

杜：一個在太原，一個在西安。

周：上大學學費負擔就重了。

杜：姊妹倆一年考正的，一時走的，第二年二的沒錢供不起休了一年學，隔了一年，對開了，又念的。

周：同時考上的，一家兩個大學生。她們考上時，是不是這個村比較早的。

譚：不是，也都普及了。

周：這倆孩子現在工作怎麼樣。

譚：一個在太原，一個當了家庭婦女。

杜：一個有工作的都沒有，一個是在太原做買賣呢。

周：做買賣也是一樣嘛。

杜：在太原開的店。

周：你們種了多少地。

杜：現在沒了。

周：原來她剛來時。

杜：種了三十來垧。

周：上百畝地了。種了多少年。

譚：一直種著。

杜：多年了。

周：白辛莊是一九八一年分開的。

杜：記不正了，年長了。

周：現在不讓種了，是不是退耕還林了。

譚：是了。

周：哪一年退的。

杜：拿一百六有八年，又四年了，十二年。

周：二〇〇四年、〇三年。

譚：對了。

杜：二〇〇四年退的。

周：三十來垧地是種了二十二年。現在還能種點不。

譚：能，為了生活呢。

周：現在還種點啥。

譚：莜麥、山藥、蕎麥、玉茭。

周：今年糧價有點低。

譚：每年還低，糊弄打下就低了，不種就高了。

周：玉茭連續三年了，一年比一年低。

杜：打下玉茭從一塊到六毛了。

周：前年一塊一，一年比一年低。

杜：四毛還不好賣。

周：這個是二姑娘的孩子，你們給帶。

譚：她媽又給生下個小弟弟。做買賣那個也是兩個兒。

周：現在你們三代了。開始種了三十多垧地，提留也多了吧。

譚：多了吧。

杜：提留、國稅。

譚：看見人們吃白麵疙瘩可愛呢，沒有，個人就喝小米粥，麵糊糊，看見一邊人吃好飯，自己連白麵也吃不上。這下可以吃上白麵和稻米了，人家到吃不行了，熬上可以吃了，卻吃不動了。我也今年難活呢，別叫有病了。

周：你有啥病呢。

譚：膽結石。去醫院，人家說和其他人的還不一樣，醫生說我還沒見過這樣的膽結石，苦膽大的不像樣了，卻引出水來了。問我痛過沒有，我說沒有，以前不當個事情，今年病的厲害扛不過去了。住了院，住了半個月院，花了六、七千。

周：那你膽結石做手術沒有。

譚：沒哇。

周：還不算厲害。你種三十來垧地能打多少糧食。

杜：寡搭，那幾年咱們也打不下個糧食，好的一畝地打不下一百斤，那幾年沒錢買不回來化肥，上不上肥，莊禾賴，打不下糧食。提留、國稅，不夠家裡然交 [58]。

周：不夠。

杜：不夠。

譚：他拉下一屁股饑荒，將將打完饑荒。

周：你這不夠也包括娃的學費。

杜：我還得出個下窯，打工。

周：你還下窯。

杜：下多兩年窯了。下煤窯。

58　花費。

周：你在那兒下。

杜：咱平魯縣的煤窯基本我都下過。

周：那真是，每年把地種下就去下窯。

杜：哦，一有閒的時候就趕緊下窯。

周：忙的時候再回來。

杜：給娃們掙兩個。

周：那你長年下個窯。

杜：哦。

周：你什麼時候不下窯了。

杜：有六、七年呀。一趕後來，為下窯掙的錢多，給你打掘進呢。打掘進那會炮掘呢，進個炮一遍煙嗆的，浮塵，那倒有心臟病了。趕後來不能了，痛的不能了，一檢查心臟病。齊這開始不下了。

周：那會已經有心臟病了。

杜：就叫那炮掘的。

周：心絞痛。

杜：齊那營生做的多點就痛。長年吃這硝酸甘油。沒這就不能。

周：隨身帶著，一不舒服就含一片。

杜：久已吃哩。

周：下窯一個月能掙多少錢。

杜：也就二千塊錢。那會煤價就低。

周：下窯幹幾年。

杜：下窯多年了，有十五、六年哩。

周：一年下窯幾個月。

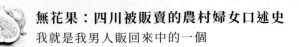

杜：那個沒準，閒時候就下，到忙時候下不了。有時候礦停，出事故也不下了，那年雙碾礦出事故，打斷鋼絲打死三、四個人。正好我在村裡種些胡麻，胡麻熟了吃喝我回來，頭一天回來割胡麻來了，第二天雙碾礦出事故了。

周：巧了正好讓她叫回來了。

杜：我回來了。

周：雙碾礦，叫什麼。

杜：就咱雙碾鄉。

周：雙碾還有個礦。

杜：那會有了哇，在木瓜界低下些。雙碾那會礦也挺多。

周：那不是木瓜界礦嗎。

杜：木瓜界是木瓜界礦，是開的新口子。那會審批，好像鄉里頭辦礦，鄉鎮企業，鄉里辦的。

周：用的這個名，雙碾鄉開的礦。你是在雙碾鄉開的礦。

杜：就那待的時間多。

周：礦上工作辛苦，也危險。

杜：危險，為多掙人家錢呢。

周：你說打死那三、四個就是雙碾礦。

杜：雙碾礦。

周：恰恰你走了。

杜：我頭一天走的，第二天出的事，種點胡麻，胡麻熟了，給我打電話回來就割胡麻來了。我走了，他們第二天被壓住了，當時死了三個，一個把腿齊這截了，那醫療條件不賴了，齊這截斷了骨頭，就像個沒棒棒，還活著，就去了太原，接正了，沒死了，那個。

周：那你這平魯的農活會不會幹。

譚：啥還會呢，沒個不會的，耕地，抓糞，啥也會做，趕騾車車。

杜：那幾年我不在就是人家幹，耕、抓。

周：那不簡單。抓既是重活，也還要有技術。

譚：人家不在，誰也不和你幹，就是個人抓哩，一天抓兩坰。

周：那會你們養沒養牛、騾子。

譚：就是養的騾子，沒養牛，為耕地、種地。這將將養的牛。過去養的耕地牲口，騾子還送糞。養的一個騾子。

周：他下窯，地裡的活全是你幹。忙的時候他也回來幫一下。

譚；哦。

周：種的多。

杜：種少了不行呀，不種不行。

譚：那時候不知咋過來的，想起也是，看見白麵疙瘩愛的呀，那麼讓我喝上一口。我給娃買藥去了，碰見人家那白麵疙瘩香的不行。我就是那個時候想哩。

周：現在不想了，吃的多了。

譚：現有了。我的娃娃們，你不知道，我想罷了，我也沒念過書，快不用念了。跑在太原去看個了，阿姨長、阿姨短，一叫你這苦又受了多少年。受的呀，為這念書。後頭這個拿將雞蛋，那個拿將麵，那個拿將果果，張羅間一堆，吃也吃不了了。念大學那會，不想供她了，那夥念書娃娃給拿將吃的、喝的。一下回來又受多少年。

周：你孩子在太原念書你還去看過。

譚：去哇，去過。我不想叫念了，供不起，又怕她們回來，又盼她們回來。去得拿錢呢，拿不上錢來，她在外面受治。娃娃在外面也打工，就念書就打工。去個了，看個了，不到假期去看個了，也是不要叫她念了，受不行了，從家裡拿上點，我連數目也沒點驗清就拿完了，糧食一趟糊弄打下，村裡收糧的，糧食沒打下就把錢從人家手裡拿上了。支走了，那會那饑荒可多了，才打清。說還有我兩個錢呢，我說我給你打哇。

周：大滿虎和二滿虎是收糧食的。

譚：收糧呢，沒等糧食打下就把錢拿上走了。

周：預支了。

譚：支了。

周：孩子得走。

譚：不給她走，娃娃們在外面受治呢。她們在外面也打工，窮在家裡，富在外面，久已這麼說。

周：窮家富路。

譚：我家裡窮的沒吃沒喝，就又拿上走了。

周：現在孩子也大了，也出息了，有工作了，也成家了，給你們老倆口支援不支援兩個。

譚：咋了不支援，他還要錢呢，支援他吃藥。大的給買藥呢，好幾年都是人家給買呢。

周：還真是不錯，沒白養活。吃藥全靠兩女兒了。

譚：這又將將拿錢來還沒買呢。

周：農合能不能給報銷點。

杜：不住院人家不給報銷。那裡買點藥這個人家不給報銷。

周：不住院不給報。

譚：定點的有些感冒藥，像他那治冠心病的藥沒有，其它地方買的不給報。

周：那你這兩女兒幫不少忙。

杜：我二女兒在太原藥材上班，畢業在藥材上了二、三年班，找下對象不上了，她在那兒批點藥。

周：對象是什麼地方的。

杜：山陰人。

周：她們經常不經常回來看你們老倆口。

杜：回來了哩。經常回來。

周：現在交通方便，又有錢了。你跟她回過四川嗎。

杜：多回過。

周：倆口子一塊回。

杜：那會年輕時候想回就一塊回個了。趕這以後就不回個了，她爸爸，還有兩個妹妹，齊來咱們這了，來咱們山西了。

周：她爸爸都來了，那你爸爸現在在那兒。

譚：在我妹妹家裡。

杜：在曹莊（村）。

譚：今年前半年在我這裡，後半年去妹妹家了。

杜：回多年了。回來五個，一個去廣州打工，尋那的，那四個都在咱這呢。有兩個在這，姐姐。

周：哦，她姐姐也在白辛莊。

杜：哦，姊妹倆，大的、二的在白辛莊，四的、五的在曹莊呢。

周：等於你們全家來平魯了。就一個在廣州。你有沒有兄弟。

譚：沒有。

周：是五個姐妹。你爸爸在曹莊，現在年紀有多大了。

譚：八十二了。

周：歲數不小了。

譚：拿藥撐著呢。

杜：不行了，他連個人也治理不了了。腦梗呢。

周：那你四川還有沒有親友。

譚：有了哇，姑姑、姨姨，舅舅，全有呢。人也多呢。

周：十多年不回去了，曹莊是妹妹。她們過的怎麼樣。

譚：人家過的比我在上。

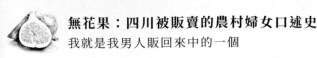
周：比你好些。

譚：人家在川裡頭。

周：曹莊是川。

杜：白堂鄉，人家那地方好，現在鄉政府在曹莊。

周：我去過一次。她們是在村裡，還是搬井坪了。

譚：村裡了。

周：村裡還是種地呀。

譚：人家不種地了，四的以打工為主，五的也是打工。那裡也去。

杜：跟著合約走，那兒蓋樓房綁鋼筋。

周：會幹這個，女的能幹這個也不錯。

杜：人家一天二百三、四的賺錢。

周：那不在村裡。

杜：不在，出工地。

周：孩子想出去玩。

譚：人家家裡不像這，家裡不養牲口，娃娃喜歡這牲口。

周：老四、老五都有孩子嗎。

譚：有了。老四的女兒也聘了，老五的兩個兒也沒娶哩，人家朔縣買下樓了。

周：老五在朔縣買了樓。

譚：老四緊等買呀。人家光景比咱們好，兩娃娃負擔輕。我操下四個呢，負擔重，供娃娃們念書愁死了。到假期盼娃娃們回來，回來又怕娃娃走。

周：這一走就得拿錢。

譚：拿錢了哇，不拿咋呀。

周：你那倆妹妹都是兩孩子。

譚：四的是兩個，五的也是兩個。

周：負擔稍微輕點，加上打工，收入也還行。那你兩妹夫出不出去打工。

譚：打哩哇。

周：那兩妹夫不是一家吧。

譚：一個姓李，一個姓杜。

周：你那兩個妹妹是咋來的。

譚：妹妹是我引上來的。家裡頭我奶奶死了，沒人管了。我們下去走娘家，跑回去，跑回去四川也不想鑽了，小沒人管，我給引上來的。

周：在你這養著。

譚：我們上來時候，個人親的。

周：這兩個妹妹是你帶大的。

譚：上來了，在四川也得生活，她們不想鑽的。

譚：你兩個妹妹來時有多大。

譚：也十五、六了。

杜：那有了。上來的時候四的有十來歲。

譚：十五、六了，冬裡就尋人家了。老五倒是十來歲。

周：多大聘的。

譚：冬裡聘的。

周：聘到曹莊這家人。你跟你姐姐都在白辛莊。是姐姐先出來還是你先出來的。

譚：我先來的。

周：是你把你姐姐介紹來的。

譚：說這話又是丟人，又是。

周：沒有什麼丟人的。

譚：那還不丟人。那會我們是沒有娘的娃娃，可憐呢，趕我姐姐上來，也是十六、七歲的娃娃，到了別的地方結婚了。

杜：他姐姐讓騙子拐賣了，賣到山東了。山東尋了殘廢人，尋的不好。正好我們下個了，她姐姐在山東尋了個殘疾人不想去了，不去山東跟她相跟來咱們這了。

周：你們去四川碰上她姐姐了。也是苦命人。

譚：說的是沒娘的娃娃可憐哩。

周：你媽去世的早。

譚：沒人管教。相跟上就走了。

周：你媽去世時你多大了。

譚：十一了。

周：你姐姐比你大幾歲。

譚：我姐姐比我大兩歲。她先出嫁，讓他上去把我騙將來了。

周：她先去的山東。

譚：哦，我在四川了哇。

周：你來時你姐姐已經走了。

譚：說句不好聽的話，三女說我在四川異樣呢。在四川還念書呢，念上書了吃不倒我，她受苦，叫人騙了，一下賣了。

周：那會你姐早受苦了，你念書。

譚：她吃不倒我。先受苦，嫌難活。

周：農業社時候，她嫌受苦，難活，叫騙子騙上去了。

譚：哦。我尋他時候還念書呢，沒錢，有錢念上兩天，沒錢就不念了。

周：他一去就跟著來了。

譚：經人介紹，我們也省不得，嫁人做啥呀。他姐夫念書懂道理，給編上來了。

周：他姐夫姓啥。

譚：張元生。

周：當過對幹部沒有。

譚：人家當了一輩子幹部。

周：張元生是這個隊的隊長還是支書。

譚：支書，黨員。

周：比較會說一點。

譚：那會他韃死的早，張元生先引上他兩人去的四川。

周：他韃也是死的早。

譚：他媽經留他們長大。

周：他媽把他們三個帶大。你來時他媽還在不在。

譚：在哩。就是沒父親了。

周：你是死了母親，他是死了父親。兩邊都是苦命人。

譚：都是苦命人，我覺意他苦的不如我屬害，我沒個說處，他還有個嚎處。

周：你咋苦呢。

譚：經營大四、五個孩子哇，我個人思謀要寫書咋寫呢，從我記事到現在，有好事有賴事，可苦哩。

周：這次來我已經問了十幾個四川的，大部分和你的經歷差不多。耕地、抓糞、趕小平車，也是啥都幹。

譚：誰也沒我苦，因為啥呢，四川地方大了，我跑到山西了，家裡沒人，靠沒靠，莊戶人的娃娃就是個那樣，出來齊是個人尋營生打工。

周：你父親是哪一年來的。

譚：他在四川是糊塗匠。

周：糊塗匠。

譚：光喝酒呢，喝上酒就跟人鬧事呢，四川那一個妹妹執不正，就把他弄這生活了。

周：是你們這些姐妹硬把他叫來了。

譚：人家不來硬過哄的來，哄上來，不給他錢他走不了。給他吃，給他穿，就不給他手上錢。

周：他走不了。

譚：他想走走不了。沒錢。

周：等於你們還是幫了他。他一個人在那個地方成天喝酒，容易出事。

杜：他要一個鑽四川早就死了。哪能活到這會。

周：你老爸來這挺好。

杜：他管好命呢，來這他一點不難活，也還給他喝點酒。

譚：四川講迷信，他能吃肉呢，吃豬肉像那碗一大碗，啥肉也吃呢，個人作怪耍威呢。

周：把肉給戒了。

譚：就在這吃點，吃豆麵咋樣。

周：行。山西飯你都會做了。

譚：我不會做飯了，現在都會做。豆麵、蕎麵、莜麵啥也會做。

（吃完飯，接著談。杜海義帶外孫出去了）

譚：那會下窯是下窯哩，掙了錢自個花，帶這些娃娃真不容易，這會條件好了，娃娃們給他買藥。

周：賺錢也不給你花。另外他打不打你。

譚：打了，我是自個不說，打哩，誰也知道。

周：也罵。

譚：這會老了，全憑吃不倒我，他不敢。怕我招奪[59]他呢。前幾年還打呢，我沒伸手，打倒了，走不了了。就這他也怕我呢。我說警告給你，你要再打我就跑了，五天沒人來，七天就沒人理了。這會吃不倒我，我糊弄出門，就打電話，無其數的打，怕我離開他。

59　打。

周：怕你跟別人跑了。

譚：我倒是不跟人跑，我是為了個人出去俐落呢，自己養活自己。我沒有那個想法，要有那個想法來那年就跑了。那個時候娃娃小，你當娘的不在，娃娃肯定受大苦了。四個娃娃就是我供的給念書，他不在，他一在就跟老師鬧的麻煩。那兩年他鬧的人家告他，差點坐了。

周：他坐過牢。

譚：沒有，全憑他姐夫壓著呢，人家來就迎接著朝別處走了。

周：全憑他姐夫護著他，那他做過什麼事情。

譚：販女人，販上人賣呢。

周：他從四川販上來的女人多不多。

譚：多哩。那幾年公安局來抓呢，他跑了。

周：公安局來抓過他。

譚：抓過。這幾年他老了，盡是病了。

周：老了，不行了。他販來的都賣到哪兒去了。

譚：全去了，全跑了。

周：他販來的全跑了。有這個村的嗎。

譚：將將來的那個人媳婦也是。他是在井坪接呢，他不去四川。

周：他是在井坪，接人家販來的四川女人，再到村裡。

譚：全跑了。

周：有沒有販到過其它村的。

譚：有。全走了。人家不想鑽，不和我一樣，沒媽的娃娃，扔不下孩子。那麼個人快成家立業算球了吧。就我這可苦哩，娃娃們吃喝大些時候，兩小子念書呀，做啥呀，沒錢，來利不了。個人睡下看的電視鬧的富裕，我就定頓，咋鬧的啥時候娶上個媳婦，沒錢。他這喝酒，每年不少喝呢，不少花錢。

周：心臟病還喝酒。

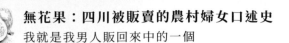

譚：喝哩，煙、酒、燙片片（當地流行的一種嗑藥形式），都燙呢。左不來一句話，苦的我自個。別人不苦。

周：那兩個妹妹還可以。

譚：可以的，姐姐也可以。

周：姐姐也在村裡。

譚：哦，我這陣住的就是我姐姐的家。我的家在上面。我為餵牲口，我又養了一圈牛。他下窯時候我一個人在村裡鑽著，他說回來呢，打下糧食賣了回來了。說起心寒呢。他別回來，回來心煩的厲害。就那為了娃娃。

周：得為娃娃們著想。

譚：那幾年哪敢跟人家說個大話呢，說不對就打你。我不敢出去說呢。我念過書，我懂道理，我是大地方來的，不和你山溝豁拉拉里的人計較。就像他那姐夫，蠻不講理，還有他姐姐，我和她打招呼，表面上搭罩你。我小時候由人家呢，趕這會了娃娃們替我出頭，娃娃們和我一心。那會罵娃娃們是愣子。罵的娃娃抬不起頭。

周：誰罵呢。

譚：他，他姐夫、姐姐，罵呢，打的也凶。那會老人（婆婆）活著時候，他姐夫比我屬害吧，他個人娃娃念不成書，我的娃娃念不成我不信。我硬一個督正，叫她們念書，一個收回錢來了，把糧食放在後頭，把賴的放在浮皮，他看了不要，一堵馬[60]娃娃要走了就粜，賣了。看見人們吃疙瘩子，麵片，可愛哩，吃不上。這會有了，吃不行了。我黑夜不吃飯，趕他睡下了，咋餓也不吃黑夜飯，就是早上、晌午吃兩頓。就我這個年齡正是吃飯的時候，現在的年齡吃不行了，吃上就受不了了。二小子念書，念到初二，他個人不念了。要像其他人家的男人好好過，孩子們念的比這高，早早找上工作，個人奮鬥呢。因為那個時候，我搬上出去幾年，我娃娃們念書頭一、二年，自那後頭，娃娃們念書個人顧個人呢。我就給他們講這些道理，念好的書，學校老師就看起來。一要錢娃娃們就不學了，一不學就跟不上。小時候，大了慢慢好些。可苦哩，一句話，兩句話，一、兩天也說不完。訪問我哇，要是寫個電視劇，看的效果嚛的可憐。你說要是寫出來跟著受累的人也挺多，就是一個人硬撐，我一個人在他家這麼多年，唉，個人不是四個娃娃，奶過兩個娃娃為掙兩個錢。

60　一起、一塊。

周：誰的。

譚：王桂蘭二侄女的娃娃。

周：都是你奶大的。

譚：就是他老大家的娃娃。

周：奶娃娃還給點錢。

譚：就是悄悄的給，他一走悄悄的給，我給娃娃們發獎金，鼓勵娃娃們。別人說我雖然沒念過書，還挺厲害。我說我不厲害，聽見你們這說話挺和美。我們家那一個說話狗七娘下的。不然你一進來我就說還是念書好，說話呀，懂道理呀，做啥呀，起碼能說成呢。你們這地方說不說就拿起鍬來，打呀，罵呀，這一套，就不跟你講道理。

周：這村子裡的人對你們四川的欺負不欺負。

譚：欺負我不招理他，一般不和他啦呱，你沒見我領上娃娃上去，他久已不在，我一個人在家裡，娃娃們念書不在，啊呀一天一天，一年一年，也挺苦的。

周：你姐姐比你大幾歲。

譚：比我大一歲，人家比我強。久已可憐我這個妹妹。讓我問個媳婦跟上走，我往哪走呢，然交過大，我一個人單身，沒娃娃也不知道是個啥情況。

周：四川的在外面打工的可多了。

譚：打工多，每個人的想法不一樣。你引上男人出去二十塊，他又不給做點，得明白這一點，你掙的和別人一樣多，別人的男人，這哪像個家。咱們這個行為，他會的咱們不會，我是這麼個人，除去他然交呢，養活不轉他，根本不夠。你看我養的奶牛。

周：幾個牛。

譚：真多賣了，養了牛跟你說話呢，沒牛連個話也不跟你說，連錢也不借給他。

周：村裡人跟他關係不好。

譚：不好。還不好的厲害。我一個人撐著這個家。你想寫些啥寫哇，這會就我一個人了。

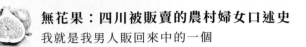

周：村裡人就不和他共事。

譚：這幾年又共事了，這有財產了。

周：哦。

譚：沒財產誰和他共事呢。

周：怕他欠錢。

譚：自我回來，在井坪住了幾年，做啥我也不知道，不想問，不想跟他過。一提這就傷心。那幾年一聽他回來，黑夜嚇的抖搭哩。

周：是不是耍錢呢。

譚：啥也做，年輕時啥也做。

周：串門子[61]，耍錢。

譚：啥也做。就我和娃娃們。這會有人和他說話，那幾年那有人和他說話呢。

周：村裡人不理他。

譚：人家有人，對上他，剛才我不是說不能說了。你要說了咋個情由，他要報告給他（張家），我就啥哩。我回村裡今年九年頭上了。這幾年娃娃們念書管不了，給他錢娃娃念書，人家掙上錢，坐下一炕人，朋友、親友坐下吃哩、喝哩，娃娃們看呢。我就悄悄給娃娃們拿上錢，想買點啥。

周：不管娃娃們。

譚：娃娃們就這麼大點。這會省得管娃娃們了，老的難活了。你說這個家咋過呢。這陣說起愁呢，說是問個媳婦，那裡不叫走，你要走打電話。那幾年我一個人養的牛。

周：養了幾個牛。

譚：養了九年了，一開始買了七、八個，三萬二千四，那會的錢，前九年，我買了九個牛。他姐夫挑撥的，說我有啥事不和男人商量。我那個男人和我吼了三個月，三個月就是打。

周：就是因為幾個牛。

61　找女人。

譚：他二姐夫過來看了一下，說不賠。他二姐夫人家不挑事。他不給我說好話我也不來，他給我說好話我也不來。他二姐夫不賴。他大姐夫不是個東西。

周：他有兩個姐姐。

譚：兩姐姐，唉，我看過的這日子，沒法想像，沒法講。

周：是。

譚：我今年有病難活呢，你說不做手術，不做手術不行，娃娃叫做呢，夜黑夜[62] 我那二的打電話，說媽你趕緊做手術，把錢要回來。你說養牛得要多少東西，三輪車、切草機、推磨機，全是買的新的。

周：都是你養牛掙下的錢。

譚：哦，還看病哩。那一年一下操了四萬塊錢，做手術花了，還塌下四萬塊饑荒。二女難活的，得了皮膚病。你說花下的錢你不得還那，就這大數，小數我記也不記。把那兩個兒念完大學，大專，算個大專，在礦上上班呢。也是養牛給人家，四萬、五萬，這單位說萬呢，千數就不說了，一、二百塊錢更不說了。你說這不是養牛鬧下的錢，那是哪來的錢。你說我這幾年掙了多少大的錢。哦。大閨女給了我二萬塊錢，悄悄給了我，我就沒露明，回來買了八條牛，總共花了三萬二千四。你說這些從那找，就是我的錢。我能借出來，他就借不出來這錢。

周：他信用不好。

譚：把饑荒都打完了，現在說又有牛又有錢了。名聲起來了。

周：都是你打的天下。

譚：是哩，就是我打的天下。那年他打的我，跑的，吼的。我說我不回個了。說那些牛你給二的娶個媳婦，大的念完書了你不用管她了，你個人照顧個人吧。他說你回來哇，不打你。眾人罵了他，停了兩天。那幾年愣跑來了，跑了到那，走上兩天，又跑回來。他又怕不和他過，怕我把娃娃引走呢，怕把女兒們引上走呢，就他一個。我又引過女兒，大女兒，十七那年我引上趴起跑了。回來她念的高中，她念書厲害，我和老師配合的。我說你別把她打發回來。老師看見我家窮。攢下個山藥我給老師拿下了，攢下個雞蛋給校長拿下了。你不相信你問問馬富，那會是校長。

周：校長。

譚：校長是馬富，老師是范英強，我想報答呢，報答不了人家。我要是能寫，寫出來讓人們看看，讓娃娃們看看。有這個想法，就是寫的不好。

周：孩子們都上了學，有了文化，讓他們幫助你。

譚：我就是想和你說說，說出來。

周：把你的生活實打實的說出來，讓他們記下來，就是一本好書。

譚：真的，你給我提個醒，我就會了。

周：我就是幹這個的，關鍵不是寫的人有本事，關鍵是你的生活生動。

譚：我就這個條件生活出來的，寫出來。

周：都是你的親身經歷。

譚：對，我就是說這呢。

周：你說出來，記的人記下來，這就挺好。光會寫，不懂你的生活，不了解你的經歷，寫不出什麼好東西。

譚：我會說出來，沒人會寫呀。我經歷過的在那裡，你一問我經過的那裡，唉，理解不了這個。

周：那你的孩子沒法幫你寫，你跟倆孩子感情好嗎。

譚：感情那個也對我不錯。不錯是不錯，可是家裡騰不出身來。他們有時候嫌麻煩呢。我那個大兒，我在那裡打工他就去替我呢。你就是個生活情況。就是我死下也不回村裡頭來，人家念了煤炭大學，左不來在礦上，人家就不想回這個家。一回家看看我迎那面好說，他父親麻煩呢，你和他抻莥[63]，他和你不抻莥，他罵你愣的啥也省不得。他就是稀鬆貨碰也不能碰。

周：男孩和女孩跟他爸都不好。

譚：不是我教他，我不教，他經過，他嫌我說的麻煩，訴苦了哇，不想聽，聽見麻煩。

周：還是年輕，不知道生活的艱難。不想聽，嫌煩。

63　搭理。

譚：就是。從我記事到現在，還不知道咋死呀，經過的那些事情，個人寫不出來，要是能寫出來，有人幫我配合起來寫，也是好書啊，向社會介紹。看的人們越看越傷心。我搬過三次家，把家裡東西弄沒了，為娃娃們念書，為了娃娃成人。

周：都搬到那兒去了。

譚：井坪。那幾年，沒個糧食，娃娃弄不成。我又回來好幾次，這次第九年頭上。你要挨正說，我從一開始來，全能記下了。

周：我就是問你全過程。詳細的日常生活，越細越好。

譚：要說中中的，現在日子過得也挺好，娃娃們長大了，念成書了，該動彈的動彈。

周：孩子們長大了，能自立了。父母慢慢老了，光靠父母，也支持不住了。

譚：對。

（杜海義帶外孫回來。訪問停止）

兄弟三人都是從四川引的女人

口述人：盧校英（一九六六～）女，川籍

訪問地點：山西省朔州市平魯區土圈溝村

訪問時間：二〇一七年十一月二日

周：你叫什麼名字。

盧：盧校英。

周：你哪一年生人。

盧：哪一年，我五十二了，虛歲。

周：週歲五十一。你老家什麼地方的。

盧：老家是四川成都大英縣[64]，團結鄉，我媽哪個村，多年了記不起，小名叫個五崖朝天，那個村一說就是五崖朝天。我都來三十多年了，為啥叫下個五崖朝天也不知道。

周：你小時候家裡都有些什麼人。

盧：老家，家裡有個媽，有個弟弟，有個侄兒，兄弟家，兩個侄女聘了，哥哥沒有了，去世了。

周：因為啥去世的。

盧：他得了癌症了。

周：你爸爸呢。

盧：爸爸死了哇。

周：你幾歲你爸爸去世的。

盧：我都來這裡了，爸爸才死的。我爸爸死了二十九年了。我媽媽還活著，七十七了。

周：你來平魯時多大了。

64　四川省遂寧市大英縣。

盧：二十。

周：你來時老家的地分開沒有。

盧：那個時候的條件不好。來了三十二年了。我那個大閨女是我二十生的，今年三十二了。

周：那你來了三十三年了。

盧：我是三月來的，臘月生的，三十二年。

周：生了幾個孩子。

盧：四個。二個女，二個兒。二個女是大的，二個兒是小的。

周：二個女兒都聘了吧。

盧：聘了。兒子也結了婚了。小的都二十七了。

周：你當時是怎麼來這的，怎麼認識的。

盧：是人介紹的。我有個舅舅，舅舅外甥女聘在喬溝（村），喬溝有個楊亮（楊亮已去世），他介紹的，最後大泉溝有個五疙瘩，引的我家裡人到我家。就這麼個情況。

周：五疙瘩引的。

盧：五疙瘩引的我們老漢到四川我老家。

周：就是劉旺去的。

盧：哦，是引的，不是騙的，也沒騙。

周：劉旺花錢沒花錢。

盧：也花了。

周：花了多少。

盧：花了二、三千塊錢。

周；你來了以後生活習慣不習慣。

盧：那會啥也沒有，來時窮的啥也沒有。他們弟兄多，公公、婆婆都也活著哩，還有個爺爺，窮的啥也沒有。沒有就這麼過著，最後娃娃們也大了，女兒也聘了，小子也娶了，左不來個人辛苦。兩個人辛辛苦苦的。

周：劉旺是兄弟三個。

盧：四個哩，他是老三，還有個老四。

周：有幾個娶的四川的，好像是三個都娶的是四川的。

盧：哦，三個都娶四川的。二、三、四都是。四的還是我們給引的。四的還在四川呢，人家去四川了，去四川住個了，人家外母娘沒有兒，他和她下去住個了。老四生了一個小子、一個女兒。

周：老二呢。

盧：老二死了，媳婦神經了，娃娃們去杭州了。

周：幾個孩子。

盧：三個兒都去杭州打工個了。老二娶的是高吉坡的。

周：你們妯娌三個人關係怎麼樣。

盧：妯娌三個過的怎麼樣，唉，說哇人家老大是礦上當工人，有工資呢，人家也不賴，二個兒娶過媳婦了。這也數我，四個娃娃都安排了，數我湊合下了。老二他死了，三個兒一個也沒娶。老大把大兒供的出國了，三十五了也沒娶過媳婦，二個兒都沒娶過媳婦。數我的娃娃們，好與賴都交待了。

周：還數你好。

盧：我們倆個人辛苦。

周：你們倆種了多少地。

盧：那幾年多哩。這也是去年我難活，做了手術，今年就是養羊的了，養了百十來個羊。

周：我聽白辛莊韓五老婆說你養羊呢。

盧：去年一冬我也不在，就是娃們回來和他鑽的。這會我還難活呢，外頭也要動彈，為了娃娃們，他在外頭動彈，我在家裡，為給娃娃鬧上兩個錢，到是辛苦呢。老的盡是病，難活的不行。

周：中耳炎。

盧：去年就是這兩天住的院，還去太原鑽了二十天。

周：還做了手術。

盧：做了手術。可難活哩。

周：你們倆口子種了多少地。

盧：四十來坰。就是百十來畝，一坰三畝，四十來坰就是百十來畝。

周：一百二十畝。

盧：就是倆個人的收入。

周：山西的農活你會不會。

盧：啥也做過，耕地、抓糞，沒個不做的。那會我們倆個人不和別人攬牛，就是我耕呢，老漢抓，不好耕的老漢耕，我抓。

周：你們養了幾個牲口。

盧：那會養了一個騾。後頭把它賣了，養成羊了，地也退了，還林了，老漢不想出去打工，就在家裡養羊了。

周：啥時候退耕的。

盧：有七、八年了。二〇〇二年退了一部分，沒退完，快八年了，六、七年了，後頭全退完了。就在家裡養羊，種點草。

周：劉旺今年多大了。

盧：六十二了。比我大十歲。實際我週歲五十一了。

周：他有老年款了吧，六十歲以上就有了。

盧：他娶我時把歲數瞞小了，沒有，還得四年。

周：瞞了多少歲。

盧：瞞了四歲。

周：當時為了娶你，就把戶口改了，這個受害了。

盧：他把歲數改小了。

周：就少拿四年。

盧：那會娶過三十了。

周：實際是三十四了。

盧：我才二十。說三十幾了，怕我不來呢。那會也不知道給老年款。

周：土圈溝四川的多不多。

盧：這個村，也多呢。咋也十大幾個，二十個。

周：有沒有跑的。

盧：有。

周：跑了幾個。

盧：一個，我看就是楊二姐跑了。還有個二喜家兒的老婆，娶過一、二年走了。人家是那年公安局尋走的。她也不算是跑的。

周：那是一九九五年公安局來尋走一個。解救。

盧：那會公安局也來調查，也調查我，我也不是騙，四川的就調查。那會我爸從四川還來看我。

周：是你爸爸先來。

盧：我爸爸上來看過，又下去把我引上來，是我哥哥把我送上來，還有我們老漢相跟上。

周：和劉旺倆個。

盧：還有個媒人。

周：媒人是那的。

盧：大泉溝的。

周：哦，五疙瘩。

盧：說起五疙瘩誰也認識，也多年不見。

周：到處給人說媒。

盧：哦，他老婆和我們不遠。

周：在四川。五疙瘩的老婆也是四川的，離你們村很近。

盧：哦，不遠遠，啦起來，在四川我的爸和五疙瘩的外父老漢認得了。那會主要是我舅舅，他外甥女在這，是喬溝的。

周：她是先來的。

盧：我還當是做啥呢。

周：就是來問問你們四川來的這些人的生活。你們老家來這兒的多不多。

盧：也多，挨正我跟前，白辛莊呀、雙碾呀，計家窯那些，打個比方，都是十大幾個。就是你勾引我，我勾引你，都勾引的。你看看我們村，就是賈四那個老婆，就像土圈溝和白辛莊這個距離。

周：在四川就很近。

盧：多的是，周邊可多了。

周：都是團結鄉的。

盧：也是團結鄉的。賈四那個老婆，還有三富家、四富家都也不遠遠。

周：計家窯四虎家也是團結鄉的。

盧：不是，也離我們不遠。不是一個公社的，光我們一個公社的也多，大泉溝還有好幾個。

周：大泉溝四川的比你們村多。

盧：多，大概有二十來個。

周：二、三十。你後來回去沒有。

盧：回，回去。

周：什麼時候回去的。

盧：前年冬，臘月，汶川地震二月我還回過。臘月十四回個的，正月初四回來的。

周：地震是二〇〇八年，你是地震後。

盧：我是三月上來的，九月回個的。

周：剛上來六個月就回去了。

盧：那會咱小，想個人的媽、爸，老漢叫回個，九月回個臘月回來的。

周：劉旺讓你回去。

盧：讓哩。

周：那劉旺還不錯。

盧：結婚的時候就說過，將過來不習慣，想回去就回去看看。可多回過。

周：經常回去。

盧：老漢還去過八、九次。他去尋我呢，也送我回過，我鑽著哩，他回來了，他又下個尋我。

周：家裡還有什麼親人。

盧：有個兄弟，有個媽，有個侄兒，有個兄弟家。

周：你來幾年你爸爸去世。

盧：來了六年。

周：你爸去世你回去沒有。

盧：我臘月二十幾生的兒，月子地裡，正月初七他死了，瞞我的。最後告訴我了，還把我媽從四川接來耍了。

周：來了多長時間。

盧：五、六月來的，冬裡回去的。來了兩次、三次。還活著呢。我叫難活著，還有娃娃們，沒回去了。

周：你有婆婆嗎。

盧：來的時候有，也都死了。

周：你婆婆對你咋樣。

盧：也還可以。

周：你們家四川的多，三個，還可以。你來時窯夠不夠住，兄弟多。

盧：我住在上頭，他們在下頭。上頭的窯圈起不多年我來的。

周：一來就有窯住。三個兄弟都圈了窯。

盧：嗯。老二家在西窯，我在東窯。

周：和老二住一塊。

盧：那會沒家。家少。後頭老二圈了，搬走了。那會在溝底住的，婆婆又搬上來，和我們住。

周：原來梁上人不多，大部分在溝底住。

盧：哦，就在下面。最後老二搬上下井坪了。老大趕我來時就在井坪住著。老大在西山礦下井。那會老四還沒娶過媳婦，我都有了四個娃娃他才後頭娶的，他娶時我那個小小都三歲了。我下四川給引的。老二娶的是南充的。老四家什麼地方的忘了，離我們那好遠，像離井坪這麼遠。

周：老四和老三差多少歲。

盧：差的多呢，老四今年四十八、四十九了，我家裡的都六十二了。

周：差十三、四歲。

盧：我來時還是個娃娃。我比他大四歲。

周：現在你們就是放羊。

盧：老漢出去放羊，這兩天我出去打草麥。除下沒做的就是耍呢。在家裡餵個羊，做個飯。

周：耍就是串個門。

盧：和那老漢划龍呢。

周：打撲克。

盧：這兩天忙，地裡還有草，還有莜麥。

周：還沒拿回來。今年你們種的多不多。

盧：今年種的不多，種了六坰。

周：還沒收回來。

盧：下雨下的拿不回來。

周：四個孩子都安排了，日子挺好。

自己摘下的苦果自己嘗

口述人：李小英（一九七〇～）女，川籍

訪問地點：山西省朔州市平魯區西泉溝村

訪問時間：二〇一七年十一月四日

周：你叫個啥名字。

李：我啊，我叫李小英。

周：你老家啥地方。

李：我是綿陽大英縣⁶⁵的。

周：原來的蓬溪縣。

李：是了。

周：大英縣什麼地方。

李：就是大英縣縣城裡頭的。

周：你就是大英縣縣城裡的，那你家是不是農民。

李：是哩，我家是農民。是村裡的。十幾年在大英縣城裡。

周：你們家早就搬到縣城裡了。

李：十幾年，二十幾年了，哥哥們縣城裡下了戶，下在市裡了，媽媽、弟弟們全在市裡。

周：你們家都有些什麼人。

李：就是沒爸爸了，媽、兄弟、姐姐，全在大英縣哩，就我來到山西了。

周：你是哪一年生人。

李：啊呀，我是。

周：你今年多大了。

65　四川省遂寧市大英縣。

李：四十七了。

周：週歲、虛歲。

李：週歲哇，週歲、虛歲我也不知道。

周：一九七〇年生人。整四十七歲。

李：我是十幾歲上來的，這也是讓人騙上來的。

周：你在家村裡分田了沒有。你是幾歲上來的。

李：我是十五、十六歲上來的。

周：一九八五年、八六年，那分開了，你們那裡好像一九八〇年分開的。

李：我也不知道分開沒分開，那時候我還小，不知道分開沒分開，那會是集體哇，分開了，我以為是分啥呢，分開了，我也記住了。

周：分開幾年你們家搬到縣城的。

李：啊呀，有二十來年了，大哥哥人家下戶了，下戶下在城裡頭，人家土地就啥也沒了。

周：你大哥做啥的。

李：他養車，一直養車，把戶下來城裡了，我媽、兄弟全跟上去了。

周：你十五、六走的時候他們去了沒有。

李：他們齊在村裡呢，來這兒才走了的。

周：你來這兒他們才走的。

李：我在家裡時他們沒去城裡頭，我來這兒將近三十年。

周：三十一、二年了是不是。

李：差不多。

周：有孩子嗎。

李：有。

周：大的多大了。

李：有三十歲，二十八、九了。我也不待記，約摸，那幾年沒有戶，去年去四川上上戶。那兒不給上，出門，沒有身分證，坑死我了，回到四川，尋上人，上上戶，也沒花錢。和我媽做了個親子鑒定，直接就給我上戶了。

周：還做親子鑒定。

李：做親子鑒定就花了二千四百塊錢。

周：啊呀，那你原來沒有記錄，是誰誰的女兒。

李：不是，我那會不知道，我爸爸管這些戶呢，我爸爸去世了，去世都十年了。那幾年我來這兒，我一直在深圳打工得了，我們家不在這兒，我沒上這個戶。讓村支書耽擱我了，說上呀上呀，我也不在，一碼沒給上，我回來上呀，這地方不給上了，叫回四川上個，最後回到四川，四川也不給上。我沒鬧哇。再怎麼得回家哇。最後，去年我回去，普查呢，給人們上戶口，這裡連普查也不普查。回四川尋上支書，和我去查，查我的底子，就是沒底子，應該是我有戶呢。

周：就是。

李：有戶就不用花錢。就是底子沒有，全家老的小的全有，就是沒有我的。最後人家說必須和你媽做親子鑒定，去年才上上戶。

周：花了二千四百塊冤枉錢。

李：人家問你要呢。

周：就是證明她是你媽。

李：哦，證明我是我媽的人。要是親子鑒定不合了，人家就說你不是，你還上不了戶，還是大麻煩，山西不給上，四川不給上，我一輩子就是黑人了。

周：然後你是四川開上來。

李：是，開上來，人家才給上，在山西上上的。這一分錢沒花。給多少錢不行，人家問我要一萬、幾萬呢，老是尋不上人，我要告他們呢，為啥不給上，我來你們山西，我兒、女，連媳婦都娶過了，為啥不給我上戶，人家就是不給我上。主要是想要的錢多呢。幾千塊錢都不沾手。

張玲玲：有錢人辦上最低生活保障呢，沒錢人就辦不上最低生活保障。現在就這情況。

李：有錢的就有了靠了，你沒錢就沒了靠了。

張：有錢有人就有了靠。你去鄉政府辦個證明就辦不上，人家就不給你辦。

李：就像鄉里碰搭壓個戳子，得有人呢，沒人連個戳子也壓不上。真麻煩呢，咱山西還是沒人家四川好。我見四川，人家說和你媽做個親子鑒定，那麼這個本本上沒有你的名字、地址，啥也沒有。我說花兩個錢，三千我也願意花，誰叫你家裡把戶丟了，家裡人給你上沒上我不後悔。你就像這地方熟人好送錢，要麼有靠的有人，偷偷就給你上上了。有的人是最低生活保障，啊呀，人家有錢有靠，全家人，娃們都有錢，最低生活保障也有。沒辦法的人，窮的那狗，連飯也吃不開，人家不給你上戶，你沒人就不給你上。真有那冤枉的，人娃活的。

張：真有可憐的。

李：真有可憐的，穿的破衣裳，就不給你上。到鄉里連話也不跟你說。

張：認不得人。

周：是，賈英、周華珍都上不上。一個四川的，一個甘肅的。真沒道理。鄉里真不講理。

張：全是認錢不認人。

李：你就是這，你去那告呢，我去年上不上戶，火車上攔住了，我就說山西不給我上戶。

周：你沒有身分證是咋買票回去的。

李：我跟親戚借身分證買的票。

周：車上沒查。

李：沒查，就是一檢票，買上票，看看身分證，就過去了。我就不怕他查，查正我正好我有話說了。我說咋了不給我上戶，我來在山西三十多年，兒、女、媳婦都有了，因為啥不給我上，我來你山西，來這個家了。人家就是不給你上。主要你還是沒人，沒錢，沒人送的錢少還是不行，要是沒人送上幾萬刷的給你上了，他二、三千塊錢看不起你。這會這當官的，唉。

周：昨天那個夏秀紅也是四川的，也不給上。他還有四川的身分證，有兩個身分證，第一代的有，第二代的也有。孩子們都上，男人也是這兒的，就她沒戶，怎

麼說也不給上。這兩天要回四川去打工。打工要身分證，她是四川的，這兒的人不放心。

李：我也是辦的，還是四川大英縣的。我也是四川的，上了網了。

周：昨天的那兩個，賈英、周華珍更倒楣，四川、甘肅、山西兩處一個都沒有，戶口沒有，身分證也沒有。

李：我和她一回事，去年我上了，去年回家和我媽做了個親子鑒定給上了戶，親子鑒定不合也不給上。

周：你這算是解決了。

李：你老採訪這是做啥。

周：我是二十歲在咱們這兒計家窯（村）下放插隊，我是專門研究平魯的農民生活是什麼樣子，從土改到現在的歷史，寫成書，讓人們知道。從二〇〇八年到現在，這次來是訪問外地來的，四川最多，婦女們的生活，還有雲南的、陝西的、甘肅的，已經訪問的是這四個地方的，有騙來的，有引來的，有自己來的，什麼樣的都有，這些人最長的來了三十六年，短的也有二十七、八年了。她們怎麼結婚，學習當地農活，生兒育女，有的男人欺負，打呀、罵呀，有的男人好點，對四川女人好些。

李：有的虐待呢，見不到父母，由人家處置。多的是，山西。

周：主要是這部分人，川籍婦女在平魯的生活。寫出來，這是歷史，告訴人們她們多不容易。這些人最小的十二歲就來了，在大有坪，大的二、三十歲的也有，她們對平魯的貢獻，沒有她們很多平魯男人都成不了家。

李：我還以為給人們上戶呢。

周：不是。上不了戶也是不平等對待的事情。

李：這社會有錢就好，沒錢就不行，沒錢你就啥也辦不了。

周：你是十五、六歲。

李：我看是十五歲。

周：你是咋騙上來的。

李：說起話長了。

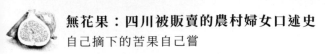

周：沒關係，慢慢說。越細越好。

李：我就不能提我過去的事情，（哭泣）提過去的事情就能嚎了，那會那事情真複雜呢。

周：昨天賈英也是，一邊嚎一邊說。不能讓人們忘了那些事，多麼不容易。代價很大。

李：（擦淚）唉，就不能說，一說就，不能思謀那會的事情。

周：一說就哭了。那會你是十五，你是咋騙上來的。

李：左不來我一個村裡頭，向陽堡鄉，離我這三十來裡，她是和我一個村裡頭的，她來山西就是打工呀，做啥呀，咱那會村裡人窮，人窮不講為念幹農活多，幹上農活啥呀，咱還偷懶呢，不想和父母做些哩，不想和做。最後就是向陽堡鄉這個女的和我一個村，她回四川了，人家說引我上她們山西呀，山西好的呀，叫不上那個好。咱們三十年前在四川，走那裡都窮，吃飽飯就算好的了。跟上人來了，來了給你尋女婿呀。唉，給你老說起來，真是（哭泣），尋我們家的是第三個。是咋哩，在媒人家裡也是介紹，介紹那人有三十來歲呀，我那會小，啊呀，我就死活，把我父母親也給執上來了。走了十來天，我父母親就通了公安局了。村裡人見我跟上這個女的，她沒走，怕人發現，叫她兄弟引走。咱小，跟上人家好玩，進城買些東西，這好那好。人家二十來歲，看人家穿的挺好，咱們也跟著去山西吧。來山西人家給你尋女婿呢，給尋了個三十來歲的老漢，尋在向陽堡，十五里地。我父母追將來了。我父母在四川，人們告給了，說你的女兒讓誰引著走了，找我找不到了，這個女的沒回山西，是她弟弟把我引上走了。咱們不懂，咱們以為跟上是打工，這麼好，那麼好，山西好。上來了，唉，一見上女婿。你說你走，走不起，你沒辦法，你來這地方就由人家呢。最後，我的四川父母說尋公安局呀，她怕了哇，這個媒人就是那個女的，她四川有父母了哇。她給我們家人說好話，說你女兒在山西哩，也在哩，在我婆婆家，是她引走的，說我們家挺好。一和說好話，我父母也有病，又是一個村裡頭的，解決就算了，意思是不要動公安局，一動公安局她就要坐呀。說上好話，我父母也來了，咱們不懂，就我父親上來了，人家把你哄的又真好呢。啊呀，咱們不懂，硬是不聽父母的話，聽了人家的話，不走。父母親氣的走了哇。父親還打了我，說我把你打死，就是屍首我也把你執回四川。我就是個嚎，執不走我。這會說起我後悔的。我媽說沒有後悔的，那會誰叫你跟上人家去山西，你就吃上啥藥了，

你就是中了毒了。最後，走了，想起給你尋女婿。尋的三十來歲，我不和人過，不過，就在媒人家。啊呀，今兒想走，明兒想走，不管咋，就是不讓你走，那麼就是叫你在山西尋女婿。尋女婿人家有錢賺麼。

周：對。

李：誰娶你，給媒人送了錢了。咱們那會不懂，省不得，就不懂這些事情，這會全懂了，晚了。最後不去他家裡，咋也不去，那麼傻的厲害。擔子山（村）還有一家，一排排住的哩，人家說他有個弟弟，這，那。啊呀，咱那會不懂，那麼也不跟心，不去，那麼也不去，人家說娶我呀，啊呀，最後說，說我吃了人家的飯，不是看了人家了麼，吃了一頓飯，問我要錢，全要要錢呢，這、那，我全沒辦法。說起，那會真是。最後我不去，鑽了半年，找的我家裡的，這是自找的。

周：這是哪個村的。

李：他是楊樹坡村的。又找的他，他是家裡窮，那麼這下落下了。這會一回老家和我父母啦起這，父母就罵我，說你沒後悔藥，你不用說這話。

周：楊樹坡這人比你大幾歲。

李：他比我大三歲。

周：那還行。

李：那會真多走過，說不來了，回到四川叫父母說的又來了，說孩子呀啥呀，你扔下了，你走了這一步路了，個人回個哇。就這，一步一步，陷到現在。說趕兒大了，結婚呀，還不能。說到各方面。

周：幾個孩子。

李：我三個孩子，二個兒子，一個女兒，女兒是十四歲了，上初一哩，大兒都結婚了，孫女都五歲了，二兒二十四了，有對象了。

周：你還回去幾次。

李：停了三年才叫我回去，人家怕我回四川不來了，人家在這頭你回四川了，再找不好找，你有了娃娃，有了這個大兒再叫你回四川，沒大兒就不叫你回，你回個怕你不來。我回家說把兒子交了，不回山西了。見不上父母，見不上兄弟們。昨

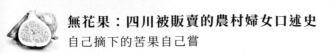
天我侄女一個電話，說我父母病了，我還說今兒給打兩個錢回家。你是不知道，我昨天還在外面栽樹呢，打工的哩，今天沒出去。

周：在村裡你就跟著你男人種地。

李：哦，就種地哩，去外頭打工也沒賺了錢。我的弟兄，我哥哥引上我去深圳打工，打了兩年也沒賺錢，又回老家種地，就是個種地，我家裡是開車的，我弟兄也是養車的，把他帶出來，賺一點錢，那麼還比種地強，強一點，人家開車哩。

周：他開車是你兄弟帶出來的。

李：我兄弟，我哥哥，要不還在村裡邊呢。

周：當年你哥哥叫你去深圳打工，那時你在這待了幾年。

李：我大孩子都六、七歲了。

周：七、八年了。

李：在深圳打工也沒賺了錢。年上次來，過年回去，深圳消費高，住一間家七、八百呢，你還得生活，吃飯，不行，又回山西，回了老家。

周：在深圳打工打了多長時間。

李：五、六年，也鑽了五、六年哩。

周：你老漢沒跟著你呀。

李：去了。說起來，我們家初開始也是給了人了，婆婆也對你不好，他也歲數小，在家裡吼那哇，也沒有錢，一年連鞋也買不回來。

周：他們那家有沒有弟兄。

李：有哇，弟兄就七個呢。

周：唉呦，他是老幾。

李：他是老三。最後我回了一趟家，是偷跑了，不和他過了。人家打我呢，在村裡種地，迎那麼也不對，出地不對，回家聽上父母聽上姊妹們，那麼外地人人家小看你的不能。人家小看你，咱們心上知道，幫不了忙，沒人幫你。最後我偷跑了，回到四川，帶著我那個二兒回四川，給父母砍下了。我父母說不管，說誰叫你去山西的，把娃娃給你婆婆送回個，我這陣給你看上兩天。我回深圳找我哥哥去了，他

在深圳養車哩。找他們去了，說我來深圳打工，不回山西了。哥哥們叫我做飯，給司機們做飯，鑽了兩個月，啊呀，我大兒是在這呢，二兒在四川，我每天嚎，每天嚎，哭的不能想走了。我想回四川把二兒送回，說又走呀。哥哥們全給我帶的錢，咱們還不忍心。我們家裡跟我說，你要打工我跟上。我說你不跟我打工，這遍就不跟你過了，不來山西了。最後人家跟上我哥哥這，人家教他了吧，教他開車，買了個本本，學會就做了個這。最後我又和他和平的過了。

周：一開始關係也不好。

李：不好，好啥哩。這也是有了孩子了。

周：他還打你。

李：打了哇，咋了不打。四川的都打。

張：打哩，我們也是打。

李：這陣老了不打了，年輕時候拿火柱、刀子，我腿上傷也有哩（哭泣）。我不是說起，我回個不和父母說起這個，說起來就不能說，一說有孩子呢，回去過哇。左不來你扔不下娃娃，扔在山西，你那麼不行，最後又回家，就是這。

張：打，就是說也不能說。

周：你們家等於分了三處，四川、山西、深圳。

張：一說就吼起了，打的不能，我家也打。

李：到底人家虐待你呢，不一樣，本地媳婦好，外地媳婦不好，咱們感覺上行了，就像幹活呀，做這呀，人家就看你不順眼，你咋好也是說本地的好。我就說，還是你窮，你娶不過本地老婆，山西的人家要多少錢，娶我你花錢不。他就為娶外地的不花錢，現在娶外地的也花不了幾個錢，娶山西的花二、三十萬呢。早來採訪我，我回老家呀，沒人尋我來採訪，我回老家個呀。

周：你男人兄弟七個，找四川的幾個。

李：就我一個。弟兄三個，四個女兒。

周：老大、老二找的本地的，你婆婆對那兩個媳婦和對你就不一樣。

李：不一樣，就像家務事呀，就是人家好，你不好。

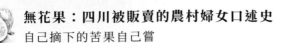
周：幹什麼也不對。

李：就是你不對。你說現在她也老了，你思謀著你也當婆婆呀，管他的呢，一輩子就是這了，你翻來翻去，你有兒女呢，你不能說，說這就沒用了，你受的苦就是個這了。你一反對，你有兒子，還有人家的兒，你還不行。那麼我的父母善良。我一說人家打我，我父母就說人家打你不還手，他還再打你一下。人家父母是這麼給我一句話。我說我死也回山西死哇。我回個父母也是問我呢，說一說。啊呀，父母呀，你是不知道，我的父母真善良呢。

張：我說也不說，提也不提打我，從來不和我父母親說，比方打了我，受了氣，從來不說。

李：那年去深圳，我說不來了，就和父母說了一說。我父母說你還是回山西吧，說婆婆說你你不要做聲，打你不要還手。意思是說一家人還能沒有吵吵鬧鬧，還能緊緊打你呀。人父母就是這樣勸你呢。我說我死也回山西死。自以後就對父母提也不提這些個。

張：我回老家，受多大的氣也不敢和父母說。有一年，人家弟兄三個打我一個，打的我氣的不行，我這也不敢和父母說，我嚇死也不敢和母親說。

周：你丈夫打你，他們弟兄三個聯合打你。

張：他氣的不能，就這。

周：你丈夫氣，弟兄們也沒氣呀。

張：他們家就那人家。

周：奇怪，他們是啥心理。夫妻是勸和呢，那有幫助打的。

李：他可不勸你和。

張：他母親，老大、老三，還有他，說打死她，弟兄們打呢。打我，我氣不行哇。我出門，不和我媽說。不和我父母提是怕我父母因這個受氣呢。我就是再苦也說我幸福的哩，我不敢提，我苦也是放在心裡。我父母這個、那個，我哥哥死了，就是受的氣。

周：你在深圳待了五年。

李：是，又回了楊樹坡，種地，種一年賣不了五千斤糧食，左不來家裡哇，錢也賺不了，又進了城，尋的打工。

周：你們來井坪多少年了。

李：啊呀，來了有十幾年了。孩子們讀書那哇，給做飯。村裡原地有呢，後來沒了，進井坪念。全來井坪，後來就不走了，鑽下，那麼不想回村了，一說起我也不想回，婆婆想叫我家種地，我種地是守她哇。

周：你婆婆現在還在。

李：還在哩，還想叫我回個，我不回。

周：那你西泉溝的房子是自己蓋的還是買的。

李：自己買的。

周：買現成的，花了多少錢。

李：花了四萬三。

周：這是幾間。

李：三間，三間正房，這間是南房是自己蓋的，買的時候沒有，三間正房，又蓋了二間南房，總共花了二十來萬。

周：楊樹坡沒有退耕。

李：沒，沒退了，有哩，我戶還在楊樹坡不在城裡。

周：你婆婆還想叫你回去種地。

李：人家就怨我，怨我把他兒子帶走了。那年他要是不出來打工我就不來山西了，最後跟我說也跟上我過深圳，過深圳我就把孩子給婆婆放下了，婆婆不願意哇。不願意也得願意，我走呀，就是我的公公老漢支持，說去哇，鑽在村裡也沒錢花，糧食還打不下，只好是受窮，孩子們連書也念不起，那麼出去賺點錢，賺點錢生活就高一點。

周：這公公還比較開通。

李：哦，公公早就下世了。

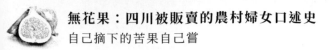

周：到井坪你們繼續打工，你男人開車。

李：他開車。我這打工才打了五天、六天，跟上他們出去種樹，今天沒出去，個共也沒打工，我在家給孩子做飯。

周：比村子裡好多了。

李：那麼出來賺點錢，比村裡強。

周：那兄弟倆還在村裡。

李：他哥哥在呼市哩，人家參加了工作，二哥在村裡面種地。

周：楊樹坡像你們四川的多不多。

李：也多哩，有時候不在，有的下朔縣，有的下井坪，村裡面有也少了，腦筋滑一點的就想出來打工，不靈活的就是像我在村裡邊種一點地夠吃就行了，左不來在家裡餵豬餵雞餵羊，她就在村裡，有的說我出去打工賺的錢多一點，有的想法不一樣。有三、四十個呢。真多哩，全是那幾年賣將來的，啊呀，全是賣將來的。

周：楊樹坡有三、四十個。

李：唉，村子裡邊有三、四十個。

周：楊樹坡村子一共有多少人。

李：楊樹坡村子大哩，二百個人呢，我看，二、三百人呢，我是聽他們說，我也不清楚。現在全打工不在了，一般都是進了城，下朔州，全不在了，還有跟娃娃們念書，不在村裡。

周：楊樹坡是不是原來還算比較好的村子。

李：唉，你說好，就是平，說不好的村子就占呢，栽樹，我們村平人家不占不栽樹，啥錢沒有，村子越不好人家越占，那會說楊樹坡挺好的村，一說平，實際上楊樹坡不肥可窮呢。有點錢，是支書們鬧上了，人家鬧上錢了，村幹部鬧上錢了，人家想給你給你點，人家不給你你鬧不上。公家這會發的東西真多呢，發回來人家全貪汙了。我就說，我見不到官，見了我就告他們。

張：你能告下呀。你就是告不下，農民老百姓不識字，人家就是想貪汙就貪汙，你就沒辦法，你連個小小的證明還開不上呢，戳子還壓不上呢，別說別個了。就是

這情況，現在這個社會鬧的呀，鄉里的人就不給農民辦事，他是為貪汙呢，他掙國家的錢，到了一月我領國家的工資，我還貪汙上農民老百姓兩個錢，他就不管農民老百姓過的啥日子，他就不管，他只管他哩，不管別人。就是這個情況。

李：我是和她一個鄉。

周：你是小川（村）。

李：向陽堡一個鄉。

周：我去過向陽堡，沒去過楊樹坡。

李：楊樹坡離向陽堡不遠。

周：楊樹坡六十年代有名，這個村搞了包產到戶。

李：我不知道。

周：這個村一九六〇年把山藥包產到戶了。向陽堡是平魯的好鄉。

張：好鄉，盡是貪汙犯。啥也沒，就省的要錢，農民的事一點也辦不了。

李：左不來說錢呢。現在不是查當官的，這兩年好一點，現在你去和你說一句話呢，那幾年連話也不和你說，你和人家說，人家連頭也不抬，看也不看你一眼。這一、二年去鄉里尋個人呀，還有人上班，那幾年連班也不上，你逮不正人家。這幾年不是查官麼，查這他怕哩，查貪汙的。前年查這當官的，當官嚇的，怕的亂轉哩，他怕人們告了。

張：現在還是官官相護。

李：就像村裡的支書，一說官們來村裡採訪呀，就把這通知給村裡人，說只能說好話不能說賴話。人們也是怕人家，有時候還用人家呢，你就不敢。就通知給了，說今天來官們，大的官來，記者們來調查，長與短硬說好不能說賴。人家就消防給你了。我就恨不過這些當官的。

張：都是貪汙犯。

周：原來查大的，今年重點是查基層。

張：基層還是貪汙。他主要是不給人們辦事，莊戶人一般就辦不了事，都是人家有面子的人，認識的人，能給辦了事，認不得的人就不給你辦事。就像我們打工，

連個打工處都沒有，一年只能打的幾幾天，你說咋能養活一家人呀，咋吃呀，咋生活呀。

李：栽樹不認識不行，你要是慣了，看你是好受苦的，得能幹了哇，就引你，你要是不能受苦就不要你。這也得走關係，好，就是你幹活能幹。

張：也是沒關係不要。

周：種樹一天掙多少錢。

李：啊呀。

張：就是百十來塊。

周：一天幹多少時間。

李：我出個五、六天了，掙了四百來塊。

周：你這一天不到一百塊。

李：給人扛樹呢，這麼大的樹，扛樹呢。給人家栽。

周：一天幹多少小時。

李：早上四點就走了。

張：黑洞洞，八、九點才回來。

李：我四點起來吃一點飯，那麼得吃飯，不吃飯不能幹活，背上泡麵，拿一筒水，出去吃上點，吃了馬上給人受，就吃那個泡麵。

張：平魯那是這。一出去打工就是這。

周：不是泡麵，就是那硬的嚼的那種。

李：那麼有水，帶點水果。

周：中午有沒有吃飯時間。

李：那有吃飯，人家不管。

張：吃了麵爬起又幹。

李：就在地裡面。一說吃飯，就在地裡各拿各的泡麵，想乾吃乾吃，想泡泡，各吃各的，有水果你自己吃上點，吃了幹到黑夜，那麼看不見了就回家了。就這，我也沒打過工，就是這兩天女兒不在，說是栽樹要占呀，問我出去不出去，我說我出去，出去了兩天，今天星期六女兒回家呀，我家裡沒人，今兒我沒出去，不然我也出去栽樹個了。

張：煤廠、煤礦全停了，去那打工呀，就沒個打工處。

周：私人煤企也停了。

張：洗煤廠也停了。

周：停了多長時間。

張：山西這個礦上不要本地人，這兒的礦都讓外地人承包去了，用的外地人，不要本地人，本地人嫌花的錢多，打死一個要的錢多，外地人要的少。

李：外地人好說話。你說你是外地的，出事了山西人都為本地人說話，外地人一個人來，在咋事情由山西人處理呢，你要執上本地人要的多，所以不要你本地人，就要外地的，外地人幹活就是不給你錢，你還得回老家。

張：蓋樓房也是要外地人不要本地人，全是外地工頭包走了，本地人就沒活幹。

周：唉。你現在這個老大已經成家了，老大幹什麼呢。

李：我的大兒子，是個做理髮的，剪頭髮的。

周：在什麼地方。

李：在湖北，黃岡。找了個媳婦是黃岡的。

周：自己找的。

李：自己找的，那幾年我在深圳他也去了，不是我在那個地面帶上他，他也不去。他在那兒學了個理髮，那麼沒念成書，學了理髮，做理髮。有個手藝賺錢容易點。

周：在黃岡安家了。

李：還沒家哩，是去黃岡打工，結婚才四、五年，現在沒家。打工咋能買下家呢，一套樓房幾十萬，最便宜的也得二、三十萬，打工哪能買得起，那麼你還得吃飯，買鞋，各方面要花錢，哪能買得起。

周：孫子，孫女。

李：有啦，孫女都五歲了，一個。

周：老二呢。

李：老二沒媳婦。

周；老二做什麼。

李：也是沒辦法，老二沒個做上的，跟上他哥哥學理髮呢，那麼學點手藝還比打工強，比給別人受苦好一點。跟上哥哥走了，那麼學出來有人用你。

周：三女上學。

李：上初中哩。上初一。住校哩，不回家，今天五點就得接她，上三中。

周：十四歲還接呀。

李：真遠呢，她背的書，書多她背不回來，非得我接她哩，回來吃點飯，在學校裡吃不好飯，食堂裡的飯不好，回來改善一下生活，回來洗衣服呀，各方面，沒辦法。

周：日子就是這麼過來的。

李：現在過的好一些。沒見初來的那日子，受氣、挨打，吃的那是什麼飯，吃也吃不上，吃不上還是小事，主要是受氣、挨打就是麻煩。

周：心情不愉快。

李：你心情不愉快，人家說走了這一步了沒辦法。

周：就得忍著。

李：忍、忍，老了。一回家就和父母訴苦，父母說個人孩子都這麼大了，左不來就那麼過吧，不回山西不行吧。總是勸你好不勸你賴。你說不用過，不過能了。誰叫你那會偷跑跟上人家走了。山西人要不是這些四川人他就找不到老婆，全是人們賣將來，給山西，一給人家生下孩子，心好一點的就這麼慢慢的過。

周：尋不下老婆是歲數大的，有殘疾的，家窮的。

李：就是。

周：那好的。

李：人家不要你。人家是要本地的。

周：山西人的觀念就是認為本地的好，要我說本地的未必好。

李：人家就看你外地的不好。

周：你說人，不管是那的，都有好賴，你不能說山西的好，四川的都不好。本地人腦子有問題。那會平魯整體就窮，娶不上媳婦的人多。

李：多，就是多，要是沒四川的他就娶不過老婆，還是窮。

被賣了就難回頭

口述人：唐紅英（一九七〇～）女，川籍

訪問地點：山西省朔州市平魯區井坪鎮文苑小
區

訪問時間：二〇一七年十一月十九日

周：你說一下你的名字。

唐：唐紅英。

周：你是哪一年出生的。

唐：一九七〇年。

周：你家鄉是什麼地方。

唐：四川綿陽大英縣[66]。

周：你來之前家裡都有些啥人。

唐：我爸、我媽、我哥、我弟，齊有哩。

周：你們姊妹幾個。

唐：姊妹四個。

周：你來那年有多大。

唐：十八。

周：十八歲以前在老家做什麼。

唐：種地，和我媽他們。

周：你念過書沒有。

唐：念過小學三年級。

周：後來為啥輟學了呢。

66　四川省遂寧市大英縣。

唐：因為家裡窮。我們那會挺窮。

周：蓬溪來的人很多。

唐：多，挺多。

周：你當時是怎麼弄來的。

唐：歲數小，不懂事，啊呀，哈，哈。

周：你是被騙，還是咋的。

唐：你說騙也不是騙，以騙的方式吧。說外出打工出來的。

周：說讓你出來打工的是個什麼人。

唐：以前的朋友，認識的，我們一塊的朋友。

周：她多大了。

唐：也是十八了。和我同歲。她和我們一塊出來的，也說打工。

周：怎麼就騙到平魯了。

唐：那會說出來打工，後頭來山西介紹找了老公。

周：就你們兩個。

唐：還有她姑姑。一塊。她姑姑是大英的。

周：她姑姑是不是已經嫁到平魯。

唐：不是，她姑姑認識大泉溝的。大泉溝有她姑姑一個村的。人家聯繫的，咱不知道。

周：大泉溝有四川的。

唐：大泉溝多，太多了。她現在也不在了，她走了。和她姑姑一個村的那個女孩也不在了，她嫁到大泉溝，回四川了。我們來的時候她姑姑聯繫的那女人，給我介紹的，給我介紹到平魯，來這。不咋就知道來這地方了。咱們就知也不知道有山西，平魯。

周：你們一來先去大泉溝這家。

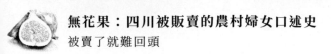

唐：哦，去她那，住了一段時間，後頭慢慢的。

周：住了多長時間。

唐：啊呀，我在大泉溝住了二十來天。

周：然後給你聯繫。跟你一塊來的那女子去哪了。

唐：人家回家了，人家沒留下，人家商量好了，背著我賣了。咱不知道，人家走了。

周：是騙你的。把你賣了多少錢。

唐：那會也沒拿多少錢，就拿兩個路費。

周：沒拿上錢。

唐：她不是說回去給我辦遷移戶口，她根本辦不了。她得去我家，我老公跟她要遷移戶口哩，要上遷移戶口來就給你錢，拿不上遷移戶口就不給你錢。

周：那你老公還挺聰明。

唐：她去我們家根本開不上遷移戶口，哪能開上呢，她把我賣了哪能開上。

周：等於錢沒騙到手。

唐：錢沒拿到手，就拿兩個路費。

周：她們回四川一告訴你的父母就開不了戶。

唐：遷不了。人家山西就說你拿遷移戶口來我就給你錢，拿不上我就不給你錢。

周：你後來在這裡落戶了沒有。

唐：後頭也上了戶。

周：什麼時候上的。

唐：前七、八年吧。有一批，給外地人上戶，一個人給五百塊錢，有那個政策哩。

周：當時要什麼條件，什麼材料。

唐：什麼也不要，就給了五百塊錢。那一批就上的多了，咱們四川的。以前甚也沒有，黑戶，身分證也沒有。

周：這兩人一回去，你爸爸媽媽兄弟就知識你在這兒了。

唐：後頭知道了。

周：他們來看過你沒有。

唐：來過。我父親和我二哥上來了，看我和我老公挺好，我也沒走。

周：你老公是誰呀。

唐：小二。

周：他父親是誰。

唐：他父親叫二侯。

周：二媳婦。

唐：對。

周：你十八，虛歲，十七去的計家窯，一九八七年。分開六年了，他們家分了多少地。

唐：我不知道。

周：你來了跟他們做什麼呢，在家裡。

唐：沒事，就是鋤田呀，割田呀，農忙呀，田裡也幫忙搭一把手，農閒就沒事了，就家坐著。

周：你說比四川苦重也還是苦輕。

唐：苦輕。四川又苦又窮，主要是窮。

周：你說四川來這麼多人，主要原因是什麼。

唐：主要就是窮。小孩就出地呢，拾豬草啊，拾柴呀，餵豬呀，小時候挑水呀，就幹這活哩。來這就不用。

周：你說一個是窮，來的普遍年齡偏小。

唐：不懂事。

周：也不是，我說年齡小嘛，窮又苦重，承受的能力就差，就不想熬這個苦日子。

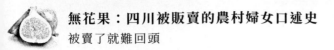

唐：是。

周：年齡大的人明白了，反正就是個這了，走的少。

唐：咱們那會歲數小，省不得。

周：你說方圓來這最小的有多大。

唐：我們村。

周：不光你們村，就是你知道的。

唐：啊呀，有十四、五歲的就來了。

周：我知道的有十二、三的。

唐：有。

周：和尚碧有個十二的，最小的。

唐：有。

周：大的有二十多的，那兒有家的，不要了。

唐：成家了。

周：因為那裡生活不好啊，等等。

唐：一句話，主要是窮。

周：四川那會就像你說的，那女孩子的姑姑，這女孩子和你認識，大泉溝的人和她認識，串，她們靠這個，怎麼說呢，靠介紹對象也好，買賣也好，主要是為賺錢。

唐：就是為賺錢。她把你賣了，人家拿錢回去過日子去了，人家也不管你尋的好呀，不好呀。

周：她們這些人主要是為了賺錢。

唐：我們四川那面真多叫賣上來的，那幾年是普遍現象，一說打工，求呢，好緣有個打工的，就趕緊出去吧，她就不考慮出去打啥工呀，就不考慮那。

周：有那麼個風氣，一說打工就。

唐：對，想也不想，說說就出去。不出去做啥呀，你不知道，人家都聯繫好了，根本就不知道。

周：好不容易有個脫離苦日子的機會。

唐：對，咱們快走哇。就迎這麼考慮。

周：一點都不猶豫。離開這個家也沒什麼，就是窮，沒什麼牽掛。

唐：主要是窮，年歲小，不考慮，去哪呀，想也不想。後頭有了孩子，就是這了。

周：你說還有，被騙被賣大部分都是女的。你說男的有沒有。

唐：男的也有，說打工，以前我村好幾個呢。男人打工是咋哩，黑煤窯，人家把你騙出去打工，黑煤窯把你打死，人家親的呀，哥哥、弟弟呀要賠償款。我們四川好幾個，依這發（財）。

周：也有男的。

唐：就說咱們一塊去那裡打工，人家相跟上人多，他一般騙一個人，兩個人騙不上，騙一個人，人家是一夥的，下窯底，人家一夥打你打死了。打死了，人家上來就說是親的呀，就要錢。

周：把人整死要賠償費。

唐：哦，村裡有好幾個。

周：比女的命運更慘。

唐：就以這個發財。都是一塊幹。

周：就是那會販賣人口不光是女的還有男的。

唐：有。就是把你打死要賠償費。

周：或者介紹到黑煤窯、磚窯。關起來幹活。

唐：有這種。

周：女的是賣給別人當老婆。有沒有女的賣出來做苦工的。

唐：沒聽說。齊是結婚了，騙出來全是結婚，也有的走了，跑了，肯定家裡對她不好，跑了，有的老公歲數大呀，家裡對她不好，在下的要麼歲數差不多，要麼家裡對她好。

周：小二比你大多少。

唐：他比我大二歲。他歲數不大。

周：我訪問的最多的差十四歲。

唐：還有差二十多的。

周：昨天升小家說她們開始來的時候，有一次她們四個還跑過一次。

唐：就是，我還記得了。

周：有黃春榮，還有誰。

唐：有小平小的老婆，還有小三的那個老婆。她們四個。

周：說是走到朔縣了。

唐：跑過一回，給尋回來了。有了。我想也沒想過跑。

周：你沒想過。

唐：沒有。小二對我挺好，這是重要原因，他對我好，再有他歲數也不大，不打我，要不也早走了。

周：你來了多少時間有了小孩。

唐：啊呀，小孩，來了一年。

周：小孩多大了。

唐：今年二十八。

周：你來了二十九年了。男孩女孩。

唐：男孩。

周：成家了。

唐：兩個都成家了。

周：這兩個都是孫子、孫女。

唐：這是兒媳。

周：你一共幾個孩子。

唐：兩個，一個姑娘，一個兒子。

周：你這個好，孩子多了不行。閨女呢。

唐：姑娘也成家了。她是在明珠小區住著呢。尋的老公是榆林的。

周：榆林村的，露天礦占了，搬遷了。

唐：他以前就買上樓了，去年呢就買了，今年搬的遷。

周：搬遷能補償一部分錢。

唐：那麼給兩個呢。

周：這房子是你們自己買的。

唐：自己買的。

周：靠你們倆口子。

唐：打工哇。

周：打工，種糧食。你們什麼時候搬來井坪的。

唐：啊呀，你看搬下了，一九九一年，不是，一九九三年。

周：那二十多年了。

唐：我們搬下來就是二十多年，一九九三年我就下來了。

周：我看你面生，我二〇〇八年去村子你不在。

唐：我不在。

周：我說呢，村裡的人都認識我，我在村裡住了一年，給村裡人拍照。

唐：我不在，齊個在城裡邊。

周：你是離開計家窯比較早的。那會搬出來的有幾家。

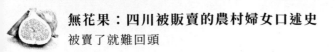

唐：那會搬出來的沒幾家，不多。

周：你們倆口子為什麼決定進城啊。

唐：他那會是工人，礦上的工人。

周：他是那個礦的。

唐：康家窯礦。

周：私營的、國營的。

唐：國營的。

周：小二是國營企業的工人。

唐：我來那年找他還沒當上呢。頭一年我來，第三年他當的工人。

周：你來的時候他還在村裡。

唐：還種地呢。

周：你這個運氣還好。

唐：挺好。

周：運氣好，找了個好人家。

唐：馬馬虎虎，就是個這。

周：當地人說，跌了個好人家。

唐：那麼也不錯。

周：你來了三年，小二當了國營礦的工人。

唐：後來我就搬下家來了。

周：他當幾年工人你們搬下來。

唐：頭一年當，第二年就搬下來。一九九二年當的，一九九三年搬下來的。他進城，得吃飯，我搬下來做飯，孩子也念書呀。

周：一開始是租房子。

唐：問房。問房那會才三十塊錢，那會他當工人一個月才掙一百塊錢。

周：開始工資低。現在工資高了吧。

唐：他退休了。現在礦上不經營了。賣給人家了，李萬投資買走了。他沒到退休年齡，現在在計青大兒那個廠上班。

周：他這個礦被李萬併購了，成了私人企業，他是國營職工應該有退休金。

唐：有。現在他們還交的養老保險。

周：還沒有領退休金。

唐：沒有，要到六十歲才領，他才五十歲。現在月月給的幾百塊錢生活費，人家李萬給的，一年給四、五千塊錢生活費。

周：不多。到六十歲可以辦。

唐：到勞動局辦退休手續。

周：併購以後他為什麼不繼續在那個煤礦呢。

唐：那年康家窯、細水兩個礦爆了，爆炸了，誰也不上班了。

周：齊不上班，是怕危險。

唐：不是，不知咋了，人家就不叫上，人家好像就買斷了，給你幾幾百塊生活費，到退休年齡給你退休費。

周：他這個礦和細水礦都是國營的。

唐：哦。齊是國營的。細水是私營的。

周：這兩個礦齊出事故了，讓李萬收購了。幫助政府解決問題。

唐：月月給生活費。到退休年齡給退休費。

周：給多少生活費。

唐：三、二百塊。三百多，太少了。

周：現在怎麼辦呢，就到計青那打工。

唐：那麼也得生活。

周：是。你做點什麼呢。

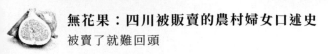

唐：我長年打工，當小工，種樹。咱們沒有別的本事。沒辦法，也得生活。

周：你大兒做什麼。

唐：也給計青開車，父子倆全在那兒。

周：女婿做什麼。

唐：開裝機。

周：女兒在家帶孩子，孫子也有了。

唐：兩個。

周：你屬於運氣好。

唐：啥，啥。

周：計家窯很多人跟你比差遠了。這房子買下多少年了。

唐：二〇一一年買的。

周：六年了，一百二十五平米。不錯，你兒子跟你一塊住。

唐：現在一塊住呢。兒子、媳婦齊在一塊呢。女兒在另外一個小區，在前頭。不遠。

周：你這一家人還不錯。計家窯村裡的人跟你的生活比就有大的差距了。你來計家窯後，你家裡人來過。

唐：我爸爸、哥哥來過。

周：你回去沒有。

唐：回過，這個月九號才從四川回來。走了快四個月。

周：住那麼長時間。

唐：去年也回過，我父親病了。照顧我爸。他好一點我就回來了。

周：你父親多大歲數了。

唐：八十五了。老了。

周：什麼病。

唐：半身不遂。

周：你媽媽呢。

唐：我媽媽八十了。我媽挺硬嗆。

周：也有這種情況，她老做家務，老侍奉病人，身體反而好。

唐：她身體好，我爸就不行。

周：你哥哥做什麼。

唐：我哥也是打工哩。

周：現在你們老家怎麼樣。

唐：挺好。我二哥蓋的三層樓。我哥是兩個女兒，一個小子，我二哥也是兩個女兒，一個小子。我姐死了。我姐是一個小子，一個女兒。得了病去世了。

周：現在兩個哥哥加上你。你們這個家庭比較圓滿。

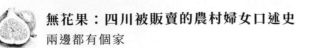
兩邊都有個家

口述人：陳匯榮（一九六〇～）女，川籍

孫天謀（一九五〇～）男，晉籍

訪問地點：山西省朔州市平魯區東水窪村

訪問時間：二〇一七年十一月七日

周：你叫個啥名字。

孫：（她）叫陳匯榮。

周：今年多大了。

孫：今年她到六十八了。

周：週歲、虛歲。

孫：虛歲。

周：比你大八歲。

孫：哦。

周：她老家什麼地方的。

孫：四川。

周：四川啥地方。

陳：金堂縣。

周：這地方金堂的還多。有好幾個。你老家還有些啥人。

陳：老家還有弟弟，那個孩子，兒子。

周：兒子多大了。

陳：兒子三十來歲了。

周：在四川成家時你多大了。

陳：二十一、二十二，成家的時候。

周：你頭一個男人是那兒的。

陳：頭一個男人是本地方的。

周：金堂的。

陳：簡陽 [67] 的。

周：東港（村）楊玉青也是簡陽的。

陳：唉，唉，也是，我老公是簡陽的，我是金堂的。

周：兩個人關係不好啊。

陳：不是關係不好，是騙出來的，讓打工騙的。

周：你是到那打工騙的。

陳：我在我們那個本地方。

周：在成都打工，還是在那。

陳：在成都。

周：你在成都打工，打了幾年。

陳：打了二年。騙出來的。

周：說是到山西打工。

67　四川省成都市簡陽市。

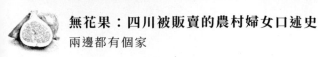

陳：不是，是叫做飯哩，給騙出來了。

周：騙你的人是四川的。

陳：四川的，認也不認得，道不清四川那個地方的。

周：道不清你咋聽他的。

陳：說是挖煤呢，騙說走哇跟上我們做飯吧，一個月三百塊錢，騙出來的。

周：一個月給三百塊。

陳：那幾年嘛，說一個月給你三百塊錢，給我們做飯，就騙、騙，騙到這裡了。

周：那會你多大了。

陳：三十來歲，三十六了。

周：騙到這地方又咋來的東水窪。

陳：由右玉，一貨又拉到朔縣歇馬關（村），挖煤的人又引，引到他們這裡。

周：歇馬關是平魯的吧。

陳：在歇馬關鑽了一黑夜，也是四川那些人，不知是那個地方的人，三台的。

陳：你們一共騙了幾個。

陳：我一個，一共兩個，那個女的回去了。

周：那個人跑了。就剩下你一個。

陳：那個人狡猾嘛，我老實嘛，那個女人可狡猾了。就把我留下了。

周：就把你丟在東水窪了。你叫個啥名字。

孫：我叫孫天謀。

周：你就騙到這個村子，把你賣了多少錢。

陳：四千五。

周：錢都讓人販子騙走了。

陳：嗯。人販子都是四川人。

周：你今年六十八了，你來了三十多年了。分開幾年。

孫：將分開。

陳：將將分開。

周：一九八一年、八二年。

陳：一九八二年，將將分開，一九八二年來的。

周：你剛來的時候生活怎樣。

陳：剛來的時候生活不習慣。

周：這地方的地方生活和你家鄉比起來哪個好點。

陳：這地方差點，我們那個地方好點。

周：頂不上金堂。

陳：頂不上我們那裡。

周：金堂離成都很近。

陳：不遠遠。坐客車八塊錢就到成都。

周：新都、金堂。

陳：新都最紅火了，有個大佛爺。

周：你來時天謀的媽還活著不活著。

陳：他媽活著。

周：他爸不在了。

陳：他爸不在了。

周：他大哥還當過兵。

陳：資陽、簡陽都不遠。

周：蓬溪、大英來的多。

孫：蓬溪過去就是蓬南鎮。我去過。

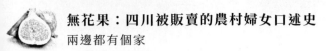

周：你什麼時候去的。

孫：我的本家侄兒媳婦也是人販子販下來的，是男人引上來騙錢的。賣了以後偷跑呀，沒跑了，鑽下了，兩個娃娃了。她不想回四川了，想在這裡。回個住媽家個了，男人來了不讓走，她和離婚呢，最後拍回電報來叫家裡人下個呢，他家的兩個哥哥沒讀過書，我的本家哥哥叫我和下個呢。我下個辦的離婚，又回這裡。

周：這是哪個村的。

孫：也是這個村的。

周：她願意來這。

孫：願意在這。

周：是不是跟原來的男人關係不好。

孫：從前挺好的，齊賣上來，那裡蓋了幾間房，貸的款，家困，不想回個了。和那個感情遠了，和這個感情好了。

周：這會不在村裡了。

孫：不在。

周：我訪問三個，那裡面沒有。

孫：現在在朔縣呢。

周：隨了她的心願了。她叫個啥名字。

孫：不知道叫個啥，姓楊。

周：她是你親侄兒媳婦。

孫：不是，我和她公公是叔伯兄弟。

周：她在東水窪待了多少年。

孫：退了地才走的。

周：退耕走的。

孫：退耕還林才走的。

周：和你老婆前後來的。

陳：比我早。

周：比她還早。

陳：早不了，差不多。

周：早不了，肯定是分開後。你在家都做些啥。會不會平魯的農活。

陳：會哩。

周：會些啥。

陳：種莜麥，種的寡搭。

孫：我不種地。

周：咋就不種地。

孫：我以養殖為主。

陳：餵羊，以餵羊為主。

孫：為餵羊，種些草。

陳：草莢子。

周：一九八二年分開時就不種地。

孫：寡。

陳：一直養羊呢。我來時人家就養羊那麼。他放羊麼。給一村人放羊。

周：對，你們一直養羊。養羊比種地收入是不是多點。

陳：那幾年還給別人放些。

孫：一直種地的人不放。我就靠養羊供家裡的花費。我在四川、井坪買的房。

周：那你厲害了嘛，在四川還買房。幹嘛，投資啊。

孫：我在井坪買的。

周：你買了幾套房。

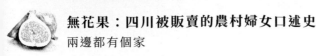

陳：一套，還幾套。

孫：一套，一百零五。

周：平米，那還可以嘛。買了房你們也不住。

孫：我出個了。

周：他有這個頭腦，買房出租，以出租養房。

陳：六、七千。七間。

孫：原來房租是一萬，現在是七千。

周：租金是夠買房的利息了。

孫：過去存款利息高。現在存款利息不行了。

周：孫天謀你還挺有頭腦嘛。

孫：養上幾年羊，明年再幹一年不幹了。

周：那會你要多買幾套，比養羊賺錢。

孫：沒那麼多錢。

周：貸款，房租打利息。

孫：我買房沒有貸款。

陳：賣些羊湊的。

周：從來沒貸過款，是一次付清的。你這房買了多少年了。

孫：也七、八年了。正是樓房貴的時候。

周：現在樓房又漲價了吧。

孫：我買的時候不貴，現在還能還這個價。

周：沒有貶值，也沒有升值。說明平魯房價漲的不厲害。

孫：從前高，現在跌下來了。

周：反而跌下來了，六、七年前高。

陳：那幾年就是高。

周：多少錢一平米。

孫：那幾年，毛房一平米三千塊，現在二千多，看地勢哩。我買的是城中心，區政府在往前頭的後邊，平魯一建樓房時叫 A 區，A 區完了是 B 區，窮人就投不起，齊是那雙職工、科、局幹部投的。

周：你買的是 B 區，不簡單，周圍都是幹部。

孫：副區長在三樓隔壁。

周：農民像你這樣有頭腦的不多。

孫：買房必須買好的，多掏錢也是買好的。

周：是，好的升值，買賴的還貶值呢。

孫：賣的時候也好賣。人的生活一天一天提高了。

周：你的女兒今年十六。

孫：哦，十六虛歲。屬馬的。

周：二〇〇二年出生，你有孩子比較晚。三十多歲來的。

孫：她做手術了。

周：她來之前就做絕育手術了，來了後重新恢復。

孫：不是。抱養的。

周：這個女兒跟你關係怎麼樣。

孫：現在很好。

周：跟抱養不抱養沒關係，主要看你怎麼養的。一樣。

陳：久已打電話來，我正要下個謀她呀。

孫：回來花我的錢，多少也要給她買些吃的。給她吃，給我吃。我說你吃哇，她說咱們大小三口一塊吃。

周：這小孩不錯。

陳：久已回來買東西。

孫：長的可大了，比她高。

陳：比我高。

周：荷葉溝（村）有個牛兆彪也收養了一個孩子，說比我親的還好呢。

孫：牛兆彪有個兒呢，收養個女子。

周：最後收養個女子，可稀罕那個女子呢。

孫：牛兆彪在荷葉溝當了一輩子幹部。

陳（拿出照片）：看看，這是我女兒。

周：過生日呢。

陳：好漂亮。過生日哩，前年。

孫：十二週歲。

周：這是生日宴會。一家人。

陳：兆星飯店。你看，好女兒吧。

周：這就是你。這個看的面熟。

陳：二文元家。

周：哎呦，請了這麼多人。

陳：十來桌嘛，十二桌。

周：給她過生日請了十二桌，你可真有本事。

陳：這是小時候，小娃娃，一歲時候。

周：你們抱的時候多大了。

陳：剛生下三天。

周：你們把她帶大也不容易。像平魯農村給十二歲的女孩過生日請了十二桌，太少了。你們對這孩子真好。

陳：好女吧。

周：好女。

陳：你看她多長了。

周：是，長大了。孫天茂還不知道有沒有這麼個女兒。

陳：這是他二姐夫、二姐，太原哩，這是我們村裡這些人。

周：孫天凡有沒有。

陳：人家全長大了。外孫都可大了，外孫女很快要聘了。

周：好好培養你們這個女兒吧。女兒培養好了，比那兒子也強。

陳：這些都是村裡的人。

周：全都是咱們東水窪的。

陳：還有別處的，這些是她同學。

周：這一桌全是同學，這是壽星。小壽星。一桌有十個人，十二桌有一百多人。不錯，你們弟兄幾個都不錯。

孫：數我們老四呢。

周：老四我沒見過，他在那。

孫：在小雜糧打工呢，人家比我們強。

陳：都上班了。

孫：這村娶四川的第一個。

周：哦。

陳：四川的。

孫：就她來鑽正了，這才開始人們引四川的。

周：老四娶的女人是全村第一個。就因為他娶的這個不錯，在住了，大家都跟著娶了。

孫：人家四個孩子，二個女子，二個兒子，大兒子在天津，天津大學畢業，找的天津的姑娘，天津也是三百多萬的樓房，小車子也有。

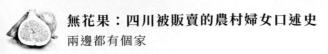

周：你說是不是四川的女人對孩子的教育比較重視。

孫：四川女人到咱這，找的男人多數還是不強的，生的孩子比本地的聰明。

周：我這兩天訪問了三十來個，我發現四川女人的這些孩子受教育比本地人重視，都弄的好。昨天我在東港碰見一個，孩子是學飛機維修的，今年八月份工作，在上海虹橋機場。還有顧家店（村）那個三明子的兒子，在太原富士康，專門做蘋果手機的。這些四川的把錢、精力都用在培養孩子身上。

孫：人家娃生下了腦瓜聰明，近親不行。

周：過去有個說法，越遠越聰明。那老四媳婦比她來的早。

陳：早。

周：早多少。

孫：早個一、二年。

周：他們現在搬井坪了。

孫：他們在井坪打工哩，家在井坪不買，在天津，也不和你一搭生活，給你租上房，現在他媽比他爸年輕些，說你坐不住，我給你尋上個打工處，一個月三千塊錢，在飯店裡頭，她不去。

周：是他爸不去，還是他媽不去。

孫：他爸想去呢，他媽不去。

陳：他媽不想去。

孫：說是和孩子們一搭麻煩呢。住在一塊就不好了。他鑽在這，一年謀個一、二遍。

周：老四叫個啥。

孫：孫天林。

周：你們弟兄四個，老三、老四超過了老大、老二。

孫：我就是一個閨女。

周：孩子少有好處，負擔輕。孩子多的，啊呀，尤其是兒子，結婚呀。

孫：到底是人多好。孩子多不受治。

周：你這麼說，像你女兒這樣，養老送終一點問題沒有。

孫：不一定。

周：關鍵是子女教育好了，孝順也是享福那，多了未必能享上福。

孫：人留下這個兒活呢，在咋你就是兩大人，沒子女的活在咋有錢也不舒服，留下個有孩子。

周：還是觀點不一樣。你想想在井坪買了樓房，一百零五平米，老倆口再幹幾年，有點積蓄，到那住著挺好，再加上有個好女兒。

孫：要沒那個女兒我連那心思也沒有。

陳：買也不買。

孫：這也有奮鬥的目標。

陳：沒這個女兒樓房不買。

孫：我那時候樓房不當緊我也不買。親友們不是娶媳婦就是買房，你說我有兩個錢借呢，他借走了，就不好意思還，也不好意思要，等閨女用呀我們老了，來回思謀買了房，它就沒了。

周：結果弄好了。像四川來的她這個年齡的不多。一般年齡相對小點。

陳：二十、十七、八。

周：有的十五、六。你四弟妹多大了。

孫：小了哇。五十幾。她上來時是個猴女，嚎的不行，真頭疼哩。

周：那會多大了。

孫：就是十六、七。

陳：十八。

孫：她說十八，實際沒有。想家嚎的不能，光家裡人上來要，還有公安局家，帶著家人要，偷，就跑上來六趟哩。那會我父親病倒了，我們弟兄倆光棍，說趕死我不放心。最後方圓有領回來的，我身體有殘疾，我下四川找不下對象。我說打發

老四娶一個，他下去引個了，走了個數月，沒有領回來。最後方圓這人販子販一個二千多塊，我就說給我弟弟販一個，我給你三千塊。人家最後給賣上來，我說下這話大了，說三千不能，花了五千多。我沒錢，攏共銀行存了八十塊錢，一個豬子賣了八十塊。那會還集體的呢。我到處借，計家窯那個三強林女兒多，問出去有些存款，我去借了，打完了還剩下幾個。給你打起，我慢慢給三強林打起。打完這饑荒了。她嚷的不能要跑，我看的哩。最後大人上來了，大人要往走引呢，最後鬧的人家尋上公安局的上來，我還去公安局應對的。咱本地人都向著本地人。他們花了七百塊，實際父母就收到了七百塊，其餘叫媒人拿走了。我心裡清楚，他叫我給父母寄七百塊，是我寄的。我說一萬多呢，我只是迎大了說呢，他是說七百。最後咱縣公安局說，她想回叫你引呢，你們騙人家，拿走多少錢交回人家多少錢。這父母只拿了七百塊錢。沒使喚這麼多，人家就不給。說你要不想叫鑽的，你回去尋錢去吧，把你女兒扣在我們看守所裡，也不用回東水窪了。他不是不讓女兒住看守所，又帶回這裡了。最後拿不出這些錢，就說我沒花那麼多錢。人家說沒花這些錢，人說你花了那些錢，這就留下了。說偷呢。上去我拿個千數塊，哄人家呢，我說以好為對。他還上來偷，說打，我說不要打，這是正常現象。執回家鑽上一天，他鑽不正了，叫他拿上錢，拿上咱們他們那兒沒有的東西。在這鑽了兩個月，回去住媽家去了，人家媽家又打發送上來。最後戶口暫時不給上，她一開走戶口就抽地呢。我說人上來戶口暫時不用開，近年才開上戶口來，辦的結婚手續，有了娃娃們了，才開上來戶口。她那就一個哥哥，哥哥現在也在公安上呢，她上來時候他在大學念書呢，最後在公安上鑽的。我下個給那家人家辦離婚還是她哥哥幫了忙，人家給當的律師，不少於二萬塊錢，我僅僅花了二千塊錢，辦離婚手續。人家那是好家庭。不是我四弟那個孩子就聰明啊。那個大舅哥真聰明呢，大學畢業在司法上鑽的，政法部門呢。

周：都是你出錢，老大、老二不管。

孫：人家賃開了，哪管出錢呢。借也不借給你。人家都娶轉女人賃開了。

周：只有你們哥倆在一塊。

孫：還有父母親。

周：這樣你就成老大了。

孫：哦。我父親躺在炕上了，病上就操磨死了。文化革命是以叛徒。

周：我聽孫天茂說了，你大哥因為這還受影響了。

孫：提幹呀，叫部隊轉業回來了。我二哥在醫院還開除回來了。鄧小平開放了，又把我二哥執回個了。

周：這村像她這樣四川的一共有多少。

陳：多。

孫：多哩，齊在外頭呢，二十來個呢。

陳：這會寡搭了，那幾年多呢。

周：東水窪一共有多少人。

孫：四百來人。她們這些在下的引也引不走了，國家遣送的送不走，人販子賣下的，這些人是自願的，不是強迫的。

周：這二十多人留下的多不多，走的有多少。

孫：一共走了兩個、三個。走的老實是家庭不行。

陳：家庭不行。

周：就是東水窪她們在的家庭不行。留不住。

孫：砍下娃娃走的有三個。丈夫不行，家庭不行，住媽家就不回來了。事實上家庭可以點的，下去了又回來了。

周：在下的一般家庭關係還好。

孫：過去困難呀，家裡人也是對她好，感情重，就感化她了。

周：對，在哪兒不是過日子。

孫：看人家大人娃娃都對我好，我回去對不起人家，有這種想法了。

周：很多人有的都走了，走了想娃娃又回來了。計家窯的那個老黃，走了八個月又回來了。

孫：他們那家庭不是好家庭。

周：她們家。

孫：我是說老黃她們家。

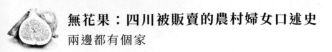
陳：計家窯哇。

孫：她那個家庭不算好家庭。

周：太窮了，弟兄好幾個都沒娶過。就娶過一個。

陳：就老三娶了。

孫：她那個家庭風俗習慣不好。

周：她那個家庭有點奇怪，和一般人不一樣。

孫：一般人就鑽不正，一進去噁心想吐的不能。

周：是，我在的時候就沒敢進過他們家。我經常這家串那家串。覺得那家人很奇怪，跟人們也不交往。

孫：知道。

陳：不知做啥，羊也全賣了。

周：原來放的不少。

陳：現在不知做啥。

周：原來村裡就他們家一群羊。他們家人也不怎麼說話。

孫：他就叫那個味，本地人不尋他。

周：就因為這個，叫狐臭。他們家是因為這個。

孫：他那個狐臭是真厲害呢。

周：有的重，有的輕。

陳：輕的聞不見。

孫：有的明上傳說有哩，進家聞不見。他那個簡直不行。

陳：狐臭多哩，四川也有。

周：外國人也有，法國人多。

孫：沒的人和他們鑽在一搭不能，受不了。簡直噁心心頭還痛呢。

周：當地人好像對這個很反感。叫臭子。

孫：哦，你沒有，進那個家簡直不能生活。不習慣。

周：也有一種說法，那東西可以做手術。

孫：那是嚴重的，那個地方冒臭水，能做手術。

周：那麼嚴重。

孫：有的沒那個，從毛孔眼冒臭水，沒法做手術。

周：汗腺。

孫：過去有那個，叫臭禿子，憋多日流膿呢。那個就能做手術。

周：人家還說內蒙多，是不是。

孫：哦，內蒙多。

周：山西人對這個很反感，南方挺多的，湖南有。

陳：四川也有。

孫：你是坐飛機來的，這次。

周：前幾年坐，這次坐火車。到朔州不方便。車次不是早就是晚。還得在大同倒車。老四的兒在天津，他媽是不願意去。

孫：老了就隨兒了。老二沒讀成書，跟著大的在天津。不知現在幹啥呢，沒訊息。兩個閨女在包頭哩。

陳：都有娃娃了。

周：這人哇，都喜歡找本地媳婦，找個外地的挺好。

孫：我們弟兄四個，數老四脆，現在數人家呢。

周：這也是命，你說數他脆，結果數他好，倆口子互相扶持，這也有關係。

孫：就是。我先頭就不娶女人，就是給他娶女人饑荒壓的，齊在我身上呢，打完饑荒還把他這個家庭照料的。賃不開。那個女人聰明，不和我往開了賃，最後裹[68]哄的把所有的牲口，兩個牛，兩個騾子都給了人家。她拐你。還說給她存一萬塊錢。奮鬥一年給她存下一萬塊錢。過去那萬元戶頂富的。還圈起新窰。這才賃開。賃開了，

68　吸引。

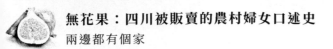
不得祥照呢。住媽家走的時候，我給拿上錢，回來呀說我出門花完錢了，我們種地沒有肥料，三哥你得給我貸款買肥料呢，我給貸上秋後再打。

周：這個媳婦聰明，她一過門可能就知道是靠這個三哥跟的老四。老四又脆，所以她就很依賴你。

孫：他們也依賴呢，我就一個人。就得幫呢。

周：你這個當哥哥的。

孫：我兩個哥哥不幫他，他們倆一年娶的女人，都是本村的，趕娶過了，我父親黃亮（富裕）。時候，本村人給呢，娶下一個媳婦四百塊錢彩禮，就那逼的家裡殺個豬子賣光呢。

周：那會四百也不少了。

孫：我們跟上他們連個布絲也沒穿過，布票接下來，買上那線口袋，大人給縫上個褲子。一起娶過來，還有些饑荒沒打完他們就賃開了，饑荒堆到我父親身上了，他病下了，我們弟兄倆還得幫的打饑荒。

周：等於你的兩個哥哥娶媳婦的錢也是你們承擔了。

孫：哦，我承擔三分之一，我父親承擔三分之二。

周：我看老三最好，幫完哥哥幫弟弟。

孫：我父親、母親、哥哥、弟弟，沒有睡在炕上要錢，飯錢。十幾年前，，他們沒有負擔一分，全是我負擔。父親死了以後，我母親，一直住上幾年，死時就她一個人在。

周：那會你已經結婚了。

孫：他們有一天，我母親，在雙碾醫院鑽了個數月，我二哥送來，說我娶轉她了，送在我哥哥家，說一個人給一袋米、一袋麵，說老三養父親多年了就不要攤了。我回來說我也攤，我也出。我就和我大哥坐著，說我也出，我說你不懂這，媽吃的這，經常用藥呢，要一天以裡你花哇，要是你代我做飯呀，吃飯呀，打針、吃藥、買藥，我付，一天以外，這來你家了，咱們弟兄四個攤開。我大哥說行。他那鑽了一個月，我大嫂不行，又送回我家了。送我家了，他不是說在別人家又要米又要麵又要錢，咱們出，咱們也照正他們家攤。我不同意，我說不行。覺意這跟他吼過一遍。我說

你能走了，母親不能走。跟他們要吃的，我絕不能做這營生。他們拿將來我也收呢，不主動拿來我也不要。

周：啊呀，你可真是個好人。

陳：他就是過好了。

周：像這麼孝順的不多。

孫：我是個廢人，我覺意當家人名下行了好了，後半輩子晚年才舒服了。

周：對，這個右手還有點殘疾。

孫：我寫字還是左手。輪到我名下就是給她花了四千塊錢，還是到處借。

周：剩下的沒花家裡錢，一分都沒花過。

孫：沒有，從長大就一直給勞動。我上高中還照樣迎這，我父親鬥的病倒了，我背上鋪蓋不念了。這社會書不用念。

周：你念了幾年高中。

孫：一季還沒念完。

周：中途輟學了。因為鬥你父親。

孫：命厲害呢。我父親頭一年，過去是考高中、師範，師範人家驗身體呢，國家就不培養殘疾人，我打下來了。最後初中又重讀了一年，又上高中。

一個反勸你留下的公安人員

口述人：王倫會（一九六八～）女，川籍

訪問地點：山西省朔州市平魯區井坪鎮

訪問時間：二〇一七年十一月十八日

王：剛來時可苦了。這裡（井坪）條件好點。

周：你剛來時在那個村。

王：水頭（鄉），前塘溝（村）。

周：你老家什麼地方。

王：中江縣的。

周：和吳代真一個縣。陳英也是，你認識她。

王：沒碰過面。

周：你來時家裡有些什麼人。

王：我爸爸、我爺爺、奶奶，我姐姐、妹妹、弟弟。親友騙的。

周：你什麼親友騙的。

王：是我媽的叔伯，我么爺爺的女娃子，么外公。

周：她是咋騙的。

王：不知道，你想哇。

周：是不是想賺幾個錢，她怎麼就。

王：她嫁到這個地方了。

周：哦。

王：那年我姐姐、姐夫，我爸爸也上來了，告她哥哥是人販子。來到這個地方好苦呀。

周：後來你們沒告她。

王：不能告哇，親友。現在比以前強多了。

周：把你賣了多少錢。

王：我爸爸也沒多要，要了二千塊錢。我爸爸他也不知道。他相信他。

周：你爸爸也得了二千塊。

王：我爸爸沒要，是我說給我爸爸一點錢，我要的。

周：你幺外公的女兒是不是挣了錢。

王：她拿起五百塊錢，你看五百塊錢把我賣了。

周：她為了五百塊錢把你賣了，簡直是。來的這個人你叫他啥。

王：叫姨姨。

周：她比你早來幾年。

王：比我早來二年。

周：你姨姨嫁在那個村子了。

王：我們一個地方。

周：一個村。她是怎麼來的。

王：是人販子販上來的。

周：她也是人販子販上來的。結果她又害你。

王：啥也省不得。我還和她說了，要是合約工我就不找，我在四川的對象是工人日報的合約工，人家哄你麼，不想讓你走。我在四川的對象比我小一歲，條件都挺好。結果來到這地方。

周：對象就吹了。

王：吹了麼。

周：你這損失大了，這找的老公。

王：不好。看不起咱們外地的。他有本事，肯定不要咱們，不看我們。

周：他們家條件很差吧。

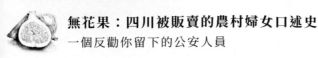

王：白手起家。

周：很窮。他比你大多少。

王：大九歲。

周：你來時就不想跑嗎。

王：省不得跑。那會大同條件能跑的麼。

周：你還在大同待過。

王：嗯。我也看不準他們，摸不準跟他們過來。

周：還沒想明白。

王：主要是心好。

周：你比較善良，想不起個跑。那會你有多大年紀。

王：二十二。回去了也挺好。

周：有很多跑回去的。也有被抓回來的。

王：鄧小平上台就把這些人販子抓起來就不敢了。公安局來解救，解救了一些，那年可多回去了。

周：回去了二百多。去你們村搶救了沒有。

王：去了哇。

周：跟你談了沒有。

王：我沒回去，可笑吧，我跟公安局人說我要回去，他說不要你回。

周：公安局的人勸你不要回。

王：嗯。我聽說四川公安局的人上來解決，這些人理也不理，最後鄧小平下決心不理不行，他就必須理哇。我聽四川公安局的人跟我說的，我說這個地方的人不行。我們那裡可熱情哩，這裡的人理都不理咱們。

周：當地公安部門不配合。

王：就是。現在說什麼都晚了，為了孩子也必須待在這裡，在這個地方，老鄉們都可苦哩。

周：是。你們村四川來的多不多。

王：多了哇。走的沒幾個了，人都跑了。

周：你們村跑的多。

王：在這個地方找的老漢歲數大，家庭貧的不行。

周：他們弟兄幾個。

王：五個。

周：他們找了幾個四川的。

王：三個。走了一個。

周：跑了一個。

王：我親友沒走。她把我弄來。

周：你姨姨沒走。

王：你說那時候好愣，你要五百錢我給你五百，她是聽他們的。

周：你老漢是老幾。

王：老五。你要寫的好好的，老鄉們在這可艱苦了。就像她們打工。

周：你們得把你們的苦說出來，我才能寫出來，編，編不出來。

王：我想起我剛來的時候，剛來山西也沒種那個地，就是下點掛麵，冬天穿的風膠鞋，擔水，啊呀，你說凍的，好艱苦，騾子馱來的，這個地方太艱苦了。本來就沒自來水，到井裡去擔，到冬天挑那個擔子擔那個水，那年我凍的哭，從來沒受過那個苦，來山西時候。現在基本差不多，還不如四川。

周：你在村裡生活了多少年。

王：七、八年。為了孩子念書搬下來的。

周：在井坪除了做飯看孩子還做點啥。

王：也不幹啥，那幾年苦的很。背著孩子鋤地，還要餵豬。

周：你老公什麼時候來的。

王：他一直在。現在家裡種點地。年齡大了，礦上不要了。家裡有個小子，娶媳婦給人家鬧不上錢，可愁了。一個小子，一個女兒，女兒念大學，大三了。可省吃儉用了，知道大人沒錢，一個月只花五百塊錢。別的娃一個月一千塊錢都不夠。

周：兒子在那兒。

王：修車。

周：在井坪修車。手藝那學的。

王：交通學校，學的汽車維修，去運城也念了一、二年，又到天津念的。娶媳婦也沒錢給人家。

周：他自己能不能掙點錢。

王：我那小子聽話，不抽菸、不喝酒。我教育的好，從小培養他，就像我媽教育我那樣，不能騙人，不能哄人，咱們不能騙人，不能哄人，那兩個孩子也是。我姐姐說你兩個娃娃可不錯了，不亂花錢。可能也是命。

周：你姐姐來看過你。

王：嗯，我妹妹也來了。

周：什麼時候來的。

王：我姐姐二〇一三年來的。我弟弟、妹妹來我那個地方，弟弟說二姐呀，你們這個地方怎麼連車也不通，背上我那小女子上來，將將幾個月。冬天回來的，風也大，南方人哪能習慣。現在條件好點了。

周：後來你回去了沒有。

王：我回去了三次。

周：你是來了第幾年回去的。

王：第五年回去的。

周：那時已經有兩個孩子了。

王：嗯。我看井坪起碼就有（四川人）五、六十個。

周：不止。

一對被賣的姐妹

口述人：吳代真（一九六八～）女，川籍

訪問地點：山西省朔州市平魯區井坪鎮出租屋

訪問時間：二〇一七年，十一月十七日

周：先說叫什麼名字。

吳：吳代真。

周：從四川開始，先說說你們家，什麼地方，家裡都有些什麼人，在四川的生活。

吳：四川的生活，困難。我走時有爸爸、媽媽、姐姐，全有哩。後頭和我妹妹先來到這頭。我奶奶天天在那望哩，看孫女回來了沒有，回不來，每天嚎，和我媽。最後尋思我上來看尋上尋不上，尋不見。

周：老家什麼地方。

吳：德陽市新中鄉[69]，原來是縣，現在改成市了。新中鄉九大隊八甸村。

周：你是哪一年出生。

吳：一九六八年。

周：你妹妹是。

吳：我妹妹比我先來一年。我妹妹來時候才十三了。

周：她是怎麼來的。

吳：叫人販子拐上來的。她去我舅舅家裡頭，我媽當她回家了，最後我媽家也沒回，我媽以為她在舅舅家。最後讓人拐賣了。

周：你怎麼知道她讓人拐賣了。

吳：五、六年以後，她給我媽寫回信來，我媽又說給我，她在應縣[70]。

69　四川省德陽市旌陽區。

70　山西省朔州市應縣。

周：賣到應縣了。

吳：嗯。我在西山礦住的，最後我們通了信，我妹妹又上來謀我。我弟弟在大同下窯，姊妹見面了。家裡面我們姊妹四個。

周：來山西三個。

吳：那個是下窯來了。最後打斷腿了，在大同新榮區下窯打斷腿了。

周：你妹妹寫信給你。

吳：我沒去，他們全來看我來了。

周：她在應縣，你咋來平魯。

吳：我也是人販子賣到這。我讓人販子引到井坪來了，那會估計找個，最後也沒找見，那個人我們也知道了，在只泥泉（鄉）。

周：是平魯人，是他把你從四川弄來的。

吳：嗯。有四川的人販子，有這裡的，他們聯繫的。送我上來的是兩個人。他們是找這裡的人聯繫，沒尋見，就我一個。

周：你就認識老二了。

吳：不認識，讓田二虎引的。一開始我在北城坡，找了個對象。一路上到井坪連個吃的都沒有，一天一夜，他們沒錢了，帶的錢少，北城坡有個旅店，住在那裡。又出去，守著井坪轉，四面八方找。

周：他們也不給你吃飯。

吳：他們沒錢了。路上買的餅。

周：路上還給吃。

吳：嗯。最後在那裡說成了，四千七。又碰上個田二虎，他又打劫了，把我引到他那裡。他給我們買了點餅子，我們吃。

周：餓壞了。

吳：嗯。吃了後，慢慢的又把我帶來計家窯。帶到計家窯，就帶到田三虎家。

周：那會田三虎還沒有找陝西的雷金蘭。

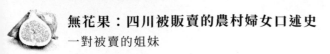

吳：沒。我來這多年了，三十年了。

周：在計家窯安家了。

吳：沒，在計家窯吃了一頓飯，田小女做的飯。最後他們引上李二來了，看了，在計家窯鑽的，引上看了。

周：李二家那會在那兒。

吳：楊家窯（村）。那會在田家，田小女給做的飯。最後又帶回楊家窯。

周：在楊家窯安的家。

吳：嗯，最後在楊家窯安的家。

周：你在楊家窯生活了幾年。

吳：二十幾年。二十四、五年。

周：搬到井坪幾年了。

吳：在計家窯生活三年。

周：當時楊家窯分給李二多少地。

吳：我不知道人家有多少地。左不來在楊家窯也是那大家庭，沒賃開，十來年了才賃開。

周：李二、李三。

吳：老大。前幾年是老大家。

周：全在楊家窯，是個大家庭。沒分開。那會你公公還在。

吳：哦，在。全在哩。這也是來這，前年才死的。

周：一塊過，弟兄三個。根桃妹妹在不在。

吳：在。那會還沒問出去。

周：你來後種地呀。

吳：他們幹啥我幹啥。

周：第一個孩子什麼時候有的。

李根桃（李二姐姐）：在四川呢，頭一家。

周：這是第二家。

吳：嗯。

周：你現在和頭一家還有沒有來往。

吳：沒來往，碰搭和那個兒子聯繫。

周：那個兒子有多大了。

吳：三十了吧。我還有相片。

周：他現在做什麼。

吳：在廠子裡面當頭。

捉：和兒子還聯繫。

吳：嗯，和那個就不聯繫。

周：你來這兒是第二年有的孩子。

吳：第三年。

周：你剛才說當兵的那個。

吳：當兵的是二的。你那年二〇〇八還給她照的相。

周：老大做什麼。

吳：在礦上下窯。

周：成家了沒有。

吳：成家了。我有三個兒。

周：老二、老三沒成家，有沒有女兒。

吳：沒有。

周：加上四川的四個兒子，四川的兒子成家了沒有。

吳：四川的成家了。在德陽城住的。

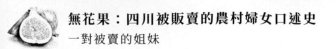

周：有孩子沒有。

吳：有了，也是個女。這邊個也有個孫女。

周：你原來的四川話改成山西話。

吳：生活習慣了，多年了，說四川話他們也聽不懂。一開始改也難哩。

周：不好改。

吳：學了哇。

周：你剛來時楊家窰的人欺負不欺負外地來的人。

吳：也不欺負，反正是不習慣。就是想回哩。也想家呢。

周：你頭一次回家是什麼時候。

吳：十幾年後，第一次回家是和三兒。

周：三兒多大時候。

吳：七、八歲時候。

周：那你奶奶還在世嗎。

吳：我奶奶死了，沒看見我奶奶。我爸也死了，前三年死了。我媽媽還活著，這陣還幹活哩，我三兄弟在四川當包工頭。前年臘月二十七我爸死那年出了車禍，過年還在醫院過的。

周：你爸爸出車禍了。

吳：我兄弟，包工頭那個弟弟。我們四川姊妹四個，按老三說哩，從女兒到小子，老二就是下窰打斷腿那個，尋不上人處理這個事情，尋的個記者，叫朱文光，也是給這些處地人，他收了人家錢，也不給幫忙，收了礦上的錢，打架呢，要不上錢。

周：把這個記者給收買了。

吳：哦。

周：受傷以後你哥哥殘廢了。

吳：殘廢了，自這會也是，一條腿，這會公家不知道給兩個不，我也道不清。因為救人來了，他救別人。

周：新榮區是私人礦，還是。

吳：大同新榮區私人礦。

周：後來回了四川老家。

吳：回了，他就沒法生活了，來利不了，最後朱文光又給登的報，我妹妹硬尋上他，他給發的照片，發的文，碰搭有好心人救濟些錢。

周：朱文光寫的文章登在報紙上。

吳：對。

周：當時你哥哥受傷多大歲數。

吳：弟弟。我是老大。

周：是大弟弟。

吳：嗯。那會大概是三十幾。有十來年了。這會就跟三兄弟看工地，又叫翻了車，又叫打了一回。

周：大弟弟又打了一回。

吳：哦，翻了車又叫打了一回，越發無法生活了，鑽到床上，我媽硬服伺。前年來了，我爸死了以後，家庭也是真困難。

周：你剛才說的車禍不是三弟，是二弟。

吳：車禍是老三。

周：老二又出了一次。

吳：哦，兩個弟弟這會都是殘廢。那個三的這會腿上也是打的鋼針。二的是又出了一次。全憑家裡有個老媽呢，照顧吃喝。我弟弟當包工頭，現在也管理不了，要錢也要不上，別人不給他，他也無法給工人，到處欠的。

周；就是還有一個小妹妹。

吳：賣到應縣了。他比她大十歲。

周：當時她十三歲。

吳：人販子恨人那，她當時歲數太小。

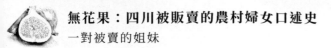
周：現在你跟你妹妹有聯繫嗎。

吳：有。她最後尋的老漢比她大十歲，姊妹也是八個，這會一個兒一個女。兒念成大學了，分配在河南鄭州了，管理工程，女兒，她又搬到懷仁城[71]裡。

周：你妹妹、妹夫搬到懷仁了。

吳：也受了很多苦，像來了，來了很多信，也不讓你看抬了，也不讓花錢。我們都是一樣的。

周：你妹妹比你小幾歲。

吳：我都五十了，她四十二。

周：比你小八歲。

吳：我看就是這個歲數。我們那會困難，說是叫來這地方幹的半年活，那會也不知道是來山西，也不知道啥地方。那會四川人，像女兒們被賣到河北、河南、江蘇，可多了，一般女兒們去河北。

周：你們家鄉的女兒們被賣到河北、河南、江蘇。

吳：哦。大街上繞個影就不見了，讓人騙了。太多了。

周：人販子很多。

吳：哦。全憑鄧小平的政策好。打擊了一貨，人販子這幾年不來了。

周：那會人販子上街、趕集就碰上了。

吳：很多。那會我們小，有的是用麻袋裝的，有的是引上你騙的，就賣錢哩。

周：那會女孩子們也不防範，跟著就走了。

吳：各種原因。有的是爸爸媽媽罵了一下，就離家出走了，不想在家待著，後來也受了罪。

周：當時人販子是四川人。還是有外地的去。

吳：當地的，外地的都有。他們通的。

周：四川的和當地的勾結，有賣的有買的。

71　山西省朔州市懷仁縣。

吳：就像賣到那兒事先說好，就像井坪，有井坪的人聯繫。

周：我在白辛莊訪問就遇到一個。

吳：白辛莊就有一個離我們德陽新中鄉我家不遠遠的一個。

周：叫什麼。

吳：龍四女。

周：我去沒有遇到。

吳：這會她在城裡面住。他老漢叫杜乃全（音）。

周：我訪問的叫杜海義，他老婆也是被騙來的。她講她老漢在井坪，四川人販子把人販來，他又販到村裡。

吳：白辛莊還有一個新中鄉我們的同學。三十年了沒回家，去年她想回家，叫我幫助聯繫她們家，我給幫忙，今年才聯繫上，今年正月才回家，把她媽接上來。三十年沒回家，尋不見家了。

周：找不到家了。

吳：她也不知道家裡人活著不活著，我還是靠我弟弟聯繫的，我給我弟弟打電話。

周：她是不是她男人不讓她聯繫。

吳：不知道。劉家窯那面條件也不好。她說好多年想回去，又問我們村的軍軍，去年我後來有她們家的電話號碼，最後不知咋的又聯繫不上我了，我也換了電話號碼，最後又聯繫上了，去年臘月叫我尋她家裡人。我一直和家裡有聯繫，我也回去鑽。三十年沒聯繫，最後靠我弟弟給聯繫上了。家裡就剩下一個媽。多年不聯繫了。白辛莊有一個也是我們新中鄉的。

周：四川賣到山西的很多。

吳：多的厲害呢。光我們新中鄉跟前的我就知道三個。永和（商場）賣東西的還有我們四川老鄉二個，我也認得。

周：井坪的永和。

吳：對，有東港的兩個。也是我們老鄉。

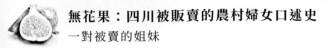

周：劉井溝前兩天我去訪問，有一家子，有叔伯姊妹兩個，她們的侄女一個，姊妹倆一九七二、三年就來了，過了十五年就把侄女又弄來了。

吳：我們四川德陽原是縣，這會改成市，新中鄉原來是公社，現在也成了鎮。我能帶你去訪問永和的那兩個老鄉。

周：現在你和這些四川來的老鄉聯繫的廣泛嗎。經常見面聊天嗎，都說些什麼，談家鄉啊。

吳：也說呢，說我們那地方國家政策挺好，那地方現在好了，沒人來這地方。齊打聽這些，沒有鄧小平政策不行。

周：聽說一九九五年打擊一次。

吳：我們就是最厲害的那年往上走，鄧小平打擊人販子那年，多少年了，齊那年就沒了。還崩了些。鎮住了，不是那還多呢。

周：我訪問了公安局長，說那年解救了二百多人。槍斃了二十二個。槍斃的標準是販六個以上的。

吳：有回個的，有孩子的這裡不好鑽的也有回去的。好鑽的就留下了。這種情況也多。好的也多。也有最終沒和家人見上面的。

周：白辛莊就有一個。關在防空洞裡，鐵鏈子拴著。是王桂蘭老二娶的，被賣了三次，最後賣到這家，後來生了一孩子放出來，弄到家裡又有了一個孩子，這女的還想跑，就用鐵鏈子拴起。

吳：全憑那會（一九九五年）政策好，還不知有多少人。

周：那個人命運很慘。

吳：一說這外地人跑呀，打呀。真實承認自己的命運，有時人家打了你，罵了你，也得忍了。因為你沒走處。我也不知道怎麼過來的，就覺意為了這兩娃娃，從四川來錯了一次。在四川時也是沒辦法，生活艱難，跑出來，爸爸媽媽著急，妹妹想見一面也難。心裡也不好過。可惡的人販子，妹妹十三歲給賣了。

周：你說人販子可惡是一方面。

吳：像我們歲數大了還懂點事。就像那十三歲的小孩們懂啥事呢，賣十三歲的孩子他就知道犯法呢，就是拐賣幼女，把我妹妹終身害了。這會她就是苦命，找的

對象肯定也不跟心。四川爸爸媽媽著急，一家人四處處尋。這還是好的呢，現在還能聯繫，能見面。算幸運的。我也是好幾年回去一次，說起就心酸呢。我們頭一次見面，回個，哭的。倒是我妹妹頭一次回去，我媽嚎的，我妹妹嚎，我媽媽嚎，我弟弟看見也嚎。

周：你妹妹多少年後回去的。

吳：我不知道。

周：你妹妹回去，她男人讓啊。

吳：一開始也不讓，後頭慢慢的，婆婆讓回了。

周：你妹妹回去時，你奶奶在不在。

吳：也不在了。我們走時奶奶已經七、八十歲了。我們都沒見上。就兩個弟弟在家裡頭。

周：你父親去世時呢。

吳：我回去了，我妹妹也回去了。

周：你說四川女孩，因為婚姻生活不順，生活困苦種種原因，是不是也有想離開家的情況。

吳：因為某種原因想離家，有時候父母說一句話就想離家，一說外地也沒去過。出來了一下子，反正經歷了很多磨難。

周：那時四川生活也很苦吧。

吳：父母不賺錢，小時候可多過過那苦日子，我們這茬茬也趕上了。那會農業社大集體，各種分配，趕上了。後頭分開了，沒勞力的也不行，我那會在家裡是老大，弟弟妹妹都小，就我一個幫助媽媽幹活。

周：你說女的和男的比是不是承受能力也不一樣。

吳：女人們活多，反正你能幹多少就幹多少。四川女人們好耍，就像倆口子，女人就啥也不幹，就在家裡做點飯，有時候飯也不待做，種的地也少。這是我們走了以後的事情，以前不行。以後人家都是耍，穿，穿的就像，不像這地方，捨不得穿，

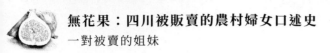
捨不得吃，攢錢娶媳婦。四川用不著攢錢娶媳婦，只要你人對，不管你父母反對不反對，就要給你呢，不說錢不錢的。

周：四川兒子結婚不用花這麼多錢。

吳：不用。這地方一生下就開始攢錢給兒子娶媳婦。

周：平魯兒子媳婦少的十幾萬，多的幾十萬。

吳：捨不得穿，捨不得吃，父母一輩子要掙不下這麼多錢就不娶媳婦啦。

周：訪問了很多，老倆口還在那吭哧吭哧的幹。種地，養羊。

吳：這個政策（習俗）改變不了。四川就不存在這個問題。自願娶的可多了，就一個人去了就行了。有的訂婚呀、結婚呀，也花的不多錢。就像我們這一茬茬，訂婚花個七、八十，買兩身衣裳，結婚呀，禮錢就五、六百塊錢。這會四川有一、二萬就行了。

周：你大兒結婚花多少錢。

吳：我大兒結婚還沒多花呢，就買了一套樓房，花了三十來萬。

周：那也不少了，那會你們還在村裡種地。

吳：種地，餵羊。

周：那得賣多少糧食。

吳：啊，那也塌下一堆饑荒。這陣也沒打完。

周：現在還沒還完。

吳：這二兒又要娶了吧，快了。

周：糧食賣的最好時候是多少。

吳：六、七毛錢。

周：三十來萬。

吳：那會你來時（二〇〇八年）我們正賣羊呢。也沒賣下個錢。媳婦也沒多要，要的二、三萬塊錢，樓房買下二十幾萬，裝潢、買家具，前後花的。這年年掙的錢就是給打饑荒。

周：現在打工就還錢，都是過去欠下的。

吳：哦。

周：平魯人就是想不開。

吳：有個女兒吧，就好像有個搖錢樹，不要他個三、二十萬。沒車，沒房就不娶媳婦，沒車、沒房的就不用過了。這個就不如外地，人家兩個人看對了，不管你有錢沒錢，人家就直接和那個男的過個了，啥也不要。我們那個地方就是。

周：你對家是怎麼想的，家是在四川呢，還是在山西呢。

吳：家嗎，就娶媳婦這方面壓力大呢。

周：我是說那是你的家鄉。

吳：生我養我的地方，永遠忘不了，少年時代，一回到那個地方，對那個地方最熟悉了，小小的時候。

周：前幾日訪問一家，把老父親接過來，就埋在劉井溝了。在四川要火化，老人不願意。

吳：劉井溝有一對親姊妹，我認識，現在也住城裡。在德陽和中江是抓蛋蛋呢，德陽是火化，中江不是。

周：抓鬮是怎麼回事。

吳：抓紙單單，抓到中江就埋，抓到德陽就火化，我爸爸就是火化，火化完了埋。火化還花錢，還不少呢。很遠，我爸爸死了花錢雇的車，早早起來走，死了三天火化的。我二兒請假也去了，多放了一天，見上了。

揮之不去的怕

口述人：劉小富（一九七〇～）女，川籍

訪問地點：山西省朔州市平魯區井坪鎮出租屋

訪問時間：二〇一七年十一月十七日

周：你叫啥名字。

劉：那面的，這面的。

周：你有兩個名字。第一個名字叫啥。

劉：我四川的。

周：啥地方。

劉：重慶，銅梁[72] 的。

周：在重慶叫啥。

劉：劉小富。

周：後來在這改了名字。

劉：不是改，隨便叫的。

周：現在叫什麼。

劉：劉小鳳。

周：你來時家裡有些什麼人。

劉：來之前有個爸爸媽媽，姊妹四個。

周：你在家做什麼呢。

劉：什麼也不做。我們那是山區，做點農活，一般是耍，沒做的。

周：小時候讀過書沒有。

劉：也讀過幾年書，小學畢業了，中學讀過半年。

---

72 重慶市銅梁區。

周：你是哪一年生人。

劉：我是一九七〇年的。

周：今年四十七。

劉：四十八了。

周：虛歲。你是什麼時間來的平魯。

劉：我到忘了，九幾年，二十來歲了，來了二十五、六年。

周：當初是怎麼來的。

劉：讓人騙上來的。

周：咋騙的。

劉：就那麼騙的。

周：在那兒騙的。

劉：我看，是在綿陽。

周：在人力市場。

劉：反正說是打工，騙上來的。我坐車暈車，現在沒那麼暈了。

周：就直接來平魯了。

劉：左不來就是來了。

周：你去了那個村。

劉：旺（家）村，平魯鄉的。

周：給你找了個男人。

劉：嗯。

周：比你大多少。

劉：大一歲。我那會二十二了。多年了忘了。

周：你男人家庭怎麼樣。

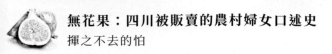

劉：家庭窮哇。他們弟兄四個，他們那窮，騙上來的。

周：都是比較窮的家庭，要不就是殘疾。

劉：他們家倒是啥也沒有，就是窮。

周：你嫁的這個是老幾。

劉：老四。

周：他們家弟兄有幾個找四川的。

劉：兩個吧。兩個找四川的。

周：訪問弟兄多的，都是幾個找四川的。

劉：一般是兩個，一個的也不多。

周：為啥。

劉：他窮嘛，越後邊的越娶不過。

周：越到後面越沒錢了。

劉：有錢都給大的娶了，後面就沒有了。他怕打光棍。

周：你說的有道理，有點錢給老大、老二娶了，老三、老四。

劉：就沒錢了，窮的。

周：找四川的花錢少。

劉：開始是，到後頭也花的多了。

周：你來時他們花少錢。

劉：花三千，才。

周：有一千多，最多的五千。

劉：那時三千塊錢也不少。

吳代真：我那花五千多。

周：那你這多，錢都讓人販子賺了，還是。

劉：人販子賺走了哇。我們那時省不得。後頭回四川也花不少，花了八千。娶本地的就不花錢回家。像我們四川的回家要花錢。

周：對，讓你們回家的時候。

劉：肯定要回家呀。

周：路費呀，回家買東西呀。

劉：他們這兒回家就花不多的錢。

周：你來這多少年回的家。

劉：好像也多年了，五、六年了。

周：有沒有孩子。

劉：有。

周：多大了。

劉：最大的有五、六歲了。

周：你是帶著孩子回去的，還是自己一個。

劉：我把他們都帶回去了。

周：一共幾個。

劉：三個都帶回去了。

周：那會你父親、母親都在。

劉：在。我父親死了十來年了。二〇〇九年死的，好像是。也多年了。

周：你回去，你父母心痛吧。

劉：嗯。

周：你被騙時你父母知道不。

劉：不知道。

周：你被騙你父母多久才有消息。

劉：停了好久我給他們打的電話。

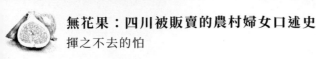
周：打電話就晚了，什麼時候有的電話。

劉：鄉政府有電話。在鄉政府郵局打的，貴了哇，一分鐘好幾塊錢。長途電話，就郵局有，旁處沒有。

周：你來多長時間打的電話。

劉：我看有一、二年了。

周：一九九五年解救的時候去沒去你們村子。

劉：去了。

周：問你沒有。

劉：問了，我沒有回去。

周：願意留下來。

劉：不是願意，有娃娃們呢。你不在這裡，他們小呢，沒走。

周：當媽的捨不得孩子。

劉：是哩。

周：你們村有沒有被解救的。

劉：沒有，都沒走。誰也沒回去。我估的回去呀，也沒走。他們去來了，本地派出所的，外地的沒有。

周：山西省搞的。

劉：上當上怕了，本地的也不相信他們，要是那面的過來了，可能也要走，要是我們四川派出所的。他們沒有過來。

周：如果是四川的警察。

劉：就跟上走了。是哩。本地警察就不跟他們走。

周：那也回去二百多。

劉：我們沒敢，不知道。本地人和本地警察人家是相通的，就沒個，沒走。

周：後來說可以給你們上戶口。

吳：前十來年。

周：說給五百塊錢可以上戶口。

吳：前七、八年。

周：很多人沒戶口。

吳：我有了。

劉：她四川那面沒有。

周：賈英、夏秀紅都沒有。

吳：誰把你引到賈英那裡。

周：張玲玲。

劉：就是賣炭那個。

周：她男人賣炭。她也有兩個名字。上戶口除了給錢，什麼手續都不要。

吳：就是給五百塊錢，其它不要。

周：夏秀紅講光給錢不行，還是要有其它條件。

吳：我們當了二十年黑人，兩頭沒有。

劉：我有哩。

周：三虎的老婆，陝西的，也沒有，雷金蘭。你來了，你老漢對你怎樣。

劉：我們這還可以。婆婆也在，活著哩。我們這家就是窮些。

周：剛來在村裡，待了多少年。

劉：待了很多年，像是。我是二〇〇八年下來的。在村上念書，一個老師教好幾個班，小學念完了念初中，初中進了平魯城念書，我大閨女身體不好，感冒的不能，去平魯城念了一年，總是感冒，在村裡一個老師教五、六個年級，她盡在輸液，就好像沒念個書，不能念就搬到井坪，搬下來了，那幾個娃水土不服，還是一天天輸液，住醫院，齊那個初二搬下來了，大的都十幾了。為她念書。

周：那你們倆口子進城做什麼呢。

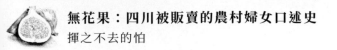

劉：打工，供兩個念書的，這陣還念的了。

周：這會還念著。

劉：念大學了。兩個大的都念大學了，小的念高中。

周：你三個孩子都在念書當中。二個念大學，你這負擔。

劉：負擔重了吧。

周：大學有學費、生活費。

劉：我顧不下他們的學費，我四川還有個媽，這裡還有個婆婆，奶奶，這些多少都要給花點，花不多，反正都得花，學費都是貸款。除了四川的媽，還有姊妹三個，給我媽一些零花錢，我媽一個，父親去世十來年了。我媽房頂漏，今年我回個把房頂弄了，我們姊妹三個幫她把房頂修了。我等小娃大了就回四川了，這面就不鑽了，回那面鑽個。我媽也年紀大了。

周：多大了。

劉：七、八十歲了。小的也高三了。明年考大學，也不用人管他了。

周：你男人跟你去嗎。

劉：後頭就安排好了，沒人願意來這鑽的，娃娃們也不願意，他也不想在這。久已把他們帶回重慶，他們看見感覺那面好些，他爸的意思也是能回盡量回，我等他們大起了我就回個了，也快了，明年就畢業了。她念的外語，念的日語。

周：將來可以去日本打工。

劉：我沒那錢給她去。

周：在日本打工的中國人有幾十萬。

劉：我捨不得她走那麼遠。老大長的不大，身體也單，身體不好。二的念的是農業大學，是個食用菌專業。找不下工作，就讓他種蔬菜大棚去，那麼個人種上，不要叫他沒營生了，能伺候個人，種地哇。

周：現在大學畢業種地的很多。

劉：他學的就這個。

周：計家窯也有一家子回四川了，帶著丈夫、孩子，全家去了四川。夏秀紅也準備回四川打工。

劉：四川打工不好打，有年齡限制，都是進廠，四十五歲，超了的基本上廠家就不要了。

周：不像這地方，實在不行就種地。

劉：種地也不行。四川打工，像給人家裡當保姆啥的，還有些幹的。就是沒有五險一金那些權利。年齡大了不要，也沒做的。

周：你還是很想回家鄉。

劉：肯定是想家鄉。他們這裡也是窮，啥也沒有，吃的也就是那麼個，還是那頭習慣些，那麼這頭還是，天氣也是，夏天還行，冬天冷的不行，四川冬天也不暖和，習慣了也就是那麼個。

周：四川冬天是陰冷。

劉：沒太陽。我基本上年年回重慶，現在建的比成都強，我年年回去跟我媽住上十來八天，個數月。

周：你們姊妹你是老幾。

劉：我是老二。還有個姐姐，一個妹妹。

周：那你姐姐和妹妹還在老家。

劉：在。我妹妹在市裡，姐姐在跟前不遠，她們多日了回去看看。

周：你媽現在一個人生活。

劉：一個人。

周：這老太太還真行。

劉：她一個，也不和別人過，誰也不跟，她不願跟，她農村長大習慣了，她去我妹妹家也不習慣，在我妹妹家嫌出也出不個，找也找不見，去我姐姐家，我姐姐還有個婆婆，不合適，也不方便，不去，我讓她過這邊，她不來。

周：那麼大年紀了，讓她適應這裡的氣候可能不行。

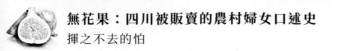

劉：不習慣，她也不來。

周：老年人改變生活習慣很難。

劉：她本身也不習慣，菜也不方便，四川的菜多，天天有菜，這地方沒有。她都八十來歲了，自己種菜。

周：八十了。

劉：明年八十，自己種點菜，餵兩個鴨子。一個，說沒做的。

周：你媽媽身體還可以。

劉：可以，沒辦法。就當鍛鍊身體。

周：你們倆口子在這也是打工。

劉：打工，我種樹，他在工程上，啥也做，我也做。

周：工地上苦重了哇。

劉：苦重也沒辦法。

周：你還行，今年多大了。

劉：今年四十八了。

周：還年輕。

劉：一身盡是病。

周：什麼病。

劉：手臂痛啥的。

周：是關節有問題。

劉：肯定有問題。

周：年輕，女同志，幹苦活要小心。現在還能挺過去，重了就麻煩了。

劉：現在也麻煩了，挺不過，這也挺不過去了。大的明年畢業了，考上研究生就念，考不上研究生就，我說你個人看，二十七了。

周：你女兒還有雄心壯志，還要考研究生。

劉：日語不好就業嘛。

周：我說讓她去日本打工挺好。她是學語言的，去沒有問題。

劉：我看電視，那面還打仗呀。

周：什麼時候了，還打仗。那都是幾十年前的事情了。

劉：我還怕他們日本人，電視上看的壞人多，不敢叫她去。

周：那都是宣傳。日常生活不是這樣的。

劉：她大二的時候想去日本留學，我說媽沒錢給你留學，快就這麼念吧。沒錢。我哪敢讓她去，連她們生活費也顧不了。

周：到日本可以勤工儉學，一分錢不用給她出，出個飛機票錢就行了。自己勞動，自己賺錢，自己上學。

劉：她就沒那機會，她們是交換生。

周：交換生就更好了。

劉：我就沒叫她去，她爸爸也不叫她去，說快不用去了，麻煩的。

周：你們這觀念，這麼好的條件。

劉：捨不得。

周：應該去。現在也可以，大學畢業還可以去。

劉：她說去不了了，沒有交換名額了。

周：讀研究生也可以到日本讀啊。

劉：日本研究生讀不起呀。

周：我說的方法是勤工儉學。打工的錢供自己上學沒問題。

劉：沒叫她去。她說去考南京航天航空大學，考不正先去工作。我說個人先考吧，考不正再說。

周：這種專業還可以。

不能放過賣你的人

口述人：鄭貴（一九八三～）女，滇籍

訪問地點：山西省朔州市平魯區井坪鎮出租屋

訪問時間：二〇一七年十一月十七日

周：你叫什麼。

鄭：鄭貴。

周：你那兒的人。

鄭：雲南的，這會屬昭通，水富縣[73]，太平鄉。

周：什麼村。

鄭：記不住了。

周：你家裡還有些什麼人。

鄭：我爸、我媽都在哩。有個哥哥，有個姐姐，兩個哥哥，一個死了。

周：你是最小的。

鄭：我是最小的。

周：你是哪一年出生。

鄭：我是一九八三年出生。

周：今年是三十四了。你在老家水富縣時做什麼呢。

鄭：沒做的。

周：你上過學沒有。

鄭：上過，在老家上過六年級。

周：你是咋來平魯的。

73　雲南省昭通市水富縣。

鄭：說是讓人騙過來的。

周：是在那兒騙的。

鄭：就在水富縣。

周：騙你時多大了。

鄭：十七了。

周：就直接把你騙來了。

鄭：直接騙到平魯。

周：那就是二〇〇〇年了。

鄭：是。

周：把你騙到那個村了。

鄭：雙碾鄉扒齒溝村。

周：你們村好像有人移民到北坪了。

鄭：那個村沒有移民，退耕了，沒移民。

周：那人都去那兒了。

鄭：都去外地打工了。沒地種了。我去了五、六年退耕的。

周：退耕你就來井坪了。

鄭：沒來，是孩子們讀書，村子裡面沒學校了，來井坪念書。

周：那你很早就來了。

鄭：來了十幾年了，孩子讀一年級時就來了。

周：你男人比你大多少歲。

鄭：大十二。

周：現在有幾個孩子。

鄭：我三個孩子。二個女兒，一個小子。

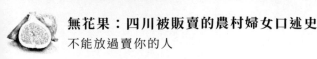

周：老大多大了。

鄭：十七了。

周：現在念。

鄭：念高中呢。老二念初中，老三是個小子，念小學呢。

周：這個小賣部是你們倆口子開的。

鄭：哦。

周：開了有幾年了。

鄭：二年了。

周：那你的本錢。

鄭：是借的，貸的款。

周：小賣部生意好不好。

鄭：不行。

周：為什麼呢。

鄭：這地面窮人多，買東西的人少，再加上這二年東西貴。

周：你男人兄弟幾個。

鄭：七姊妹呢。

周：啊呀，他是老幾。

鄭：他是老四。還有個老五、老大、老二、老三、老四。

周：他們找外地的有幾個。

鄭：都是找的外地的，除了老大娶的本地的。姊妹倆嫁的本地的。

周：老大找的本地的，四個找的外地的。那三個是什麼地方的。

鄭：那三個是四川的。

周：當時把你騙來的人販子要了多少錢。

鄭：要了五千五。

周：你父母得了這個錢沒有。

鄭：沒有。

周：後來跟你父母聯繫上了沒有。

鄭：聯繫上了，但自始不知道，就是騙將我那個人不出面，怕我父母認出他來。

周：你什麼時候和你父母聯繫上的。

鄭：五、六年後。

周：你是怎麼聯繫上的。

鄭：村裡有電話，一個是寫信，是有線電話，扣著的，方盒盒的。

周：你被騙了，你父母著急不著急呀。

鄭：著急了吧，尋不上哇，以為我死了。通完電話第二年，我媽來了說，我還以為你死了。

周：找到你第二年老人來看你。哥哥呢。

鄭：齊在外頭打工，顧不上。那年我在這兒住的，哥哥來了，住了一個月。

周：你回去過了沒有。

鄭：那年我回去了，帶著三個孩子，帶著我老公回個了。

周：全家人回去了。回水富縣，在這不想家嗎。

鄭：想，沒辦法。也成了家了，有了孩子，沒辦法。

周：你老公對你好不好。

鄭：好。

周：不打你，罵你。

鄭：不打。

周：那還不錯。村裡人對你們外地來的欺負不欺負。

鄭：一般也不欺負，外地人多。

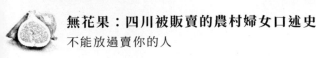

周：你們村外地人多呀。

鄭：四川來那個地面的多哩，一個村多半個是外地的。

周：扒齒溝多半個村人是四川女人。

鄭：嗯。

周：光你們一家就四個。誰也不欺負誰。

鄭：老二不在，走了。

周：咋走了。

鄭：不知道咋就走了，跑了。

周：剩下的沒跑。老二老婆跑了，留下沒留下孩子。

鄭：留下了哇。留下一個孩子，帶走一個孩子。

周：是不是老二欺負人家。

鄭：沒欺負。

周：你們妯娌四個，那三個是不是也是拐騙的。

鄭：那不知道。我來時候孩子都老高了。

周：你上來最晚。

鄭：家窮哇，娶不轉，盡娶外地的。他爸爸窮的轉村販鹽，窮的啥也沒有。

周：他爸爸。

鄭：孩子爺爺。窮得連白麵也吃不開，我來五、六年，基本吃不開。

周：白麵吃不起，基本吃莜麵。

鄭：豆麵、山藥。

周：你來時他們兄弟賣開沒有。

鄭：沒有，都是和我在一搭。娶轉我也沒分，沒法分，沒啥分的。

周：還是窮。分開來連住的地方都沒有。

鄭：哦，這陣搬出來也沒有。沒家哇，住啥哩。

周：他們兄弟也不在村裡了吧。

鄭：大的在，前三、四年死了，為了孩子念書都出來了。

周：兄弟四個都出來了。

鄭：哦。

周：都是因為念書。加上沒地種了。

鄭：都是。

周：井坪的房子是租的，住，加上開商店。

鄭：兩個家，窮的，就是兩娃娃念書。

周：日子還長著呢。

鄭：這不塌的饑荒。都是高利貸借的錢。

周：你貸款是高利貸。

鄭：哦。

周：跟私人借的。

鄭：跟私人借的。跟公家借不下，沒抵押人家不借給。

周：那利息是多少。

鄭：二分。

周：那你利少，買東西的也少，咋還呢。

鄭：沒辦法，慢慢還吧。為娃娃們念書。先供娃娃們念書，有多少還多少。

周：你男人做什麼呢。

鄭：男人收破爛。

周：破爛現在好賣嗎。

鄭：不好賣。

周：形勢不好，價格上不去。這幾年好像一年不如一年。

鄭：是，一年不如一年。

周：你戶口遷來了嗎。

鄭：遷來了。遷到扒齒溝了。沒有遷移不叫結婚，不叫娃娃們上學。

周：就是後來和你爸爸、媽媽聯繫上以後，遷戶口，結婚，孩子上戶口。你剛來時沒辦過結婚手續。

鄭：沒有。

周：找到你父母時有幾個孩子。

鄭：兩個。

周：這兩個孩子都沒上戶口。

鄭：沒。我個人遷移過來，結了婚，兩個娃娃才上的戶口。

周：對雲南，想不想家。

鄭：想了哇，半天還跟娃娃們說呢。

周：跟誰通話呢。

鄭：幾個娃娃。

周；她們也在平魯。

鄭：不在。

周：雲南的，你小時候的夥伴。

鄭：嗯。

周：你跟她們現在還有聯繫。

鄭：我那年六月份回去，回去就聯繫了，就記下我的電話號了。以前沒聯繫。

周：你回去見她們了。

鄭：小學同學。

周：你想她們。

鄭：我也不想。

周：就是喜歡聊聊天。你到這兒了，你小學同學說啥呢。

鄭；說啥呢，沒個說上的。十來年不聯繫了。

（臨分手時，鄭貴問怎樣才能找到人販子。她報過警，沒有下文。給她帶來這樣的命運，她想讓賣她的那個人得到懲罰，她放不下。她說不能這樣放過他。）

兩次都沒遇上好男人

口述人：盧芝蘭（一九七二～）女，川籍

訪問地點：山西省朔州市平魯區井坪鎮出租屋

訪問時間：二〇一七年十一月十八日

周：我已經問過你的表姐、表妹了，你就說說你的經歷，叫什麼名字，多大年紀，老家有些什麼人，慢慢說。

盧：我的命可苦了。

周：我聽說了。

盧：我十五歲，十六歲就上山西了，十六歲就生下大兒了。現在還是單身。還說啥呀。

周：你家鄉是蓬溪。

盧：現在是大英縣。

周：你家鄉原來有些什麼人。

盧：就有個父母、哥哥、妹妹。

周：你小時候在家鄉做什麼。

盧：家鄉更苦了，我爸我十二歲就死了，就我們娘四個，最後家裡沒辦法，叫我姐姐介紹到這兒了。

周：就是姓甘那個。

盧：不是，土圈溝那個，劉旺。

周：哦，劉旺的老婆是你姐姐。

盧：是我一個叔伯姐姐。

周：我也訪問她了。

盧：是她介紹上來的。

周：介紹到吳家窯（村）了。

盧：吳家窯。

周：那會你多大了。

盧：十五歲呀。

周：十六歲生下大兒。

盧：現在孩子都有五個。

周：你先說和吳家窯這個日子過的咋地個。

盧：不行啊，離婚了。

周：為啥呢。

盧：兩個人不合。

周：他是不是欺負你呢。

盧：不欺負，打架、吵架都少，我跟他合不來，離婚了。

周：為啥合不來。

盧：我也說不清楚。

周：他是兄弟倆個。你跟他結婚幾年分手的。

盧：十幾年了，兒子、姑娘都考上大學了。我不是從小來這受罪了，不是就把兩個孩子砍下了，早就走了。我受罪了，不想讓娃娃，最後我那兩個娃娃上了大學才給頭一家離婚的。早就擱不得。

周：離婚後，你第二家去的那。

盧：當時沒有，停了一、二年後，找的向陽堡那個。

周：向陽堡那個是那村的。

盧：新村。

周：這個對象是你自己搞的，還是介紹的。

盧：介紹的。

周：又有幾個孩子。

盧：兩個。一共五個。

周：頭一個有三個。第二個是什麼原因分手呢。

盧：那和牲口一樣。

周：他欺負你呢。你有了第一次教訓，第二次就小心點。

盧：小心，讓騙了唄。

周：誰給你介紹的。

盧：我理髮店來的這些人，老顧客給介紹的。

周：你這理髮技術說是回四川學的。

盧：在村裡邊偷跑回四川學的。

周：吳家窯時候偷跑的。

盧：對。

周：你偷跑時有幾個孩子。

盧：兩個。一個姑娘，一個兒子。

周：這地方不都看著嗎，怎麼不小心讓你。

盧：自願上來的不看著。也不是說我自己自願，透過大人上來的，不由我哇，那時候咱們還小。

周：在四川什麼地方學的。

盧：在我們鎮上學的。

周：怎麼又回來了。

盧：想孩子，不能留下孩子不管。

周：學了多長時間。

盧：學了半年。

周：回來開了個店。

盧：人家不讓開，我自己硬要開。

周：你愛人不讓你開。

盧：肯定不讓開，那個時候怕你跑了呢。

周：開店不是好事嘛，可以賺錢。

盧：這地方人。

周：山西人小心眼。那你本錢從那來。

盧：那時候用不了幾個錢，一個月一百五十塊錢房租，家裡邊挺簡單的，磚頭壘起來，壘個台子，買個牌子就行了。

周：開了有多少年了。

盧：十幾年了。

周：你去第二家時候店還開著。

盧：開著。

周：你沒去村裡。

盧：沒有。

周：向陽堡新村那個人是到井坪來找你。

盧：別人介紹，成家就在井坪。

周：他是做什麼呢。

盧：種地的。

周：他在城裡也不找點活，打打工。

盧：跟人們栽樹。

周：你妹妹是咋來的。

盧：學理髮，跟我一起上來的。

周：她找那的。

盧：麻黃頭（村）的，他後來坐禁閉了，我妹妹又回四川了。

周：男人坐禁閉了。成家了幾年。

盧：五、六年吧。

周：她男人因為什麼坐禁閉。

盧：那個時候瞎混，他偷哩。偷礦上的東西。

周：你妹妹有沒有孩子。

盧：有啊，有兩個姑娘。她奶奶帶著。現在都大了，二十多歲了。

周：那你妹妹現在怎麼樣。

盧：在外面打工呢。

周：她又成家了沒有。

盧：成了，又有了一個閨女。

周：她第二次成家找的那兒的。

盧：四川的。

周：現在比第一次好點吧。

盧：更不行。

周：那為什麼呢。

盧：我們姊妹倆都是命苦。

周：你第二次成家的這個也分手了。

盧：分手了。

周：結婚結了幾年。

盧：二年。

周：還是缺乏了解。

盧：對，肯定是，他是個騙子手，咱們也不了解就跟他結婚了，也沒結婚，就一塊生活的。他還沒離婚呢，結什麼婚。

周：他還原來有老婆。幸虧沒結婚。

盧：也結不了婚，結什麼婚。

周：他頭一個老婆那兒的。

盧：他老婆可多了，好幾個，我也道不清。

周：那你是被騙了。

盧：不了解嘛，自己太傻了。一去就跟人家生活在一起，又生下了一對雙胞胎。

周：還是雙胞胎，一對兒女。現在歸你還是。

盧：歸他呀。我現在生活還顧不了呢。

周：你主要是和前邊那三個孩子在一起。

盧：嗯。

周：你是幾幾年生人。

盧：一九七二年。今年四十五歲了。我經歷太多了，什麼都經歷過了。

周：你現在一個人了，不想回四川老家麼。

盧：這有孩子呢，回家幹嘛。

周：把孩子一起帶回四川。

盧：全在這生活慣了，回去不習慣。

周：老家還有什麼人。

盧：就有個哥哥、媽媽。

周：你哥哥在家鄉做什麼。

盧：搞建築，包工頭。

周：你媽媽多大歲數了。

盧：七十五了。

周：你表姐也是姊妹倆。

盧：甘葉珍，嗯。

周：是劉旺介紹的，他兄弟三個找的都是四川的。

盧：嗯。

周：劉旺老婆是你們親友。

盧：叔伯姊妹。就是這一點，出好幾服了。你來山西採訪這四川的，採訪兩年也採訪不完。

周：現在也不是很好找，我已經來了快一個月了，才採訪了四十五、六個。

盧：多的很。現在村裡面少了。

周：我就去村裡，一個村兩個、三個不等。有的村子很難找，侯港（村）我去了三次，也沒見到，她丈夫我還認識。親家老人去世了，她去幫助辦喪禮，辦了八天還沒回去。劉井溝有一個，也是去了三次才找到。

盧：都搬城裡邊了。村裡現在沒了，都來打工。我走在那裡都是四川的。個人不識字，光個人的經歷就可以寫一本書。

周：你上過學沒有。

盧：上了四年級。

周：你妹妹呢。

盧：小學畢業了。

無路可逃

口述人：陳英（一九六九～）女，川籍

訪問地點：山西省朔州市平魯區井坪鎮出租屋

訪問時間：二〇一七年十一月十八日

周：陳英你今年多大了。（二〇〇八年我去計家窯村拍攝就結識她了）

陳：平五十了哇。

周：你哪一年出生。

陳：一九六九年。

周：你老家什麼地方的。

陳：我老家中江縣的。

周：跟你（盧芝蘭）一個縣的。

陳：我們是老鄉。

周：你們在老家認識不認識。

陳：不認識。

周：你們倆住的遠不遠。

陳、盧：不遠。

陳：我是河西的，她是新中的。

周：你老家有些什麼人。

陳：哥哥、姐姐。

周：有沒有爸爸、媽媽。

陳：有，爸爸、媽媽現在已經去世了。我在時活的哩，媽已經去世二十年了。

周：去世二十年了。你爸爸去世你回去看沒看。

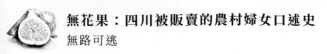

陳：爸爸去世我回去了，爸爸是二○○三年死的。

周：那還是見了一面，不錯。

陳：見了一面。回去了好幾次，媽也見了面。

周：你來時有多大。

陳：我來時也就十七、八。

周：你是怎麼過來的。

陳：我是被騙將來的。

周：是怎麼騙的。

陳；人家說出來打工，賺錢，出來被賣到這裡了。

周：被賣到平魯。

陳：哦。

周：怎麼又去計家窯了呢。

陳：計家窯有個王白，顧家店的，顧家店有個王白，王白的老婆是娶我們四川的，中江縣的，給王白介紹老婆的媒人又把我帶到王白家，王白把我介紹到計家窯。這裡也有騙子，也有人販子。

周：還有本地人勾結的。

陳：對、對。

周：就是四川人把你帶到井坪，再由當地人販到村裡。

陳：對、對。就是這麼來的。

周：他們把你賣了多少錢。

陳：數我多呢，賣了四千五，計家窯別人就是三千多，三千五，三千六、七，後頭三猴家賣的多，賣了五千二。

周：後頭越來越貴。

陳：一開始便宜。你後頭來的。

盧：三猴家什麼時候來的。

陳：你們差不多，三猴家是冬天來的。

盧：我是春季。我來她已經來了。

陳：頭一年冬天。

盧：我是第二年四月來的。

周：你賣到二平家，剛去二平家是什麼心情。

陳：不慣唄。

周：害怕不害怕。

陳：家庭挺窮的，看見就是不習慣，想走，走不了。

周：非常想走。

陳：走不了。我還走來了，沒跑了。

周：你跑到那了。

陳：跑到朔縣了。

周：都到朔縣，朔縣不就有火車了麼。

陳：沒坐上火車，在朔縣半站地，叫個啥地方，被尋回來了。

周：你跑的時候是腿走還是坐車。

陳：腿走的。四個人走的。

周：四個人聯合跑的。都是計家窯的。

陳：嗯。

周：你們四個還不簡單麼。

陳：有個李三家。

周：就是黃春榮。

陳：啊，一個李白清，她走了，回四川不來了，是三何小家的，鑽了二年，回四川再也沒上來。有個二補眼家，二補眼老婆，我們四個人相跟的。

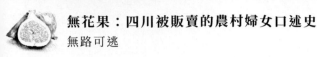

周：是晚上還是白天跑的。

陳：下午，下午走的，一路上跟著大路走的，他們順著大路尋見了，領回去了。

周：跟著大路走還不讓人發現。

陳：跑還碰上計家窯的小山，問我去那兒，我說下朔縣呀，他也沒攔我們。

周：還是沒經驗。

陳：沒經驗，沒跑了。

周：誰去段的你們。

陳：李三和三何小。

周：他們兩個，一路追到朔縣。

陳：嗯。

周：黃春榮說她有一年回去待了八個多月，後來是實在捨不得孩子又回來了。

陳：黃春榮就是，這兩天好像也沒回計家窯。

周：前年我訪問她，她在晉中，太原什麼地方打工。你來了有多少年了。

陳：三十來年了。

周：你是十七來的，今年四十八，三十一年了。

陳：對。

周：你大孩子多大了。

陳：三十了。

周：就是。最少三十一年了，你後來生了幾個孩子。

陳：三個，摺下一個，丟下兩個。

周：為啥摺的。

陳：計家窯你也知道，二平死了，娃娃摺了。

周：二平小去世，你又成家了沒有。

陳：成了哇。你還給照的像，耕地，在大平梁耕地。

周：對，畫冊上還有你的照片。

陳：我去大平梁耕地，調牛，你給照的像。就是我，娶的喬溝的哇。

周：從喬溝搬到計家窯了。

陳：對。

周：他原來是喬溝的。算是你把他招上門了。

陳：成了上門女婿了。

周：你這還能幹。那你孩子怎麼樣。

陳：就是跟前有兩個孩子。人家跟前沒。

周：這兩個孩子幹啥。

陳：在這開了個門市，他念完大學沒工作，個人開了個門市。她給孩子教書，嫁人了，也不教了，看孩子。

周：大學讀了也沒到大城市找個工作。

陳：沒有。他是念的臨床西醫，沒有考下醫生助理，人家也不差醫生，也考不上，又無靠。

周：我想起來了，那年暑假你女兒還回來幫你在場面幹活呢。

陳：對，對。

周：我還給她拍了個照片。也在畫冊上。

陳：你來那年，我女兒還在朔縣念大學，念師範。她還在北坪教了五年書，才聘了的，二十七、二十八聘的，她的娃娃才兩個生日，聘了二年了。

周：那你有外孫了。

陳：有了。

周：那你當姥姥了，還得帶外孫。

陳：她們家在東勝。

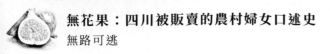

周：那你就不用去幫助帶孩子了。你什麼時候搬井坪的。

陳：二〇一三年。

周：四年了，你們倆全來了。

陳：齊在井坪。村裡頭不住了。

周：升小跟你做什麼呢。

陳：他打工。壘石頭，我也打工，栽樹。

周：孩子都大了，他們身上還有沒有負擔。

陳：就是沒有房，沒有媳婦，負擔還有了哇。

周：那還負擔重呢，這地方娶媳婦花的多。

陳：就是，負擔還挺重，沒房，沒錢，沒媳婦。人家要房哩，沒房人家不給閨女。

周：那夠嗆，你們倆口得攢很多錢。你兒子多大了。

陳：今年二十八了。

周：有沒有對象了。

陳：沒有。

周：你兒開的店賣什麼呢。

陳：禮品、飾品，吃的。

周：這一晃就十年了。

陳：十年了。那年調牛你給照的像。我還有你照的像在村裡頭放著呢。

周：村裡人也不多了。你後來回沒回老家。

陳：二〇一四年還回個哩。回去看看，爸爸、媽媽都沒有了，就是哥哥、嫂嫂、妹妹，走了兩天。

周：他們日子過的怎麼樣。

陳：他們過的挺好。

周：跟你比呢。

陳：跟我比，我不如人家。

周：山西發展的慢。

陳：人家全有樓房了，孩子都交待了，有孫子啦，有外孫啦。人家歲數大了，大的都七十歲了。數我小，我是個最小小。

周：能經常打個電話通通話嗎。

陳：這會有微信，天天有，想看了，打開影片看看。

周：你孩子和舅舅、姨姨有沒有聯繫。

陳：和他們沒有，就是和表姊妹聯繫呢，跟我的侄女、外甥女。

周：下一代有聯繫了。建立了關係，認了親人。

陳：他們也回去了，和舅舅見了面，舅舅歲數大了，說不來普通話，說的省不得。

周：舅舅說的四川話。

陳：四川土話。

周：孩子們說的平魯話，互相溝通困難，聽不懂。

陳：就是下一代他們能交談。我哥哥的娃娃會說普通話。他們也全是念書的。

周：跟你的孩子能溝通了。

陳：經常他們溝通的。

為了孩子又折回山西

口述人：黃春榮（一九六五～）女，川籍

訪問地點：山西省朔州市平魯區計家窯村

訪問時間：二〇一五年九月二十三日

我來這村三十年了，一九八五年來的。真窮哩，尋我老漢啥也沒有，過年呀，過不了，弟兄們商量，潤五向老大借了二百塊錢過年，給我買了一對鞋花了十五，買了褲子花了十五，買了一身衣裳花了五十塊錢，過年過不了，我老漢連鋪的蓋的也沒有。婆婆是個長病人，病了幾十年，走也不會走，爬哩，說人原來可高哩，死時腰節骨就是底下坐著哩，不會走了，月子地裡，掏土牛（圈窯土），在月子地裡推土，在裡頭溝住，我婆婆正氣，公公啥也不幹，我公公是嬌養養，白日幹活，地裡的活，十幾個人吃的飯，做飯，一到黑夜齊睡覺，她推磨，推麵，推到天明。她八月十五死的，死了二、三個月，我來的，聽人們說。她四個兒、二個女。她就是大家庭。她苦了一輩子。老大放羊，我嫁的是老三，齊沒娶過。他家是獨姓，姓李。我在第二年，小姑聘了，給了三千塊財錢。我四川[74]來的，吃不慣夜麵，沒有白麵，給我開小鍋鍋，下的掛麵。他家一年吃的一袋白麵。

我來生了六個孩子，五個女孩，一個男孩，大的二十九了。男的是四的，今年鐵路大學畢業了。四女今年又考上江南大學了，在無錫是個重點大學。大女是四川成都念的經濟大學，在成都結婚。二女是考上本科。三女念到初中，數她文化低。二女在井坪，男人是河北的，在礦上搞電焊的。老三嫁到東易村，前年聘的。五女生下送人了，在白洋窪（村），那個女人不生，念高二了，對她不賴。兒子簽合約了，等著分配哩。

我打工昨天剛剛回來，我在太原露天煤礦開票，吃的不錯，一個月二千塊錢，工資太低，我辭職了，去年在孝義做飯一個月三千塊錢。因為四女考學回來了。這又幹了二十天回來。來的時候啥也做，起五更睡半夜，弄兩個錢，全供孩子念書了，

74　四川省蓬溪縣蓬南鎮太吉鄉人。

啥也沒剩下。盡到責任就行了。自己也不愁養活自己，我才五十，至少幹到六十多。這會四女考上重點學校，學費貴，花二萬多，學費六千三，吃的貴，住的是別墅，一個宿舍住四個人，學校大，還有外國人，留學生。念高中不要學費。她學的理科，好找工作，她英語不好，補了一下，高考考了五百三十五分，農村學生優待三十分。去了學校，說媽誰也不認識，山西的就她一個。農村的就她一個。說媽人家一身衣服一千多，我給她買的衣裳一百多，我穿的就是二、三十的。我說人家條件好，人家有這個條件。我給她買的一百多的，覺得是最好的。我打工二十天，只花了五塊錢，買的衛生紙，捨不得花，四女伙食費一月一千塊錢，可貴哩，最低的東西十塊錢，齊是高消費。在學校坐校車，一去一塊錢，回來一塊錢，一個月五、六十塊，又花了四百塊錢買了輛自行車。有錢的坐小車。學校全封閉。四女沒用過電腦，不會，說老問人家不好意思。在平魯李林中學沒學過電腦。我說你問大姐，她是會計，她會。

我上過高一，我們姊妹六個都上過學，大姐最低念了個五年級，別的都是初中、高中。我念書時要的六塊，我兄弟比我少兩歲，也要學費，給不了，借也借不上，我媽嚎哩，我爸是隊裡會計。我這夥娃娃念書我下辛苦，我家老大、老四、老漢都供了孩子，沒有怨言，自己生下的嘛。現在我活的開心，兒子也馬上分工作。

我來時，他家人多，勞力多，啥也不做，後來有孩子了，省得了，啥也做。剛來時，剛畢業一年，不懂。在四川沒活幹，一人一畝地。在這都是現學。說是四川來的人家看不起。說話就看不起。這會四女考上重點大學，我贏了。何小家和我相跟一起來的，老挨打挨罵。我說和他打。打了一架好了。人家拿下眼皮看你，不用上眼皮看。很正常。現在出去打工還好，和人們處的還好。我男人好，不好我就走了。那年聘小姑，有三千塊財錢，公公不識字，全家不識字，把錢給我管。我二女一歲時，我引走，大的二歲了抱不走，路上背的爛衣裳，錢全拿走了，去廁所都不行，我就回四川了。爸和娘老子叫我不要回，原計劃不來了，回去七個月。每天想大女，看看別人帶的女兒，想自個女兒。頭一年八月走的，第二年三月回來的。回來一看，虱子在頭上像麵粉，衣裳花的成了黑的。一下子走不了，再也沒走。來三十年回去三次，二兄弟結婚回去一次，大女畢業典禮回去一次。現在就等四女畢業，我一輩子辛苦背幸了。兒也說大爹不用放羊了，都賣了吧。現在政策好，民政局填了個表，說扶貧給四女補點學費，現在還沒有。

四川姑娘在不住，娶四川的主要是家庭不好，人不好，根本就沒有共同語言，歲數大，二蒲元，二平都是大十幾歲，就是沒本事。就像我老漢，不識字，把個人

名字都寫不來，我說你不要出去，我出去。三十來個，在下的有我，還有個陳英，有小二家，金貴家，二環家，四環家，丟下八個，主要是有孩子的。走的是厲害的。帶上那麼多孩子，誰要你呀。帶上個女兒沒有負擔能嫁，帶上個兒子還不要你。娶個媳婦得花幾十萬，女兒可以要財錢。種上那麼幾畝地，一輩子攢不下買樓錢，這個村（公安局）要走了三個，還有四虎家、二蒲元家。齊是有娃娃家的沒走。三十多個都是人販子賣來的。在四川那會說是打工，騙來的。就是三、二千塊錢。賣我的全坐了。是個老頭，總頭頭，六十多了，是我們那兒的退休工人，被判了無期徒刑，年輕的判了八年，團夥，倒好幾手。那會不懂，我十五剛畢業。全是親戚朋友騙，生人騙不走。計有的三兒媳婦認識一個是親哥哥把她賣了。林麗芳是姨夫賣了，最後這次是婆婆要了兩萬。不會做飯，頓頓就是熬稀飯，蒸饅頭。計五五十四了，好容易有個伴，那幾年賺錢全輸了，那年也掙幾萬哩，放羊一輩子，一分錢沒有。這次也是支的羊工錢。原來一個人不過日子。

那個家能走就得走

口述人：李鮮榮（一九七〇～）女，川籍

訪問地點：山西省朔州市平魯區劉井溝村

訪問時間：二〇一七年十一月九日

周：你叫什麼名字。

李：我叫李鮮榮。

周：你多大了。

李：四十八了。週歲四十七了。

周：你比她們倆小一歲。

李：她們屬雞的，我屬狗的。

周：你們老家什麼地方。

李：綿陽的，安縣[75]。

周：你來之前家裡都有什麼人。

李：兩個哥哥，一個妹妹。媽，父母都在。

周：你來之前在家裡做什麼。

李：家裡的那些，大人做啥我做啥。

周：幫助大人幹活，你咋就離開老家了。

李：我們那個家，能走就走呢。

周：為啥呢。

李：因為我那個爸爸不成氣候，能走得走呢。

周：你爸爸是不是喝酒呢。

75　四川省綿陽市安州區。

李：他不喝酒，他不做營生，脾氣賴呢。他一天就和人們日睏[76]呢，不回家。

周：比較懶。

李：咋說他呢，他反正不會過日子，人家那個地方的人，竹子全能變成錢，他啊，人家一根一根剝出來，幾層幾層全部剝出來，編的簍簍啥的，能賺錢哩，他就沒那。我十二歲上共念了二年書，最後那年好像是兩塊錢的書費，他連我這兩塊錢都打不了，我二哥正好回家探親，當兵走了，探親回來給了五毛錢把書念完，就念了那一季子。我二哥轉業回來，人家娶媳婦呀，他給人啥也沒鬧下。啥也沒鬧下，人家給鬧回，那地方沒有大牲口，除了豬就是鴨子，鬧回一群鴨子，我每天段也段不回來。左不來大人做大人的營生，你是大人的你要做，娃娃們的你也要做。

周：爸爸自己不做。

李：我那會還小，也搞不懂人家做啥呢。我媽是咋鬧呢，我大姨是好光景，我媽做啥呢，我大姨好燒香，那地方興燒香拜佛，我大姨去就把我媽吆喝走了，我媽一下營生就丟下了，我妹妹她脆，不能做營生，左不來我二哥也是喝喊我呢，爸爸還是喝喊我哩，家裡的營生全是我的（哭泣）。

周：全是你這個女孩幹。

李：嗯。我那麼知道呢，給我買給一群鴨子，自那我快趴起走算了。那一些鴨子五十個，我不知給放的擱了幾個，我緊看著，往回趕就短一個。我二哥真把我打背幸了。打的我，也不知道我媽在那呢，我記正我媽肯定沒打。

周：你媽燒香去了。

李：不知道，那會我太小了，就是個十來八歲。你說我爸是個啥情況。那個家能躲多遠就躲多遠。現在回去那些人都說，這個閨女能活出來就夠命大了。在外人看來我就不像是他親生的。他那脾氣，打人就從來不打，我調皮，他就提溜著你一條腿，一條手臂，提溜起丟下。

周：哎呀。

李：到現在我一個耳朵有毛病。

周：摔的。

76　閒聊。

李：哦，我們那有一種草，圓葉葉的，上面全是小針針，我爸打我時，就是不想打我的情況下，就把我衣裳脫了掀到那草裡，把我拉出來我身上全是顆顆，癢的，那種草，不流血，全是起的紅疙瘩，就像牛牛咬的。

周：有毒的植物。

李：你要今天害下人了，那會拿皮帶，抽水機扣上的皮帶，他根本不用棍子打，他就是拿那個東西打。

周：那個打的更厲害。

李：那到我二哥娶回嫂嫂了。後頭我也趴起走了。

周：打不打你二個哥哥。

李：人家也大了，大哥比我大十七歲，我二哥比我大十三歲。趕我記正，人家都成大後生了。

周：他打不了了。

李：打不了了。

周：就打你。還有個小妹妹打不打。

李：小妹妹有病哩，他不打。她脆的有病哩。不歡勞，不敢打她。

周：在你們家女孩子受氣、受苦。

李：他四十六才生的我。我有個姑姑說他，我就感覺她不是你親生女兒，你就省不得親那娃娃，咋回事呢。

周：他四十六歲才有的你，他應該親你才對。

李：不哇，後頭我走了，他嚎呢。我們那地方經常有一句話，人們看見我，就像口邊上的一句話，那幾年插水稻，我那時很小，插哩，必須照正他那樣做呢，我就做不成他那樣，他就罵呢，他經常罵呢。整個我們村九個隊，都知道他罵我的這一句話，那死呢你趕緊去死吧。有一回我碰到我姨姐夫，我姨姐說你不會去死呀。讓他死呢。她還嫩芽芽的沒活呢，你咋不去死呢。人常說的一句話。就這麼個大人，你真沒法全擋[77] 他。在你印象中他就不是你親爹。

77　抵擋、對付。

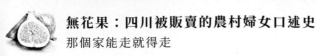

周：結果你走了，他還嚎。奇怪。

李：王大在了嫌王大，王大走了想王大。也許就是那麼回事。

周：他是不是精神上有毛病。你媽也管不了他。

李：我媽也不管，我媽每天就是燒香，我媽一輩子就是燒了一輩子香。

周：也不幹活，也不管孩子。

李：有時候也幹呢，走的時候多。

周：所以那個家就沒法待了。

李：那個家能走就走。

周：只要有機會你就離開家了。最後你是咋離開的呢。

李：最後我們村有一個來這兒了。在偏關那面。

周：那會你有多大。你就跟著她。

李：虛歲十八。

周：那你怎麼沒去偏關拐到平魯來了呢。

李：偏關尋的一家，看歲數太大了，咋看不行，我看不像。我這一輩子，沒有比這命更賴的了。

周：你在偏關待了沒有。

李：待了一、二個月。叫我念書，我也能把我一輩子寫成書。反過來見不到我他難受，我活過來他又尋我呀，還得管他呢。

周：管你爸爸。

李：我還得管他呢。

周：你是咋管的。

李：每年給他往回寄錢，謀他，多會給他打信，一個回的都沒有。要是二〇〇四年給我回信，我肯定不來劉井溝。

周：就回去了。

李：嗯。今年我媽死了，一年我跑了兩回，我侄女說姑姑不用回了，我說二十年前做咋呢，在下我死活也不鑽，我那些娃娃也不答應。我說二十年前我不能回，沒人尋找（哭泣），反正也。

周：你這命也真苦。

李：良關（村）那（家）尋上，押寶，耍錢啥也做，趕死丟下三、二十塊，砍下那一鋪攤。

周：你頭一個男人死了給你丟下一堆債。

李：債到沒有，渾身上下給你丟下十二塊錢。四個娃娃，最大的九歲，最小的二歲了。

周：啊呀。

李：左不來就那攤仗。倒是說有兩個牲口呢，我得動彈，我要不動彈，三年把兩牲口也吃完了。

周：他就是耍錢。

李：冷月天耍呢，熱月天種下，那幾年長年就這。左不來跟上他窮死。我們家寡搭，哥哥們跟尋哩，誰家的鬼話我一個知道哩，我能活哩，我二哥說我大哥死了丟下他一個了。就像沒親的了，他不認我們姊妹更孤家寡人了。大哥腦溢血去世的。早就死了，二〇〇八年死的。

周：二哥就找你。

李：左不來我們姊妹倆親呢，他們哥倆一心。就這麼種關係。我是親媽親老子，他是後老子，他是後的，我是親的。

周：你是親媽親父親，你不容易不說你還撫養你父親。

李：那麼今年把我媽交待了，一年跑了兩糟。

周：你媽的後事還是你辦的。

李：姊妹三個，他們花多少我花多少。

周：你還承擔了三分之一。

李：二〇〇八年地震，他們分我媽的不說，連我爸的也分了。我啥也沒有。今年認饑荒呀叫我認一股，我說認一股就認一股。我這雖說錢不多，打發當家人呢，三、二兩千塊錢我也不差那，我給他認了兩千塊錢，總共花了六千塊錢。春季我媽難活我下去謀了，反正穿的呀，裝老衣裳我都給她買下。我說我在呢，你們老倆口生我了養我了，我也不欠你們的，別人的女兒做啥我也給你們做啥。就那麼一回事，人一輩子。說不用回了，那會要說不回了我還沒正勁，我們那地面好，鬧好了。我說鬧好了和我沒關係。有啥關係呢。我就說不用回了，娃娃們能答應呢。

周：侄兒，侄女們。

李：一個侄兒，一個侄女。

周：想把你留住。

李：唉，春季我說，二十年前他們要是有人管我了，我就走了，這會兒，這地面咋灰，我也不回，我守我倆娃娃呢，我不回個。

周：良關的男人留下幾個娃娃。

李：四個，這兒沒。

周：四個娃娃給你了，還是留那兒了。

李：齊給我了，放下沒人管。誰也不管，姑姑不管，哥哥越發不管。

周：你男人在良關有沒有兄弟。

李：有了哇，一個哥哥，三個姐姐。人在情在，人不在情不在。誰啥了誰受罪。

周：你在良關生活了十二年。然後又到這兒生活了十八年。一共三十年。

李：整整三十年。

周：十七歲來的。

李：再活也活出來，娃娃們也長大了，能給他鬧上幾個就鬧上幾個。

周：你說活出來，四川來這三十年，說還行是啥意思。

李：還行呀，就是地面也習慣了，娃娃們也長大了，全交待了，那麼這些娃娃們大了。

周：對。

李：那會砍下那麼一大堆，後頭，最大的九歲，最小的還吃奶的，你看那，真是叫天天不應，叫地地不應時候，想靠誰也靠不上。

周：你是怎麼把這四個孩子帶大的。

李：不知道，反正是咬正牙關，頭皮硬硬頂。

周：種點地。

李：後頭來這兒。那麼估鬧著全大了。

周：這個男人怎麼樣。

李：人家還有一個呢。那也不賴。我們外頭人不看不知道，我們這就不像一個媽的，我們的娃娃大了都看不出來。

周：五個都很親。

李：不是說我們子女，不是說不用回了，這麼好你還回呢，我說我把他姑父砍下我到能了，你表弟就不依。那倆娃在我名下摸勞呢。

周：等於是四個後爸，一個後媽，結果這個後爸、後媽對孩子都一樣。

李：一樣，我們那五個娃娃都一樣。我們這一夥人，我們這一大家人鑽一搭，外頭人看不出來，我們這妯娌們回來也可好哩。要說個過年，對一年回來，我們人可多了，可紅火哩。老二家、老三家誰回來都。我們家吵呀，鬧呀，沒有這事。我們娃娃們做事宴去親家聽見他們叫喚，跟他大姑說，我們家最幸福了，我們家窮可不嚷架，說我們那一夥人都不嚷。

周：你男人他們弟兄幾個。

李：他們弟兄姊妹四個，三弟兄，有一個妹妹。光景也不是誰多好呢，人家誰也不和誰嚷架，誰也不扣掐誰。

周：比較和睦。

李：人家吼，我們那娃娃，有次做事宴哩，他大爹叫喚哩，說大姑我們家沒這相，我們就著叫喚聲音，這個挨了鬼，那個抽了便宜，我們家就不。

周：你這些孩子現在都做什麼。

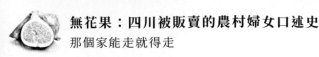
李：打工。倆閨女聘了。

周：三個兒子。在那兒打工。

李：一個在呼市，一個在上海，一個在大同。

周：都不錯，還走的遠麼。

李：他姐夫是四川的，人家在上海打工，後頭把他也吆喝去了。

周：他姐夫。

李：他姐夫的姨姨是四川的。

周：你的老漢是老幾。

李：老大。

周：他姐夫。

李：是我女兒的女婿把我的兒子引上在上海。女婿是朔縣的。他的媽也是四川的。

周：哦，也是四川的，他到上海打工去了。

李：他姨姨去上海把他兒子叫去了，也把我兒子叫去了。

周：那你這孩子都挺有出息。

李：反正是放心的，不走歪門邪道。

周：這五個孩子都能自立了。

李：能。第一不用靠父母了，第二不走歪門邪道。五個娃娃哪一個都可放心哩。

周：你這總算是。

李：活出來了，熬出來了。不了，我回去他們說你在了吧，我說我放著回家享福我鑽這地面呀。

周：是。

李：咱地面咋不好，我習慣了。

周：哪都能安家，主要有感情。

李：那麼這的家不會因為幾十塊錢、幾百塊錢叫喚呀，肯定不叫喚。

周：窮富關鍵是感情和睦，感情好了。

李：我們這家人好交，看見他們外邊人叫喚，錢到沒多的，我們不好叫喚。

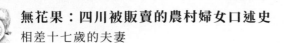
相差十七歲的夫妻

口述人：陳書華（一九七二～）女，川籍

朱珍（一九五五～）男，晉籍

訪問地點：山西省朔州市平魯區楊家窯村

訪問時間：二〇一七年十一月九日

周：你叫個啥名字。

陳：陳書華。

周：老家啥地方。

陳：四川綿陽三台縣西坪區。

周：你家裡還有些什麼人。

陳：家裡現在爸爸、媽媽沒了，就丟下弟弟、哥哥、侄兒們、侄女們。

周：你多大時父母去世了。

陳：我爸死的早，我爸死時我才十七、八，我媽死的今年三年了。

周：你今年有多大了。

陳：我一九七二年生的。

周：四十五，是哇。你多大來的這。

陳：我可來的早，十四、五到來了。

周：來了三十多年了。

陳：今年到三十二年了。一九八六年來的。

周：剛才你男人說他三十一歲結的婚。你是咋來的平魯。

陳：我是人家引的。

周：你男人去引的。

陳：嗯，他去引的。

周：他咋想起去三台呢。

陳：他去我們那兒了。

周：他是咋去的。

陳：他的表弟家也是娶的四川的。我們一個鄉的。她去住媽家，介紹的。

周：剛才忘了問，你男人叫個啥。

陳：朱珍。

周：介紹他去了，是你看對他了，還是他看對你了。

陳：那會那有個看對沒看對，不知道他看對沒看對我，我也不省得看，問他，你說過小，啥也省不得。

周：就給引來了。

陳：我們家窮，那會。

周：困難。他花了多少彩禮錢。

陳：共個花了千八。

周：那花了很少。

陳：我爸爸拿走了千八錢。

周：那會你們家窮。是咋個樣。

陳：我們家窮。我爸爸他弟兄也是六、七個，他們兄弟念上書了，他當年沒念書，後頭我爸爸二十歲過繼給了別人，就不再我奶奶這個村裡頭了。後繼這面也窮，窮的啥也沒有，後頭有了我們弟兄們，我爸爸有病，反正就一個，弟兄們沒人幫，就這窮的，太窮了，那會。我小時候一年穿的一雙鞋，凍的腳板痛的不能了，穿的一雙球鞋，人們到了春季穿涼鞋呢，我赤腳板。人家有錢人也是穿涼鞋哇。說起那會太窮了。

周：所以給了一千八就把你聘了。

陳：那會在四川他們啥也沒有說，是在這兒給了千八，我爸爸也沒要。

周：當時你結婚你爸爸還跟著過來了。

陳：我爸爸跟著過來了。

周：等於是你爸爸給你送過來了。

陳：送過來給安排正他走了。

朱：還有她哥哥。還有她二爺爺。

周：來了好幾個。

朱：來了三個。來看，看我是不是說假話了，上來一看我這鋪的攤攤，我實際窮的啥也沒有，看了我這攤攤比她們那強。

周：人家嫁女兒嘛，不放心。

陳：你那會都三十幾了，家裡弟兄多，鬧的東西就多了。我們那頭我走時我哥哥才十八了，小，沒有時間鬧東西呢，我爸爸還是常病人。

周：那會你哥哥還沒成家吧。

陳：沒有。

周：你是幾個哥哥。

陳：一個哥哥，一個弟弟，一個姐姐。我姐姐也是十五、六就聘了。窮。

周：你姐姐聘到那兒了。

陳：本地。

周：所以他們看還行，就同意了。

陳：那會也省不得好壞，啥也不懂。

周：其實那會你們也不富裕吧。

陳：他們不富裕夠吃。我們那兒是吃也不愣夠。

周：那會還吃不飽。

陳：吃也不夠。我爸爸那年做了個手術，尿結石手術，我媽媽到處借錢，啥也沒。

周：腎結石手術，一九八六年那會已經分開五年了。

陳：將分開。

朱：她上來，我就引上她下煤窯。

周：那吃飯沒問題了。

陳、朱：吃飯沒問題了。

朱：我到下煤窯了。

陳：零花錢有了，吃飯沒問題了。

周：你是哪一年下的窯。

朱：一九八六年引的她。一九八一年分開的，農業社分開我就下煤窯了。八一年我就下了。

陳：說起窮呀，我尋上他也是窮。

周：是，我了解這個地方。

朱：我弟兄多，當家人給分了四稍鍋，連鍋蓋都沒有，我就引上她四處打工。

陳：現在倒是強了。

周：那當然，現在比過去強多了。

陳：我找他時候也是窮的啥也沒。炕上就是個他，地下就是鍋。就分的東西，就這。

周：你們弟兄分家了。

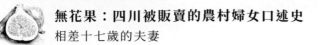

陳、朱：賃家了。

朱：那會我引她時，老大分家了，老二還沒有。

周：老二跟著你爸你媽過。

朱：那會還沒引她，哥哥說你多會引將媳婦咱們一起賃。我引她回來，我和他們賃，老三不想賃，老三娶媳婦不方便，我說我不干涉你，你和媽鑽到多會我不干涉，你引娶你的。

周：就分一個鍋。

陳：就一個鍋。

周：住處分沒分。

陳：住處沒分。糧食分了五口袋山藥，一口袋莜麵。我沒要。

周：那你吃啥。

陳：我走呀，跟上他下煤窯走了，給我買的白麵，買的鍋、擀杖、鏟子，啥也沒，齊得買。

周：租個家。

陳：初去我不會做飯，飯也不用我做，在他們那吃。後頭起，他說快另外做哇，鑽在一搭麻煩呢。我又自己學的。

周：你既使會做四川飯這兒的也不行。

陳：四川的我也不會。那會我小，哥哥給做，就是燒火呢，沒學會做飯。

周：你下煤窯是私人開的。

陳：我們鄉政府，羊圈（村），公社煤窯。外頭趕上騾了給人拉煤呢。羊圈村裡養的騾子，給人趕騾子。

朱：人家不在使用人家的，鑽了二十來天，說不行，才個人弄的，說給我搬上一袋麵，開了工資扣我的，我就給打了饑荒。給人趕了二年騾子。養的那個騾異樣[78]的，別人趕不了，我就能給人家操作這個騾子呢。

78　個性強，脾氣差。

周：你老婆給做飯。你們在羊圈生活了兩年。

陳：一年。

朱：二年嘛。她沒回來時我就給人家趕上了。

周：你是二年，你老婆是一年。

陳：第二年我就生下那大小子了。

朱：第三年我到個人買上騾子了。

周：你大兒子今年多大了。

陳：三十一了。一九八七年生的。

周：你大兒子現在做啥。

朱：修理工。

陳：修車的。

周：那你就在家帶孩子。

陳：害苦了，家裡啥也是我。

周：這女人比男人更。

陳：那一年他腿痛，養的牲口多，娃娃們小，苦重哩，鬧下一身病。

周：後來你在村裡住過沒有。

陳：就在村裡住的，種地。

周：你還種地。

陳：那年他腿痛，我就在家種地。

周：他就不下煤窯了。

陳：不了。他下煤窯，趕我來，就是到了冬天下個二、三個月，種時候又回來了，種下又走了，種下我收拾，他走了。後頭起他腿痛呢，就不行了。

周：像平魯的農活你都會不會。

陳：會，我會耕地，抓糞也能，揚場也能，啥也能。

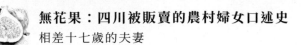
周：你還真不簡單。

陳：不學咋呀，他不在。

周：他主要靠不上。

陳：後頭他又養了一群羊，到下午他就放羊走了，上午給我做一上午營生，下午就又走了。

周：又養羊了。

朱：羊是養了，退耕還林占了地，只能養羊了，不種地了。

周：你說這女人是不是比男人不容易呀。

陳：你叫他說哇，他不容易。讓我說我不容易。

周：我覺得女人比男人還不容易，你說是不是，幹活是跟他幹一樣的。

陳：回家，做家務活，做飯，都是我的。

周：還有生孩子、帶孩子、養孩子。

陳：家裡頭還餵豬、餵雞，啥也得你做。我來他家給他帶將東西來，我找他時三十一歲，啥也沒，過了三十年，家裡一處院子，兩個兒子兩套樓房。你看這三十年鬧的多哇。他三十一時啥也沒鬧下。村裡個人鬧了一處，進城一個兒子又買了一處樓房。不是莊戶人，沒本事。就是靠老天爺吃飯呢，別人靠公家呢。

周：我訪問了三十來個了，你說這四川的女人們是不是比較能幹。

陳：也不是能幹，鞭正[79]了沒有辦法。他家庭不好，窮，你就得幹。

周：同樣，娶本地女人的，很多不如娶四川的。

陳：一樣。四川的也有和我們不一樣的。我們村四川的也有好幾個呢，數我來的遲，數光景我過的比她們好，還數我沒文化，我又不識字。

周：這跟有沒有文化沒關係，人能幹不能幹跟識不識字沒關係。

朱：沒文化，人家比我強。

周：村裡還有幾個人是四川的。

79　逼迫。

朱：還多哩。

陳：沒有了，都搬出來了。

周：都去打工，搬走了。

朱：村裡就剩三、四十個了，年輕的都走了。我們弟兄村裡什麼都沒有了。

周：你們家是全部離開了。

朱：哦，沒有了。全部進了井坪了。

周：你們什麼時候來的楊家窯羊場。

陳、朱：去年。

陳：去年六月份。

朱：退耕還林完了，去車隊裡做飯。

周：你們老倆口一造成處打工。你老婆做飯到哪你都跟著。

朱：哦，她做飯，我在車隊裡。

陳：找活就找兩個人的活。有他的營生就得有我的營生，沒我的營生他就不來。

周：一定要找兩個人都能要的單位。

陳：兩個人都能有營生呢。

周：你們這個感情挺好。

陳：我們就是，感情好。我來山西頭一次回去是十八年。

周：就回去了一次。

陳：後頭又回去了兩、三次。

周：現在你哥哥怎麼樣。

陳：都在新疆打工哩。

周：你哥哥也成家了吧。

陳：他沒女人，兒和女都大了。

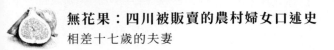

周：離婚了。

陳：嫂嫂死了。

周：你說這四川來的，來時各種原因，來時也都窮，沒什麼好人家，各種情況在下的人，在下的最重要的原因是什麼。

陳：為啥，我不知道別人的原因，我問自己，回四川也有人問我，你是不是找到好女婿了，好家庭了，就不回四川了，說別人走了齊回來了，你不回來。我說好賴，好的也不要咱，是本地的，娶上了，不要外地的。我說，在那裡也是給人生娃娃，過光景，我為啥扔下這裡的娃娃，再跟別人再去養娃娃。我不做那事情，我和娃娃窮的沒人管，走了誰管。我是朝這麼想呢。我是想也沒想過下去不上來了，就沒這個想法，也不是到他跟前有多好，當然他對我也不錯，那麼自己的家庭要自己維護了哇，你不維護誰給你維護呢。

周：你就留下來。

陳：扔不下我的娃娃。

周：捨不得孩子。

陳：我現在對我那兩個孩子說，你們要到我跟前不好了我就沒法活了。因為啥，就是因為你受了這麼大的治，我大女兒活過年輕。

周：你大女兒享受的你都沒有享受過。

陳：我沒有。

周：是不是做母親的可能是這個天性，捨不得孩子。

朱：白活了，娃娃們齊是。

陳：我是捨不得。

周：我問過很多人都是，有的都跑了，八、九個月的，四、五個月的，最後想孩子的不行，又回來了。

陳：我是扔不下。我想也沒想過。

朱：我們這個家，給我看病，叫她帶著孩子回她們那，人朝我嚎，說使勁給你看病，萬一看不好了沒辦法了，不回，硬務正呢和我過光景，這病也看好了。

周：你有病讓她回，她也不回。

朱：哦。

周：你說這孩子是第一的。你們倆這感情是第二的，是不是。

陳：我看是。

周：要是排隊的話。

陳：嗯，我看是。農村人省不得講感情不感情，左不來能過到一塊就行了。孩子肯定是第一。因為啥第一，我那年他沒有死，他要死了，我過不了了，也還得找一個，為過呢，為娃娃活呢。你說是不是。

周：是。

陳：那麼是孩子最重要。

周：孩子是第一。

陳：現在可不一樣了，孩子們都齊交待了，我不管他們了，我管他一個人呀，只要他的身體好，朝那麼都好。

周：就是孩子們長大了，老倆口的感情就排第一了。

陳：對。

周：是不是。

陳：對的哩。

周：不同階段不一樣。

陳：是哩，孩子們沒交待時你就沒完成任務，父母的任務沒完成呢。你說呢。

周：也是。

陳：我們三個孩子都可以的。

周：你們的任務不光是養大，你們掙的錢還要給他們上學、找工作、還要買樓房。那你兩個兒子買樓房得花多少錢。

陳：大兒買的早，他娶媳婦時我給了十萬，二〇〇八年，十萬也不少呢。二兒子不少花，買樓房就花了二十萬，裝修花了五、六萬，娶媳婦呀人家要了十二萬。

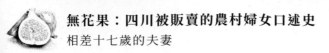

周：啊呀。你說這好幾十萬都是你們老倆口一點一點掙的。

陳：我今年打完饑荒了，估計明年自己也買個車庫，買上一間房。

周：饑荒去年才打完。

陳：今年才打完。明年買上這樣一間家。

周：和子女一塊住麻煩。

陳：孩子們都是樓房，老倆口住不行，乾淨，他盡抽菸把家熏的，我說個人買上個家。

周：年輕人和你們生活方式也不一樣。

朱：我說買一間車庫呢（原是樓底層為住戶的配房，經改造為住房出售），娃娃們不叫買車庫，還叫買樓房。

陳：兒子還給攢錢哩，攢上錢支援我買房呢。那幾天上來開了個小會，兩個兒說你去那個家都行呀，我說不去，得有個人的家。為啥呢，金窩銀窩不如自己的狗窩，個人有個窩好。我說這陣陣你們能幫我多少就幫我多少，幫不了我個人看。說買了就幫呢。這就行，我說我死了還不是你們的。

周：好兒子。

陳：媳婦也要給，兩個媳婦拿車搬上來，我說咱們開上個會。開了次會。

周：你現在也當婆婆了，和媳婦關係咋地呀。

陳：啊呀，可好了。像女兒。走到外面了，人家說這是不是女兒呢。我說不是哇，媳婦也一樣。

周：你呀，娶了個好老婆。我看你沒這個好老婆也夠嗆。

朱：這周圍方圓的人到我這就沒有。

周：就是說你老婆是方圓最好的。

陳：他是好命。三十一娶的我，趕我來的時候他們村，比他大的歲數，比他小的歲數，孩子們都滿街跑呢。我這陣三個娃娃交待了，他們還沒交待了。

周：等於他比你大十六歲。

陳：哦。

周：沒這個老婆你不定咋過呢。

陳：唉，天底下可多呢。

周：人跟人不一樣。

陳：一樣，除了我，還有別人。

周：這也是運氣。

朱：我三十來歲，算命的給我算命說我是好命，好啥了，連媳婦還沒娶過好啥哩。

周：她才十五，你三十一，互相也不了解。是不是運氣呀。

陳：趕十六就剩下那個大小子了。啥也不懂。

周：那會你還是個娃娃呢。

陳：是個娃娃呢，啥也不懂。

周：人的運氣很難說，無法事先知道。你在這兒打工能幹多長時間。

陳：我去年來的，不知道今年人家裁不裁人，如果裁人，不知道裁誰呀，一共十個人。

周：做飯就你一個。

陳：就我一個。

周：後來你經常回四川。

陳：我媽死的時候回。

周：你爸死的時候回去沒有。

陳：死的時候沒有，病的時候回去過。我們那年四天頭上就埋了。買票買不迭。

周：就沒見著。

陳：我媽生病了我回個，那會還在榆林車隊做飯呢。我說咋不咋我回呀，後頭沒人做飯，還請了個女人做飯，幫了我，我才走了。走了兩個禮拜到回來了。

周：你說說你四川這個媽媽是個什麼樣的媽媽。

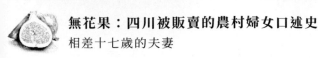

陳的女兒：天底下最好的媽。

周：咋個好法。

陳的女兒：我也不會說，咋不好，世界上再沒有我這個媽好啦。

周：從小就關心你。

陳的女兒：啥事情也是為我們著想。

周：你念過書沒有。

陳的女兒：我念過小學。

周：在爛尾溝（村）念的。

陳的女兒：就在村裡念的。

周：你媽帶著你，那會你哥哥多大了。

陳的女兒：我二哥就比我大兩歲，大哥比我大四歲。

周：你上學時，你二哥也上學。

陳：他們都是上的小學。

周：你上時他們就不上了。

陳的女兒：他們在外面打工。我二哥他們都是十四、五就打工了。

陳：十四歲就修車了。

周：老二啊。

陳：大兒十六，弟兄倆個。

周：弟兄倆一塊修車。

陳：哦，他們都不念書，念不成書，你就得學手藝。要沒手藝以後媳婦也娶不上。

周：他們是不是不好念書。

陳：家困。

陳的女兒：爸爸腿痛呢。

陳：兩個大的都失學了，女兒念的時候爸爸腿好了，我說你念哇，她咋也不念。

周：這個是不愛念，那兩個是困難。你男人這個腿痛了多少年。

陳：二、三年哇。二、三年國家一分錢好處都沒有。

周：沒有補助，那會有沒有農村醫療保險。

陳：沒有，有扶貧哩。

周：全靠自費。

陳：靠自己。

周：他一病，你們就啥也幹不了了。

陳：他不能走路，我得扶著。站不起來。

周：那兩年你負擔更重了。

陳：說的是。養的牲口也多，種的地也多，種的六、七十畝地，娃娃們還念書呢，第二年才不念的。

周：等於全是你的負擔。

陳：全是我的。

周：這是幾個人吃飯，是個人。（訪問是在楊家窯羊場廚房，陳書華邊做飯邊接受訪問）

陳：還有放羊的。早晨我給他們熬稀飯，蒸饅頭，放羊的還帶乾糧。

周：放羊的不算這十個人裡頭，單算。

陳：七個人在這吃三頓飯。

周：一共十個。做四頓飯，放羊的吃兩頓。

陳：他們是兩頓飯。我們是三頓。

個人碰將來的謎

口述人：李翠青（一九六九～）女，川籍

訪問地點：山西省朔州市平魯區劉井溝村

訪問時間：二〇一七年十一月九日

周：你是叫個啥名字。

李：李翠青。

周：今年多大了。

李：你看我多大了。

周：看能看出來。有四十來歲。

李：四十九了。週歲四十八了。

周：你跟她（唐正芬）同歲。

李：我們倆同歲。。

周：你的老家在哪兒。

李：老家，我是四川廣元（市）劍閣縣白樓公社五隊。

周：你們家裡還有些什麼人。

李：沒了媽、韃韃，全沒了。

周：你在的時候他們在不在。

李：不在了。

周：你多大時他們去世的。

李：我看是十九，就沒媽了。

周：你爸爸什麼時候去世的。

李：我齊個沒回，什麼時候去世不知道。

周：你爸爸什麼時候去世你根本不知道。哥哥、姐姐、妹妹有沒有。

李：有了哇。姊妹四個，一個兄弟。

周：你來那年有多大。

李：平二十了。

周：你比她晚，晚多少，一年半年。

李：一九八九年上來的。

周：比她晚三年。你是怎麼上來的。

李：一個，一個人。

周：自己主動來的，怎麼就想起離開老家來這。

李：我也不知道。

周：是不是原來過的不愉快。

李：嗯。

周：自己就找上來了。

李：嗯。

周：怎麼就找到劉井溝了。

李：個人碰將來的。沒媒人，沒啥。

周：就碰見他們家老漢的弟弟了。怎麼就看中劉世愷的弟弟了呢。

李：我也不知道。那會是碰呢，誰能知道呢。我也不知道，個人也說不清。

周：你來了以後有幾個孩子。

李：四個，一個兒，三個女兒。

周：老大有多大了。

李：二十八。最小的二十四。屬狗的。大孩是女的。

周：聘了沒有。

李：聘了。三個齊聘了。

周：聘到什麼地方。

李：井坪、懷仁、黃土坡的。

周：女婿都做啥呢。

李：打工。我走呀，顧不上了。

沒有身分證的人出不了門

口述人：邱冬蓮（一九六六～）女，甘籍

訪問地點：山西省朔州市平魯區潘井溝村

訪問時間：二〇一七年十一月十一日

周：你叫個啥名字。

邱：邱冬蓮。

周：你老家什麼地方。

邱：甘肅省臨夏縣[80] 黃泥灣鄉十五里鋪村。

周：你今年有多大了。

邱：五十二了，虛歲，五十一了。

周：你家裡還有些什麼人。

邱：有個老韃韃，姊妹五個，數我大，一個兄弟，三個妹妹。

周：你媽呢。

邱：我媽早就去世了。

周：你多大了你媽去世的。

邱：我不知道。我回這面了，去世十年了。

周：你媽去世你也沒回去。

邱：沒哇。我走不了。

周：你來的時候有多大了。

邱：虛歲二十三。

周：你來了。

邱：我一九八九年上來的。

80　甘肅省臨夏回族自治州臨夏縣。

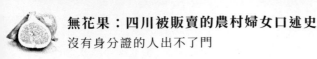

周：你記得還挺清楚，你是咋來的。

邱：他看對了，兩個人相跟上過來的。

周：他去。

邱：他去引的哇。

周：他咋就想起去臨夏引你。

邱：他在東港有一搭搭的，你咋知道，東港二環毛。

周：東港有五個，甘肅的。

邱：十個也多，他們是招了又返回來的。

周：他們有三個招了又返回來的。

邱：一、二個，咋有五個呢。招的。招下個又返回這頭。

周：有兩個沒回來。

邱：沒有，和我們一荏荏的全回來了。二環毛家，馮三家，滿貴沒回來。還有沒回來的。咋有七、八個。

周：有一個不是，剩下的全是臨夏的。

邱：我不知道，我回來不走串，不知道。她們離我們遠哩，我在臨夏市，她們在縣裡。

周：他也是招上去的。

邱：他不是。我們是兩個看對了，我媽不同意，我偷跑回來。

周：你媽不同意。

邱：我媽那會就不同意。

周：因為你是有兄弟就不招。

邱：我有兄弟，我有妹妹。

周：一般是沒有男孩才招。

邱：有哩，其他不大不小們沒人做營生，我們那頭營生多，為做營生招呢，那面沒人幹活，妹妹們小，兄弟小。

周：一九八九年他去。

邱：我是頭一年回來的，第二年她們都回來了。

周：你先回來的。

邱：我一九八九年回潘井溝（村）了，間了二年、三年她們回來的。一個相跟上一個全回來了。

周：你們十五里鋪一個人分多少地。

邱：我們七個人的地，一個人一畝多，我們算多的，咋有十幾畝。人多。

周：你來了以後在這做點啥。

邱：啥還不做呢，我能做點啥。給娃娃們做飯，收攬娃娃們。

周：你做飯帶孩子，他放羊。

邱：他才放羊二年。我又下朔縣了，朔縣鑽了十四年，我回來鑽了六年，我又返上朔縣，他在朔縣礦上動彈，我看娃娃。

周：他在朔縣十四年做啥。

邱：在露天礦動彈，我在家裡。

周：你有幾個孩子。

邱：三個。二個女兒，一個小子。

周：現在有多大了。

邱：大大二十八了，是個女兒，二的是個小子，今年二十六了，三的二十四了。

周：大的聘了沒有。

邱：聘了，娃娃都有了，兩個娃娃。

周：你當姥姥了。

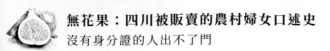
邱：二的也有娃娃了，有一個，二女也聘了。聘在右玉了，大大在井坪。小子在東勝動彈。

周：小子成家了沒有。

邱：沒了。

周：去了幾年了。

邱：去沒幾年，原來在北京動彈。在北京鑽了三年，幹啥我也不知道。他姐夫在東勝廠裡動彈，他又跟他姐夫去東勝動彈。

周：他姐夫在東勝。

邱：他姐夫的兄弟在東勝，齊把他安排在東勝。

周：你這又回潘井溝三年了。他養了一群羊。有多少羊。

邱：七十來個。

周：你們老倆口孩子們都自立了。你們養羊是不是攢錢給兒子成家。

邱：就是。誰哇不是。為兒子活命呢。

周：兒子有沒有媳婦。

邱：才搞呢，成不成不知道。

周：自己搞了一個。

邱：人娃自己搞的。

周：什麼地方的。

邱：朔縣什麼地方的。我也不知道，他沒給我說，是將將告訴我。

周：現在都是孩子自己做主了。這一結婚就是買房。

邱：買房，就是。

周：攢錢，老倆口也是辛苦呢。

邱：咋不辛苦，沒辦法，莊戶人家就是這個。

周：你來這二十九年了。

邱：連皮三十年了。

周：咱們這跟臨夏比。

邱：差得遠呢。

周：這不好鑽。

邱：我們那兒跟井坪差不多。不是村裡的，我就是臨夏市跟前的。

周：你是臨夏市。

邱：臨夏回族自治州。我是市上的，市跟前，離市十來里路，我是市區，她們是縣區。

周：東港那些都是。

邱：縣區。她們全在山上呢，我在市上呢。

周：不一樣。

邱：離得遠呢，六十來里路呢，我們和她們。我們公社再走一里二里路就是市區。

周：那麼條件跟井坪差不多。

邱：比這面強。

周：好像臨夏鄉下也比這強。

邱：全蓋二層小洋樓，比這面強的多，誰也有了。發展的過於快。你們這發展慢，我們那兒發展快。我也十來年沒回老家了，前十來年回個，謀了一次老鱉鱉，再沒回個，坐不上（車）就再沒回個。

周：你十多年前回去一次。

邱：回過兩次，我媽死的時候，就是一次，謀我老鱉鱉，十年我那大女兒聘了，我又回個謀了謀，我妹夫上月來相跟上又回個了

周：你妹妹、妹夫來過。

邱：來過，我兄弟也來過。

周：那會你在朔縣住。他們來看過你。

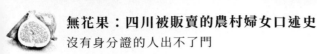
邱：我轄也來過，我媽也來過。

周：都來過。

邱：就是我二妹妹、三妹妹沒來過。

周：你是來了幾年後他們第一次來。

邱：我轄我媽頭一次來是我大女兒五歲時。一九九六年。我兄弟來是我大女兒十二了，十四歲了。我也記不清了。妹夫是一九九九年來過一次。

周：你轄多大歲數了。

邱：我也不知道，有七十四、五了。屬猴的。多大記不清了。

周：你這戶口為啥沒上上。

邱：是他大意了，沒給辦。我說遷呀，我不是回個了，我轄問我你這遷戶不，他說不用遷，完了再說。以後再看哇。一個以後我再沒回個，就遷不上了。

周：現在回不去了。

邱：現在回不去了，想去去不了了。我去年還試搭的去了，坐不上車，我又返回來。

周：去年你還試著回去。

邱：我就是去遷這個戶。

周：不賣給你票。

邱：買不上票。

周：那頭你的戶在不在。

邱：戶不在了，底子還在。換本本的時候沒給換，本本上沒簽字。

周：戶口本已經改你名字了。

邱：嗯，底子在。能遷。那面查底子了嘛。我還問我轄了。

周：等於兩邊都沒戶了。

邱：那面也沒了。

周：你三個孩子上戶了沒有。

邱：上了，全上了。這面都上了。

周：那你不方便，將來咋弄呢。

邱：我估得他不上班了，他回個，他舅舅在，他姥爺在。

周：你本人不去能遷呀。

邱：不知道嘛。試試看能不能遷。能遷出了，不能遷沒辦法。我們那麼十八、九，身分證還在。

周：你過去的身分證還有。

邱：我有哩。我十四、五照的身分證還有。

周：身分證在你媽那。這是第一代身分證。

邱：那會是普遍的。我還問了，說韃韃我的身分證還在不在，說在呢。

周：那你這還行。

邱：能回那面呢，還能辦。我問了，說你回個了能，補辦了能補上，因為那頭的地還在，我韃的地誰也沒抽。

邱丈夫：都賣了錢了。

邱：沒賣了，那賣了。就賣了一畝多自留地，國家占了補助的錢。

周：那一畝補了多少錢。

邱：我不知道，我不在跟前。

周：那你們倆口子的家算是什麼地方呢。

邱：那面舊房子還在。有三間，六間呢。

周：也是窯。六間窯，舊窯還在。

邱：塌了沒人住了。

周：塌了不就是沒有了嘛。

邱：舊處沒人鑽了。全有家呢。

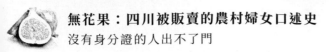
周：你是說溝那面呢。溝那面那還有人。

邱：人沒了，家在呢。

周：你們在井坪朔縣也沒按個家。

邱：沒，也沒顧上，說下買個家呀，他大大離婚了，我就沒買。

周：老大離婚了，那個老大。

邱：我大女兒離婚了，這是又娶的一家。

周：這是第二家。

邱：頭一家在朔縣，第二家在井坪。

周：因為她離婚沒買房子。

邱：我不敢鑽了，她離婚了，怕女婿鬧事情。

周：因為啥離婚。

邱：兩個人兩個家，這會的娃娃，你說。

周：合不來，說離就離。

邱：再一個，家裡的大人欺倒的不能。

周：對你女兒不好。婆婆不行。

邱：婆婆和小叔，打開這麼一道，縫了七針哩，頭上。不是因為這離了婚。

周：那是得離婚。

邱：家裡人就欺倒人呢，女婿不知道，他們就欺倒的不能。

周：女婿還好。

邱：女婿好，就是婆婆、小叔。

周：家裡人。

邱：女婿還馬馬虎虎，不過他脆。

周：分開過不就行了。

邱：人家不分嘛，分開也是一個院子鑽的，吼的不能，這麼個院子，也沒有牆。

周：分不出來。

邱：他們吼的不能，大人們不能說。

周：第二個怎麼樣。

邱：第二個挺好。她自己個人找的。

周：頭一個有沒有孩子。

邱：有，娃娃十歲了。第二個也有了，二歲了。明年三月二歲。

周：那孩子跟他媽還是跟他爸。

邱：跟他爸。大大跟他爸。

周：你二女過的咋的個。

邱：二女過的挺好。光景挺好。她娃娃六歲了，上幼兒班。

周：兩個女兒都不用你賙濟了。小子打工，生活應該沒問題。就是攢錢準備娶媳婦。

邱：那費勁呢。

周：你老漢今年六十幾了。

邱：六十三了。

周：比你大幾歲。

邱：十一歲哇。

周：為了孩子，養羊，正準備養牛啊。

邱：不知道他養啥呀。由人家養呢。

周：你說這當媽的對子女牽掛呀，關心，是不是天生的。

邱：那就是天生的。我沒聽懂你這話。

周：你比如四川的跑了，跑了幾個月又回來了，牽掛這孩子嘛，你說這是不是當母親的天性。

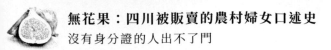

邱：那是天生的，誰走出個不想呢，誰也想呢。

周：她過去不認識這個男人，你說有感情嘛，沒有，你說沒感情嘛也有點，最主要是孩子。

邱：主要是為孩子方面想呢，不是因為那，走了又返回來，牽掛就是牽掛娃娃們呢。

周：東港有個說跑了三次都回來了。你離開過這三個孩子沒有。

邱：我沒離開過。

周：從來都沒離開過。

邱：沒。

周：你回臨夏帶沒帶孩子。

邱：沒。他不叫我帶。他怕我上個了，我韃不叫我回來，專門不叫我帶孩子。我也不帶，走路不方便。

周：你這身體殘疾是咋鬧的。

邱：小兒麻痺。

周：國家有點補助沒有。

邱：沒。我沒戶。

周：沒法申請。

邱：有了戶，不用申請可以辦個最低生活保障。

周：殘疾還專門有補助。

邱：有哩。

周：你要是有了戶就行了，現在辦不了。

邱：我試搭過，問了，辦不了。

周：說有戶口就可以，那你得趕快辦呢。

邱：我那個戶執不回來，回不個。坐不上車。

周：你這有損失。

邱：他走了，我走了，家裡也不行。走不起。他也走了，不養牲口了，迎那麼也行，養牲口了就離不開人。門上就離不開，沒人。餵那點牲口。

周：你還得餵牲口。

邱：哦。小羊羔不出去，得在家裡餵呢。大羊出去。

周：把大的放出去，小的留下。

邱：這門上就不能沒有人。第二個方面是我坐不上車回個。你說，回不個。前十來年不要身分證，啥也不要，我回個謀了一下。回再個就走不起了。再一個他動彈，在朔縣動彈，娃娃得有人經留。你還走不起。

周：就是。孩子小。

邱：大了，還走不起。

周：養羊了還走不起。

邱：趕那面也走不起。

周：迎那麼也沒空。

邱：要麼沒空，要麼坐不上車。坐上車我回個了。

周：我在井坪訪問了一個叫夏秀紅，她借了個身分證置了火車票，回去了。

邱：我估個小子能回，給我拿轉身分證來，這裡補一下。

周：光有身分證不行，得把戶口開出來。

邱：開不出來嘛，就得本人上個呢，沒本人開不上。再一個說，人都換了，那面人全換了，認不得人了，你就遷不上。你本人上個了，一查底子。人們說用我韃的戶口可以查，娃娃上去可以查。

周：能不能上網查。

邱：我試搭了，查不上。

周：也查不上。

邱：前年不是上戶呀，到公社（鄉）謀個，查不上。

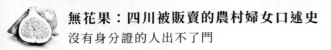

周：鄉里說查不上。

邱：說你的戶沒上網。那幾年沒上網，這會說上了。前十來年沒上網。

周：現在有網了你查過沒有。

邱：我說了不在網上。在底子上呢。網上有了就好了。我估的得解決，這陣還年輕，老了咋辦，娃娃們顧不下，給你鬧兩個呢，我早就想執呢。

周：老了就不行了。

邱：越不行了。

周：有個最低生活保障有個保障。

邱：這啥也沒有。

周：他有沒有老年款。

邱；人家有最低生活保障呢，他當過兵。

周：那還可以。

邱：就他那點最低生活保障。

周：你們倆就靠他那點最低生活保障。幾年了。

邱：二年了。

周：時間不長。他什麼時候當過兵。

邱：七幾年。鑽了三年。一九七七年。

周：當完兵也沒給找個工作啥的。

邱：沒。

周：回村種地了。

邱：那幾年做啥我也不知道。

周：一九八九年去臨夏引你時他做啥。

邱：回來就是種地，放羊。鑽了四、五年，下朔縣到露天礦動彈。

周：你們種多少地。

邱：就他一個人的地。

周：你身體有殘疾，種不了。

邱：我想幹也幹不了。

周：這日子也不容易。

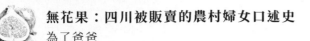

為了爸爸

口述人：廖六芬（一九六九～）女，川籍

劉汀（一九五九～）男，晉籍

訪問地點：山西省朔州市平魯區劉井溝村

訪問時間：二〇一七年十一月十四日

周：你先說你叫個啥名字。

廖：廖六芬。

周：那兩個字。

廖：我沒念過書。

周：四川老家哪個縣。

廖：蓬溪縣，綿陽地區，早就改了，改成大英縣了。好幾年了。

周：家裡都有些什麼人。

廖：兄弟、爸爸，爸爸去世了，前年了，在這地面，他不行了，我把他打發了。

周：在這地方打發的，死在劉井溝了。

廖：他在這兒耍呀，他在四川就難受呢，他一個就照顧不了一個了，我說快引上走哇。

周：你媽呢。

廖：趕六歲就沒有了。就姊妹倆。

周：你什麼時候把你父親引到這兒來了。

廖：前年。

周：你回四川看他，他是咋難活呢。

廖：他是吃不上飯，在四川給他看來哩，我兄弟在外面打工呢，他也跟上去了，我兄弟打電話和我說，說爸難受呢，我說去看呀，說看來哩，這病就看不過來，不好看，他吃飯就吃不下去，喉嚨上有東西呢。我說不行，趕緊把他執回個，不執回個他怕哩，怕死在了外地，趕緊執回老家。執回老家越發不行。我又下個謀他，不行，我兄弟顧不上，我還想走哩，把爸咋鬧呀，沒有你服伺，我也得服伺，把爸引上走，看他願意不願意，他願意。他一個吃不上飯。我服伺他快一個月，他病情還見好，還能走路，要是走不了了，我還顧不上服伺你了，我家裡還有一攤子，有羊呀，有啥呀。我說你走哇，你願意不願意，爸。他說跟上女兒走，願意。我說到了山西我執不回你，我就把你埋在山西行不行，在山西打發你，說行了，我不想回四川，我怕火葬了。我行了執上你。執回這。我和女兒相跟去的，女兒說好吃好喝給姥爺。趕四點到井坪，後夜吃的飯。第二天一早去給他照電影，照核磁，醫生說他這個病看不好，他這是胃病，給我爸洗嘛，每天吃上藥。醫生開上藥，說每天好好養著哇。他嚥不下去是喉嚨裡有個東西，順著嘴巴流口水，每天掏啊，就像裹哄小娃娃。每天吃點東西真麻煩，迎那麼說，他就是不吃，嚥不下個，就餓嘛。我說你堅持嘛，爸。他吆喝女兒啊，不行呀。我說不行也要堅持吃呀，爸，不吃不行呀。就像裹哄小娃娃，用勺子餵，餵了個數月。他腸胃不行了，他就不要了，發脾氣。發脾氣，也得餵，每天給她掏嘴，再給他吃藥，再給他洗了，每天，兩三次。女兒們，外甥們都說給姥爺吃哇。他嚥不下個，把藥弄成麵糊糊，他嚥不下個，喉嚨里長了你那麼大個疙瘩。

周：食道癌。

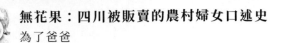

廖：是食道癌。不行，眼看著不行，就看不了。醫生說這東西看不了，消炎了他就又化膿了，又大了，說喉嚨沒法治。喉嚨裡也烤不上，就流口水。鑽了個數月就沒了，打發他了。

周：他是回村了，還是在井坪。

廖：回村了，醫生說看不了，給開上些藥，回去養的哇。七十多歲的人了。兩年前就打發了他。

周：就在劉井溝去世了。埋在劉井溝了。你兄弟回來沒有。

廖：回來了，要不我一個打發了，打了電話，快回來見爸一面吧。他說暫且死不了，我說快死呀，他活不了了，一下見不上他了，趕緊回來。回來了，外甥有營生呢，忙的，跟他姥爺鑽了一黑夜，守了他一黑夜，換著守嘛，我今黑夜不能守了，姥爺變樣了，不行了，今黑夜死呀，今黑夜活不過個了，看見他眼神不一樣了，他說。我服伺他一天半，眼神不一樣了，我就不用了。看他不行了，我把他弄到學校家裡，背上學校，燒上火。這是老三家，死在他家裡咋鬧。去學校哇，學校有炕，有大炕，打發時候也好打發。他背上，我大小子的外甥，跟姥爺可親哩，每天他餵上，服伺他兩天。說吃喝媽媽下來，我下來，黑夜守著他，快一點呀，他又去了。我說那麼爸爸不行了，我抱也抱不行他，他乾淨，他最乾淨了，看他不行了，就給他穿上裝老衣裳，他就怕執上衣裳（東西），就掏呀、掏呀。我是骨結核，使勁抱不行他，他就叫我抱他，放下個他就屙呀，他就尿呀。我姑姑上來說，你是往死乏你女兒呀，就不行了，抱的我實在不行了。說你就那麼屙哇，知道他不屙，不解手，他就乾淨。抱起來他又不解手。他坐不行，啊呀。他妹妹說他，你就屙哇。他拿眼睛看她，不願意。他怕執在身上。他難受呢，他就是煩死呢。抱來抱去，抱了二、三天，實在乏的。

周：抱了二、三天。

廖：哦，一直抱著。一陣陣不誤正抱著，他說解手，他也不解。

周：他不吃東西，怎麼能解手。

廖：那有解手。餵他一點點，他不想吃，餵點水，罐頭這些，罐頭水他不咽，他就想死了，活不了了，好麻煩。每天我一餵的時候，我身上真難受呢，他不吃飯。他看看我也是難受的，流口水，嚎的，一輩子，弄得他也是嚎的。我說爸，你活不

了了，實在沒有辦法，傷心的嚎哩。他說女兒不要怕。我說爸爸不怕，年輕人也有死的，你七十來歲了，沒辦法得這個病。你看不了呀，沒辦法，女兒。說時候，人們都在，別人怎麼打發你，我怎麼打發你，不怕花錢，沒錢我跟別人借嘛。我說沒事，爸。你是怕四川火葬哩，給你買上好棺材，打發你，給你穿上好衣裳，啥也給你弄便宜了。你朝那麼去世，就去世吧。沒辦法。

周：他去世多久了。

廖：二年了，明年就三年了。二月二十三死的。

周：還冷了嗎。

廖：天也還可以。也不咋冷了。

劉：是三月。

周：春天了。

廖：月對月，在家待了一個月。是三月二十三。

周：還是他背上去的。對他好。

廖：每天他上去，吃飯時間，屙褥子上他也不嫌，我說爸，啊呀。我還脾氣不好麻腦呢，不吃飯，咋哄也不吃。有時還講我，說你慢點。他好性格，脾氣不賴，對我爸好。說不怕，花錢把他打發就行了。沒人照顧他嘛，他回四川有水，有溝呢，跌下去咋辦，淹死都不知道。我在時，他解手不要出去，你解了我給你鏟，你人老了，不怕，有女兒給你弄嘛。四川走時候，啊呀，他弄的可嗆人呢，我給燒上一大鍋水，用大盆子，給他洗了，脫得光溜溜的。不怕，爸，女兒，你不用怕羞，你把女兒扶持這麼大，女兒不怕。爸你脫了我給你洗。說你坐在火車上，人家嫌你嗆人呢。給他洗了，穿上好的。

周：你是多大歲數離開蓬溪縣的。

廖：我看是二十。

周：你今年有多大了。

廖：今年四十九了。明年平五十了。

周：來了二十九年了。有孩子沒有。

廖：有。

周：多大了。

廖：大兒二十九了，二兒二十七了。

周：那你來了三十年了。那你來那年十九了。

廖：就是十九了。

劉：十八了。

周：你是咋來劉井溝的。

廖：是廖淑蘭，我是她侄女。

周：王永華是咋找到你姑姑的。

廖：他說他自己下個的。

周：王永華是哇。

廖：自己下個找老婆的。

周：他是四川有認識人。

廖：沒有。他去他舅舅那耍來了。

周：他舅舅介紹的。

廖：不是，他自己找的，自己找到那兒，找媳婦呢。

周：你姑姑也是蓬溪的。

廖：哦，我親姑姑嘛，和我爸爸是姊妹。

周：她（廖淑蘭）是你爸爸的妹妹。王永華就找到了你姑姑。他們是第一個。

廖：來的。

劉：第一批。

周：劉亮的老婆也是第一批。

劉：一個村的。

周：劉亮的老婆和王永華的老婆是叔伯姊妹。

廖：對了，是妹妹。

周：你是廖淑蘭的侄女，也是一個村的。

廖：一個村的。

周：你們這都是親友。

廖：親的。

周：那這廖淑蘭是第一個。

劉：和劉亮的女人。

廖：廖福清。

周：是一塊來的。

劉：哦，一起。

周：去四川引時劉亮也去了。我記得劉亮和我說過。

廖：他去了，他去引的。

周：還在公社開的介紹信。他們很早，常毅還在。

劉：常毅那會在公社當祕書。

周：那會劉井溝分開了沒有。

劉：沒有呢，那會還是搞集體呢。

周：你來的時候分開了沒有。

廖：分地呀，劉汀，好像沒有分地。

劉：分開了。

周：你比姑姑晚幾年。

廖：我也不知道。

劉：得有十來年。她上來時候，王永華的女兒可大了，能送糞了。

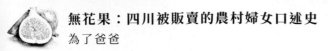

周：差不多。常毅後來從雙碾調到向陽堡了，那早了。

劉：劉亮記得了。

周：我再問問他。（劉亮回憶是一九七三年）她來時候分開了。

劉：分開了。

周：那就是一九八一年以後，一九八六年、八七年來的。

廖：好像是一九八七年來的。

周：差不多，到今年整三十年。你來時候廖淑蘭的女兒都大了。

廖：都挑水哩。

劉：還送糞呢。十幾歲了。

廖：他大女兒好像比我小四歲。

周：你今年四十五了，一九七二、七三年生人。那他女兒十三、四歲了。

廖：她挑水哩，我還幫她挑水哩。

周：那這個歷史鬧清楚了。實際上他們非常早，他們是一九七〇年、七一年就來了。廖淑蘭咋就把你介紹到劉井溝了呢。

廖：那時候啊，我也想不起來了，我姑姑她說這裡好嘛。

周：還有一個說法，廖淑蘭當時引了好幾個。

劉：她招來當時是咋，不是一個村裡住著呢，我那會在小峪煤礦，我這人格也好，再加上那時候我這家庭也比較好，主要是看中我這個人。

廖：看中他，他在礦上賺錢嘛。

周：廖淑蘭在這個村子，看上他好，就把自己的侄女介紹給他，又到四川把你引來了。

劉：我去的。

廖：他去的。

劉：我和廖淑蘭一塊去的。

廖：他和她一起去的，他不去我哪能來。

周：那天我在大有坪訪問了一個小女孩，她說也是廖淑蘭引上來的。

廖：小女孩。

周：不是小女孩，個人長的非常矮。

廖：那是我姑姑介紹來的。介紹嘛。那個男人死了，大樹打死了，回上四川引上娃娃走了。

周：那是另外一個。我說的這個很小，（來時）十二、三歲。說廖淑蘭介紹她們一塊來了五個。

廖：那我就弄不清了，我也小哩，我知道來哩。

周：你說那個是吳家窯的。

廖：他偷樹，硬刨根子呢，樹倒了砸死了。那個男人個高呢。那個女人也高。

周：我說的這個也就一米三。

廖：就是我姑姑引來的。是和我說的打樹那個人的女人相跟上來的。他們倆個真好呢。

周：她男人是和尚碧的。

廖：是哩。對，姓杜，叫杜啥哩。

周：你是叫啥。

劉：劉汀，三點水一個丁。

周：你是弟兄幾個。

劉：四個。

周：你是老幾。

劉：老四。

周：你三個哥哥是找哪兒的對象。

劉：大的是本村的，二的沒成家，三的也是四川的，三台（縣）的。

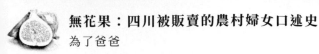

周：三台縣，綿陽地區的。

劉：蓬溪也是綿陽地區。

周：那你嫂子是和她一塊來的嗎。

劉：不是。

周：你嫂子是先來的嗎。

劉：好像比她遲，同一年來的，她是三月上來的，嫂子是十月。她來時我在小峪鑽的，過年呀，上來家裡人也不和我說，回來了，我爸爸說你看咱們家又添了個人。

周：當時你還不知道。

劉：不知道。三嫂。

周：她是你去蓬溪縣，你們當時是看對了。

廖：看見了，我說行。

周：那會你給她爸爸花兩個錢沒有。

廖：花了。

劉：花來哩。

周：花多少。

廖：我給要的。

周：給你爸爸要的。

劉：也花了七、八千。

廖：我跟他要了五千。那會錢值錢。我爸帶我又不容易，沒人照顧他，他要願意就掏上這五千給我爸。我給要的。

周：你還挺向著你爸爸的。

廖：我爸帶我也不容易，我媽也死了，啥東西，又要當媽又要當爸。

周：你多大你媽去世。

廖：六歲。

周：你兄弟後來娶了媳婦沒有。

廖：娶了。

周：娶那的。

廖：娶的遠遠的，個人又離婚了，又娶了一個。

周：第一個離婚了，也是本縣的。

廖：不遠遠的。

周：一九八六年五千就很多了，還花了費用。

劉：哦。

周：總共七、八千。我訪問下，你是花最多的。

廖：我啊，是花最多的。

周：你夠能幹的，給你爸爸要了這麼多。少的有一千八的，二千的，三千的，四千的。

廖：我這個是最多了，他也願意哇，我那時候可漂亮啦。

周：年輕時很漂亮。

廖：還哇哩 [81]。

周：你來這有了幾個孩子。

廖：三個。老大是男孩，二個男孩，女孩是老三。

周：老大做什麼。

廖：開車哩。

周：成家沒有。

廖：成家了。

周：找的哪的。

廖：媳婦是朔州（朔城區）的。

81　就是。

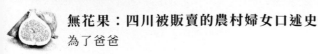

周：那也花不少錢哇。

廖：花十二、三萬。

周；得給他買房。

廖：買房。

周：你們負擔也重。

廖：二的也娶過了。老二花了四十萬。

周：花四十萬啊，那得養多少羊。

廖：養多少羊也沒辦法。

劉：借的，還置的家。

廖：啥也有了。

周：老二做啥了。

劉：搞消防呢。搞樓房，這水呀，電呀。

周：做消防工程。

廖：二的是個助理。就安排那些人做啥。

周：二的是不是開公司了。

劉：不是，他是包的，包消防工程。

周：二的給他表兄當助理。那你這老二花錢不少，你女兒呢。

廖：女兒打工哩，沒聘呢。

周：多大了。

廖：今年二十六了。

周：這地方一般二十六都聘了。

廖：她說她不聘的哩。聘那麼早幹嘛呀，媽，她說。

周：她是不是跟你一樣長得漂亮，比較挑剔。

廖：她不挑剔。

劉：她找下了。

周：就是還沒結婚。自己找對象。

廖：自己找的，呼市的。

周：在呼市找了個對象，她是不是在呼市打工。

廖：嗯。我說今年八月聘她哩。她說今年不想聘。

周：那你有沒有孫子、孫女。

廖：有啊，大的有孫娃娃呀，一個。

周：老二呢。

劉：今年剛結婚。

周：三代了，也不錯。你還把父親安葬在這。平魯就成了你的家。你還想不想回四川了。

廖：啊呀，也就是那麼個。我爸也去世了，兄弟也不在家裡。

周：你爸埋在這，你兄弟來掃過墓嗎。

廖：他說明年來呀。週年，明年是三週年。

周：你就兄弟一個。二個人。你埋你父親是不是老劉家的墳地。

廖：不是。另外買的墳地。看塊好的地。

周：求風水。

廖：他看的，他看的挺好，不遠，又寬綽。

周：就埋在承包地裡了。當時你姑姑也來了。

廖：是三姑姑。

周：對，是廖淑蘭。你有幾個姑姑。

廖：五個嘛。

周：你爸爸是一個，五姐妹。

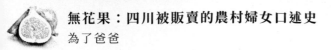

廖：他弟兄是倆，我爸是老二，有個姐姐。

周：男的排行是老大。你爸還有個兄弟。

廖：不在了，去世了。埋在四川本地了。

周：五個姑姑來了幾個。

廖：有去世，那麼遠，只來一個。

周：你爸和你姑姑關係好不好。

廖：他們都是我爸養大的，一個月才掙二升米，給他們吃，養大的。我爸爸的父親早早死了。

周：你爺爺很早去世了，你的這些姑姑幾乎都是你爸帶大的。

廖：他是老大，是個男的，有一個大姐、二姐，齊是女的，連狗都打不走。那幾年我爸和我說過，地主老財，給地主老財做營生，你慫連狗也打不走，給人家，掙那二升米。

周：你爸給地主老財當長工。

廖：當長工掙米麵養活她們姊妹。

周：你父親歲數也不大，七十幾了。

廖：七十五了，也不知道。

周：那你爸爸當長工時還小呢。

廖：小娃娃，小娃娃就去當長工。我爸爸說，慫的連狗也打不走。

周：一九四九年、五〇年，你爸爸沒多大歲數。

廖：我六歲就推磨了。我媽媽死了，六歲的娃娃推磨呢。

周：你才四十九歲，你推磨是什麼時候了。

廖：那麼大的磨，推時夠不見，沒辦法，用繩套著磨椿椿，就拿手，拿個棒棒，推上那麼走，我暈的不行，就拿那個糧食放在磨眼裡，看見沒有了，再爬上個，把糧食推到那個磨眼裡頭。小娃娃就給人當長工。他沒辦法，他父親死的早。

周：你幾歲開始幹活。

廖：六歲，推磨，做飯，還夠不到灶頭，鍋頭，四川鍋頭高，我還搭個板凳。四川煮蕃薯稀飯啥呀，黑夜他給我弄便宜了，米呀掏便宜呀，早起這邊柴火放好了。省不得，滾了我就吃喝他，就吃喝爸鍋裡滾了。我也不知道熟，人小，多會滾了就吃喝他。滾了多長時間熟了，他就叫我不要燒火了。還省不得。六歲有多大個娃娃。

周：你小時候也沒念過書。

廖：不叫念嘛。我想念。他不叫念嘛，做營生嘛，叫我給他幹活，說不要念書，一個女兒家。我還記得毛主席叫每家每戶的去念書，老師喊你去那麼。父親說她不能去念書。

周：你的印象你們那兒分開前能吃飽嗎。

廖：我爸時候能吃飽，我不大時候我爸叫我撿狗糞，給他拾糞，他為糧食多點，他一個人工分多點。那個時候掙工分。高點嘛。

周：你幫他拾狗糞。

廖：他叫我拾，我就去拾，沼氣，拾了狗糞給他，幫他做飯。

周：四川用沼氣。

廖：多掙點工分，我爸一個，全憑我爸嘛。

周：你在劉井溝，現在感覺生活怎麼樣。

廖：感覺挺好。

周：為啥。

廖：娃娃也齊大了，娃娃們也給我歡樂，我家也挺好。

周：你孫子你帶不帶。

廖：自己帶的哩。念書了，念一年級了。七、八歲了，大了。

周：小的時候帶過沒有。

廖：帶過一、二天，想他媽呢，又扔不下，他開車，他媳婦有時候和他一起跑車，擱了兩天不行，小女孩，可精了。

周：主要是媳婦帶。

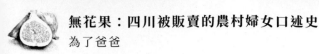

廖：人家帶。人家沒做的。

周：你來他還下窯，下了幾年。

廖：八年，連燒鍋爐十幾年。

周：一直在外面打工。你們分了多少地。

廖：我沒地，就他一個人的地。

周：劉井溝一個人分多少地。

劉：九畝地。

周：你會種嗎。

廖：會。沒有地。

周：平魯的活和四川不一樣。

廖：可以學那麼。

周：你都會些啥。

廖：啥也能幹。也耕過地，抓糞也抓。

為錢也為出路

口述人：龍紅葉（一九六九～）女，川籍

訪問地點：山西省朔州市平魯區井坪鎮出租屋

訪問時間：二〇一七年十一月十九日

周：你叫什麼名字。

龍：龍紅葉。

周：你老家什麼地方。

龍：跟她（吳代真）一個地方。德陽的。

周：你姐姐跟她是同學。

龍：對。

周：你來時老家有些什麼人。

龍：我爸、我媽，還有兩個妹妹，我是老四，我們家是六個女女，沒有一個小子。

周：上邊還有一個姐姐。

龍：三個姐姐。

周：你在時她們麼。

龍：都嫁人了。我畢業時姐姐都嫁完了，就剩下下頭三個了。

周：你讀了幾年級。

龍：我自小盡是病，膽結石，先是胃病，又轉成膽結石。今年春天病的很屬害，平魯醫院檢查了，人家說又有肝膿腫，又有肝硬化，反正膽結石就轉化這些個病。

周：那你從小身體不好。

龍：我娘胎就帶下這個病，基本就沒念過多少書，念半天書病半天，糊弄的畢個業，念了個五年級，那個時候念五年級畢業。和人家念個二、三年級一樣。沒病的念個二、三年級就差不多，我念了五年，也不咋識字。斷斷續續的念。沒讀成書。

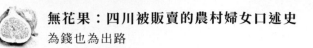

周：那你畢業以後呢。

龍：畢業以後在家裡幹農活，沒哥哥，沒兄弟，就我一個為大了，三個姐姐嫁了，下邊兩個妹妹還小了，就我跟著幹農活。我就是主力。上來因為我父親，我病的不行，差點病的死了，我父親讓人給我算了一下，人家說過不了四十歲，活不過四十歲。我父親說不能白髮人打發黑髮人，就把我送的這麼遠。

周：你是哪一年出生的。

龍：一九六九年出生的。

周：你來的時候有多大了。

龍：可能是十九吧。

周：咋就把你送這了。

龍：我姐姐的小姑子，我三姐姐的小姑子在這裡。

周：她是先來的平魯。

龍：對，她是先來的，人家後面又把我介紹到這面。

周：她是因為什麼上來的。

龍：她是因為家庭情況上來的。

周：怎麼來的。

龍：也是哥哥送來的，哥哥送將來的，表姐在這面，表姐嫁到這裡，回四川把她帶過來。

周：又把她表妹弄過來。她們在那個村。

龍：表姐在窰上（村）。我是她介紹上來的。

周：把你介紹到白辛莊。

龍：她就在白辛莊。

周：白辛莊那個村是不是四川的很多。

龍：多。

周：很多是親友。

龍：不全是。

周：譚華珍是。

龍：她把姐姐弄上來的。她從小就上來了，她還讀書的時候被弄上來了，後頭把姐姐弄上來，又把兩個妹妹弄上來。

周：四個。

龍：妹妹在啥村子想不起來了，都在這地方。她爸爸也上來了。

周：她爸爸好像跟著她妹妹。

龍：對。跟著她妹妹在啥地方。

周：她跟我說她男人就販賣，負責井坪，四川把人弄來，他負責給聯繫。

龍：這些我不清楚。

周：你男人也姓杜。

龍：對，姓杜。

周：他們對你咋樣。

龍：也行。

周：他們幾個。

龍：弟兄倆個。我老公是老大，二兄弟是個傻瓜，娶了個老婆又是那樣，不是神經病，反正是傻瓜。不清楚。

周：是不是又賣到九坪梁了。

龍：沒有。

周：不是這個人。

龍：現在還過得哩。我兄弟娶的本地的，傻瓜也是本地的。

周：你來時候公公、婆婆在不在。

龍：在，現在我婆婆還在。公公去世四、五年了。

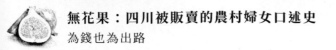

周：你來時婆婆對你怎麼樣。

龍：也還行。我也不算精明。

周：你來了多少年了。

龍：我來了三十年了。

周：有幾個孩子。

龍：三個，女兒虛歲都二十九了。

周：老大。

龍：老大都二十九了。兩個兒子，一個閨女。

周：閨女聘了沒有。

龍：聘了。聘到馬蹄溝（村），白堂（鄉）那面。

周：兩個兒子做什麼呢。

龍：小的讀書呢，大的打工。小的虛歲才十七。大的虛歲二十七了。

周：大兒子成家沒有。

龍：沒有。

周：你們怎麼就去了朔縣。

龍：為了兒子，家買在朔州，現在這姑娘們沒有家就不嫁給你，我才買的朔縣的家。傾家蕩產買家，為了兒子，塌下好些饑荒。我去年買了房，我也病的，醫生說快點看病，你這個病必須上北京看，小地方看不了，得上北京看。我說北京看，我沒有錢，去不了。就在家拔上蒲公英，熬著喝水水，在家裡面。

周：管用不管用。

龍：不管用。那麼它是泄火的。

周：那你老漢跟你一塊上朔州了。

龍：老公在陶村那面打工，在洗煤廠，洗煤廠給人幹活。

周：是個煤站。你身體不好也沒法打工。

龍：不能，我就跟上，啥也不做。我兒子在榆次。

周：你當初買房子傾家蕩產是啥意思。

龍：貸款，貸不上跟親友們借錢，跟傾家蕩產差不多。

周：那麼你們在村裡收入多不多。

龍：就靠種地。

周：你們在家裡分了多少地。

龍：二、三十畝地。

周：種點啥，莜麥。

龍：莜麥、胡麻、山藥蛋。

周：那一年收入也不多吧。

龍：不多，村裡面不行，種地人，莊戶人不行。根本就沒收入。

周：也沒養點牛呀、羊呀。

龍：沒。不能養，種的時候、收的時候忙不過來。

周：老二能不能幹點活。

龍：不行。什麼也不能幹。

周：老二、老二媳婦就靠。

龍：靠老婆婆養著呢。

周：老婆婆年紀也大了吧。

龍：七十了。七十一了。

周：靠什麼養活呀。

龍：我婆婆在村裡養了兩個牛，兩個牛養活他們。

周：有沒有最低生活保障。

龍：就是占了地，退耕還林那兩個款。

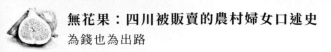

周：二、三十畝地，也沒多少。

龍：他們鑽在村裡也省錢。

周：花費少，有老年款。

龍：有老年款，不多，我婆婆一個人，不多。我們家太困了。

周：兩個智障，殘疾人。兄弟媳婦有多大。

龍：兄弟可能四十來歲了，兄弟媳婦也三十七、八了。

周：你老漢比他兄弟大多少。

龍：大十來歲吧，沒十歲，我老公今年四十九了。

周：你多大了。

龍：跟我老公同歲。

周：國家不管，不給點補助。

龍：補助，不該我說的話，補助什麼，沒有。

周：殘疾人可以申請。

龍：兩個人辦的有殘疾證，給不了多少錢。

周：給多少錢。

龍：一年就是三、二百。

周：一年給三、二百，跟不給一樣。

龍：好像就這麼點錢。

周：是有點困難。

龍：我們家太困難了。所以人家檢查出來我病也沒法看。沒錢。就是鑽在家裡熬的喝蒲公英水。

周：那你老公在陶村煤廠一個月能有多少收入。

龍：就是個三、四千塊錢。我們家也養活不起，我的一年藥錢就得些。

周：看病就花費大。

龍：我一年藥錢就得些，還有大兒要娶媳婦。

周：這就花費大了。

龍：我也退不了了。問親朋好友借的錢也打不了。

周：你在這房子買了幾年了。

龍：去年才買上。

周：剛買的，還帳要很長時間。前年以前還在村裡。

龍：不在，小兒子讀書，現在村裡邊沒有學校，自從小兒子讀書我就下來了。

周：下來很多年了。

龍：十幾年了。

周：你小兒子六歲來的，今年十七了。

龍：就靠打工維持生活。那幾年我老公就是二千來塊錢，一年生活費也養不轉，連我們也養活不轉。那年我在太原做手術看病花了四、五萬，賣房，唉，這莊戶人的饑荒打不完了。

周：參加沒參加農村醫療保險。

龍：參加。

周：能給你報銷嗎。

龍：能報銷。

周：報銷多少。

龍：百分之七十。

周：比全是自己出好一點。

龍：基本上自己出的一半。我那年花了四萬，才報銷了八千塊。

周：有的藥不給報。

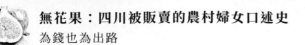

龍：到了醫院人家給你輸的是不報銷的藥。就不給你輸能報銷的藥，那樣就核算不過來了。二〇〇九年太原做的手術。十月四日做的。我的體質和別人的不一樣，做了手術傷口癒合不了，在醫院待了一個多月。

周：你有沒有糖尿病。

龍：沒檢查出來。醫生沒說有糖尿病。

周：這個病影響傷口癒合。

龍：我這個體質不行。

周：你做的什麼，膽結石手術。

龍：我這個膽結石和一般的不一樣。我這個長膽囊管結石，管子裡頭有石頭，做的時候不好取，管管細，遺留下三、二個，像雞下蛋一樣，越下越多，一年一年又多的不行，滿的不像樣了，膽裡邊又多的不行了。今年春天我又病的可厲害了，可能就是發炎了，肝子膿腫，就排不出去石頭，憋的我痛。去醫院裡面輸液的，拿好藥拿下來，才排出去。排出去就不痛了，排不出去就痛。卡住就痛，滿的不行了。身上沒有火，肝子沒有腫了，這慢慢的，日久天長的，多的就是個人往出擠，擠的就排出去了，就不痛。平時也痛了，它不厲害。

周：你小時候得了這個病。

龍：嗯。從小就這樣。我這個病好不了了。幫我打聽打聽北京有沒有好大夫，我這個病有沒有治法。我想打聽打聽我這個病怎麼治。得多少錢，看我治得起治不起。我就想盤問盤問這個醫生，我能不能看得起，看好看不好。我這個膽結石和一般的膽結石不一樣。

周：長期的。像你買房借錢，我常聽到向親友借錢情況，你能借上。有沒有利息呀。

龍：自己親友沒有利息。向高利貸借就有利息呀。我是向自己親友借的。

周：親友因為經常有事情互相拆借。

龍：對，互相拆借。實在沒辦法也得借高利貸，為了兒子。

周：你兒子有沒有對象。

龍：現在還沒。

周：還年輕。

龍：已經二十六、七了，不年輕了，虛歲二十七了。

周：現在買房便宜，不然將來漲價了。

龍：不便宜呀，可貴了。

周：多少錢一平米。

龍：三、四千吧。

周：你買的時候比較貴。剛才去那一家才一千多一平米。北坪。

龍：我在朔州買的，北坪的便宜。

周：準備把家安那了。

龍：把家安那了。

周：你來這兒頭一次回四川是什麼時候。

龍：一年。

周：你男人讓你回去放心那。

龍：他和我一塊回去的。因為我有媒人，我姐姐小姑子的妹妹在這兒就不怕我跑。

周：對，一個村的。等於有保人。

龍：一年就回四川，那個時候我爸、媽都在世。我大兒子有七、八歲時候我回了一遭四川，我爸爸都不在世了，我媽一個人。

周：你爸爸去世時你沒回去。

龍：沒回，沒錢。

周：你知道消息嗎。

龍：知道，我媽去世我也沒回。我父母全下世了。

周：你父母去世時你都不在。

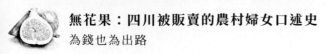

龍：不在，沒錢。

周：窮。

龍：家庭太窮。

周：兩個妹妹呢。

龍：都在四川。我們姊妹六個，就我一個人來了這裡。

周：兩個妹妹成家了沒有。

龍：成了，全成了。都嫁給四川的了。

周：你的日子和姐妹們比怎麼樣。

龍：數我差。數我光景不行。姐姐、妹妹都可好家庭哩，就我家庭不行。

周：她們也是打工。

龍：都是打工，都是農村的，在外面打工。她們生活比我好。我五妹夫沒了。

周：為什麼。

龍：得癌症了。姐夫也沒了，姐夫也是癌症。

周：你妹妹歲數不大吧。

龍：今年才四十多歲。我妹夫去世時她才三十多歲，妹夫死了十來年了。

周：她沒再找一個。

龍：沒。

周：就一個人生活。

龍：一個人拉扯孩子們。

周：還有孩子們呢。

龍：一個女兒嫁到朔州了。

周：也嫁到這兒了，就是你小妹妹的女兒。是不是你給介紹的。

龍：不是。我那有那本事。還是我姐姐那個小姑子。

周：還是她介紹的。找的朔縣人。四川很多小姐妹來，是你串我，我串你。啥原因。

龍：懂不得。我是姐姐小姑子介紹的，我妹妹的女兒就是在這兒生的，在這找對象，人家是理髮的，我妹妹的女兒。

周：你妹妹怎麼到這兒生孩子。

龍：我妹妹跟我姐姐尋的是一個親弟兄，親姊妹嫁的親弟兄。

周：那個姐姐。

龍：我三姐姐。

周：三姐姐和五妹妹。

龍：跟的是親弟兄。

周：親弟兄是那的。

龍：四川的，親弟兄的妹妹嫁在白辛莊。聽懂了麼。

周：來看小姑子，在這兒生孩子。

龍：那個時候成家早，四川生小孩沒辦結婚證時就是非法結婚，非生子，就跑到這裡來生。

周：跑到小姑子家來生孩子。

龍：大姑子。

周：大姑子家。

龍：我姐姐是小姑子，我妹妹就是大姑子。

周：生孩子就不能帶回去，帶回去就知道了。

龍：沒帶回去，就在這裡生活了十幾年。我妹夫得了病才回的四川。

周：你妹妹的孩子在白辛莊生活了十幾年。

龍：在朔州。我妹妹、妹夫在那打工就帶到那。

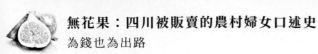

周：他們在朔州打工。那她在朔州生活十幾年，生活習慣還行。所以找對象也找的這兒的。

龍：找的朔州的。我妹夫得病他們回四川，不到一年、半年妹夫下世了，直到現在我妹妹沒再尋人。

周：女兒嫁到朔州她是不是也來了。

龍：沒有。兒子在四川。也是打工，自己養活自己，兒子小了，將娶過媳婦。我妹妹是自己養活自己，在江蘇打工。

周：一家人眾處處。

龍：我妹妹是命太苦了。

周：比你命苦。

龍：我就這個病，我老公對我挺好，這個病把自己磨住了。我妹妹真的是命苦，老公扔下她早，她打工養活自己。

周：人的命運就是這樣，親兄弟，親姊妹不一樣。差別很大。

龍：不一樣。

日昇即起日落回家

口述人：陳萬秀（一九六九～）女，川籍

唐耀（一九五六～）男，晉籍

訪問地點：山西省朔州市平魯區井坪鎮出租屋

訪問時間：二〇一七年十一月十九日

周：你叫個啥名字。

陳：陳萬秀。

周：今年多大了。

陳：我都五十多歲了。

周：週歲、虛歲。

陳：虛歲。

周：週歲四十九。

陳：我屬雞的。

周：你家鄉什麼地方的。

陳：我四川的，德陽的，德陽中江。

周：你來前家裡都有些什麼人。

陳：我們那，我們是自找的。

周：不是，我是說四川老家，家裡成員都有些什麼，爸爸、媽媽有沒有。

陳：那會，剛上來時有了哇。

周：還有什麼。

陳：哥哥、姐姐，就姊妹三個。

周：你沒來之前在家鄉做什麼。

陳：我念書呢。

周：念到什麼程度。

陳：念到初中就十九了。十九來的這兒。

周：初中念完了沒有。

陳：沒有，念初三時候來的。

周：那時候咋來的。

陳：我們自找對象。

周：你怎麼認識他的。

陳：我哥哥在這兒幹活呢，帶回去的，我麼招他去的。

周：你哥哥在井坪打工，在什麼地方。

陳：他們一塊在礦上。

周：什麼礦。

陳：現在已不成立了，東峪礦。

周：你把他招到四川去了。

陳：後頭小孩不習慣又回到這兒了。

周：招上後在四川生活多少年。

陳：還是在這兒打工，年年回去過年。和老人過完年又回來打工。

周：你從中江來到這，家安這兒了。

陳：也沒個家不家的，現在也沒有家。

周：這是問下的房。

陳：問下的。

周：你們幾個孩子。

陳：三個孩子。二個男孩，一個女孩。女兒是老二，老大、老三是男孩。

周：大的有多大了。

陳：二十八、九了。

周：成家了沒有。

陳：還沒有。

周：做什麼呢。

陳：修車呢。

周：有技術，和誰學的呢。

陳：不知道，和朋友們學的。沒有跟過師傅，跟同學們一塊學的。現在也給老闆打工。二小子在外地打工。女兒沒打工，在家帶孩子，孩子念書。

周：她聘出去了。

陳：聘了，女婿也在外面打工，這兩天在家了，沒出去。

周：你當姥姥了，還沒有當奶奶。

陳：大兒還沒娶過。

周：你們結婚多少年了。

陳：三十一年了。

周：他多大了。

陳：老了，不知道。

唐：我六十一了。

周：比她大十二歲。你叫個啥。

唐：我叫唐耀。

周：你們哪個村。

陳：下井村。一村人全姓唐。

周：一姓村。

唐：姓唐的多，也有雜姓。

陳：都是外面搬進去的。

周：姓唐的多，你們祖先也是這個村的。

唐：是。

周：你到平魯三十多年生活習慣不習慣。

陳：沒個習慣不習慣，還是吃咱們家鄉飯。

周：吃家鄉飯多，你會做。他能行，吃辣的。

陳：他不吃辣的。

周：你哥哥回去沒有。

陳：現在回去了。回去七、八年了。一直在我們這兒打工。

周：嫂子呢。

陳：也在四川呢。

周：嫂子找的是哪裡的。

陳：四川的。

周：你哥哥比你大幾歲。

陳：五歲。

周：父母還在世吧。

陳：我媽媽在呢。我來這兒第二年父親去世了。

周：你父親去世時你回去了嗎。

陳：回去了。

周：那還不錯見了一面。

陳：現在丟下個我在這兒。

周：母親歲數也大了吧。

陳：現在八十八了。

周：你們一家人就你一個在井坪。

陳：現在就我一個人。

周：你常會四川嗎。

陳：去年還回去看我母親。

周：媒人就是你哥哥。

陳：也沒有個媒人不媒人的，反正是哥哥給引回去了。

周：你和她哥哥在一個礦。

唐：嗯。

陳：他那會在礦上幹活呢。

周：你哥哥跑到這兒下窯還真是不簡單。

陳：那幾年人們全在這兒幹活呢。人多了。

周：四川來這兒下窯的多了。是這樣。你身體怎麼樣。

陳：不好。

周：我看他臉色不好。

陳：他病著呢。

周：什麼病。

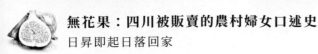

陳：不知道。現在吃藥呢。

唐：臉色不好看。

周：一眼就能看出來。

陳：瘦了。

周：你得注意保養。你都有外孫了。

唐：一有這，就是老了。

陳：他好多年就是腿痛呢。

周：是不是下井下的。

唐：腰間盤突出。壓迫神經。

陳：叫這個萎縮的，腿痛。

唐：肌肉萎縮了。

陳：他拐呢，讓拐的這下，一點也不能幹了。

周：自己沒事按摩按摩。

陳：他鍛鍊呢。這會倒是不痛了，就是走路有點拐。就不能幹活了。年輕時候過於勞累。

周：下窯苦重。那會下的窯是私人的還是國營的。

陳：那會是私人的。現在成了國企，他們都走了。

唐：是聯營的，不算國營的。

周：那你算不算退休。

陳：沒有，有的退休了，他們走的早。去那幹的年長，早走了一年，就辦不上，沒有走的人就可以辦。

周：找找他們。

唐：遲了。

陳：不頂了。

周：你幹的年頭，比如十年，與早走晚走沒關係，就差一年，差別不大。

陳：差別不大，那幾年沒有人你就尋不動，人家就不管。人家幹退休的已經六、七年了。

周：聯營有單位的嘛。

唐：有。

周：找他嗎。

陳：不頂了。領導全換了。

周：將來你這動不了怎麼辦。

陳：那也沒辦法。

周：靠兒子，兒子孝順不孝順。

陳：現在沒有媳婦就這個，沒有成家，成了家他連自己也顧不了，現在一個小孩負擔特別重。

周：人說娶了媳婦忘了娘。

陳：不忘就連自己也掙下兩個不夠花，現在這孩子們特別費錢。負擔重。一個念書小孩比一個大人生活還廢。想孝敬也沒那個能力。

周：現在沒成家還好一點。現在至少他們能自立。

陳：那麼，自己能管了自己，不用我們。

周：你跟他結婚沒有在村裡待過。

陳：沒有，一直在礦上，在外面打工。

周：沒有在村裡種過地啥的。

陳：沒有。

周：你當工人是從多大歲數開始。

唐：二十多歲，三十歲。那會分開農業社了，分開以後，開始就出來了。

周：一九八一年分開的。分開是你自己找的，還是。

唐：是西山好幾個公社聯營辦的礦，鄉鎮企業，向各公社要的工人。

周：那會生產隊已經沒有了。

唐：有是有但已經不管了，直接到公社。

周：只要你願意去。

唐：公社開上個介紹。

周：就可以下窯了，那會一個月掙多少錢。

唐：一個月能掙三、二十塊錢，最多的一個月七、八十塊錢。

周：按你挖的煤的數量。

唐：受的多，掙的多。受的少，掙的少。那會下窯就是實的受，不像這會。

周：比種地強。

唐：比種地稍微強點，就是個社辦的，苦重。

周：比農業苦重，一個是時間上，天天如此，跟農業勞動方式不一樣。

陳：過了幾年用騾子拉呢，那幾年是人背呢。

周：一開始是人背。

陳：哦。

周：農業勞動能緩，挖煤窯不能緩，不停的幹。

唐：那會賺錢比鑽在村裡強點。

周：他是現金收入。

唐：鑽在村裡賺錢不行。

周：剛分下來，人剛夠個吃，那有零花錢，沒有。你們去的時候是人背還是騾子拉。

唐：基本是騾子拉了。各大隊投資的騾子，各公社和各大隊分紅。

周：從二十歲開始幹。

唐：二十多了。

周：你哪一年生人。

唐：記不切了。

周：你是週歲六十一了。

唐：虛歲六十二，屬猴的。

周：一九五六年生人，二十多歲下窯，一直下窯，一直下到礦上停了。

唐：後頭下頭那一塊吃完了，由四號井又倒到五號井，後頭起我受不了，趴起走了。去了南方，還是下窯。

周：在南方也是下窯。

唐：和她哥我們弟兄倆相跟著。

周：南方啥地方。

唐：陝西。

陳：貴州。

周：你還跑了不少地方。

陳：一直在外面。

周：一直在煤窯。

陳：我的哥哥現在還在煤窯。在貴州煤窯。

唐：那會五口人，可不是個耍，沒法弄，得養活呢。

周：那是，五口人就是你老婆、三個孩子。你到各地打工她跟著不跟著。

陳：不跟的。小孩念書哩。

周：到處下窯，這身體就是。

陳：對。

周：受罪呢。你哥哥身體怎麼樣。

陳：也還可以。

唐：他身體比我好。

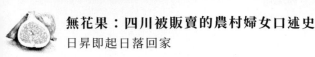

周：沒落下什麼病吧。

陳：現在沒有。

周：現在還年輕，歲數大了就。

陳：就在貴州的煤窯。

周：貴州啥地方。

陳：我也不知道。

周：你們這個家庭，老漢、哥哥都下窯。

陳：下窯也沒掙兩個錢。

周：到最後一個月掙多少錢。

陳：最多一個月二千、三千塊錢。和現在不一樣，前七、八年露天煤礦才能掙上錢。以前也不行。就那顧家裡生活才得仔細點。

周：三、四年前可能高點，這兩年又下來了。

唐：這兩年不能了。能賺錢的旺季已經過去了，不行了，好時候做完了。

周：以後煤炭也夠嗆。

唐：以後夠嗆了。各方面多了。

陳：就像平朔二縣，就沒有其它廠礦，沒有活幹，就像我們南方，用不著上山栽樹，有廠礦呢，人人能進廠裡面幹活。平朔二縣就沒有廠，在南方就像我們這個年齡廠裡也要呢，在廠裡打工一個月也掙二千多塊錢，也能了，能生活了。鑽這個地方，你要不種樹就沒有活幹了，當小工，平房不叫蓋了，蓋樓哩，全是外地人幹，你根本插不進去，人家一般帶工人上來。

周：承包商都是外地的。

陳：人家自己帶的工人好領導，本地人不好領導，人家就不用。

唐：你看街上盡是閒人，沒事幹。

陳：廠裡是收入大，消耗大。

周：你是不是也種樹。

陳：種了哇。

周：種了多長時間。

陳：剛停下三、四天。

周：從哪一年開始種樹。

陳：我種了七、八年了。自他病倒我就開始幹活。

周：那也辛苦呢。這兩個月工資高點。這種樹每個月工資好像還不一樣。

陳：不一樣。我們栽的多，掙的多。

周：種的多，掙的多。

陳：這次沒掙了，大頭媽去算了一下，每天連四千點點也沒有，錢全叫那人拿走了，我們沒算，這不對，那一天連一百五、六都跌不下來，這叫做啥呢，他沒算好，還下個重算呀。我在趙城那裡每天，放了五、六千了，還跌不下四千點點，還能了。我說重算呀，我說我算時齊吆喝上你們，別咱們開回來了，嫌少了。我算時候得引她們呢，我不能去給拿回來，我還怕說閒話呢。我領上她們，人家算下多少就多少，人家不給算不是我不給算。讓人真多扣了。

周：還是當面算好。

陳：我吆喝人們去幹活哩，算帳時候把她們帶上，聽人家領工的給算上多少給她們多少，我不能給她們拿回這些錢。因為啥，以我們那個算法比那多，人家就沒給我們算那麼多，沒錢，我就不能給她們帶回錢。怕她們說不是這麼個錢，怕她們誤會。我沒領上哇。要上我自己扣下，也不怕她驗，因為啥，我拿人家這個錢來。問題是你沒拿到這個錢，你就受的冤枉，你就不想讓人們說三道四。領上她們一塊，算下多少就是多少。

周：你種七、八年樹，一天掙的最少的是多少。

陳：最少是八十。

周：那是因為什麼呢。

陳：那幾年人家工資就是那些。第一年我們種的時候有過四十塊。

周：不是按種的數量計算嗎。比如種一棵多少錢。

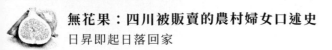

陳：那就沒等價。

周：掙四十、八十的時候按日算。後頭掙五百呢。

陳：只要我們受的歡。受的勞累不像樣，人們一天出去要栽五千多苗呢。才能掙下錢。

周：我的意思是掙五百的時候是按數量，掙四十、八十按什麼呢。

陳：那幾年工資不大，也是按數量。

周：那會種一苗的錢少。

陳：哦。

周：最低種一苗多少錢。

陳：就幾幾分錢。掙不了錢。那會東西便宜。退耕還林時，我們二十也種了，三十也種了，老闆還給不了錢，那白麵頂工資，過年給不了工資，一家給二袋麵。

周：那才二十塊錢工資一天。

陳：哦，那白麵就是二十塊錢。他沒有錢，公家撥不下款來，他也沒有辦法，他去賒上麵，給人們打饑荒呢。不是工人們過年了也想要這個錢哇。又停了兩年，才掙三十、四十，就這。六十、七十、八十也掙了。就是今年工資提拔起來了，只是工頭掙不了，對一天領工的連我們工人掙的多也沒有

周：那他幹嘛還願意領工呢。

陳：因為他包上人家這個活了，不幹連這個錢也沒有。

周：對。

陳：他給不上人們錢，人們不想幹，現在。

周：他不調高這個工資，你們就不給他種了。

陳：哦。他提高了，他掙不了了。對一兩天，我們的工頭貼上錢，就能吃上一大碗麵，這一天的辛苦。

周：就是因為你們的工資提高了。

陳：他們迎那包的我們不清楚，是從政府包的我們還不清楚，倒不機密是他們從那兒包的，誰包給的，咋包的。

周：你們掙的少時工頭掙的多。

陳：我們也是大約摸呢，不知道人家掙多少呀，人家不說我們也不問，就是今天栽呀，咱們五十哩、六十哩，個人抬到包裡頭了。這麼個想法，我們全部工人好好受的，不懂那個栽一苗多少錢呢，就是狠狠幹，中午連飯也顧不上吃。人們說今天我們能掙一百多呢，就高興的。不了七、八十也是一天。我們每天早上四點鐘就坐上車出地了，一出地剛一明就受上罪了，晚上次來已經九點了。我們就是拿時間擋對呢。

周：一天十七、八個小時。

陳：工頭們也掙不了，貼的時候可多哩。他們不一定也能掙了。聽見說我們工人掙三百哩、二百哩，結果他們也沒掙了錢。我們也不知道他們為什麼攬上這個工了。

周：是你們提出來漲工資，還是他們。

陳：現在讓露天礦占的，就像個人，我這讓露天礦占了，我就想栽這個樹呢，尋你是你懂了，栽啥樹，就尋的你，你又向我們個人攬的，個人就把工資提高了。露天礦的，家家戶戶想栽樹了哇，你占人家莊禾給錢，你高我也高，由這麼提高的。

周：把這工資炒起來了。

陳：炒起來了。也不一定，對一天也有八十的時候，一百的時候，不等。對二天是露天礦占了，個人村裡就是搶栽呢，露天礦就收這些樹呀。我們趕緊雇上你，說一百雇呢，二百雇呢，雇上你趕緊栽上樹，給國家就掙不上。我們掙上錢就是因為露天礦給個人的。正兒八經給國家栽樹就掙不上，每天就跌個七十到八十。掙不上錢。

周：所謂高工資就是給這些個人種樹。

陳：給個人。一般退耕還林栽樹，根本就掙不上錢。

周：我說也是，種樹能有那麼高的工資。

陳：不是那個，是給露天礦個人占地栽的。

周：這下明白了。

陳：給國家栽樹你能掙下那個錢，頂多六十到八十，這也是最高的工資了。老闆也是等對的，應該種一百萬，種下二、三十萬，給你弄下這幾個工資。我們掙下那個錢也是露天礦搶栽的。是人家個人出的錢。

周：把工資抬高了，退耕還林給國家栽樹也不容易雇到你們了。

陳：到時個人不雇了，這只是幾幾天的活，沒有活了你也得打工哩。沒有個走處也得去呢。八十也得去。沒活幹了，八十就八十吧。那麼人們也得生活吧。鑽在家裡還是沒錢。

周：你幹了七、八年，平均一年有多少個月的活。

陳：從春季起，那幾年到八月十五就沒活幹了。要是露天礦占了，九月還有活幹，這兩天碰搭也有活，就是凍的刨不下去。凍的就不幹了。

周：春季什麼時候開始。

陳：也得土消了，過了清明。到五、六月份就不是栽樹節令了，人們就不栽了，種下去活不了。也寡搭，受的幾幾月。

周：也幹不了幾個月。

陳：幹不了幾個月，人們沒活幹。坐的半年，動的半年。五、六月熱了，澆上水也活不了。最近是給個人，不是集體，不是退耕還林種。

周：你這麼一說明白了。

陳：國家就不撥那麼多的錢。現在種樹就是給各單位領導分呢，根本就掙不了錢。現在他也不敢掙了。形勢不行了，工人們也得活呢，那幾年就是七十、八十，碰搭今天受的時間過長了，也有九十、一百，最高的了。

可憐人遇到了一起

口述人：阮小翠（一九七二～）女，滇籍

訪問地點：山西省朔州市平魯區井坪鎮出租屋

訪問時間：二〇一七年十一月二十日

周：你叫個啥名字。

阮：阮小翠。

周：你家鄉啥地方的。

阮：雲南昭通市北閘鎮[82]箐門鄉十三隊。

周：是不是挨著威寧。

阮：離威寧不遠。

周：你來的時候家裡有些什麼人。

阮：家裡全有哩。父親、母親，一個哥哥，六個女兒。按女兒排我老四，我上頭有個哥哥，我排老五。

周：你是哪一年出生的。

阮：我是一九七二年出生的。

周：你來這兒時多大了。

阮：我來這二十六了。

周：二十六以前在家鄉做什麼。

阮：原來找了一家，離了婚。我在雲南在豬毛廠上班，十五歲就去了，上到二十五不上班了。二十五來到山西。那時工資不高。

周：上了十年。

阮：上了十年工資也不高，所以就出來了。

周：那時一個月掙多少錢。

82　雲南省昭通市昭陽區。

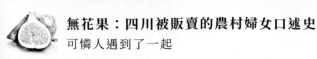
阮：梳一斤豬毛才二毛錢，一天掙兩塊錢。廠家收上來讓我們梳，根根是根根，梳了出了國了。

周：那個廠是國營的還是私營的。

阮：國營的。雲南昭通市外貿局豬毛廠。這個廠現在還在。我跑出來，回去沒用了。其他人都轉了。

周：幹十年還沒有給你轉。

阮：沒，幹了十年我來山西了。

周：第一個丈夫幹什麼呢。

阮：種地。

周：你在廠裡，他種地，有了兩個孩子，男孩女孩。

阮：一個女子一個小子。

周：後來怎麼想起離婚呢。

阮：他耍錢。

周：你是什麼民族。

阮：漢族，那裡苗族、白族、彝族很多。

周：他主要是賭博。

阮：我不和他過了。

周：不顧家。

阮：不。

周：你們倆誰主動提出來的。

阮：他也不想過了，我們提出來。他耍錢我不和他過了，我們結婚早，十八就結婚了，沒有手續，非法結婚，人家還罰一百塊錢，他大我四歲。我們倆過不在一搭了。

周：你怎麼又跑到山西打工來了呢。

阮：跟他來的。

周：有人介紹你到山西來打工。

阮：認識的。

周：在大同打工做什麼呢。

阮：動彈碰搭在小飯店幹三個月，不動彈跟他去煤窯。

周：他是平魯的。

阮：就把我引到他家。

周：他是那個村的。

阮：西水界（村）的。

周：你在大同認識他了。那會你多大了。

阮：二十八了。第一年我是一九九〇年上來的。

周：你一九九〇年跟他回村了。

阮：一九九〇年來就和他過到現在。

周：二十七年了，你剛來在西水界做點什麼呢。

阮：種地，餵牲口，餵羊。

周：什麼都做，他們家有多少地。

阮：他們家地不多，九畝，三垧。

周：他們弟兄幾個。

阮：四個。

周：你是老幾。

阮的丈夫：我是老三。

阮：他是個可憐人。

周：你說說。

阮：他媽四十九死的，得了癌症死的，是子宮癌，他兄弟得胃癌死的，他二嫂栽樹跌進圪叭。他家死的基本沒了。就丟下，你看弟兄四個。

周：兩個哥哥還在嘛。

阮：這是二哥。

周：老四得病，二嫂是跌進山崖下。

阮：他們家也是可憐人，家裡窮。

周：你種了多少年。

阮：你看去了多少年就種了多少年。前年我才搬進城裡來，那二年還在村裡種地。

周：前年剛來。

阮：娃娃們來城裡讀書。

周：這房子是什麼，問的。

阮：問的。

周：這地方叫問的，租房叫問房。下來以後你們做點什麼呢。

阮：栽樹。

阮的丈夫：打零工。

周：你是打零工。

阮：全是打零工。

阮的丈夫：壯工。

周：你栽樹。

阮：他也栽樹。

周：他大兄哥，和你們在一起。

阮：他在外面，也是幹苦活。

周：老大呢。

阮：也是，打零工。

周：你們全搬到井坪了，你們兄弟三個都搬到井坪了。

阮：都搬來了。

周：村子就沒人了，也是問的房。

阮：弟兄三個都是問的家。

周：老大娶的媳婦是本地的。

阮：老大、老二都是本地的。

周：老三娶的是雲南的，老四呢。

阮：老四娶的太原的。他兄弟在太原打工認識的，給引回來了。後頭媳婦引的她媽。他爸也得了癌症。

周：你們家這麼多得癌症，爸爸、媽媽、弟弟。那你孩子做什麼呢。

阮：我現在的孩子，這個女十二了，還念書呢，小子在太原鐵路學校。

周：將來分配工作好分。張玲玲不知道你認識不認識，住西泉溝，她女兒就是太原鐵路學校的，畢業分配在鐵路上。

阮：我們這個明年三月實習，不是北京就是天津。

周：鐵路是鐵飯碗。張玲玲的女兒辭了，又後悔了。

阮：現在的娃娃們不懂，嫌累，鑽下了就好了。

周：得堅持。

阮：我就和我們小子說，初去不行，不適應，要堅持。

周：這個學校選對了。

阮：我們沒文化，不知道選對沒選對。

周：鐵路招工要招鐵路學校的嘛。

阮：他念的就是這個。

周：還有個孩子做什麼。

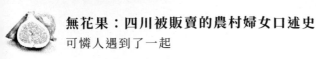

阮：這頭是兩個，女子還小，上學呢。念小學。

周：雲南那兩個呢。

阮：也沒念出書來，種地。

周：沒出來。昭通是不是和威寧差不多。

阮：地很少，大山。種的一畝地。

周：看著植被很好，實際很窮。看著綠油油的，也有水，吃不上，山高水深。

阮：嗯，窮。威寧離我們不遠。

周：威寧窮，我去過石門檻、蘇家寨。

阮：石門檻是貴州的。

周：就是威寧的。我在石門檻還住了一星期。

阮：我三姐夫家就是石門檻的。

周：石門檻名氣很大，基督教傳到那兒了，實際很窮。隔一條江就是昭通。

阮：我三姐就嫁到石門檻了。現在不在石門檻，在我們昭通，石門檻不如我們昭通。

周：那地方苦，客人來了煮一大盆馬鈴薯，這地方叫山藥。這就是飯了，他很熱情。

阮：我們那頭也熱情，客人來了也是絕對的好。他去過我媽那頭，那頭人心好，對人真好呢。

周：上頭那個鄭貴也是雲南的，開個小賣部。她是被騙賣來的。她想找到賣她的人報仇。

阮：她是曲靖水富縣，不認識，她有幾個娃。

周：好像是三個。她年齡和你差不多。

阮：我在那頭也差不多，結婚早。

周：一樣。她孩子也大了，好像沒成家。你這情況算不錯，她的命運慘點，是被賣來的。

阮：報仇也尋不見個人販子了。

周：她有點線索，當時人販子給她吃了迷藥，記得不清楚。她記得那個人，但沒有證據。但不能自己待在那思索，得報案。你這個情況還不錯，西水界和你老家那個村子比較怎麼樣。

阮：西水界不如我們那個村子。他也去過。

阮的丈夫：不如那頭。

周：你怎麼就決定跟他來平魯了呢。

阮：我看對他人了，人老實，那個耍錢，這個老實。

周：看對了，你們兩個感情還挺好。這個比什麼都重要。

阮：管他窮不窮呢，養活過就行了。

周：窮、富不重要。

阮：是哩，窮，慢慢會變的。娃娃們大了，供他們念書。迎那麼供他們念大學了。

周：念大學負擔就重了，你孩子在太原上學每個月生活費得多少。

阮：一個月得二千塊錢。

周：這麼高的生活費。

阮：他吃飯、買衣服帶零花錢。不像小孩省錢。手把大。

周：你得管管，一個月兩千塊太多了。

阮：碰搭用，也碰搭不用這麼多。小子們能花錢。要不就負擔太重了。

周：孩子呀要嚴點管。

阮：快了，明年就出來了。明年三月份念出來了，一出來就實習了，三月份走呀。兒子打電話來改鐵路公司了，公司招呀。原來是在秋天，後來改變了提前了。

周：工作有著落了。

阮：明年得行。

周：就是生活費高了，四、五百塊錢伙食費，多出一千五。

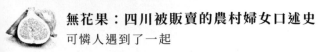

阮：碰搭喝點飲料。

周：你們把這孩子慣壞了。

阮：我們說了，我們掙這點錢不容易。他說媽不管再辛苦我在一下，不像別的娃娃跑了。

周：讓他向你學習，為打工，從雲南跑到大同，從大同跑到平魯。

阮：我們不頂了，就靠娃娃們了。把娃娃們供出來，慢慢發展吧。

周：他的錢有沒有你們倆收入的一半。

阮：得。

周：我估計是。而且你們打工還沒準。

阮：今兒有，明兒沒有。他要呢，不給咋呀。這會的孩子看見人家吃看見人家穿他就要呢，大人就考慮滿足他，他就不會朝歪處想。大人是這麼考慮的，迎那麼給他。他看見人家花呢，他沒，就學壞了，就怕這。太原的老師打電話，說他不打架，不出去瞎混。

周：老師還誇獎他。

阮：不像別的娃娃調皮搗蛋。

周：在太原讀了幾年。

阮：明年三年了。

周：學的啥專業。

阮：運輸。拿個紅旗旗，火車來了，擰擰螺絲，放放水，就做那呢。

周：檢修，加水。

阮：就是有點辛苦。

周：是，都是室外，春夏秋冬。

阮：辛苦，尤其是冬天，有衣裳呢，發大衣。說媽，這個工作辛苦。我說不怕。他說媽咋辛苦我也在呀，你和爸爸辛辛苦苦賺錢供養我。

周：你孩子還挺懂事。

不知愁的女人

口述人：彭華茹（一九六七～）女，川籍（遵個人意願未拍照）

訪問地點：山西省朔州市平魯區井坪鎮

訪問時間：二〇一七年十一月二十日

周：先說叫個啥名字。

彭：彭華茹。

周：你是什麼地方的。

彭：我是大英縣的。金元鄉光明村的。

周：你是哪一年出生的。

彭：我是一九六六年、六七年。

周：你多大了吧。

彭：五十一了，虛歲。週歲整五十了。

周：那就是一九六七年。你家鄉有些什麼人。

彭：爸爸、媽媽、哥哥，全有。妹妹。

周：姊妹幾個。

彭：兩個。

周：你是老幾。

彭：女兒是老大，連小子是老二。

周：有個哥哥，有個妹妹。你是中間。你是哪一年來平魯。

彭：我是一九八五年。

周：十八歲，是不是。

彭：我看是。

周：你十八歲以前在光明村做點啥。

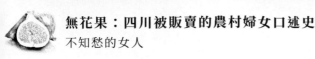

彭：就是撿菜、打豬草、帶妹妹。

周：你在光明村上過學沒有。

彭：上過四年。

周：後來為啥不上了。

彭：不想念了。

周：不是家裡不讓念了。

彭：家裡想讓念，我爸爸是個工人，在林業處。

周：林業局的工人是國營的吧。

彭：我也省不得。

周：你在的時候你爸爸還在林業局上班嗎。

彭：將將退休回來。他八、九月退休，十一月我來的。

周：他剛退休你就來了。你是咋來的。

彭：我媽的妹妹，小姑在這兒。她回來住媽家，我四姨聽見，我有個外侄女，說這裡這好那好，她懶，把她送到遠遠的，她懶的不帶動彈幹活。

周：嫌你懶。就跟著小姑來了。

彭：我四姨夫的妹妹。

周：她是回娘家。就把你介紹來了。她也在平魯，那個村。

彭：井坪。

周：介紹到一個什麼人。

彭：他們遠了，也認得，她婆婆家的。

周：她要了多少錢。

彭：我聽見一耳朵，跟人要了八百塊錢，意思是說當了個媒人。

周：小姑這家。

彭：哦，婆婆。

周：小姑的婆婆跟人家要了八百塊錢。

彭：哦。

周：你父母沒要。

彭：我爸爸、媽媽來了。

周：還來了，是跟你一塊來的，還是。

彭：一塊來的。來的時候有我爸、我媽、我四姨，三個人來的。

周：不放心，送你來看看。那家咋樣呢。

彭：那會咱們羞那麼，不敢看，藏在一個個落落裡，不敢抬頭看，偷悄悄看呢。

周：那人比你大幾歲。

彭：大七歲。

周：他二十六了。他弟兄幾個。

彭：弟兄兩個。他是老二。

周：你父母跟他們要點彩禮錢。

彭：要了千五。最後走呀，又給了二百塊錢路費。

周：小姑的婆婆要了八百媒人錢。

彭：那是另外要的，跟他媽要的。還不叫我們知道。

周：你是一九八五年來的。

彭：一九八五年十二月來的。

周：三十二年了。你來這有幾個孩子。

彭：我來了生了兩個。

周：一個男孩一個女孩。

彭：嗯。

周：大的是男孩女孩。

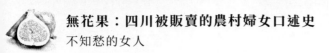

彭：大的是女孩，今年二十九了。

周：聘了。

彭：聘了。在醫院上班，平魯人民醫院護士。

周：你女兒上過什麼學吧。

彭：大專，河北醫專，念了二年，又去浙江實習了一年。

周：女婿做什麼。

彭：在二礦上班。

周：兒子多大了。

彭：二十六了。

周：也不小了，成家了沒有。

彭：還沒有。

周：做什麼呢。

彭：在交警隊上班。

周：警察，交通警察。他是外勤，還是。

彭：原來在歇馬關，去年回交警隊了。

周：他是站在街上，還是在辦公室。

彭：現在回辦公室了。原來在歇馬關路上呢。

周：那工作也辛苦，整日站在路上。他怎麼就當了警察。

彭：有親戚在裡頭。

周：有了個後門，花錢不花。

彭：走了個後門，也花了。

周：當個警察得花多少錢。

彭：三、四萬，現在花三、四萬人家還不要呢。

周：也不算什麼好工作還要花錢。

彭：得花哩。

周：你們是井坪鎮，你來的時候是幾隊。

彭：三隊。

周：我記得井坪十幾個隊。

彭：十五個隊。

周：那你們井坪分的地很少吧。

彭：才二畝來的地。

周：井坪一個是人多，一個地少。你來時你們家還種不種。

彭：種來了吧。現在還種呢。

周：現在還種著，地在什麼地方。

彭：就在北坪。

周：沒有什麼徵用呀。

彭：沒有。個人栽上樹了

周：我估計井坪徵用的地很多。

彭：就後頭那一片。

周：都征完了。

彭：就剩下北坪那小片了。

周：其它都占完了。

彭：占完了。

周：井坪鎮這些被占地的人是不是收入高些。

彭：收入高了哇，占了地才有錢。

周：現在你們住的這個房子是自己蓋的。

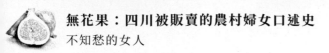

彭：自己蓋的。

周：你是她們的房東。你蓋了多少間。

彭：就那一大片。

周：一大片是幾間。

彭：六間是正房。

周：南房是幾間。

彭：三間。

周：九間。是不是井坪蓋房出租，靠這個生活的多。

彭：不多。

周：你這是個小房產主。一間出租多少錢。

彭：一百塊錢。

周：一個月，你出租幾間。

彭：我還住呢。

周：出租幾間，你住幾間。

彭：我住三間。

周：出租六間，一個月收入六百塊錢，也不多。

彭：不多。

周：除了出租房，你還幹點別的不。

彭：和他們栽樹。

周：你男人呢。

彭：哄娃娃。給女兒哄個娃娃。

周：你男人哄娃娃，多大了。

彭：五十七、五十八了。

周：還年輕嘛。

彭：那麼得有個哄娃娃。

周：不是他哄，就是你哄。

彭：我不哄就是他哄。

周：你不哄，想出去。

彭：我給人哄來了，嘴給人碰過兩遍，說話就忘了娃娃了，哄了三十六天給人碰著了兩遍。

周：你是不是比較粗心呀。

彭：是哩。女人多了，好啦呱，好說話。你快哄吧。

周：你女兒就有意見了。

彭：沒，她沒說。

周：幸虧沒碰壞。

彭：碰著頭了，還流血了。

周：碰的厲害了吧。

彭：我還沒看見。

周：唉，你真是個胖大嫂。

彭：女人哇，好啦呱。男人們哄娃娃專心。女人們就不專心。

周：誰說的，哄娃娃的都是女人。你這什麼邏輯，男人哄娃娃專心。

彭：我碰著還不知道哩。

周：你是不是喜歡出去打工紅火。

彭：紅火啥哩。

周：跟著夥伴出去，熱鬧，說話，紅火。

彭：是哩，就是。一來為錢，二來為紅火，三來開心。

周：在家帶娃娃悶得慌。麻煩，娃娃再一哭一鬧。

彭：是哩。

周：你這性格就屬於熱鬧。

彭：我家還有一炕人呢。

周：我剛才進來從窗戶看見一屋子人，做啥呢。

彭：都是來我家串門的。

周：你就是喜歡跟她們聊天、啦呱。每天都招到家裡邊。

彭：每日滿滿的。我一回去就是。

周：你一走，人就走了。啦些啥。

彭：啦閒話。

周：什麼閒話。

彭：不知道說些啥。

周：有沒有你們四川老鄉。

彭：沒，齊是本地的。

周：你和本地這些老娘們關係還挺好。

彭：是些以前在我家住過，走了來串門。搬上走了，個人買上樓房了。

周：都是過去的房客。租房戶，跟你關係處的好。

彭：我回來了，齊來了，串門子。

周：可能你性格好。

彭：就愛這一梁。

周：你後頭回去看沒看哥哥、妹妹，父親、母親。

彭：看來了。

周：他們怎麼樣。

彭：也七、八十歲呀。走不動了。

周：哥哥做什麼。

彭：接我爸爸的班了，去年下崗了。

周：四川林業局工人大部分下崗了。不讓砍樹了。沒工作。下崗有點補貼吧。

彭：他買斷了。

周：買斷工齡了，沒找點事幹。

彭：在外頭打工呢。

周：妹妹做什麼。

彭：也在外頭打工。

周：結婚了沒有。

彭：結了，都四十來歲了。四十五、四十六了。

周：找的四川的。你們家就你一個在平魯。你剛才說你的小姑在平魯，你們光明村在平魯有幾個。

彭：四、五個齊跑了，走了。

周：來的時候有四、五個，齊是賣來的，還是。

彭：嗯，有的是姐姐在這跟上來，後頭跑了。

周：在那個村子。

彭：也是在井坪。

周：還丟下娃娃了，丟下幾個。

彭：三個。走的時候娃娃大了，十七、八了。

周：回光明村了。你和她們有沒有聯繫。

彭：沒。

周：那幾個跑的呢。

彭：齊回光明村了。

周：她們有的有娃娃了，結了婚，回去咋辦。

彭：又結婚了，又找了。

周：你沒有和她聯繫。

彭：沒有。

周：為什麼呢。

彭：聯繫也沒用。

周：你不是愛熱鬧麼，問問她們生活過的咋地。

彭：電話我也不留給她們。她們也不留給我的。

周：因為她們是跑的，你不敢跟她們聯絡。

彭：這陣不怕，聯繫沒意思。

周：你在井坪，這裡四川的、雲南的多不多。

彭：也多兩個呢。我們三隊去了四個，跑了兩個，還有一個。人家占了，分了四套樓房。

周：其它隊呢。

彭：旁人認不得。

周：占地給了四套樓房。

彭：人不走，娃娃都娶了媳婦了。

周：你就把這當成家了。

彭：是，再去那，沒個走處了。

周：沒個念頭回去。

彭：看看爸爸、媽媽。

周：心裡也就踏實在這兒了。

彭：踏實了。

收彩禮不算花人家的錢

口述人：劉鳳明（一九七〇～）女，川籍

訪問地點：山西省朔州市平魯區西中牌村

訪問時間：二〇一七年十一月二十一日

周：先說說叫什麼名字。

劉：劉鳳明。

周：老家什麼地方。

劉：四川德陽，原來是縣，現在改德陽市。

周：家裡都有些什麼人。

劉：我家裡呀，現在就有個老媽了，我姊妹五個，我媽有五個女兒。

周：你是老幾。

劉：我是老三。

周：你來這時多大年紀。

劉：我十七上就來到這兒。

周：你哪一年出生。

劉：我一九七〇年。

周：你來之前在家做什麼。

劉：啥也沒做，就是給人家看過小孩。看了二年小孩就再也沒做什麼，就來這地方了。

周：看小孩也是在當地。

劉：在市裡邊給我三爹看小孩。人家上班。

周：你讀過書沒有。

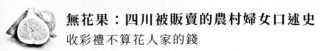

劉：我沒多讀過，只念了三年級。

周：來的時候怎麼來的。

劉：我來的時候是這兒有個朋友，我們一個村的，女的，她來了，回個我問她這地面究竟咋地個，說還行，我是我媽送上來的，我不是騙來的，也沒花他們家錢。

周：是你媽送上來的。

劉：嗯，我在我們那地方也沒找過對象。上來就找的他。

周：上來就直接來中牌了。

劉：這原來有個農場，我們那個女兒在農場，她姐夫在打井隊，就過這來了。人家是專業隊，介紹有引上個四川女兒來了，就引上來了，人家看對了，就回家了。離這不遠遠，就拐彎那。

周：原來他在打井隊。

劉：先引上來的這個四川女兒在這住著。

周：你老漢比你大幾歲。

劉：比我大個六、七歲。

周：他是中牌的。

劉：人家就是這村的。

周：你是一九八七年來的，你認識宋相如嗎。

劉：他是中中牌的，我們這是西中牌，名字很熟悉。這村我知道。

周：不是一個村子。

劉：還有一個東中牌。

周：你剛來時在村裡做些啥。

劉：種地，做啥，那會往死累哩，我才九十斤，瘦的哪像個人，也是這一、二年保養起來了，還肉一點了。今年去我媽那是一百二十斤。

周：那會瘦就九十斤了。

劉：經留娃娃，老人不管，婆婆老人後頭還有個小兄弟，人家還沒媳婦，養兒呢，顧不上給經留娃娃，三個娃娃是個人經留的，老漢出去打工。往死累哩，跌到那會活也活不出去了。

周：這地方農活你都會做些啥。

劉：不會也沒辦法，會哩。

周：都學會了。

劉：噫，巧妙營生不會做了，笨營生啥也會呢。

周：你在四川種過地沒有。

劉：沒，連個地邊也沒去過，莊稼啥樣也不知道，連個針線也不會縫，來這地方初開始經留娃娃還做鞋呢，家做鞋，真鞭僚[83] 好了。

周：鍛鍊出來了。你來的時候小孩的鞋還得自己做。

劉：哦，不做娃凍的沒個穿上的。買的貴呢，不壯。我這會娃齊大了，俐落了，要不尋上哪打工哇，今年去外頭酒店動彈，我們村一個老漢給他女兒尋下了，比我歲數還大，人家去看娃娃走了，要是有這個營生我也去了。我也挺俐落，看個家，接個小孩子，服伺個老人老漢，老人老漢能自理，孩子娃娃上班，讓我去陪伴。人家還說要經過啥東西，不經過那個也能了哇。

周：你要在大城市裡搞家政，要檢查身體。

劉：是哩，身體那個到沒啥，我是說這陣好容易利灑了，要是以前也走不出個，娃娃們大了，趕十月十九聘完這個小女，這是結婚照。

周：小女女婿做啥呢。

劉：人家在煤礦哩。

周：那你三個孩子都安排了。

劉：哦，安排了。以前想出去動彈，窮死也走不了，給帶娃娃，到時候個人出去掙個零花錢。我鑽在家裡不想出去，也麻煩呢，一天時間消磨的。

周：大城市家政工資挺高的。

83　鍛鍊。

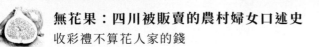

劉：我哪怕清閒點的，掙個二、三千塊錢也行了。

周：大城市家政人員很缺。

劉：不是，人家不慣熟的不憑信，實際咱既然給人家做，好好地誠心給人幹哩，如果不誠心幹就不想去了。那會我在城市裡也是給人哄娃娃，給三爹哄完娃娃，別人看得起也要我哄娃娃，我又給人哄，哄了三個娃娃，哄大了三個娃娃，哄的念書上幼兒園了。

周：十月要聘的是小女兒。那倆大的呢。

劉：大的都成家了。

周：大的是男孩、女孩。

劉：是兩個男孩。

周：他們成家在那兒。

劉：一個在朔縣，一個在下邊，個人也有一處院子。

周：也在中牌。

劉：他不在村裡。

周：兩個兒子結婚得花不少錢吧。

劉：啊呀，多了哇。

周：就靠你們倆口子掙。

劉：個人掙能掙幾個呀，種了點地就胡擼著把媳婦娶轉了。

周：你來這，他們弟兄倆分了多少地。

劉：公公老漢和他一共分了四坰地。

周：不多。

劉：他們弟兄們多，弟兄五個，姊妹八個。

周：你老漢弟兄、姊妹八個呢。那就負擔重了。

劉：負擔重，那會他爸爸可有本事，做皮子。皮匠，人家到死，八十多了，真精幹哩。

周：去世了。

劉：死了好幾年了。死了，得些賴病，人家咋痛也不用你服伺。

周：那會他家是不是比種地收入稍微多點。

劉：他媽那老人也可苦重呢。

周：他媽也種地。

劉：他爸爸碰搭出內蒙做皮子，這莜麥呀啥的都是人家種。

周：做皮子內蒙活多。他鞣的手藝傳給孩子們了嗎。

劉：這會寡搭，人們齊不用了。

周：也不學。

劉：學了也沒用。

周：活少了。你來就和你老漢一塊種地。

劉：種地。

周：種了多少年。

劉：左不來我種地，人家打工。農忙時顧下來回來一下，顧不下不回來。

周：你來時他就打工。

劉：以前就打工。左不來不離這平魯，顧不上次家。

周：做些什麼。

劉：跟上打井隊走。

周：他算不算打井隊的。

劉：不算，這會。他是臨時的。

周：介紹你來的那女兒怎麼來的。

劉：她是人家騙上來的。

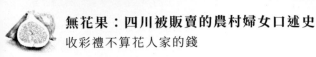

周：她和你一個村。

劉：她媽死尋第二個老漢嫁的，帶到我們村的。

周：繼父。

劉：嗯。

周：她讓人騙上來了，覺得這還行。

劉：她叫人騙上來了，不行也回不個了，那會她尋個三、四十的老漢，早死了，人娃又尋了一個，這陣在內蒙呢，呼市呢，這兩天她叫我去呢。這兩天這麼冷，去呼市還往死凍哩。

周：她來在那個村。

劉：黃石崖（村），水頭那面。她一直不回村，在井坪住著。

周：她來了幾年後回的村。

劉：我也不知道。

周：那你是怎麼見到她的。

劉：是她爸爸引上我們來的。她繼父老漢引上我來她這兒。

周：她沒有回村。

劉：沒。我們問的她繼父老漢，是他說給的。

周：她繼父老漢要沒要媒人錢。

劉：那會路費就二十二塊錢，人家拿了兩個路費，一共拿了二百塊錢。

周：沒收你們的錢。

劉：我們不是像那些，賣人來了。

周：你男人家給沒給你父親彩禮錢。

劉：我媽開上遷移手續來，給了二千塊錢，我記得是。

周：當時你們就開上遷移手續了。

劉：那是多會來了，啥時候呢，二月份上來的，是幾月份開的遷移手續。

周：很快就辦了。

劉：半年時間。我也悶的，每天看（手機）頭條新聞，在上頭真多學會字了。

周：你們西中牌四川的有多少個。

劉：我看二、三十個哩。多了哇。

周：她們大體什麼時間來的。

劉：一般都是騙上來的。

周：跑的多不多。

劉：走的也多哩。

周：走的有沒有一半。

劉：沒一半。

周：你來時西中牌有多少人。

劉：不知道。

周：這村算是條件好的。

劉：也還行。

周：好村子。向陽堡好鄉，中牌也是好村子。你們這裡栽樹占地了沒有。

劉：工業園區栽了些。

周：能不能給你們點賠償。

劉：賠償也給點，就是給娃娃們去山東培訓，回來有的在服裝廠，給人生產衣服，工資不高，有的娃娃嫌掙的少不去。

周：賠償就是把子女培訓一下。

劉：不是，占了多少地給你多少錢。另外的就是娃娃們找的，就給培訓了一下。

周：這個服裝廠是平魯的，還是山東的。

劉：可能是山東、平魯聯辦的。

周：一畝地賠償多少錢。

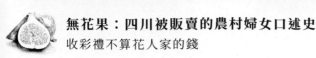

劉：四萬塊錢，四萬六，還是二萬幾。

周：是一畝還是一坰。

劉：具體我記不清了。

周：你來這三十年了，你老大多大了。

劉：也都二十五、六了。

周：他們兄弟五個，找四川的有幾個。

劉：就我一個。

周：他們這個村的人對四川來的欺負不欺負。

劉：也寡，不哇。做啥也是看你個人哩，一般也還行。

周：開戶手續用半年時間，也沒辦結婚手續。

劉：一直沒辦。去年叫辦貸款，不是，修大棚時候叫我倆結婚，才結了。結了沒幾年。

周：四川來的大部分沒辦。

劉：一般都沒結。

周：那會像你們沒辦結婚手續，鄉里村裡管不管。

劉：它這地面寡，不管，不像我們那地方管的嚴格，這地方管也不管。

周：你這一天看手機得花多長時間。

劉：我啊，閒下來沒事看一看，有事了看也不看。

周：就是吃飯、睡覺，剩下時間都看。

劉：嗯。

周：你主要看些啥。

劉：我看新聞頭條，趣聞。

周：你還挺關心新聞。

劉：沒做的看看，碰搭的親友們、朋友們啦個呱。和我媽、妹妹上個影片。

周：手機一個月花銷多少。

劉：我家裡有網呢，不花。

周：上網不交費呀。

劉：我老公每月花多少，我不知道。手機消費多了，網就是免費的。

周：消費得滿足它的條件才行，變相消費嘛。

劉：就是比方每月八十，你就必須用夠八十，也就免費。

周：那你們倆口子加起一個月消費多少。

劉：我除了免費的，一個月手機費三十就夠了。我媽不會上網，我妹妹會，拿她的上網。天天得給老人聯繫一下。

周：你媽媽現在多大了。

劉：七十二了。人家七十二了，我媽一點也不老，人家可年輕了。這是今年回個照下的。

周：比我大一歲，顯得比我還年輕。

劉：人家可精幹了，我還睡著人家就起來了，種點蔬菜，這弄弄，那弄弄，不停歇。

周：不錯。誰跟一起生活。

劉：妹妹守她呢，多日回去看看。這是我和妹妹走的那天照的相。十月二號回來的。

周：你妹妹比你高的多。

劉：人家穿四〇的鞋，一百五十斤呢，老公進這門還得躲一下。老公也可大呢。

周：老公身高得一米八。妹夫做什麼呢。

劉：貼瓷磚，鋪地板。裡外牆都貼。

周：你姊妹五個都成家了吧。

劉：有個妹妹出車禍沒了，其他的外孫娃娃都有了。二姐姐在西易（村）。

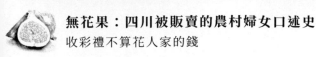
周：也在平魯。你這二姐姐是怎麼來的。

劉：是我介紹來的。

周：西易村。

劉：兩兒都在井坪。她在村裡做小買賣，開的小賣部。小飯店。

周：是不是有個西易礦，有條件。

劉：有。

周：沒有煤礦誰去吃飯。你來幾年介紹的。

劉：第二年。

周：你二姐比你大幾歲。

劉：二、三歲。

周：你大姐呢。

劉：在本地，三妹妹在本地，四妹妹也在本地。

周：兩個來咱們這了。二姐的兩個兒子，買了兩套樓房。

劉：還行。

周：你二姐幾個孩子。

劉：和我一樣，也是三個。

周：你今年還回去看你媽媽。

劉：四月份去的，才回來。八月二號回來。

周：回去陪你媽媽。

劉：人家說難活哩，叫我回去陪兩天，鑽在這沒做的，你也不回來。陪的人家不想叫走，我說鑽也沒做的。

周：主要是想女兒了，身體還可以。你二姐回去沒有。

劉：她也是想回呢，開那個小飯店走不開。

周：你二姐夫做什麼。

劉：咋也死了七、八年了，得了肺癌。

周：那你二姐沒改嫁。

劉：人家不，說半路夫妻哪能擱的來。麻煩個背幸。

周：年紀大了找個伴。

劉：伴，人家說沒好的，不想找，人才比我強，沒我瘦，比我肉，人家比我年輕，看起來比我年輕，沒我皺紋多。人說有個好的找上也能呢，不好的說麻煩哩。人家說就一個過呀。這會動彈行哩，動彈不動再說。

周：不打算跟子女過。

劉：人家說也擱不得，和年輕人哪能擱得。你想喝點稀粥，人家想吃燜山藥電影，哪能吃到一搭。你想吃麵了，人家說今兒想喝稀粥了。

周：這四川姑娘也知道燜山藥電影。平魯人的飯。

劉：這地方說炒菜，那叫啥菜呀，一大盤，就像割草。

周：啊呀，完全山西化了。那你們的孩子能聽懂四川話麼。

劉：聽懂了哇。

周：是你給他講，還是。

劉：他去了，就慢慢的聽懂了哇，都去四川。

周：你幾個孩子都去過四川。

劉：嗯。

周：經常引她們回去看看姥姥。你父親什麼時候去世的。

劉：我父親死了五、六年了。也是癌症。

周：你父親去世你回去了沒有。

劉：回了，一直守著沒了才回來。回去一個多月。說是走呀，賣了第二天的機票，黑夜給死下了，那就個退票。

周：那你還不錯見著你老父親了。

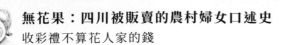

劉：奉伺伺候一個多月，我二姐回了兩次，我回了一次。她一開始回的，我最後快不行呀我回個，依然還伺候了一個多月。回個抓主意，審清究竟是個啥病，有治療的方法沒有。一定治療不了的時候，看他有啥想法呢，是想要呢，還是想啥呢，引上老漢看看。

周：還不錯盡孝了。很多四川人父母都沒見著。很多沒消息。

劉：唉，人家嫌尿不溼不舒服就不穿，屎尿屙褲子裡，洗一個多月。

周：那幾個女兒在不在。

劉：在哩，別人齊顧不上，不在的不在，就我是個消閒的。我二姐給做飯，我是給洗。

周：你父親去世有多大。

劉：七十一了，七十，我爸，我爸至死牙白刷刷的，一個也沒掉。頭髮黑滴滴的，真好呢。人家至死把大豆咬的嘣嘣的，人家好喝一點酒。我爸爸以前是石匠，打石碑，給人們打墓碑。我也回去多年，沒有去德陽一次，現在德陽街道改的我尋不見。以前東橋，就是東山公園，以前一塊看娃娃的女兒就在那，我去過一次。聽說現在都修成樓房了。今年我回去，我們一茬茬的女兒叫我回去，叫我好幾次也沒去成。

周：你一回去都認不得了，變化大。

劉：變化可大了，認也認不得。跟我一茬茬那個女兒，和我同歲，一個班的，那天面對面我就沒認得人家，她回她媽家，說三女回來了，我去看看三女，下來了，說我認也認不得，不來我媽家，就是面對面碰破頭也不知道誰是誰。

周：都不認得了。

劉：還是一個村的。

周：現在有沒有聯絡。

劉：還和我有影片。影片自早上到晌午。

周：你回家鄉和她們重新聯繫上了。

劉：微信、電話都有。

周：你來這麼多年想不想家鄉。

劉：時間長了，就那麼回事。今年回去兩天又思謀的這地方不好想回去。一回到這地方，灰的連眼睛也睜不開，真麻煩的。

周：越回越想。

劉：哦，不回就是那麼個，一回就想起了。

周：四川環境比這好。

劉：好的多，哪像這地方。這幾天人家就穿一個秋褲，這棉衣棉褲都是厚的，外頭還往死了凍哩。

周：你妹妹她們的生活和你比怎麼樣。

劉：生活家庭條件都一般還行。我一年不是二趟，就是三趟回。我聘完女說不定又走呀。走了也思謀過年呀，家裡冷清哩。不行就過完年回。

周：吳代真你們家是不是都被城市化了，徵地了，村子還在不在。

吳：村裡的地都讓德陽來的人包走了，我們也沒地了。

周：德陽的人把你們的地給包了。

劉：我有個親友就在她們那兒包的。

周：包上幹什麼呢。

吳：包上我們的地種菜花，雇上我們村的人幹活。

劉：種上菜籽榨油。

吳：種菜、種蘋果樹，我媽她們在那幹活，打工，一天掙六十塊錢。

周：為什麼不自己種呢。

吳：都是些老幼病殘了。

周：年青的都不在了。

吳：我媽七十幾了也打工。

周：你媽七十幾了還打工。

吳：人家還不誤在家裡餵的豬子。

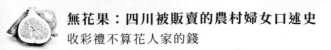

劉：你媽真是，我媽就是種個人那點地，妹夫罵的不叫種，別人可多種上菜籽要榨油，妹妹不叫種，說不要種，種了到收的時候麻煩的沒人和你收，一個往壞累哩。

周：你媽多大了。

吳：七十四了。人家裡餵的羊，餵的豬子，還不誤打工。

劉：我媽這會，妹妹說拿上兩錢打撲克，喝茶，坐茶坊，說不要種了，天天鍛鍊好身體就行了，種上點菜，覺得哪紅火就去那，打個撲克，她不會打麻將。

周：像你母親你給不給她點生活費。

劉：人家別人給哩，我們是有了也給哩，老人人家也不要。回個還給我花哩。我回來說買臥鋪，人家給錢叫我買飛機票。

周：吳代真，你媽那麼大歲數還叫她幹活。

吳：我回不去，三弟包的工地，兄弟家管了她，一個女兒，家裡沒人。

周：他們不養活他媽呀。都七十四了還打工。

劉：老人太辛苦了。

周：吳代真，你這手機一個月花多少錢。

吳：六、七十塊。

周：全是玩微信，還是影片。

吳：這會有條件了，家裡接上網了，和孩子們、妹妹影片。原來耍互聯網捨不得，費錢。

劉：這會家裡一般都有無線網。

吳：我家裡接上不多日，是三兒給安上的。那幾天聘女，就一百多塊錢話費。人多，坐了七十多桌，開流量。

周：實況轉播，四川是不是也跟這一樣。

劉：我媽家也有網，回個就天天有。

周：看來全國一樣。

吳：我兄弟是村幹部，從五一二地震當到現在。

劉：我回去還去了汶川旅遊，去看。

吳：我看電視四川遭地震了，馬上打電話，打不通。

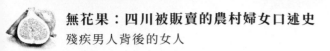

殘疾男人背後的女人

口述人：李桂枝（一九六五～）女，川籍

訪問地點：山西省朔州市平魯區西中牌村

訪問時間：二○一七年十一月二十一日

周：你十九歲就來了。今年多大了。

李：今年五十三了哇。

周：來了三十四年了。

李：不知道幾年了。

周：你十九歲來的。

李：四川說週歲，這麼說虛歲。

周：你是週歲五十二了。週歲十八來的。

李：哦。

周：你家鄉什麼地方的。

李：廣元的。劍閣縣柳芽村。那會是七隊。

周：你來之前家裡都有些什麼人。

李：齊有了，哥哥、嫂嫂、姐姐、姐夫、媽。

周：你爸爸在不在。

李：當家人不在了。

周：你多大時父親去世了。

李：不記得了，我來這幾年後去世的。

周：你小時候在家鄉做什麼呢。

李：莊戶人種莊禾，啥也不做。

周：你上過學沒有。

李：我還上過五年級。也忘得光光了。

周：你姊妹幾個。

李：姊妹四個，死了一個，姊妹三個。

周：怎麼去世的。

李：她冬裡去水池淘菜，掉下去了。

周：你從劍閣怎麼來的平魯。

李：自己上來的。透過這地面有個認識的介紹上來的。

周：也是你們那兒的人。她比你來的還早，早幾年。

李：那我不曉得。

周：她怎麼就介紹你來了。

李：不知道。左不來人家說這地面不受苦，苦輕。

周：你是哪一年出生。

李：一九六五年。

周：一九八二年，你來時地剛分開一年。

李：這地方也不富。不知道是分開幾年。

周：你孩子多大了。

李：三十二了。

周：那就是一九八二年來的。老大是男孩女孩。

李：女孩。

周：聘了沒有。

李：娃娃都有兩了。

周：女婿做什麼。

李：莊戶人沒事幹。

周：也是打工。

李：沒有。

周：外孫有多大了。

李：九歲了。外孫也有，外孫女也有。

周：還有幾個娃娃。

李：我三個孩子。二個女孩，一個男孩。男孩成家了，現在在朔州。最小的二十八了。老三聘在井坪。

周：在這生活的怎麼樣，習慣不習慣。

李：習慣了。

周：農活你會不會。

李：會。

周：你在四川種過地沒有。

李：種過，水稻、玉米，齊種過。

周：在這，你耕過地沒有，抓過糞沒有。

李：沒有。

周：那你割過田沒有

李：沒有。

周：那你沒怎麼幹過農活。你老公幹，你在家帶孩子。

李：也幹哩。

周：你後來回過老家沒有。

李：回過。

周：什麼時候回的。

李：忘了。

李的丈夫：七、八年頭上。

周：你是她老公，你比她大幾歲。

李的丈夫：大十來歲。

周：你今年多大了。

李的丈夫：我今年五十八了。

周：沒有十來歲。瞎說呢。你娶四川女人和當地女人有啥區別。

李的丈夫：一樣。

周：她是你什麼人。

李：二姐。

李的丈夫：我的二姐。

二姐：她是我弟家。

周：這地方叫大姑，你這個弟媳婦咋地個。

二姐：不賴，好。

周：咋個好法。

二姐：到了我兄弟家裡又勤快，他身上帶病，奉伺挺好，一直很好，也沒打過，也沒吵過。

周：你弟弟有啥病。

二姐：我弟弟就是走不了，你不看他走不了。

周：因為啥病走不了。

李的丈夫：脈管炎。

周：那你勞動不了吧。

李的丈夫：嗯。不幹活。

周：主要就靠你媳婦。

李的丈夫：哦。

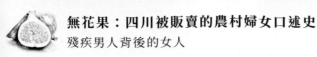

周：真是不容易，她的負擔就重了哇。

李的丈夫：孩子都交待。

周：你的脈管炎是什麼時候得的。

李的丈夫：也多年了，二、三十年了。

周：你年輕時就得這病了。

李的丈夫：哦。

周：那你娶她時沒得。

李的丈夫：沒有。

周：結婚幾年得的。

李的丈夫：鬧不清了。

周：你去看過沒有。

李的丈夫：沒哇。

周：你咋不去看呢。全靠你媳婦。

李的丈夫：是。

二姐：前幾年家困的連口飯也吃不上，那顧得上看病哩，拿啥看哩，得錢了哇。現在有錢了，他病也好了，人也老了，慢慢的就這麼養著哇。

周：他年輕呢，才五十八歲。

二姐：他六十四了。他和你老瞎說呢。

周：週歲六十三。

李的丈夫：你看我多大了。

周：看不出來，你長的年輕。我估計你是不是苦輕。

李：人家個共不受苦。

周：所以長得年輕。你看你老婆操勞的。

李的丈夫：她本來就老。

周：誰說的，年齡就不一樣，你比她大十一歲。

李的丈夫：大下十一歲。

周：對。現在總算安定下來。這小賣部是你們倆口子開的。怎麼這麼多人。

李：白天就人多，沒事。

周：就是說閒話，打撲克，烤爐子。啊呀，你這煤可多燒了。燒煤人就來了。生意怎麼樣。

李：今年不行。

周：是不是因為網路郵購。是從什麼時候開始的。

李的丈夫：去年。

周：去年村裡人也開始郵購了。

李的丈夫：尤其我們這離縣城不遠。

周：村裡有沒有網購。

李的丈夫：年輕人都是網購，東西給村裡送哇。

周：送到村裡，送到戶裡。所以小賣部就受影響了。還能維持嗎。

李：我們兩個人，還能維持。老倆口吃飯。每天哄哄麻煩的，不為了吃飯要這做啥呢。

周：你說的對，至少維持個人氣，生個爐子，人多。

李：一天七、八十，五、六十人。

周：一冬天燒不少煤呀。

李：就是今年炭愈貴，一噸五百二。

李的丈夫：一冬三、四噸就夠了。

李：就像這冷天氣，那一天也是燒的。

周：這有四十多人的樣子。

李的丈夫：這兩天還少了，平日鑽的滿滿的。

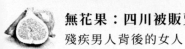

周：往年更多，現在為啥人少了。

李的丈夫：西中牌沒人了，搬走了，有辦法的都進縣城了，年青的都進縣城了，念書的想不進都不能，這村連個學校都沒有，不進城不行。

沒有必要回去了

口述人：尤術春（一九六六～）女，川籍

訪問地點：山西省朔州市平魯區井坪鎮兆星賓館

訪問時間：二〇一七年十一月二十二日

周：正好碰上你了，上次（二〇一五年）我訪問沒談到，問問你來這裡的過程。

尤：這個過程好說。是這麼回事。一九八四年吧，我哥哥成家娶媳婦，咱那地方娶媳婦，我哥哥人老實不會說話，倒是挺年輕，當大人的想給他成家，問個媳婦不對，他說話不對不好不入耳聽，就拉倒了。後來介紹一個對象，人家要啥，根據咱們家庭條件給人家啥。一九八四年在四川來說，花了一千多塊錢，那會一個羊二百塊錢，一千多塊錢也還值錢哇，那會老百姓給木匠的工錢，給人割家具的木匠，一天才一塊五毛九分錢，管的三頓飯，中午一頓稻米，晚上一頓酒。後來我來這地面。我在綿陽也搞了個對象。那會在綿陽罐頭廠打工。後頭我爸。人家就條件好哇。一九八四年在老家辦了結婚手續的就可以坐飛機在綿陽飛一圈。人家就不掏錢哇，條件好。不掏錢。我們婆婆常打架。後頭有人介紹出來打工，就被騙到這地面了。出來就不由咱們了。後頭慢慢的引上來，騙上來了。慢慢的就待下去來。

周：把你騙的賣了。

尤：哦。

周：賣了多少錢。

尤：三千來塊錢。

周：你跟原來的那個男人算沒算結婚。

尤：沒有。

周：那會你有多大。

尤：十九了，二十了。

周：你幾幾年出生。

尤：我是一九六六年。

周：一九八四年，週歲十八，虛歲十九。

尤：就是十八、九了。

周：十八、九騙來的。

尤：不是十八、九。拉倒了還在家裡待了一段，我哥哥娶轉，我嫂子都有娃娃了。二十一了，我讓人騙上來的。

周：騙你的人是當地的，還是。

尤：當地的，是我們那兒花園的，還有本村的。

周：本村的參加騙。

尤：對，他是說咱們去那打工去，咱不知道哇。那會年輕不懂事，隨著那股勁，好容易有機會，找對象不跟心，拉倒了，就跟著走了。

周：我記得你是三台的。

尤：對，三台縣的。

周：是哪個村子的。

尤：咱們那個地方不說村，說隊。四川省三台縣花園鄉，原來是光明鄉，後來和花園合併了，九隊三組。

周：你們村騙到平魯的還有沒有。

尤：我們村的有。還有一個。縣醫院有個高雲，是院長，他的兄弟家，是她姐夫把她賣上來的。高雲的兄弟家和她姐夫，把小姨子賣給高雲的兄弟了。後頭又把我牽連來了。

周：是不是高雲兄弟家早來平魯了，要不咋把你賣過來了。

尤：還有哩，上井溝（村）有一個，哪一個不知道誰介紹來的，高雲兄弟家是上井溝這個介紹來的。

周：上井溝還槍斃一個

尤：槍斃那個是個人販子。

周：和你們這個有沒有關係。

尤：我看沒關係。

周：然後你就見到白天璽了。你來了以後日子過的怎麼樣。

尤：日子，那陣不想待的，那山呀，人呀，換了地方就不一樣了，天天的禁閉哩，天天瞭大山，四川是大平原，那一天就像一年。

周：度日如年。

尤：對。後頭慢慢有了那個閨女。我初來時他在供銷社站門市，雙碾。他們家弟兄們多，窮，他也不是娶不轉，那會得多花錢哇，弟兄們多你占我也占，鬧錢哇，是這麼個情況。人才哇，你也看見了，老了，比我大的九歲。那會來了不跟心哇。我那個對象才比我大一歲。居物各處不跟心哇。這就不理想哇。前四、五年還有這種想法，那會孩子們小，把他們供大，念上書，到成家，我還是想回我們老家，不想在這待著。後來慢慢的，大閨女也成家了，二閨女也成家了，兒子也有對象了。這十一月二十八訂婚哩。對象是朔縣的，是個占地戶，人家兩個人對哇。我說對哇就快訂了哇，十一月二十八訂了。就在這（井坪）。

周：你是前年來的。

尤：我是去年來的，那幾年你又知道我在村裡鑽著。

周：前年還在村裡。

尤：你哇不見，照的那像，灰頭土臉的。

周：後來白天璽是信基督教了。你信了沒有。

尤：我也信呢。

周：有啥好處。

尤：有好處。好處不是一點點的好處。信是哪一年，多少年了我也忘了，忘了這個情景了。我們在大林山栽樹呢，後頭感冒引起頭痛，我這頭痛十幾年了。三旦老漢姐夫在小坡村，這地方叫啥呢（神漢），叫給看看，說是撞客，太原也吃過藥，

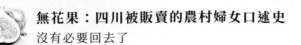

縣醫院也檢查過，露天礦醫院檢查過，可多看過，看究竟是個啥毛病。就是頭痛。後頭去四川看過。我回來，人家信了個基督教，叫我信，我說信那做啥，我不信。後頭我回來思索信哇，我媽也引上來了，我說媽信了就信了哇。後頭我就信了。信了不知不覺不知道什麼時候頭痛就好了，自這會也沒痛過。

周：心裡也是個安慰。

尤：也說不上，就是個那。原來黑夜頭痛將來就是後腦痛，痛將來，那會還出地那哇，地裡的莊禾也不能做，後夜躺上一會才能動彈，不躺就不能動彈，是頭痛，晌午還得回家做飯，吃完飯，滾豬食，就不能睡又趕緊鋤田呀，後夜迎那麼也得睡一會兒，不睡會兒就頭痛的屬害。自從那，不知道什麼時候就好了。你看大林山栽樹都多少年了，具體我忘了。

周：你媽你把她接來，她也信了。

尤：我媽也跟上信了。

周：你媽在這兒住了多長時間。

尤：住了兩個來月。

周：她身體還可以。

尤：唉，不行了。去世了。

周：多大歲數。

尤：說六十五哇。

周：她去世你回去看沒有。

尤：她是得了盆腔癌。我哥給她檢查出病來，我回去奉伺了六個月，趕正死呀我不在。我媽死以後，我爸也是想不通，結果個人得了肝癌，死了。

周：你媽媽去世多久你爸爸去世的。

尤：我媽媽是正月，我爸爸是六月。

周：間隔了半年。太想了。

尤：說想也想哩，年長了，歲數也大了，提起來想呢，過去了也就是個那，還有下一代呢，還有外孫，都八歲了

周：現在你還有沒有想家的念頭。

尤：你說這個想家肯定有。去年我姑媽的孩子們，人家條件好，尋的也不錯，意思是看我，那幾年你看我放羊哇，好像太苦太累了，意思是想叫我們家也下來。在四川我有個叔伯妹妹，我五爹的閨女，人家家庭好，家裡請的保姆，人家在海南買的家，人家年年去海南過年，條件好，意思是叫我回個，家裡請的保姆她不放心哇，叫我去幫助，又是姐妹可以多掙兩個，在個人家裡。後來有那個想法，慢慢想也不行，日久天長，三天、五天，時間長了不行。我個人有這個想法。再說想家想哩。兩個老人都下世了，孩子們又都在這兒，這些都是我親的了，沒那必要了。你說想哩，誰不說家鄉好。

周：主要還是看親人在哪。

尤：對。那頭親的就是還有兄弟、兄弟家，五爹、五媽也親呢，這經常通電話。五爹、五媽說回來哇。這兒還沒成家，給兒成了家。這回一次還不得萬數塊、大幾千塊錢。跌下娃娃們身上有多少。給兒成了家。怎麼說呢，前輩們，趕我爸、我媽他們也窮，不是說我們家窮，普遍窮。後頭來這兒，他們弟兄多，也窮。跌到我來說，不知後半輩子咋呀，眼下我知足了。首先一個，兒子考的大學，個人分配工作了，搞了對象啥也沒要。

周：那還不錯。

尤：啥也沒要，我們個人準備的，這地方說萬里挑一，準備送給她媽一萬零一塊錢。給媳婦拿上兩萬，添些衣裳，冷了。見面錢老倆口說給上兩千塊錢。其它啥也沒要。

周：沒要樓房就不錯。

尤：沒有吧。搞的時候，兒子怕我們大人有壓力，一直沒有提，最後這大學畢業了，能找對象了，說給你介紹個對象，他說不。說我都有了。慢慢的知道，人家是個占地工，咱們是老百姓。

周：占地工。

尤：村裡地下有煤，給挖了，叫占地工。給安排工作，那會她念書哩，不想工作，工作不好，就不去。就給人頭費五十萬。這媳婦現在還念大學的。十二月份考研呢，考上了繼續念，考不上明年給他們結婚。要車、要房我們沒有，就不應承，許下人

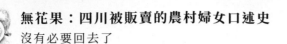

人等著，許下神神等著。到後頭，就我們老倆口，一個兒子，留下的都是你的。我就盡力而為。他買家肯定不回平魯了，不在太原就在保定，保定買個家也得百十來萬。

周：保定會越來越貴，雄安新區。

尤：他姑父在那頭，調回來工作不好尋。今年浙江那個地方要他呢，他在這個地方才幹二年多，還想再幹幾年出去。人家占地工咱們高攀不起人家，人家住的樓，我們住的石窯洞。後來慢慢的，個人跟媳婦分了一段手，後頭說媳婦氣的難活下了，我那個兒叫白剛，說迎那面我留不下個你，你窮我不嫌棄你，沒啥我們以後奮鬥。人家都說明了，還有啥。

周：這媳婦真不錯。

尤：對。後頭我們就去人家。啥也沒有，媒人也沒有，提親是九月二十八，二十七還上班，二十八九訂了親。早上起來去見了人家人。怎麼也得見人家，啦搭啦搭。先說和。比在我了是心滿意足了。這地面是有錢問不下媳婦，多的就是。

周：有錢問不下。

尤：是。我的心情就是這。娃娃們也跟心。有什麼事跟媽商量。

周：兒子比較孝順。

尤：挺好，那兩個閨女也挺好。大閨女在井坪買的家，二閨女在朔縣。女婿開大車。

周：你們倆搬來是問的房。

尤：問的房。老倆口臨時鑽的。我月月有掙一千來塊錢，他春季回去種上點山藥、莜麥、蕎麥，亂七八糟的。

周：今年又回去種點。

尤：種上了就回來了，收呀回去收攬，然後再下來。

周：這次我回計家窯還住了五、六天，問到你說你搬走了。結果又有兩個搬回去了，劉二、楊海搬回去了，養羊、養豬。

尤：我知道了。

周：劉二娶的甘肅的。這下也放心了，兒子訂婚了。

尤：我說能訂就快定了哇，就來這個賓館訂的。

周：你是今年來這個賓館幹活的。

尤：我是今年才來。

周：這工作環境還可以，工資不高。

尤：這會工作難找，全憑這會年輕人不來了，要是跌那幾年像我們這樣的要也不要。都是年輕的。不招歲數大的。

周：年輕的不願當服務員。

尤：掙的工資低，人家不願意來了。

周：哦，是這樣，所以招的年齡就偏高了。

尤：招不上，年齡大也行了。前幾年咱們沒來這兒，那會可繁華哩，全是年輕小姑娘和後生，就沒有這老的，那會不要，這陣沒人來了。

周：現在不景氣。

尤：也不是不景氣，年青人不來了，又有別的做的了，嫌工資低哇，會耍電腦的、上網的，這地方工資不高。

周：現在招的都是中年人。

尤：對，你看小姑娘沒人來。

周：你今年多大了。

尤：我五十二了。我屬馬的，週歲五十一。

周：現在在的都是四、五十歲的。

尤：數我大呢。都是四十多歲，二十來歲的沒有。

周：年輕的找工作的機會可能多了。

尤：外頭開放了，美容啊，美髮啊，年輕人比咱強哇。人都是往高處看哇。

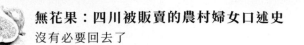
周：你這個工作比栽樹啊。

尤：苦輕點，它是細長，天天這樣，這兩天有席，沒席就坐著，坐著到下班時間就下班。

周：有宴席時忙。

尤：哦，有席時候你就上涼菜時候上涼菜，上熱菜就上熱菜，人家走了，咱們把盆子收攬正，就行了。沒席你就坐在那，等著，等著下班時候。

周：一天幹多少個小時。

尤：連早點就時間長，六點半就過來了，不上早點時間短，下午一點半。不上早點，操作十九桌，二十桌以外，就九點點到，十九桌就九點半點到，禮拜一早上八點開會，禮拜六打掃衛生早上九點。

周：晚上沒有。

尤：下午五點半、五點來，有席了，喝上酒了就沒準，不喝酒像昨天七點半就走了。

周：一天八、九個小時。

尤：有時候不等。喝上酒啦呱呀，由人那，不想走。

周：鬧到半夜。

尤：也不是，我們等到九點半。

周：你們這個工作有沒有什麼勞動保險。社保呀。

尤：沒有。

周：就一個工資。

尤：就一個工資，超半年，每個月有工利五十塊，超過一年一個月一百塊。

周：叫工利。

尤：不知道你們那叫啥。工利就是想叫你幹的時間長點，超過三年一年多掙一千塊，三年就三千塊。

周：年頭長一點，工資就漲一點，這裡幹的時間最長的是多少。

尤：一樓的不知道，五樓的幹的最長的有五年的。

周：四川在這兒打工的多不多。

尤：多，我在的樓層有三個。

周：李二家說一樓有個看鞋的也是。

尤：我沒看出來。

周：李二家聯繫我去訪問，結果她很辛苦，二十四小時，幹一天休一天，沒訪問成。

尤：王二媳婦跟我一組。

周：也是潘井溝的。

尤：還有楊家窯齊五的媳婦也跟我一塊。

周：都是雙碾的。那個領班的好像是東水窪的。

尤：孫亮，他家養雞，一說東水窪養雞的都知道。外父老漢養雞。

周：很多人去買雞蛋。

尤：買雞蛋。養的雞可多了。原來我也不知道，他在教育局工作，私底下來這打工。

周：教育局幹部，在這兼職。

尤：咱也不知道，媳婦也是教書的，兩個人都在教育上。我原來不認識，後頭啦搭問我那的，我說你那的，說是東水窪的女婿。

三個男人四個孩子

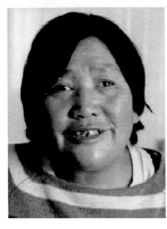

口述人：雷金蘭（一九六五～）女，陝籍

賈雄（一九五八～）男，晉籍

訪問地點：山西省朔州市平魯區九坪梁村

訪問時間：二〇一五年九月十八日

雷：我是漢中寧強縣[84]的，我父親和母親都是莊戶人，我丈夫和我離婚了，有一個大孩子四歲了，我就沒依靠了，人販子把我販上來了，來的時候二十七了，當年和三虎過了，離開三虎時三十二了。賣我的時候我父親和母親不知道，要是知道我不可能讓人賣了。人販子是我姨夫，我弟弟不在去打工了，三年不在了。人販子說我可以去打工，去找弟弟，能遇見我弟弟，能尋回來。人販子有三個人，給我吃了藥，我已經睡著了，不知道。他們把我弄來，就到了陶村，說下七千塊錢，陶村人準備掏錢呀，那個娃娃的母親問我，這個錢是人販子要還是給你父親。人販子說他是我爸爸。我說他是人販子，我爸爸沒來，錢不能給他。最後那家人家說錢多少不能要，他是人販子，把你賣了，再把你引走，錢就不掏了，把我姨夫哄出去了。後來碰見康白給三虎尋媳婦哩，把我引回個，給三虎了。那會三虎看不對我。三虎他韃死了，他沒有依靠了，咱就結婚吧，你也沒親人了，我們處上一對。那會過的挺好，我也沒文化，人才也長得不好，三虎比我強。過了六年，別的女人又勾引他，就不能過了。

84　陝西省漢中市寧強縣。

留下兩個孩子，男孩子跟他了，女孩子跟我了。女的今年二十二了，問到中牌了，有了兩個孩子。

後來，又尋了個賈四（雄），還是五姐夫（康白）給我尋的，兩個處的挺好，還是叫五姐、五姐夫，對我挺照顧。我就是沒戶口，來了這麼多年沒戶口。我有糖尿病，日日吃藥，一天離不開藥。想讓村委會開個證明上戶口，村委會說不能開，要讓我媽那兒開證明。又去縣裡公安局，人家說叫你們村開個同意信，去雙碾鄉派出所上戶口，你來時間長了，二十五年了，不用開你媽那兒的證明。我想請個人給寫個申請，還沒來得及，還沒辦哩。沒有戶口結不了婚，是和賈四同住，有個男孩，今年十六歲了。我前頭的孩子二十九了，是頭一個丈夫的。

我來這兒，離開我媽沒人管。三年前我回過漢中，爸爸、媽媽齊在了，兩個妹妹，兩個弟弟都在。我和丈夫離婚了，也沒有牽掛，不想回去了。這個孩子不聽話，不想念書，在超市開票，收票，我在井坪租的家，一個小房子，娘倆生活，我們是兩地生活，賈四在九坪梁放羊，孩子上班，我做飯，孩子歲數小，放不開他，沒有戶口，沒有醫療保險，一年到頭吃藥報不了，也沒有靠頭。賈四一直給人放羊，掙的錢要不回來，在柳溝（村）放羊有五千塊錢要不回來，沒辦法。東東叫我媽，女兒也聯繫，也走串哩，是我帶大的，平常也來看我，因為我付出了。離開三虎就跟賈四了，不然帶個孩子沒法養活。大孩子也來往，今年媳婦做月子，準備回去，她是頭一個沒經過，給她看孩子，九月生呀。

我來這邊也習慣了，初來時不習慣，漢中吃稻米，麵條，沒有莜麵，豆麵，也沒有蕎麵。生活不如這兒，是山區。我家現在蓋的是瓦房。我媽媽今年七十二了，爸爸七十五了。那面親友多，有舅舅。賣我的是我姨夫，和我媽一個村的，唐家溝。不想回去了，這兒娃多，大兒子讓人招女婿了，人家也挺好，有個爺爺、爸爸，媳婦是爺爺帶大的，父親是殘廢人，蓋的三層樓，六間房，今年結婚三年了，去年媳婦小產了。兒子打工。東東也打工。

賈：我就是給個人放羊哩。去年十四萬買的，買了一百三山羊，這陣山羊跌價了，賒人家的羊，還有七萬沒打哩，去年打了七萬，連賣羊，是侄女養的，今年羊跌價不養了，我和三哥養上了。我出去打工也鬧不成，沒耳朵（聾），給個人鬧放心。她和兒在城裡，她給兒做飯。老三給我做飯哩，娶了個女人是神經圪蛋，睡下不起，起來不睡。弟兄四個，楊家窯有個老二，東港養老院有個老大。三哥做飯，嫂子做

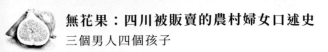

不了。後晌割草呀。沒牙了，一個都沒有了，整咽哩。好與賴都一樣，她公家的一個也享受不了，開不上戶。

雷：我媽那邊的戶給消了，那面沒有我，這頭還沒有我，成了黑人了。那年人家上，老漢沒文化，沒給上。那陣花五百塊錢可以上。這陣又不行了。誤了上不上。

賈：我們倆十八年了。

雷：都是苦命人，誰也不嫌誰。他也不嫌棄我，我也不能嫌棄他，我那兩個孩子都是他經留大的，我感謝人家，他不收留我，我和兩個孩子不能生活。

賈：三虎他還是娃娃，省不得。我把人家當個人，我歲數大了。有米也給她吃了。

雷：三虎對我也不賴，歲數小，不省得怎樣生活，想不開，離開我，後來後悔遲了。

賈：康白跟我說了，給你做飯吧，三虎不跟人家了，不要讓人娃受治了，我說行。

雷：我比三虎大四歲。

未能見離世父母一面

口述人：蔣維秀（一九六八～）女，川籍

訪問地點：山西省朔州市平魯區東港村

訪問時間：二〇一七年十月三十一日

周：先說叫什麼名字。

蔣：叫蔣維秀。

周：蔣介石的蔣。

蔣：蔣介石的蔣，在四川，來這聽不懂，人給改成中江的。維，維生素的維。

周：你是哪一年出生的。

蔣：我是一九六八年出生的，屬猴的。

周：你老家什麼地方的。

蔣：四川的，綿陽地區，中江縣[85] 元興公社四大隊一小隊。

周：那會你們家都有些什麼人。

蔣：姊妹七個，兩個哥哥，兩個姐姐，兩個弟弟。我是老三，女兒老三，最小。

周：你是哪一年來的。

蔣：我也不知道。

周：你多大了。

蔣：十九上來的。

周：一九八七年，你上來時你們家生活怎麼樣。

蔣：那個時候可窮哩。

周：你們分開了沒有。

85　四川省德陽市中江縣。

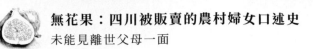

蔣：分開了，一家一戶了，我記正，頭一年分開了，個人種將地了。

周：分開幾年你來的。

蔣：那會小不省得，記不正了。將將念了兩年書，後頭不念了，隊裡還做了一年半，分開了，就是一、二年，家裡很窮，哥哥娶過了，大哥還沒有娶過，叫我換親呢，沒給換扒起走了。

周：你不同意。

蔣：我媽和我哥叫給換親哩，沒給換走了。

周：你哥對你也不好。四川也和這一樣換親。

蔣：一樣，換親，家庭窮嘛。家庭窮，歲數大，姊妹多，七口人，那會掙工分吃飯哩。

周：給你大哥換親。

蔣：大哥，二哥娶過了，娃娃也有了，有一個小子，我走時候兩歲了。

周：那會你大哥多大了。

蔣：數他大，還有兩個姐姐，我今年都五十了，他大約有六十幾了。

周：當時因為歲數大不好找媳婦了。

蔣：家庭窮。

周：那你怎麼走了。

蔣：個人尋上人走的，也是一個四川人送上來的，初上來在顧家店王白家，王白後頭給介紹的，還下過計家窯，頭一家是計平家，我沒去，那會由我呢。計家窯沒有水，吃不上，你知道了。我沒去，他們去的。我也沒看對，沒去，來的東港，最後來的這家。

周：四貴子，大名叫個啥。

蔣：趙季昌。

周：這村姓趙的，你過來那年十九。剛來習慣不習慣。

蔣：不習慣哇。不習慣沒走，一直沒走。初來時，說話呀，啥也不習慣，吃水呀，做飯呀，後來過了三、二年，慢慢的也習慣了。

周：這村四川來的多不多。

蔣：也多呢。

周：有多少。

蔣：多哩，走的也多。現在就丟下三個在村裡，支四家和李四家，旁的都走了。洪三家是甘肅的，二小家是甘肅的，李一家也是甘肅的。

周：有三個甘肅的。

蔣：多兩個呢，在村裡待的是三個。

周：到東港的有沒有跑回四川的。

蔣：有哩。

周：有幾個。

蔣：也有好幾個。善四家對搭好幾年也回來，也走了，滿厚家，還是根元二兄弟那個也走了。

周：是因為什麼走的。

蔣：滿厚家去年還回來了。

周：為啥。

蔣：回來謀娃娃們來了，又走了，她在內蒙又找下了。

周：你沒回家看看。

蔣：回了四、五次。

周：你們家那些人怎麼樣。

蔣：挺好。初來時，我大小子六歲了，那會沒電話，拍上電報來，我犟病了，開始不叫走，怕不回來了，那會也沒錢，後頭給拿上三百塊錢，家裡也等不上，等了一個月才埋。二月死的，冬裡埋的。七、八年我媽死了，我回去了，打發的。

周：你爸死的時候為等你回去才埋。四貴不讓你回。

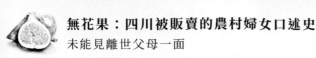

蔣：他不讓哇，怕我走了不回來。

周：後來怎麼又讓你回去了。

蔣：到冬裡才讓我回，走時連那個小子也不讓引，我一個回去的。

周：不讓帶。

蔣：回去鑽了一個月。

周：那會已經有老大，幾歲了。

蔣：六歲了。

周：你回去你爸已經埋了吧。

蔣：電報來了我沒回，就埋了。等了一個月。就給寄去三百塊錢。

周：也沒見你爸最後一面。那你母親呢。

蔣：這才死了七、八年。我轄死時七十來歲，大個我媽十三歲，我媽八十一上死的。

周：你回去見上你媽了。

蔣：沒。趕回去已經死了。趕我走在路上就死了，回去打發的。十一月二十九黑夜死的，我在太原呢，買上火車票打電話，人已經死了。

周：沒趕上。

蔣：就是回去見了見死人。

周：沒見到活人。

蔣：那幾年回去也見了，死時沒見。

周：後來有幾個孩子。

蔣：總共有三個。

周：老大今年有多大。

蔣：今年二十九了。

周：現在孩子做什麼呢。

蔣：唉，打工哩。老二在上海呢，三年了，女子今年念大學。

周：兒子成家了沒有。

蔣：大兒成了，二的今年二十一了，沒成家。女子念本科，在運城學院。

周：你們老倆口為孩子花了不少錢。

蔣：花了不少哇。

周：結婚、上學，給老大花了多少錢。

蔣：說哇，沒多花，咱們莊戶人沒本事。初來時娘老子啥也沒有，圈這窯是我哥和兄弟上來圈的。

周：從四川。

蔣：哦，是二哥和兄弟上來圈的這窯，圈窯時連莜麥麵都沒有，跟他老大借的，推的，吃的。圈窯時可苦哩，那會啥也沒有，可困哩。後頭圈窯，超生子，完了三個娃娃下城念書，一貫都是老倆口種地，供起他們，糊弄的老大交待了。那會說娶不過，人家要了六萬八，給她轕八千八，我沒錢，去時給她轕了，第二年三萬六，第三年三萬，那兩年房貴，在朔縣買了兩間平房，花了十四萬四，塌下饑荒將將給人打完。就是個這。連平房娶媳婦也花了二十幾萬。這女子念書那一季也得萬數多。

周：學費。

蔣：哦，我們村幹部也不給弄貧困戶，一點也指不上，公家扶持呢，給羊呢，給了我們半隻羊。在外邊打工、念書不給。

周：給半隻羊啥意思。

蔣：在外邊打工不頂數，念書的算半個。

周：村裡人給多少。

蔣：給一個（羊），老的、小的，在村裡的人一人給一個。

周：每人一隻羊，念書的也沒收入，只給半隻羊。

蔣：哦。

田大虎：計家窯不一樣，凡戶口在村裡的都有，都是一隻。

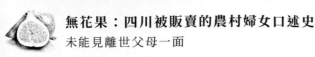
蔣：我們村凡是在外頭的半個。也不一樣，有的打工的回村待幾天也給一個，這村幹部也看人呢。有人有面子的就給，不公平。

周：扶貧分羊是什麼時候。

蔣：去年。

周：這叫扶貧，除了給羊還有什麼。

蔣：就這。今年種上玉茭了，賣錢呢。他還相當幹部哩，沒選上他，他才十二票。不知道黨員選的咋呀。

周：哦，去年的支書今年落選了，啥時候選的。

蔣：夜了（昨天）選的。啥也是給他謀的了，弄個羊場也是給他。

周：只為自己著想。

蔣：哦，這也當幹部多年了，有栓子。

周：有栓子多大了。

蔣：六十幾了，說是超年齡了，咱也省不得。

周：你老漢是弟兄幾個。

蔣：弟兄六個哩。還有個妹妹。

周：七個，他是老幾。

蔣：他是老四。妹妹，還有老六是繼父老漢跟前的。他韃跟前是五個小子。

周：你來時分家沒有。

蔣：就老大分開了，其他沒分開，後頭齊分了。我三月來的，趕冬裡分開了。他六個弟兄，三個本地的，三個四川的，老二家四川的，老三家四川的。他們這幾年搬朔縣了，弟兄六個就我東港鑽的，旁人齊走了。

周：弟兄六個，三個媳婦是四川的，三個媳婦是本地的。

蔣：哦，是哩。老大家、老五家、老六家是本地的。

田：他妹妹是開小賣部於海梅兒子問的，後來不跟他了。

蔣：二兒子。

周：是不是出車禍那個，後來離婚了。

蔣：嗯。是了。

周：那你妯娌們是四川啥地方的。

蔣：老三家也是中江縣，老二家是蓬溪的。

周：她們搬到朔縣了，她們老漢做什麼呢。

蔣：也是打工。

周：你們現在還是種地。

蔣：種地也寡搭，都退耕了，沒地，那陣養的點羊，今年秋賣了，娃娃們說養的麻煩掙不了賣了。六月二十幾，七月初賣的。

周：現在養羊也不行，掙不了錢。

蔣：掙不了，看不上人家幹部呢，公家扶持呢，指個人呢，死也死個人呢，人家公家管呢，和咱不一樣，不行。

周：他們那羊場公家有補貼。

蔣：人家有手續，死了羊公家給報呢，咱死了是白死呢。

周：那會你養了多少個羊。

蔣：也一百一、二十個羊，可累呢，人家出門打工，就我一個，三、四個驢子，一個騾子，餵的兩個豬子，不是娃娃們說苦重呢，快賣了吧。

周：你還餵的多呢。

蔣：哦。

周：你老漢出去打工。

蔣：今年沒出去，去年出去了。那幾年都出去。今年我一個人弄不了，娃娃們也叫走，沒走。那幾年出去幹幾天，碰搭回來幾天。

周：養這麼多你苦重呢哇，四貴子出去做什麼。

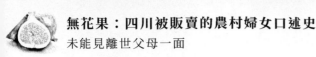

蔣：當小工，一百二，一百五不等。

周：一天。

蔣：哦。對搭有哩，對搭沒。這一、二年不如那幾年。

周：不好打，找不著。

蔣：找不到。啥也趕命賴。

周：你來這多少年了。

蔣：三十年了，我看是。有啊，三十多年了。

周：你要是一九八七年來的就整好三十年了。想不想老家。

蔣：這會也慣了，也想呢，這操勞的，讓娃娃們操心，父母親也沒了，回去也就是個這，時刻哥哥們也打電話，姊妹七個數我負擔重，三個孩子，人家齊是，我哥、四兄弟沒媳婦，老三一個女子，老二一個小子，都交待了，我姐兩女，我二姐一個女子一個小子，齊交待了。這陣就數我負擔重。

周：你沒換親，你大哥就始終沒結婚。

蔣：沒結婚，這會進養老院了。四川養老院。

周：你們老家主要種點什麼。

蔣：稻米、蕃薯、玉茭子。

周：有水田。分田時你家分了多少。

蔣：幾分田，那裡人多地少。

周：你是引上來的，送上來的。

蔣：我是尋人送上來的。

周：和賈四家一樣，自己主動送上來。

蔣：不是換親我不上這地方來。換了親也寡搭，是和我舅舅換呢，我舅舅家可窮呢。訂婚前叫我去呢，我舅舅的小子和我同歲，他四月的生日，我臘月的生日，我是多與少不去。趴起走了。那年八月二十五我爸過六十大壽，我三月十六走的，

十七上這兒的，十七由中江走的，如果不走四月要我和舅舅的小子訂婚呢。不了，我趴起走了。

周：你親舅舅。

蔣：親舅舅。我媽姊妹三個，我媽是二的，舅舅小，有個大姨。

周：親舅舅的兒子和你結婚那不成了近親了麼。

蔣：近親，四川興的。能和舅舅結親，不能和姑姑的，不知道四川咋鬧的。

周：和舅舅的孩子結親可以，和姑姑的孩子結親不行。

蔣：哦。

周：四川的風俗。你要不走馬上就要訂親。

蔣：四月。

周：差幾天了。

蔣：還有一個多月。舅舅先生兩個女子，後頭生的小子，慣的可厲害了，調皮。

周：你是看不上他。

蔣：看上看不上，我是第一就不想換親，就是那命，我走了，他又和旁人換親了。四川換親，一日訂婚，一日娶，都是一日。剛好一日，那日娶親抬出一個棺材，娶的那家娶哩，那頭他韃死了，又娶媳婦，又聘女，又埋他韃。最後我舅舅的一個兒媳雙身上了，生了小子大出血，媳婦死了，娃娃丟下了。

周：結婚、送喪是同一天。

蔣：哦。又娶媳婦，又聘女，又打發他韃。他換親就迎這呢，就是一日娶呢，一日聘呢，他韃也死了。四川就朝這呢，不用守了。我回去六、七次了，也沒見我舅舅這個小子。離我們不遠遠，就一、二里地。

周：你回去沒見過。

蔣：人在外頭打工呢。媳婦死了，我舅舅把這個孫子經張大了。在外頭打工又娶了一個，我也沒見。

周：你沒換親，他和另外一家換了。

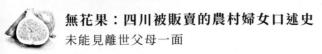
蔣：他是家庭窮，姐姐脆，娶不過，讓姐姐換的。

周：姐姐比他大多少。

蔣：我也不知道。

周：這種方法奇怪。

蔣：也多哩。主要是窮，那會都窮。

周：你回過四、五次，這樣的還多不多。

蔣：有。只是十年一茬人。搞計劃生育，後頭娃娃不多了，就好些，負擔也不重了。自以後外地人就不上來了。像我們這一茬，都是娘老子們養的多，自計劃生育後多自兩個，多半是一個。

周：你是說八十年代四川來這兒的多，也是因為四川那面孩子多。

蔣：孩子多，家庭窮，有的是騙上來了賣錢呢，有的是家裡有些事情，覺意過不去個人出來的，有的是個人出來打工讓人騙了，一貨讓人賣了。

周：在你們以後十來八年孩子少了，來的就少了，是不是。

蔣：哦，一是孩子少了，再有四川的生活條件比這強了，人家也不來了，這會四川齊比這強，我們那會窮，子女也多，養活不轉，困，主要是。

周：當你來這，發現山西比你家鄉是窮呀還是富。

蔣：唉，也是窮，不富。哪了也一樣。四貴八歲他韃就死了，窮哇，繼父老漢人家還有倆呢，人家管他那，思謀吧，給你娶媳婦，也就不賴了。我來這花了四千塊錢，他三哥出的。我初來是他二哥哥看的，我不給，嫌他歲數大哩，我走呀不叫走，憋了好幾天，硬叫我跟二哥，我不給，給一萬、二萬，給五萬我也不給，走呀，最後說是四貴。是這麼個事情。

周：你來時說要給老二娶媳婦，你不同意，嫌他大。

蔣：比我大下十二、三歲。我們家的比我大八歲。他屬牛的，我是屬蛇，大七、八歲。同年方圓的都娶本地的了，也是沒辦法，有辦法的誰要你呢。有的人好命，這說命的關係，你想好好不了，想賴賴不了。好命人走的坐的都好，灰命走到哪也是寡。

周：那會四川人說山西好，只是一季。

蔣：我沒有聽說，就是因為換親，不然不來這。走在哪兒還尋不下他這麼個人。說是家裡叫換親，麻煩的不能，不想去。

周：你回去四、五次，看到你們家鄉生活怎麼樣。

蔣：這陣比那會好多了，齊蓋下房了。地震那年，我二姐那兒自己出一部分，公家補一部分，蓋的房。

周：二〇〇八年大地震。

蔣：哦，她那全憑不厲害。

周：中江不厲害，比汶川好多了。

蔣：哦。

周：你這個窯是來幾年蓋的。

蔣：也多年了，有二十八、九年了，那會還沒有大小子時圈的。

周：那你剛來不久就圈了。那要花不少錢。

蔣：他和他二哥自己起的石頭，他二哥圈的裡頭，我圈的外頭，弟兄們圈的，他二哥頭一年圈的，我第二年圈的，他和他二哥冬天起的，起了二、三年呢，先給二哥，又給他，弟兄倆就這麼圈起。老大早就圈起了。我來了沒住處，我來了二年老二家也來了，沒鑽處，問老五家借住呢。圈窯時我哥哥和兄弟從四川來幫著，他們上來打工來了，碰上我圈窯。

周：你們沒打算搬到井坪。

蔣：出去養活不轉。不能。打工那幾年沒走，現在走養活也養活不轉。計家窯二平那小子問了沒有，和我娃同歲。我孫子都六歲了。

田：那年把腿打著了。

蔣：那一輩子，麻煩死了。錢鬧的哇，再窮比我窮不了了。

田：要沒那事故也好。

蔣：就是那命。

周：窮也過，富也是過。

蔣：到底還是富些好。我那命，想富也富不了。

周：就是說你還認命。

蔣：命。說靠山山高，靠水水深，誰也靠不上。

周：你想起來後悔不後悔。

蔣：想啥呢，後悔也不頂，後悔也沒辦法，就是這個樣。年輕是沒走，這時候咋走。

賣我的人自殺了

口述人：杜吉瓊（一九六二～）女，川籍

訪問地點：山西省朔州市平魯區東港村

訪問時間：二〇一七年十月三十一日

周：你叫個啥名字。

杜：我是姓杜，杜吉瓊。

周：你是哪年生人。

杜：我是那年生人，今年我多大了，五十六了。身分證是一九六一年。

周：你老家什麼地方。

杜：簡陽的，簡陽縣。

周：你們家裡有什麼人。

杜：老的就丟下個爸爸了。

周：媽媽去世了。

杜：去世了。

周：有沒有兄弟姐妹。

杜：有，一個兄弟，兩個姊妹。

周：你在家鄉那會生活怎麼樣。

杜：那會不好。

周：咋個不好法。

杜：那會窮哇，普遍窮。

周：你是那年來這兒的。

杜：三十年了。

周：一九八七年。那你來這前簡陽也分開了吧。

杜：分開了。

周：你們家能分多少田。

杜：不知道多少地，那會說是幾分幾分。

周：來時候你多大了。

杜：二十來歲。

周：來的時候大了，你是怎麼來的。

杜：騙來的。

周：怎麼騙來的，在哪兒騙的。

杜：就在我們那跟前。

周：簡陽跟前。

杜：嗯。說出去打工呀。

周：騙你的人認識不認識。

杜：認識，死了。

周：他是什麼地方人。

杜：也是我們跟前的，也是簡陽人。

周：說是打工。相跟走。

杜：嗯，別人不認識，反正認識他哩。

周：當時你們來了幾個。

杜：三個哩。

周：都是簡陽的。

杜：不知道那兩個是那的。

周：你們一路上就來平魯了。

杜：坐火車。

周：怎麼就給你弄到東港了。

杜：嗯。

周：把你賣了多少錢。

杜：那會三千。

周：那兩個賣了多少錢。

杜：女的就我一個，其他是男的。

周：那三個是男的，三個人帶的你一個。

杜：哦。

周：騙子是三個，就賣你一個。

杜：那麼是相跟的。引的那個這陣陣早死了。吃藥鬧死了，公安局抓他呢，不光賣我一個，還有別人。

周：坐牢了。

杜：沒抓正，尋他呢，個人吃藥鬧死了。

周：自殺了。

杜：個人自殺了。

周：沒抓住。

杜：他肯定不止我一個，肯定還有別人。

周：賣的多呢。

杜：沒抓準，公安局尋呢，沒尋見，最後吃藥鬧死了。

周：不止你一個，那會政策也是以賣的多少定罪。

杜：後頭我回去，那會氣的不行，我尋那狗的，人說他倒死了。

周：你來幾年回去的。

杜：多年了，咋十幾年呀，偷跑回個那年。

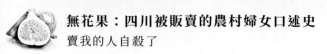

周：是自個偷跑回去的。

杜：哦，偷跑回去的。

周：咋個偷跑法，沒告訴你男人。

杜：偷跑的。

周：那路費怎麼辦。

杜：借的。

周：跟誰借的。

杜：跟相跟的，相跟的有三個哩。

周：一塊偷跑的，那兩個是那的。

杜：一個村的。這村的。前頭那一家。

周：哦，東港的。

杜：還有後頭這家。

周：都是四川的。都是鄰居。你們三個怎麼商量的。

杜：去挖菜個了，那幾年挖苦菜賣個呀，賣了偷跑的。

周：賣了苦菜就有路費了。

杜：又問那個女人借了兩個，回去我爸爸給人家了。

周：你回去你爸爸媽媽都在。

杜：齊在呢，這陣媽媽不在了。

周：你媽不在幾年了。

杜：六年了。

周：當時你回去想找這個人算帳。

杜：想回去呢。他不叫走，就剩下個偷跑了。

周：對。那會有孩子了嗎。

杜：有了四個孩子。

周：就是你跑的時候已經有四個孩子了。

杜：嗯。

周：幾男幾女。

杜：齊是小子。

周：那你們負擔重了哇。

杜：重了。

周：成家，找媳婦。

杜：交待一個了，還有三個。

周：老大成家了。回去待了多長時間。

杜：鑽了八個月。

周：怎麼又想回來了呢。

杜：他尋回來的。

周：他叫個什麼。

杜：趙忠昌。

周：他回去找的你，不簡單，他到四川能找到你。

杜：那會寫信呢。

周：你們還通信。

杜：嗯。

周：你回老家後還通信。

杜：嗯。

周：他去尋你了，說的好話，哄你回來了。

杜：哄我回來了。

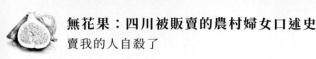

周：你回來後又回過老家沒有。

杜：回過。

周：回過幾次。

杜：回過好幾次。

周：你兄弟、姊妹們生活咋樣。

杜：這陣陣好了。這陣比我強，誰也比我強。數我這陣陣困呢。

周：你是不是也是因為負擔重。他們孩子有你多嗎。

杜：沒，人兩個。

周：你的孩子現在做什麼。

杜：打工，在平魯，一個小小在四川。

周：找舅舅去了。

杜：我兄弟覺得我負擔重，給小小在四川尋些營生，過那頭了。

周：在成都，還是簡陽。

杜：在跟前打工。

周：舅舅帶著。

杜：舅舅給管著呢。

周：和你一塊跑的那兩個回來了沒有。

杜：齊回來了，不在一搭。那個個人又尋了個女婿，不在這。不和這個過了。

周：關係不好，為啥。

杜：不知道。

周：那個呢。

杜：回來了，不知道，也出個了。

周：也換了人家。

杜：沒有，也回來呢，也出個呢，不知道。

周：啥意思呢，一陣陣回來，一陣陣走。

杜：不知道。

周：那她有沒有孩子呢。

杜：有啊，三個，二個小子，一個閨女。

周：她現在在不在村裡。

杜：不再，出城了。

周：到井坪住去了。你來了跟這地方人習慣不習慣。

杜：你說不習慣咋呀，沒治了。不習慣，也是慢慢習慣。

周：村裡人對四川來的好不好。

杜：就那麼個，中中的。

周：你老想跑，你男人關不關你。

杜：偷跑了哇。關哩，那他關哩。

周：走哪跟哪。你這男人對你好不好。

杜：好。

周：一般的留下來的是不是男人對女人好些。

杜：不知道。

周：趙忠昌比你大多少。

杜：大一歲。

周：他對你還不賴。

杜：要賴就不回來了。要天天罵上、打上，肯定不回來了，還愁尋那。

周：這個村除了你們三個跑了一回，其他人有沒有跑的。

杜：沒。跑的是想回家，他不叫回，就是個偷跑了。

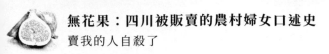
周：主要是想家，想你爸爸、媽媽了。

杜：哦，爸、媽也想了吧，叫我跑了氣背幸了。

周：你當初從家跑出來。

杜：跑時候，飯也不吃，親友們才打幫呀，光喝酒哩。

周：你爸爸也傷心。你咋就想起個跑。

杜：想去打工。

周：那你可以和你爸媽說一聲。

杜：不叫麼，就偷跑了，不叫打。

周：說了就不讓你打工了。

杜：那會在家就是和爸爸媽媽幹活，那會我媽還病，長期病，她是氣管炎。

周：你在家天天幹活，就不想幹了。

杜：就讓人騙上來了。再也沒回個。

周：那你爸爸媽媽氣壞了。

杜：氣壞了哇。

周：那你那次跑回去爸爸媽媽都在。

杜：都在，媽媽去世才六年了。

周：你爸爸呢。

杜：活著哩。

周：那挺好。你媽去世的時候你回去沒有。

杜：回去了。

周：見了一面。

杜：也沒見上，就是見了死人了。沒去就死了，給我打的電話，回個的。（哭泣）知也不知道她死，我那跟前姊妹們也不知道。

周：突然死的。

杜：知也不知道，我爸飯熟了吆喝吃飯，她死了。誰也沒見上，跟前的也沒見上。

周：四貴家也是，在路上，沒見到。

杜：她沒難活，誰也不知道。就我爸爸和她。

周：你媽去世時多大了。

杜：六十幾了。

周：歲數不大。

杜：她叫那氣管炎難出氣，也不知是痰撅了，還是咋的。

周：痰堵住了。

杜：不知道，黑夜也吃的飯，看的電視，看完電視個人睡下了，早上起，久已是我爸爸做飯哩，做熟了吆喝吃飯哩，她趴在床上不起了，吆喝一遍人也沒起，我爸等不上了，又進去吆喝，她倒死了，動也不動。

周：你爸也不知道。

杜：他不覺意了，不知道幾點死的，前半夜看完電視個人睡下。我爸爸給兄弟、妹妹打電話，說你媽死了。誰也不信。沒難活，誰也不在跟前，要難活，娃娃們在跟前，久已回去呢。跟前人也不信，昨天還歡勞呢，今日就死了，說你日瞎呢。說真正死了，人們這才信了的。我爸氣的不能，說是他捏死了，氣的不能，黑夜不睡就是跟前坐著。

周：你爸爸身體還行。

杜：也是那幾年，年輕時候家困，出個趕上牛給人耕田呢，耕田鬧上風溼了，一啥就風溼就痛的不能，痛起來往背幸裡痛，也是坐下毛病了，走路就好像全（彎）不回去了。

周：關節變大了。

杜：手臂也探不到後邊了，叫那風溼鬧的。

周：那他這風溼還屬害了。風溼性關節炎，四川潮溼，多。

杜：就是那會家困，出去趕上牛。

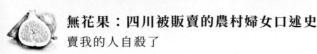

周：你父親多大了。

杜：七十幾了。

周：比你媽大幾歲。

杜：大個一、二歲。

周：這會有你兄弟，姊妹照顧。

杜：這會就我兄弟管著呢。

周：你跟村裡人關係怎麼樣。與本村人、鄰居，四川人與平魯人相處怎麼樣。

杜：可以。也不欺倒。

周：你們這個村還有甘肅的，在村裡有三個，一共六、七個。

杜：啊呀，甘肅的還多兩個呢。

周：甘肅的來的比你早還是晚。

杜：比我來的遲。將將那個就是那頭的。那個年輕的。

周：有多大了。

杜：有四個兒。

周：她來的時間短。

杜：也有二十幾年了，娃娃們都二十幾了，大的，二十五，來了二十六、七年呀。她女子和我僅小小同歲。

周：孩子都二十五了。

杜：她來時候小。

周：你老漢身體怎麼樣。

杜：不好，病子，去年擔心死了。

周：什麼病。

杜：胃出血。難活的，先是牙痛，牙不痛了弄出個胃出血，擔心死了。

周：到井坪看的。

杜：到太原了。朔州看不好，朔州不出血了才能檢查，等不上，娃娃們說歡歡去太原，太原有血也能治呢。啊呀，不是娃娃們擔心死了。我二小子久已在太原，他朋友認得了，就下車就進個了，人給治療的。認不得人耽誤就死了吧。那邊擔心死了。叫娃娃們往回執呢，娃娃們不執。不放心，想叫活哩，娃娃們不叫回，通知三遍叫回家，娃娃們拿正主意叫治哩。他又身體不好。

周：抓緊治問題不大。

杜：那也怕呢，要說沒了不大陣陣就沒了。

周：吃東西要注意，你是哪一年胃出血。

趙宗昌：前年。擔心死了。

周：咋就胃出血了。

杜：走不動了，猛不防，在三兒家吃飯，住的了，一下難活的不能了，娃娃們嚇的就趕緊往醫院送。

趙：吐了半洗臉盆血。

周：你這比較嚴重了。

杜：厲害呢，吐呢。

趙：臉都變了顏色。

杜：恰恰那年二子也難活呢，二子難活呢，他在醫院奉伺二小子呢，他就屙的屙的變樣了，顧那二的了自己沒當回事情。拖的拖的，先是牙痛，輸液呢，輸的輸的不行。

周：當時二的住院了。他去護理二的。

杜：恰恰一年。

周：同一年，那花不少錢吧。

杜：花了十幾萬哩。

周：那你這負擔就大了。

杜：那麼沒死了。還能慢慢鬧下。擔心死了。

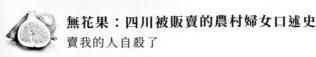
周：老二怎麼樣，身體恢復了沒有。

杜：恢復了。

周：這會你有經驗了，一便血趕快去看，因為不知道什麼原因。

杜：沒錢嘛。

趙：今年還又看了一遍。

杜：又上太原，檢查了。又難活了，動彈，動彈又吐開血了。娃娃們回來租上車又搬上去太原，又花些錢。

周：今年又病了，你有這個胃出血病史得小心。

杜：那小心不了，有時就是猛不防。

周：千萬不要喝酒，不要吃刺激食物。

杜：又到花錢了，不是就困的不能。

周：要注意，不要太勞累。

杜：注意不住，要說吐，不大陣陣就吐上來了。

周：我看他眼睛也不是太好。

杜：他眼睛也是。

周：沒看過。他今年多大了。

杜：沒看過，五十七了。比我大一歲。

周：你孩子多，他又身體不好。

杜：要不說負擔重，多半是我受。

周：主要靠你了。

杜：哦，說的是。

周：你剛來時他身體怎麼樣。

杜：個共也不好。生就不好。

周：比較弱。你找他時候就不好。

杜：年輕時候就不行。

周：那你一個人操持這個家不容易。

杜：沒辦法。苦重的就是我哇。

周：種地怎麼辦。

杜：他就是耕個地，我不會耕，抓學會了，就是沒學會耕。

周：割田會。

杜：鋤、割啥也會，別的都會，就是不會耕地。

周：你說是四川苦重還是這苦重。

杜：四川這會也好，這會不苦重了。

人家引上來的不知算不算騙

口述人：張小梅（一九七○～）女，甘籍

訪問地點：山西省朔州市平魯區東港村

訪問時間：二○一七年十月三十一日

周：叫個張小梅，一九七○年生人，老家什麼地方。

張：甘肅的，甘肅臨夏的。臨夏縣，也是臨夏市。四完大隊楊善村。

周：你們家都有些什麼人。

張：我姐姐、妹妹齊有。我韃今年去世了，我媽活著呢。

周：你韃多大去世的。

張：我韃屬蛇的，我媽屬龍的，比我韃大一歲。對不對，我個人算的。

周：你韃七十七，你媽七十八了。你是哪一年來的。

張：沒記正。

周：來時多大了。

張：我二十。我那面也鑽，這面也來，打工。兩邊跑。最後家落在這兒了。

周：念過書沒有。

張：念過，念過初中。

周：那你在村裡做什麼。

張：念完書啥也沒幹，就來這地方了。

周：你初中畢業就來了。

張：出去打工，毛紡廠也去過，待了半年。

周：那的毛紡廠。

張：合作的。合作那頭。

周：合作縣的。

張：也不是。

周：什麼時候來的這。

張：不幹了，後來來的這地方。

周：你這地方先到那了。

張：先來縣城了，縣城在這村前。帶上我們家男的，又上個，招在那地方了。那個地方鑽、鑽，個人姊妹們也多，後來有了娃娃了，男人沒些手藝。生活不了，他們這面有礦呢，又引他來的這地方。

周：你到平魯是什麼人引來的。

張：我們那面個人介紹來的。

周：你男人叫啥。

張：叫個馮作平。

周：哦，馮悅的孩子，你剛才說他在礦上打工啊。

張：不打了，原來那幾年打過，後頭歲數大了，不要他了。井坪打臨時工呢。

周：你來時打過。

張：不是，他媽地多，平時幫的種地。後來才去的。後來娃娃們大了，出外面念書。花錢多了，他才外面出去打工。

周：你後來有幾個娃娃。

張：三個哩。齊是男孩。

周：大的多大了。

張：虛歲二十七了。

周：那你就是一九八九年、九〇年來的。那你來是十九。

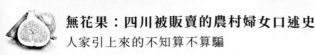

張：二的虛歲二十四了，三的虛歲二十一了。

周：老大成家沒有。

張：老大成家了。在外邊打工也。老二也打工。

周：老大二十六，你來一年生的孩子。來了二十七年。生活習慣不習慣。

張：習慣不習慣就那麼鑽的，不鑽個人有這些娃娃了，娃娃多過那面也不能去，也沒去。

周：回過老家沒有。

張：回過。最多有八年沒回過。娃娃們念書，沒錢，沒回過。這兩年又回去，父母親老了，經常病的不能，回去看看。

周：甘肅的氣候和這裡。

張：也差不多。

周：臨夏在這個村子有幾個人。六、七個。

張：有哩。

周：你們過去認識嗎。

張：不認識，來這裡認識的。

周：她們怎麼來的。

張：我也不知道一個一個怎麼來的。

周：這地方五十年代、六十年代有從甘肅來的，活著是六十到七十歲之間，到平魯，你們是八十年代來的。你在當中算歲數大的小的。

張：我算中中，那兩個比我小，桂花比我小，她也四十多歲，我比人家大兩歲。

周：你四十七了。

張：我四十八了。

周：虛歲，週歲四十七了，一九七〇年生人。

張：就盤問這些外地人呢。

周：專門訪問外地的婦女到咱們這地方的生活，怎麼生活啊，習慣不習慣呀，經歷呀，歷史。你老公對你咋樣。

張：家庭窮哩，對我好，不好我到走了，不想鑽，覺意著砍不下這些孩子們，個人受苦，個人走了，怕娃娃們受苦，就在這地方住下了。不時還是想我那頭的，我父母親，姊妹們，去不了。

周：也是很想念他們。

張：嗯。

周：那你們來時候不是被騙來的。

張：那不知道算不算騙，人家引下來，看見這地方好，這麼、那麼相信人家了，引上下來了，我也歲數小，也沒看對這個男的，引我來的那個人引上他去的，見我父母親，我兄弟小，要麼招在家哇。在家了，我覺意娘家門上鑽的，鑽的，他沒啥手藝，也鬧不上錢，也不好，後來來的這地方。

周：一開始你這老漢是招到臨夏去了。

張：哦。我媽他們不想來這地方，不讓來哇，意思是招下哇，快不用來。招下先生了兩個男孩，那個地方娃娃們少，我們生的娃娃多，過的不好，又來的這地方。

周：你兩個孩子都是在臨夏生的。老三是東港生的。

張：嗯。

周：那你老漢去了多少年。

張：那個地方也沒個打工處，過這面打兩天工，又去我媽家了，冬天沒做的了，去我媽家，春天有營生了，碰搭來這面打工。那面也沒愣大的鑽。

周：兩頭跑。你們家有沒有地。

張：我那頭我有地他沒有，這頭他有地我沒有。

周：老家那頭有多少地。

張：十來畝地，地不多，我們人不多，八、九畝。

周：包產到戶你們一人分幾畝地。

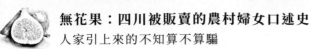

張：一畝地。啥手藝也沒有，種莊禾地也沒有，這地方地多就回來了。

周：你們那個地方生活和這比怎麼樣。

張：他們這個地方可窮哩，和我那個地方差不多，現在那個地方的人比這個地方的人過的富裕。

周：為什麼呢。

張：我也不知道，人麼外邊打工呀。我們那面帶的孩子少，這地方整的孩子多。和我年齡差不多的生男孩就一個，生孩子就兩個。最多兩個娃娃。

周：那邊生活比這邊富裕些。

張：吃的比這強。

周：那邊都種些什麼。

張：小麥、大豆、馬鈴薯、玉米。齊中的不多。

周：那邊富裕你在這裡能安心嗎。

張：不安心，但娃娃們都大了，走不了。娃娃們小時候流動了，這邊跑，那邊跑。初開始個人沒有家，問的別人的家，住了一年，後來個人圈的窯。

周：在東港圈了幾間窯。

張：三間。

周：你男人比你大幾歲。

張：大的七歲，他五十五了。

周：你們夫妻關係好不好。

張：就那一般。

周：你們甘肅來的和這村人的關係怎麼樣。

張：誰也不欺誰，也還好哩，沒怨沒仇。

周：還可以。甘肅來的最早是什麼時候。

張：都差不多，沒有更早的。

周：你還經常回去。

張：最長的那年八年沒回去，孩子念書，沒錢，錢緊沒回家。

周：那你們收入就靠他打工，再種點地。

張：我種的也寡搭，他不在我種了也收攬不回。冬裡家裡坐著哩，春天就外面打點工。

周：你們也不種地。

張：就種點馬鈴薯。

不知道我是哪年來的怎樣來的

口述人：郭應仙（一九五八～）女，滇籍

訪問地點：山西省朔州市平魯區顧家店村

訪問時間：二〇一七年十月三十一日

周；你叫什麼名字。

郭：郭應仙。

周：是什麼時候生人。

郭：一九五八年。

周：你老家還有些什麼人。

郭：我老家有老媽、哥哥、兄弟、妹妹。

周：爸爸去世了。

郭：不知道，我來了很多年，想今年回去看看。

周：你哪一年來的。

郭：來多年了不知道。

周：你多大歲數來的。

郭：我來三十一了，今年六十九了。

周：今年五十九了。

郭：六十九了。

周：今年都六十九了，

郭：哦。

周：不對，你是一九五八年出生，你是五十九了。

郭：哦，五十九了。

周：來了多少年了。

郭：忘了，不知道。

周：你孩子多大了。

郭：二十三了。

周：你來的第二年生的他。

郭：先掉了兩。

周：一共生了三個。二十三歲的這個是第幾個。

郭：第三個。

周：那你來了有二十六、七年了。

郭：哦，不是走呀，開不上手續。

周：她男人能聽懂你的話，讓他給翻譯一下。

（把郭應仙丈夫找來，叫孫高雲，五十七歲，小名三明子）

周：接著說，你是哪一年來的這。

郭：啊呀，我不知道哪一年來的。

孫：我二十九上來的。

周：二十八年前。一九八九年。這下清楚了，你是咋來的呢。

郭：啊呀，我也不知道。

孫：她是雲南建水[86]的。她們那有兩個在四川這邊磚瓦廠，燒磚呢，背磚呢。我去四川了，碰上這兩個人了。在四川和雲南打交界這個地方。一九八五年去鑽的，認識這兩個人了，這兩個人給介紹的。就這麼個情況。

周：你一九八五年在四川打工。

孫：不，四川人叫耍朋友呢，待了兩個月。

周：四川你去的什麼地方。

86　雲南省紅河哈尼族彝族自治州建水縣。

孫：四川南充地區興沖鄉[87]，就二文元家家鄉。

周：二文元家，叫陳友瓊，知道了。

孫：她三哥引去的。

郭：是他介紹的，要不我不知道。

周：對，你是雲南嘛。你來就在東水窪了。你習慣不習慣。

郭：習慣。

周：建水和這的生活差別很大的嘛。

周：你們老家生活是比這好啊還是差。

郭：好也不好，差不多的。

周：你們那吃什麼。

郭：稻米、洋芋、玉米，三樣。

周：你們叫玉米，這叫玉茭，這叫蕃薯，四川叫紅苕。

郭：太複雜。

周：你生了三個，前兩個沒活了。第三個是男孩女孩。

郭：男孩。

周：這個男孩現在做什麼。

郭：在太原做點事情。

孫：在太原打工。

郭：做手機。

周：你就這一個孩子。

郭：沒媳婦的。

孫：大的十八時你見過（指孫的哥哥），現在成植物人了。

周：出車禍了。

87　四川省廣安市武勝縣。

孫：走到潘井溝就找不到回處了。

周：那你們就這麼一個兒子。

孫：現在太原富士康打工。

周：那是臺灣企業。

孫：有三、四萬人。

周：你這是一處，還有河南、廣東，還在美國都有。做蘋果手機、電腦。在那兒打工，那地方緊張那。

孫：在四年了。

周：你回過沒回過建水。

郭：沒回。

周：一次都沒回去。那你想不想啊。

郭：想哇。

周：想你爸爸、媽媽。

郭：還有哥哥、兄弟、妹妹。

周：你們姊妹四個。

郭：四個。

周：你爸爸今年多大了。

郭：那不知道了。

周：那你爸爸在世不在世。

郭：不知道。

周：那你媽呢。

郭：不知道呀。

周：來了二十八年沒跟家裡聯繫過。

郭：沒。

周：你念過書沒有。

郭：沒有。

孫：她在雲南還有對象，還有孩子。

周：結過婚。

郭：哦。

周：你在建水成過家，有沒有孩子。

郭：有了。

周：有幾個。

郭：一個，女兒。

周：在雲南結婚你多大了。

郭：那一年三十了。

周：她是不是聽不懂，你和她說說。

孫：你來時我二十九了，你比我大三歲，三十二了。你結婚才三年啊。

郭：哦。

周：你走時雲南那個女兒多大了。

郭：三歲了。

周：那就是二十六、七結的婚。那你走時，雲南的老公知道不知道。

郭：不知道。

周：你是偷跑的，為啥呢。

郭：我是逃跑的。

周：你是不喜歡你的老公嗎。

孫：久已打架，家窮。往死打呢。

周：你的第一個老公經常打你。

郭：嗯。

周：怎麼打你。

郭：不知道。

周：不知道。你跟她說說那個老漢怎麼欺負她。

郭：哥哥欺負的不要，瞧不起我多哩，妹妹、姐姐瞧不起我，姐姐、哥哥都打哩。

周：他們也打。

郭：哦。

周：所以你跑了。

郭：老公說他們不要，你跑了吧。

周：誰讓你跑。

郭：我那老漢。

周：你爸爸讓你跑。

郭：我那老公。

周：老公讓你跑。

郭：哦。

孫：說她男人相處好。

郭：我說你讓我走，我就走。

周：那麼多人欺負你，你老公覺得你在那兒也沒法過。鼓勵你跑。

郭：哦。

周：那你老公還不賴。

郭：不攔，我跑不攔。

周：不攔。

郭：哦，說你去哇，我跑。

周：她這個話也不是雲南話，你這個話是不是建水話，方言。你是漢族，還是少數民族。

郭：男族。

周：男女的男。還有男族啊。

孫：她身分證上寫的民族男，我還以為寫錯了。我問說沒有。

周：可能是未定民族，雲南有二十多個未定民族，自稱什麼族，國家還沒有認可，貴州有十幾個。她這個男族可能是未定民族。各個民族裡邊沒有。

郭：沒有男族。

周：都是自稱。

孫：女人也叫男人。

郭：哦。

周：你們男人在當地有多少，在建水。

郭：不知道。

周：有幾千人。

郭：多哩，我不識數，不知道。

周：你們家鄉那個村子，是不是都是男人。

郭：男人女人都有。

周：我不是這個意思，是說男族。

郭：不知道。

周：你認識字嗎。

郭：不認識。

孫：她愣的啥也不懂，沒念過書。

周：你覺得這個地方好不好。

郭：好哇。

周：能待住。

郭：不好我就走了。

周：他對你好不好。

郭：好哩。

周：他打你不打你。

郭：不打。

周：你們倆日子過得還可以，兒子在富士康。

孫：兒子沒念高中，念的職高，念了二年畢業，是機電班。

周：你選對了，職高找工作比高中好找，還有職業大學。有技術。

（錄音機沒電了。以下郭應仙、孫高雲主要談倆口子今年春天準備回雲南建水探親的情況，因郭應仙持的是第一代身分證，汽車站、火車站均不售票給她，導致兩人最終沒能成行。所以前邊問到她父母情況，她都回答不知道。訪問時兩人在顧家店村一個私人羊場打工。希望她早日實現心願，與分別二十八年的親人見面。）

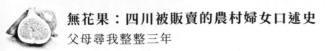
父母尋我整整三年

口述人：張玲玲（一九七七～）女，川籍

訪問地點：山西省朔州市平魯區西泉溝村

訪問時間：二〇一七年十一月一日

周：叫什麼名字。

張：我原來在四川的名字叫張國旭，回去怕人尋見我，到這改了名字，現在叫張玲玲。也是為了小便益，怕人尋呢。

周：你是哪一年生人。

張：一九七七年出生。

周：你老家什麼地方。

張：成都地區金堂縣。新都底下。

周：是在那個村。

張：也是農民。淮口鎮杜近村。

周：家裡還有什麼人。

張：父母、哥哥、姐姐。爺爺、奶奶不在了。

周：小時候念過書沒有。

張：我小學畢業。

周：畢業以後做什麼呢。

張：到成都打工，看了半年多娃娃，去廣州去了半年多，就讓人騙的來這兒。

周：在廣州做什麼呢。

張：在製衣廠裡打工，半年多，又回四川了。被人騙的賣在這兒了。

周：是不是在荷花池人市上被騙的。

張：勞務市場。

周：什麼人把你騙了。

張：也是金堂縣的，他拿的可能是假身分證騙的我，上邊寫的是金堂縣黃家鄉十五廟村一個人，他是那的。我看他實際不是那的，我爸還去調查了，他不是那個村的，和我們十廟村隔的一條河，我爸爸還給問來了，沒有這個人。騙子。

周：他是怎麼騙的。

張：當時騙我的時候說出來打工，我說打工出來動彈，說去山西，賣的水晶項鏈，鬧的亂七八糟的，叫我們搞推銷呢。上山西我就說是讓人騙了，賣這裡了。將將上來我不習慣。在四川我穿個裙子，這裡就冷的不能了，我還拿的東西，全叫騙了，把我賣到山西村子裡，根本跑不出來。我還試著跑了，跑不出來。跑出來，讓人抓回個，跑出來讓人抓回個，唉，另完和我一搭的那些四川女人就勸我糊弄的過吧，慢慢的有個娃娃就不看著你了。開始每天上個廁所人家也跟人的，回來跟上你，串門子也是跟上你。

周：身邊不離人。

張：生下第二個娃娃才不看著了。我就給父母寫了信，我哥哥上來。哥哥說我為啥不給父母寫信，不去看他們。實際根本回不了四川。我哥哥頭天接到信，第二天就上山西謀我來了。說數她小呢，我得去山西看看。我哥哥上來看我，又去我家，和我說父母的情況，說我父母親在成都尋了我三年，整整尋了三年。我媽不知我死活，就去看神娘娘，看了說你女兒活著呢，在呢，沒死，說等著吧，等兩年和你通信呀，又等了二、三年，我父母知道放心了。要不我父母也不放心。

周：你來的時候有多大。

張：我是一九九五年上來的，十八了。上來時候我每天坐在那裡就是哭哩，想回家呢，不想鑽的。後頭有了兩個娃娃，慢慢的，生活過去是苦的哇，真苦哩，窮的啥也沒有，後頭慢慢地自己過的寬然了，也下城裡了，自己慢慢地光景也寬然了，也不思謀的跑了。

周：你原來跑過沒有。

張：跑過哇，跑過一回，讓人抓回老家了，跑到南、北漢井（村）那裡又讓人抓回去了。

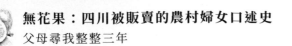

周：沒跑多遠。

張：尋不見路。沒有路，根本就沒有路，迎那面跑的都是山溝。

周：東港有三個跑回去了，待了八個月又尋回來了，放心不下娃娃。

張：這也是砍不下孩子，那裡尋對象也是有了親娘好，沒了後娘好，沒有這些娃娃們也砍下了，砍下娃娃受了苦了，受了罪了。我那老人從來也沒有管過那娃娃，從小到大就是我。

周：你有婆婆。

張：有哩。她從來不管，她就是管她老三的，人說本地的好。管本地人的（娃娃），不管外地人的。她也是看不起四川人來，說四川人打不死你，你就湊合著。我險些活不出去。管他呢，糊弄著娃娃大了，就離你遠了，她也歲數大了，我們也不計較這了。

周：你嫁的老漢弟兄幾個。

張：三個。我們這個是二的。老大和老三娶的是本地的。還都是看起本地的，外地的就看不起。外地的，本地的一樣哇，我說慢慢地過哇，現在也比過去強些了，老人觀念也改變了，和以前不一樣了。好幾年我們不回去看她，慢慢地她也改變了。我看她年紀慢慢大了，人左不來有個孝心二字，也回去看看她，拿點東西回去看看。她老了，咱們也有娃娃了，也有了老了，也得看呢。

周：你婆婆多大歲數。

張：活著哩，屬豬的七十一了。

周：你老公對你好不好。

張：將上時，他媽摻和著，光打架呢，聽上他媽的話，每天打架，僅嚛，打的我嚛，成日家鑽在村裡，一出門就嚛。受了罪了，受了氣了。自後頭起，趕搬進城裡不打架了。

周：是不是因為生活好些了，不打了。

張：他也出去幹活，我也出去幹活，兩個人幹活他也負擔輕些，為供這兩個娃娃念書呢，也慢慢地改變過來了，也不打架了，也不吼了。

周：你們哪一年蓋的這房。

張：我小孩念一年級時候，十一年了。進城以後我們兩個全打工。左不來農民進城沒個指上的，全是打工。打工為賺錢，賺錢供娃娃念書。人家買上房了，看見人家買上房了，也個人掙上兩個錢給娃娃買上兩間房，長大了也要啥也沒有，人家有的，咱們沒有。

周：幾個孩子。

張：兩個。

周：多大了。

張：大的在北京參加工作了，二十一了。女孩。老二在天津讀的專科，機電，沒畢業，是個男孩。

周：原來在村子裡是窮，夫妻關係也不好。他打不打你。

張：以前打哩，以後不了。後頭離遠他媽了，也不打了。

周：婆婆沒起好作用。

張：她是心態哇，本地人心態不一樣，心態的作用，你是外地人，我看不起你，那麼也是本地人好，像看娃娃哇，也是看本地的，外地人的就不給你看，小瞧你哩。

周：只看老大、老三的。你的孩子不管。

張：管是管呢，沒有兩個親的屬害，你的跌倒了我不扶你，讓你自己起來，他的娃娃跌倒了人家扶起來，就不一樣，看法就不一樣。

周：你的娃娃反而有出息。

張：也不算有出息，還有個二的沒工作，好好讀書，念出書來看能不能分配個工作，分了就好好幹著，分不了就個人奮鬥著吧。

周：女孩還沒成家吧。幹什麼工作。

張：沒有。以前在鐵路上，又不在了，又去那個單位上打工去了，一個月也四千來塊錢。我還想回鐵路上。我說回哇，媽說給你尋的，你個人也尋的，看有沒有靠上的，哪怕咱們花幾個錢弄個正式的，安排個正式的，不能了，還在那兒打工。

周：你哥哥來看你，是你上來幾年時候。

張：是我有兒子的時候。我兒子今年十九了。一、二歲時我哥來的。

周：那就是二○○一、二年。

張：嗯。看我來了，我哥哥，數他大呢。看看我賣在那兒了。回去我爸爸、媽媽才放心。

周：後來你回去看沒看你爸爸、媽媽。

張：看哩。隔個二、三年回去看一次，也是家裡條件不好，錢不多，隔個二、三年回去，不敢回去，回去一次也得給父母買點這個、那個，就是家庭窮，只能隔一、二年回去，正常情況你回不去，有父母，還有小娃娃們，那麼也得給買點禮物呢，我說啥不給得給兩個錢哩。父母也是擔心哩，心焦呢，現在還是心焦呢。數你遠哩，其他的全在身邊呢，不放心。

周：那你改名字，是因為原來有個對象。

張：沒對象。

周：那為什麼呢。

張：那時我還不知道能不能和他過到老，怕過不到老呢，怕改名字回四川找不見。

周：你是自己改的。

張：自己改的。

周：那你還挺有主意。

張：沒跑了是沒跑了。將上來時，人也不對哇，不是一茬人，生茬茬的，沒有價感情，怕生活不到一搭，生活不在一起，以後日子咋過呀。就是為了這，要不也不改名字。

周：他比你大多少。

張：比我大八歲。

周：他身體怎麼樣。

張：也挺好。

周：後來怎麼慢慢有感情。

張：孩子長大了，也不知道是有沒有感情，那麼是為了娃娃，娃娃們幸福了你也幸福了，為了娃娃就這麼繼續待著哇。一待就待了二十多年。

周：你們那是向陽堡鄉小川村。你們村四川的多不多。

張：我們村十多個。

周：現在在不在。

張：也有跑的，也有在的。在的也不多。

周：她們還在村裡。

張：剩下的也進城了，村裡沒人了。就有些老人們了。年輕的全進城了。

周：西泉溝有沒有。

張：就我一家。她們在各個地方，有下朔州的，有的在井坪，都窮的不行，那麼也得生活。反正不種地了。

周：種地收入少。

張：種地就我老公一個人的地，根本連我們家也吃不夠，吃飯也不夠，根本不能種地。

周：你們村一人分了多少地。

張：我們總共三坰地。山坡坡上的地，坡地，靠天年吃飯，有天年了夠一家人生活，夠吃，不夠花，沒錢花，天氣不好，連吃也不夠，還得包人家的地種，除了人家要的就沒錢了。天年不好什麼也沒有了。就窮。

周：小川是個窮地方。

張：平地少，全是坡地。現在改變了，人們也不種地了，搬進城了，也栽樹。打工也掙不了兩個錢。打工也沒打工處。有一天有幹了就幹了，有一天沒幹了就回家了。來了就拿鍬頭去了，有人雇了拿著鍬頭栽樹去了。一開始百十來塊錢，掙不了幾個錢。今年好些，那兩年就沒活了，人們掙不了錢了。回村種地就那點地根本不夠吃，咋生活呢。

周：你們現在有收入了。

張：沒有。老公出去賣點炭，掙上兩個錢，供兒子念書。老大自立了。供兒子念書就是打工掙呢，我和他兩個人掙吧兩個。我出去對一天有活幹，對一天就沒有了，沒有活的時候多。

周：一個月能幹幾天。

張：沒幾天，夠家裡掙個零花錢，夠家裡生活然交。

周：你老公賣炭。

張：在街上賣炭，掙不了幾個，夠我兒子念書。

周：來西泉溝是哪一年。

張：來了六年了。

周：來這買的地，蓋的房。

張：來時人蓋好了，買的房。

周：多少錢買的這房。

張：二十五萬賣給我了。

周：你這房還挺大，挺漂亮。

張：不漂亮。我是剛輸液回來，有火了，輸點液為精神些，幹活時為精神些。

周：輸液管用哇。

張：上火了，不好哇，輸液，是感冒。

周：輸液要小心，還不如吃點感冒藥。

張：感冒，還帶血壓低，輸點營養的。輸上七天。牙也痛呢。每年買醫療保險，我麼從來不買藥，今年是感冒，實在是難活的不行了。能報銷。輸上也能減少，沒有那麼疼痛的厲害。

周：你老漢今年多大了。

張：四十八了。

周：你四十歲，還年輕呢。

張：年輕，也是每天出去幹，為了那個兒。現在娶個媳婦好幾十萬花呢，沒房沒車還沒人來哩。窮人老百姓也是為了娃娃多掙上兩個，碰搭娶個媳婦，人家要的時候好往外拿，人要時你跟誰去借個呢。咱們四川人也沒有人想和你共事，那麼自力更生，能多掙一個多掙一個，娶媳婦人家要房要車，要啥沒啥也不行。娃們人家也瞧不起看不起，別叫咱們窮了娃娃們受了罪。

周：當媽的。

張：哦，你說窮，是窮我哩，別叫窮了娃們。窮了娃們還怪你哩。人帶回媳婦來了，人問你要房要車，你要啥沒啥，你也不行。

周：提前準備好。

張：你提前準備下，為娃娃念書，為娶動媳婦人要。沒房沒車我跟你受罪呢，不給你了。現在年輕人和我們不一樣了。以前有啥了，啥也沒有也得過哩，要啥沒啥也得過哩。社會不一樣了，時代不一樣了。人要你說沒有也就算了，你要娶人家呢。也不行哇。誰也是想叫娃娃過好呢，人人也想過好日子呢，人家娃娃一要你啥也沒有，你就不行哇。

周：你們在村裡的時候，外地的、四川的，當地人對你們態度好不好。

張：唉，有好的，也有不好的。

周：好是咋好呢，不好是咋不好呢。

張：一般人一陣陣，一陣陣好，左不來和本地人不一樣，外地人好像有一種眼睛小瞧你的態度，不管老的小的是一種，小瞧你的一種，好像你四川來的，就叫你侉子，說這侉子、那侉子，一說侉子就好像藐視呢，本地人說呢我們稱呼你們侉子是一種說法，如果你們到我們那兒看你有看法，你個人是啥想法。我們四川老家那些外地的，說他們是外地人也管可憐呢，就和本地人就看法不一樣了。和山西人不一樣，山西人就好像看不起外地人。四川人看外地人基本和本地人一樣。山西人和四川人看外地人觀念就不一樣。在四川，像我們到成都打工，做啥活，本地人不管是幹啥的，老闆什麼的，看我們和本地人一樣，概不分侉子這、侉子那，是說外地人來這也不容易。觀點不一樣。聽見人說侉子這、侉子那，心裡就不一樣了。心裡就不舒服，你看人家小瞧我們，藐視我們呢。我們所有四川人上來哇，有的連戶還上不上呢，根本連戶口也上不上。有的四川沒有戶了，本地也沒有戶了。

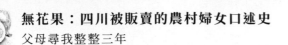

周：兩頭都沒有了。

張：成了黑人了。像我哇有戶哩。四川沒戶了，這兒有戶。

周：來幾年上的戶。

張：沒有上哇，不給上哇。每天只是給你要超生子呢，要完超生子不給你上戶哇。後頭我女兒念書考試呀，沒辦法了，這才硬上上了，我老公、女兒也沒戶，我們家一家家沒戶。

周：你老公怎麼也沒戶。

張：是他爺爺把戶口尋不見了，就沒戶了，後頭慢慢價，誰來，花了錢才上上。

周：你老漢也沒戶口。

張：老漢也沒有。

周：他不是小川人。

張：小川人他本來也沒有戶，老底子就沒有他的戶了。

周：他爺爺就沒給他上。

張：沒上。

周：花了多少錢上的。

張：花了一千塊錢，連老公，帶女兒、帶我，四個人上上了。將上來時不知道人家上戶，村裡人沒說，我們也不知道，另外就成了黑人了，孩子要戶口本了才想起打發去上戶，上戶對娃娃重要了，以後全要戶口呢，這才慢慢上上。以前全家都是黑人。現在像很多跟我們一起動彈的，幹活的，賈英，雙碾那面的，甘肅沒有戶，這也沒有戶。

周：現在還沒有。

張：沒。上不上。

周：那出個門，回個家，連票也買不了。

張：回家買不上票吧。

周：現在買票是實名制，我在顧家店碰見一個雲南的，她還有身分證，是舊的，結果倆口子想回老家看看，男人是山西的，結果不賣給你票，只好從朔州返回來了。

張：沒有身分證就買不上票哇。她都也當上姥姥了，女兒都有女兒了，還沒有戶。

周：就是這個賈英，都當姥姥了。

張：是，現在沒戶口。

周：回不了老家看看。

張：回不了哇。真多哩，四川上山西的沒戶口的多。鄉里沒人上不上，沒認得的人，沒關係上不上。比喻我女兒上太原念書的時候，你辦個無犯罪證明，去鄉政府辦個了，這也不給辦哩。辦不上，本來我們大小就是老實人，根本就沒有犯過罪。我說叫辦上一個，人叫去鄉政府辦，壓上個戳子，這還鄉政府不給辦。

周：誰要這個證明。

張：學校要呢，學校老師和辦這個事的人說，我們學校要呢，又要學校的章，又要這的，學校已經給開了證明，鄉政府加蓋一下，我們說了一下午也沒給蓋。向陽堡鄉。我女兒回學校和老師說，老師說實在不給開就算了吧。

周：最後也沒給開。你女兒在太原讀的什麼學校。

張：讀的鐵路學校。

周：哦，所以她去鐵路工作。

張：她上鐵路工作，說是辛苦，過於辛苦，冬天過於冷。說媽我是實在不想幹了。我就是想換個工作，後頭就換了叫個啥單位呢，也是坐在那裡，每個禮拜放的兩天假，鐵路上就根本不放假。

周：那麼忙啊。

張：鐵路禮拜也不放假，過於忙，娃娃就是站著呢。我說要是能回鐵路還是回鐵路，媽也想你安排個正式的，不是那農民工了，打工也不個長久之計，爸媽掙這兩個錢也難哩，把你安排了，我再安排你兄弟，兄弟現在讀書，將來安排不安排了自己要尋出路呢，咱這沒靠沒罩，外地人上來一點靠沒有。我們名下都是老百姓都是窮命，沒有靠罩，根本沒有認識人，認不得人就不給你安排。就像我們老三的兒，想當兵，沒靠你想當兵就當不上。我說的一樣。

周：當兵也得花錢。

張：也得花錢。沒靠沒罩走到哪裡不行。我說女兒個人走到那裡好好的，辛苦些，靠你辛苦吃飯呢，以老為實的，你不要三天打魚兩天晒網，做啥也得有點誠信。說我知道了，我好好工作。我說你要靠自己呢，父母根本靠不上一輩子，就是要靠自己呢。你不是不知道，你媽就是種地的，你爸是個扛鍬頭的，你只能指自己呢，指父母一輩子扛鍬頭沒用。沒出路哇。也是莊戶人，那有出路呢，慢慢地能做個啥，看看改變，改變一下比我們強。你要幸福了，迎那面你爸媽都高興，過得再苦也高興。做父母親誰也一樣。你好好的，走到哪裡有點成績，做啥事有啥誠信，不要每天耍上手機啥也顧不上。現在年輕人耍上手機啥也顧不上。我也有個年輕哩，我也知道呢。現在過日子，現在社會也好了，過的也比以前強了，能出去幹一天就幹上一天，不能出去我也不幹，有你爸幹夠我們生活。你們長大了，自己也能工作了。你爸一個不愁養活我一個，只我們吃點飯能吃多少啊，花不了幾個錢。回村裡只是個話了，也不想回了，回去種那點地，根本不夠吃，也就不回了。慢慢熬砍的過哇。安排了你，安排了你兄弟，姊妹倆迎那面都好說。再也沒有小小了，沒人和你們爭了。你老是那兒的。

周：說來話長，我母親的老家就是雙碾計家窯村的。我從小在北京長大，文革時下放在這裡，下放了三年。又在雙碾鄉、縣上工作。又調走了，調大同幹了六、七年，調回北京。二〇〇八年，我每年回來，訪問這裡的人，這次回來訪問四川的、甘肅的、陝西的嫁到這裡的婦女。

張：還有甘肅的。雙碾那面的賈英也是甘肅的。就是說她上不了戶口，愁的呀上不上戶口，連老家也不能回，想買個車票不能回老家，就是在村裡鑽的哩。久已出去一起打工的女人們，沒戶的多，沒戶口的可多哩，上不上。

周：和區裡、鄉里反映過這個事情嗎。

張：反映人家也不給上沒辦法。

周：尋過他們沒有。

張：她是雙碾鄉劉井溝村的。她都四十幾了，都當姥姥了，兒子都二十五了，最小的二十三、四歲了，就那上不上戶口。

周：你能見到她，聯繫上她嗎。

張：聯繫上了。

周：約個時間，那天讓她過來訪問訪問她。

張：她過的還可以，就是上不上戶口。

周：聽說上過一次，她怎麼就沒上上。

張：她爺爺重男輕女，給她兒上上了，沒給女兒上上，後頭又給女兒上上了，把她的戶沒上撂下了。

周：沒關係，每個人情況不一樣。我也碰到一個陝西的叫雷金蘭，是九坪梁村的，人家通知上戶口，要交四百塊錢。當時她那個男人不給她出，就沒上。後來和她男人就算離婚了，又找了一個，這個男人還可以，比較負責任，找鄉里邊，鄉里政策又變了，說可以上，但要你老家開個證明。她又回了趟老家，老家還是離這很遠，過了黃河，陝西，叫個什麼縣我忘了，結果那個縣早就把她的戶口銷了。

張：她也是甘肅沒戶口，這也沒有。在老家他哥哥早就把她的戶銷了，雙面都沒有。

周：她回來和鄉里說了，鄉里是怎麼說的，反正是現在都沒有上上戶。是去年（二〇一六）三月訪問時說的。她也是雙頭都沒有，本來有一次機會，給耽誤了。

張：我們農村也不方便，上邊有政策，村長也不通傳，也不知道。

周：沒人通知你。

張：也有耽誤的時候。耽誤了以後就不好上了。

周：鄉里、派出所的問題，戶口不像別的，耽誤了也應該給上。

張：就是這麼點毛病，以前為了娃娃讀書上上了。後頭沒給上上的多哩，我們出去打工，聽她們說沒戶口的多哩，有戶口的也多哩。

周：她們都來了多長時間了。

張：都二十多年了，像賈英來了有二十四、五年，最大大有二十八、九，三十了。

周：那來了三十年了。

張：最小小二十三了。基本三十來年了，沒上上戶。上不上我說慢慢地等機會上哇。

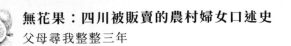

周：我說這個事還要去尋。

張：尋了，讓她回甘肅開證明，那邊沒戶了，咋開呀。她哥哥在她小時候說是為了她那點地，早早就把她的戶銷了。

周：銷了戶就能多占點地。

張：她哥哥銷了她的戶給他女兒上上了。她哥哥的娃娃上上了，她就沒地了。

周：那也不對，戶口是一個人一個人的，怎麼能替呢。把她銷了就能給她哥哥的女兒上上，這不對呀。

張：就是哇。今天我還和她聊微信哩，將將的，說你還不知道我那個哥哥，他就為自己，不為我。現在四川還有專門回去上戶的，上上的可多了，我小姨也是四川的，回去做了個親人鑒定，和她媽做了個親子鑒定，去鄉裡、縣裡上上戶了。遷移證明也開上了，這邊也上上了。她的孩子全在山西，老公也在山西。

周：四川比較負責。

張：說起是三年了，四年了。我們不回個也不知道。

周：我說你給她做做工作，鄉裡不行找縣裡，那有不給上戶口的道理。還有個情況，這和你們早來的情況不一樣，你來了要上戶沒證明，他也麻煩，得回四川調查有沒有你這個人，現在不用。

張：讓她回四川開證明，開了不給上。

周：那就說明這個地方有問題。現在全國聯網了。我舉個例子，前天我訪問的一個是一九八七年來的，辦了個身分證，過期了，是第一代的，現在公安局是聯網的，查雲南就有，第二代沒換，在這兒就可以補辦了。他不給你補辦就可以向上級反映嘛。有政策規定。第二代身分證，或叫臨時身分證在全國任何一個地方都可以辦，不一定是這兒的人，因為全國是聯網的。只要能說出什麼縣什麼鄉什麼村就可以查出。唉，她們呢一是沒什麼文化，不知道政策，加上鄉政府不負責任。

張：以前小哩，沒文化，沒文化的人多，有文化的人就知道。我們一般就是上小學、初中，文化程度不高，見識也少，一個是不知道，二個社會發展不一樣了，不知道咋個回事。顧家顧不了外頭，脫離了這，所有的一切脫離了。

周：對。還有幹部也有問題，有什麼政策應該通知你們。

張：基本常識就忽略了。外面的事情就理解不了了。

周：過去就在村裡，種種地，就那麼活著，現在不一樣了，出去上學，到外面打工，回老家，你得出門。

張：回老家也回不去。

周：是。

張：想見親人也見不上。就得叫人家來見你，你就根本不能回去見別人。

周：你們來時不要身分證。有錢就行了。

張：現在啥也要哩。小學娃娃也要戶口薄，啥也要，這呀，那呀，沒有戶口薄就不行，和以前不一樣，以前報上名就有你的名字了，現在報了名還要你的戶口薄，一般丟了上哪尋你呀。現在和以前社會就不一樣了，基本常識也不一樣了。

周：現在就成了黑人了。

張：我也是二〇〇一年辦上的，我也辦上不多年哩。

周：這也辦的很晚了。

張：也是不給辦，後頭硬是讓他哥哥跑的，哥哥跑了好幾遍，硬是跑的才給辦上的。不是也辦不下。不是一家全是黑人，也難辦哩，鬧壞了，全是黑人，連他本人，本鄉的也沒有戶口，這還能了，在老爺爺跟前就尋不見了，鉤了，找不出來了，就好像沒戶了，本本上他也沒戶了。

周：幸虧你辦了，要不去北京看看你女兒不行，看看兒子不行，買不了票。

張：是哩，幸虧辦了，辦 ☒ 的遲了也不行了。

周：沒有人主動去你家，問你有沒有戶口，辦了沒辦了。

張：四川就主動呢，一家一家問呢，我們小時候人家就問呢，你女兒多大了，你兒子多大了，就問就主動給你上上戶了。四川一家一家查呢，山西就沒這。在四川我媽生下我就查呢。上上了，山西沒有。

周：有的鄉，有的村好些，負責任些，有的鄉、有的村差，就沒人管了。像你男人，本地人都沒戶口。

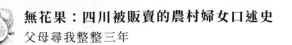
張：就是呢。像四川，我走了，上山西了，還去問我媽，你兒多大了，你女兒多大了，又查呢，像山西就不，山西就沒聽說。

周：別說他主動找你了，你找他都不給你上。

張：四川鄉里就像婦女們有啥病，村鄉里就給你檢查，我那年回四川就給你檢查身體，看有啥病，就給你去了，全有呢。小娃娃也檢查，完了還給你小本本，圖畫呀，鉛筆呀，獎勵你，還有一種書，小娃娃的書，兒童書，叫你看哩。山西那有，獎勵你呢，自己買上哇。我回四川看見，鄉里的衛生所，村裡隊長呀啥的通知你，今天檢查哩，婦女們、婦女同志去檢查，檢查有啥毛病讓你去看個哩。老人們專門有老人們的檢查。村裡在村裡檢查，那個大隊的去那個大隊檢查。我鑽在山西二十四、五年了，就沒看見過檢查，根本就沒有。

周：你小時候的地方是壩子還是山區。

張：我們那裡屬於山區，山區也比這裡條件好，我們小小苦日子少，山西那麼窮。我在四川，我爸我媽勤勞，四個娃娃基本沒受過罪。我爸在山溝、山坡上開地，我爸就辛苦，開上地，種上。每天半夜就起來了，黑洞洞地才回家。就，沒缺過吃，沒缺過穿。想做啥就做啥。很辛苦。我們就沒受過罪。自我上山西，窮的，窮的怕哩。我根本就沒受過這罪。有點啥活，就尋上幹活。咱們窮不要叫下邊娃娃和我們一樣。在四川我爸、我媽都七十歲了，真辛苦哩，真勤勞哩。我哥哥、嫂嫂死了，哥哥四十來歲死了，砍下個侄兒，我爸和我媽刨些地，種些地，娃娃供養上念大學。

周：把孫子養大，上大學了。

張：是，我爸、我媽就那麼辛苦。我哥哥、嫂嫂死了，我嫂嫂有病，她是氣管炎出不上氣，根本就不能幹活，就是我爸、我媽幹呢，七十多歲了養下我哥哥砍下的娃娃，我嫂子嫁也不能嫁，就是我爸爸、媽媽養活了好幾年。我三哥就出去自立了。我哥哥數他大，得了癌症晚期，死了。嫂嫂也死了。沒辦法人家早就進城了，我爸我媽還在山溝裡鑽的，辛苦哩，為這個娃娃念書，供養著上大學。孫子供養出來，他們也老的不能了，我說沒辦法，我也負擔挺重，我只能供活我，供活我一家，也沒有錢管我爸我媽他們，不是說我捨不得，我們主要是沒有錢，要是有錢也是捨得給老娘，誰也是老娘從小把你撫養大，供你念書供養你大，你也應該，主要是咱們沒錢。打工沒個打工處，回家種地沒地。我們那退耕還林，一年給個一、二千塊錢，根本不夠生活。現在生活條件高了，哪夠生活然交的。

周：你的老家也退耕還林了。

張：也退耕還林了，就是老人老漢在村裡，年輕的全走了。地不好靠老天爺吃飯，好天年能多打兩顆糧食，賴天年糧食也少打了，一畝地打個半口袋糧食，夠誰吃哩。現在出來了，也富裕了，再怎麼強多了，那麼不用說我吃呀穿呀，只要你打工，待受，待苦，多苦我也想來呢。只要你能幹，夠自己生活。有回村裡的，打工沒個打工處，租地，退耕還林了啥也沒了，回村就那坐著，一、二千塊錢就根本不夠生活，你還有個兒子念書呢。現在讀書，人家給你要個手機不給人家，同學娃娃們都拿著，人就看見了，過於穿的不好了，人家也說，瞧不起你來，你自己覺得娃娃們心裡也有個陰影哩，怕娃的心理產生陰影也得趕緊給娃們刨落的過呢。不能久已了在家坐著，我就去打工呢，人說你這麼小的年紀出來打工，家庭條件就不一樣，你該出去就得出去。你們北京人就願意坐著，外地人哇都得打工，不打工咋過呀，一天買點油鹽醬醋，那麼也得夠然交的，夠家裡生活。你不出去就不能，這兩個娃娃咋就夠生活呀。坐著不行，出來寒人也得出去。

周：我訪問也發現，四川人大部分都不閒著，出來打工，不光在這，呼市的、包頭的，那兒都有。本地人出來的少，都在村裡。你說為什麼，是不是四川人打老遠來見過世面，還是因為什麼。

張：不是。因為在這尋的對象都歲數大，二個家庭窮，就要外地（的）呢。還有家庭弟兄們多。為啥出去打工呢，生活不了，老公掙不了錢，自己不出去打工，娃娃們誰管呀，這些娃娃得吃呀喝呀。根本上你就不能不出去打工，生活條件逼也把你逼住了，逼的你打工，不是天生想打工，誰有天生想幹活的，是生活條件、家庭條件逼的你打工。沒辦法，就得出去打工，哪的人都一樣，主要是家庭窮，主要是這個窮字。

周：因為找你們的人，家裡一般是窮，稍微好點的，就找本地的了。

張：是，能過了他也不出去。為了娃娃，為了家庭，鞭住你也得出去，想不出去都不行。不是四川人愛打工，家庭生活條件來源不一樣，你找都找下了，家庭條件比較窮，你再不出去打工，那孩子咋呀。那麼在一天，你得活一天，必須得出去打工。不是你說的四川人好打工。

周：農業上也是退耕還林了，也沒有其它任何收入了。

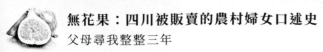
張：退耕還林了，就算農業每年給上你二千塊錢，你說二千塊錢咋生活呀，現在的天年你說咋生活呀。讀書花錢，兒女結婚花錢，沒房沒車的人家還不願意。你不出去打工賺錢，兒子帶回媳婦來了，一問好幾十萬，你去那給人家找去呀，你就沒有找錢處。娃娃念書和你要生活費，說這個月幾百塊，營養跟不上也不行。別人能勤勞致富，咱們也能。並不是四川人好打工，比別人低。和他比我就得勤快些，我就得去打工，給娃娃們掙上錢，讀上書，娶上媳婦，交待了。再看我有啥能力就盡啥能力。能幹起活就幹，幹不起就沒辦法了。

周：還有一個事情，調查這些四川人的子女都培養的比較好，上小學、中學、大學，和當地人比較，當然也有差的，大部分比較好。你說這是啥原因。

張：以前四川人，我爸爸那一代人，我爸也是教書的，也是注重娃娃讀書，主要是我們個人背呢，有了想讀呢，我爸真辛苦哩，願意讓我們讀書，他希望我們讀書，不管哪一個娃娃念成啥程度我就願意讓他念成個啥程度，學習好學習不好只要他願意念我就願意供。我爸和我媽農村人就辛苦，哥哥死了他們也辛苦，為供我那個侄兒讀書，不管你念成啥程度我這個爺爺都盡力，只要我能幹一天就給你幹一天，就叫你讀書哩。我爸和我媽就是這態度。我也沒見過世面，我知道就是他們喜歡娃娃們讀書，娃娃們讀書他們也高興。不管走到那個社會，我們主要說娃娃們讀書，娃娃們讀書誰也支持。我們小小時，七、八十年代，娃娃們讀書老人們就支持，觀念不一樣，和山西人觀念不一樣。

周：傳統。

張：傳統就是讓娃娃讀書。

周：四川人在平魯相當多。

張：多的數也數不清。

周：你們之間有什麼聯繫，怎麼聯絡關係呀。

張：關係基本差不多，全是老鄉，誰也不黑嫌誰，雖說全是四川的，誰也看的起誰，也不說你高了我低了，不說這。和本地人不一樣，觀念不一樣，本地人就是瞧不起你。我們四川人說你覺意瞧不起我，我還不看你哩，是這心思。你覺意你比我高，我還覺意你和我一樣，你比我高不了哪去，一樣，左不來人全是平等的，一樣的。基本上就是這觀點。四川人看的有些可憐呢，小川有個四川樂山的，她爸爸

媽媽在四川可有錢哩，她爸爸在四川是個教授，教書的。她鑽在這裡，以前得了一種病，賣到山西來，也是被人販子賣到山西來。賣到山西來，她男人好串門，一天鑽在村裡，放羊哩，看不起她，也是出去串門，那個女人好串門就去那家。我三嬸說他哩，一天窮的啥也沒有，就是要上吃飯，引完牛了，引完羊了，就坐上吃飯哩。後頭起搬進城裡頭了，因為說了句啥來了，男人不當個人哇，就一咕嘟把眼睛戳成黑水了，冒黑水了，去年，她自己還好吃口煙，吃一根煙，見了人就想吃一根煙，問人要呢。去年因為眼睛不著亮，走在馬路上讓人撞了，今年就快不行了，也是死呀，活不長了。她在這生了一個女兒，這女兒基本上說她爸比她媽強，就親她爸呢，她媽親是親不一樣。像她就是過於可憐。她可憐在於，四川的姐姐、妹妹全是開的大賓館，全是有錢的，就是她鑽在山西，真窮呢。在四川的哥哥、姐姐他們來看了一下，看看妹妹這樣給砍下一萬塊錢走了，沒領回去，把錢給老公了。她歲數也大了，回去啥也不能了。四川還砍下個兒子，兒子念上大學了，也沒把他媽領回去。原來在四川生下個兒，給老公砍下了，老公在鄉政府又娶轉一個，把她早忘了，兒子也沒來領。她在這過的豬狗不如的生活，你不知道，就那羊鞭打的，就是跪那坐那乞討呢。我久已出地呢，就看見了，我就說三叔你就不要打她，她也就那個相了，你打她做啥呢，她管可憐呢。就是那一打還罵罵唠唠的，就用羊鞭抽呢。這陣不放羊了，不用羊鞭子抽了，拿她不當人，走到哪也不當個人。她被氣受的，個人苦的，往四川跑呀，跑到那裡段回來，讓人打上一遍，又跑上一遍，讓人擰回來又打的。可憐的，再沒那可憐的。天底下啥可憐的人都有呢，那就叫可憐人呢。今年我看那個樣也活不成了，老漢早安排她活不成了，結果又活過來了，這兩天還活著呢。那麼眼睛也看不見了，眼睛仁還搖搭呢。

周：是你們小川的。

張：也是我們小川村的。你說那命再沒有那麼苦了。四川哇，弟兄們越多年了越不親了，你走的多年了，不走串了，也不親了，弟兄們好像爸媽歲數大了，都八、九十歲了，根本就顧不下她了，老娘歲數大了就顧不下她了，弟兄們個人過個人的光景，就根本把她孤立了，並不是不知道她過的是個啥程度。兄弟姐妹都有，四川還有兒子，親媽都不管了，小小跑出來，爹媽也不親了，小時候就走了，不親她了，也不上來找她了。跑的多年了，她在這過苦日子，就是村裡人有時幫她，別人沒人管，不知道她過的啥日子。

周：四川人這麼多。

張：我們村就她一個過的苦，別的過的苦是苦比她強，強多哩。全是四川人，看見她可憐，受的氣哇，個人心裡好像就是那樣的，酸不溜溜的，啊呀，那沒辦法，個人連個人也過不了，顧不了她。

周：四川來的也幫不了她。

張：幫不了啥。誰能幫了她，幫她人又說她又小瞧了她，就沒辦法誰也幫不了誰。

周：關鍵是她丈夫的問題。

張：人家打她也沒辦法，打她就好像調猴子呢，那也不叫個打法。搬開了，我們也不見了，久已不見了。就是去年聽說叫車撞了，撞的也不行了。主要是個人有那點病，要是沒那點病早就回四川了。我和我們家說，你三叔不會過日子，你三叔如果會過日子，打個老婆，好好多抬[88]她，回四川那兒也不愁找個工作，在四川找個工作還愁養活一家人呢，在山西過這苦日子那。四川人那侄兒侄女全在公安局上班，還愁給你找點活。我說你還是不會想。

周：關鍵是你三叔對你三嬸不好。

張：他就是腦筋不行，你要把自己這個老婆撫養好點，慢慢地過的好些，回那個姊妹家不管。四川人也有那好的，也有那賴的，多半好的多。還有那老娘在那，你還說不管你呀，絕對管你呢，你還用過那苦日子，你還用打你老婆。我說打你老婆不是長久之計，老婆死了孩子跟你過，還是老婆好，和你過一輩子，別人誰也和你過不了一輩子。我說她苦的，再沒那麼苦了。天底下那就叫可憐人呢。我那四嬸也是，打的，給人餵羊個拉，把腦子打壞了，一個手不行了，好像就有一個手的能力，好像血腦子壓住了。生下三個兒，兩個女子，大女兒念大學呢。你說咋過哩，也是真苦哩。五個娃娃，真苦哩。家庭條件也不好。

周：這麼孩子肯定夠嗆。

張：我四叔一個人過呢，哪能過成呢，一個人五個孩子，大的還沒交待沒娶媳婦，還有二的、三的，全沒交待呢，全得娃娃自力更生娶媳婦，人家要的多了，你去那兒尋去呀。連娃娃都交待不了，女兒吧尋個人家就行了，這兩個兒交待就得花錢，上哪找這兩個錢呀，也苦呢。

周：三叔、四叔。

88　對待。

張：三叔就是把老婆眼睛打瞎了。

周：三嬸有多大了。

張：我三嬸有六、七十歲。

周：那麼大歲數，來的時候有多大了。

張：她來的時候我看三、四十歲吧。她來時候歲數大了，她在四川還教過書，她也有文化呢，她是因那點病不由人。

周：她是神經病。

張：她得的不知道是啥病。

周：她是自己來的還是騙來的。

張：我也沒聽說，我看是讓騙上來的。聽說在四川沒病時候家庭挺好，男人在鄉政府，她教書。

周：挺好的一個家庭。

張：她因為病上了山西，男人整治她呢，又娶過了，自己就鑽在山西，苦的，沒辦法。走，走不了，讓人打的。

周：白辛莊有一個，這個女的有病。

張：她有病也還好呢，對一陣發作，對一陣不發作，也不是神經的那種，不厲害。不是神經病，也是嘴饞，家庭條件窮吧，也是想吃點好的，他也是嫌她嘴饞，叫人打的罵的。因為這也受氣哩。

周：嘴饞是可以理解的，誰不想吃點好的，條件不好，那也不能打人家。

張：沒辦法，找上誰誰對，找上那人你也沒辦法，誰找上也沒辦法。你還說不要打呀，越說越打的厲害。找上這種人該說啥呢，沒辦法。

周：有這毛病誰讓你找人家，找人家就要對人好。

張：問題是他不理解這。

周：你越這麼弄越糟，你要對她好點呢，她可能慢慢就好了這病。

張：是哩，他就不理解，他就照著他的觀念，他就不照著你的觀念。人的觀念不一樣。腦筋就不一樣。生活能力也不一樣。他認為他做的是對的，你做的啥也是錯的，反正我做的是對的，這麼大歲數哇，歲數也大了，自個可能也不打了，也多年了，我也不見了。以前見了，一見就是，好像是耍開了，想打一錘就打你一錘。就到那程度了。人想打一錘就打，就好像個玩具了。那種情況。人說就是牲口也有點感情，何況人呢，多年了，想打就打，不像個人了。她也快死了，你再找一個不一定比三嬸好。誰知道呢。我三嬸腦筋不好了，也是操磨成那樣的，以前不是這樣的。

周：生了五個孩子。

張：不是生了五個孩子，生了一個女兒，生了兩兒子都死了。人短短幾十年，不知道經歷啥呀。我以前上來，總覺得想回家，在家呢，過去有父母慣了，上來得自己生活。也是一種沒感情的婚姻，現在過得也就是這個，不打、不罵，有沒有感情，我覺得就挺好，不受氣就行了。以前心裡受了氣不舒服。你對他好了，他也對你好了。人是一樣的，不管走到哪裡全是一樣的。娃娃大了，不是因為四川人就虐待你，也是沒辦法了。找下打的、罵的，那日子咋過呀。沒辦法就砍下孩子走了，逼迫的沒辦法就是走了。有的實在是那男人一點相也沒有，一個人過的沒辦法只是個走了。所以四川人要擔起，砍下娃娃我就走，個人身上割下的肉誰也省得心痛，沒辦法鞭住了。誰也說我不想走，砍下娃娃嚎的，誰能說忍心走呢。那是沒辦法了，全鞭住了，就是個想回老家了。回老家，不管窮了，富了，有感情，還能過日子。有的過的實在窮的沒辦法走了。

周：有的走了，想起孩子又回來了。

張：那是親的離不轉，又回來了，多的就是。

周：吳家窯、東港都是，有的走了七、八月，有的走了四十多天回來的。

張：誰也不想砍下孩子。不回來的是沒辦法，鞭住了，沒屍首男人，過不了，過日子沒辦法，有的是打的，誰和誰沒感情，那個有感情呢。沒感情趕緊走，能走就走了，有的砍下好幾個娃娃，實在沒辦法走了，啊呀，我是實在想走了，和男人一點感情沒有，有個啥感情，就走了。不是所有四川的說走就不回來了。人主要是感情問題，不是說買下你你給我當媳婦，不是這個情況。

周：對。

張：像現在哇，沒感情可以離婚。以前沒感情也得在一搭，每天看著你，想走走不了，沒辦法，就得和他過。慢慢過的有了感情了，鑽下了，沒感情了就走了。有個四十歲，男人快六十歲了，差的過遠，說走哇，不能，兩個娃娃誰看呢，你說在的哇，老公實在是歲數大了。你就沒辦法，賣上來的那些女人實在是沒辦法。早幾年騙上來的沒辦法。現在說交通方便了，你走了。以前你走啥呢，以前交通不好，就走不了。看見砍下那娃娃可憐呢，少老子沒娘的沒人親。誰說了你走了砍下的娃娃沒人親了，沒辦法，有的是兩口子不合，走了的，總是種種原因，沒有根本沒有原因的就走的。

周：無緣無故走的，沒有。

張：我呀，我老公對我好，我就這麼鑽的呢，還有兩個娃娃呢。以前打是打了，罵是罵了。以前是過去了，現在過的比較幸福了。主要是說現在哇。以前過去了，就當忘了，就當沒的事了。要計較以前的事我早就不跟他過了，連這家也沒有。打呀、罵呀，為了兩個孩子不計較了，為孩子們將來吧。

周：剛你說的賈英，她都當姥姥了，有了外孫，更是親，隔代更親。

張：是哩，一代一代的，比那也親。

周：親孫子比親兒子還親。

張：那一樣。和年輕時候省不得親娃娃，趕老了，越老越省得親娃娃，親孫子比親兒子要親了。像四川所有上來的，在下的，能過的，基本條件兩口子能幹點活的就不走了，如何鞭連不行誰也是個走。人心一樣樣的，你呀，我呀，誰也一樣。可有那過的不錯的，也有來時一點苦也不受的，還是我們上來窮人多。

周：比當初好些，四川家的人與山西這邊開始有了交往，有舅舅帶著這邊的孩子打工，還有姥姥帶大這邊的孩子。

張：我姐出去打工，她的孩子就是我爸、我媽帶大的。孩子爺爺不在了，奶奶嫁到安徽了。姥姥、姥爺帶大的。

男人們那

口述人：王述珍（一九六二～）女，川籍

訪問地點：山西省朔州市平魯區白辛莊村

訪問時間：二〇一七年十一月二日

周：先說說叫個啥名字。

王：王述珍。

周：幾幾年生人。

王：一九六二年。

周：老家什麼地方的。

王：四川省廣元，叫個劍閣縣廟嶺村，啊呀，我那個男方是，我也有男方呢，那年人家也來調查四川的，說全國統一的公家給離哇，現在也這手續，離了這手續了。

周：現在有了離婚手續了。

王：有了。

周：原來有個男人。

王：還有個小孩。

周：你走時小孩多大了。

王：二歲。那個也是，你老說，就是打，不攔，兩個不攔。我和你老說，你也是個明白人，我看見是個有文化的。從我父母，就是拿點什麼吃的呀，他就不允許，掙些錢呀，啥呀，不屬於我管。咱們那裡興趕集麼，趕集回去他就叫你算帳，那裡去了。就這些矛盾，我就一直這麼說就這麼些事情。他就打麼。給我父母親拿些你說不應該呀。

周：那是你娘家。

王：是呀，娘家。不應該給拿呀。我說要拿給，就因為這個起因。一來那幾年有引的那些人們，我也心思想走了，不想和他過，他打的不能，意思就是過不下去了。這裡個外甥，外甥媳婦也是四川蓬溪縣的。他有個表兄引上來的。你說哩，我這個家裡，現在這個家裡是人家的舅舅，親舅舅，人家給說的。來時候人家說這好、那好，意思是說我也想走，人家打的不能，說這裡不受苦，不受罪，自己來了，這裡受的苦比那裡還重。四川麼主要說二季嘛，二茬田，磨道道營生，不咋重。這面呢，這個地方它一季，實在是苦重哇。冬裡它就沒做的了，是這麼個事。來的時候他們是黑辛莊（村）的，這裡有姐姐，兩個姐姐在這個村，那幾年那個時候，怕我走了麼，怕跑了，來這裡為的是有姐姐看的。這是我三姐姐家，我三大姑的住處，這兩間窯是塌了，沒有了，我就一個人住著，怕我走了呢。以後，慢慢地有了孩子，人家也不當緊了，慢慢地發展著，二兒媳婦也娶過了，兩個女子也安排了，兩個女子，兩個小子。現在大的在外面打工，也沒個正經工作，沒個工作現在也不賴，也合適的，是電腦專家，對象不知說成說不成。就這些事情。

周：現在年輕自搞對象。

王：自搞對象。這陣在上海呢，在上海工作。前一個月在北京，他媳婦也在北京，他出差在上海。

周：你來那年多大歲數。

王：我二十三了。

周：來了多少年。

王：來了三十二年了麼。就是這個事情，你老說你耍電腦靠手藝，我們也是靠手藝。現在娃娃出個，退耕還林沒有地了，村裡面齊是這，沒有本事的，七、八十歲這些人們，都是老人們在家裡，齊是這老倆口的。孩子都進城了，沒辦法。為了媳婦，沒辦法。村裡鑽的，問不下個媳婦。

周：你剛來在黑辛莊。

王：哦，在黑辛莊住也沒住。

周：一天也沒住。

王：直接來這裡了。

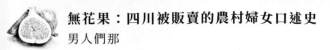

周：你男人是黑辛莊的還是白辛莊的。

王：是黑辛莊的，現在落戶落在這裡了。那面也沒戶了。

周：你來的時候沒地吧。

王：後頭，慢慢有的。

周：你男人不是這個村的，就不給分地吧。

王：以後分的。人家有的坡地的，不要的，給我鬧上了。

周：是這樣，那給你們鬧了多少地。

王：也不多，也就十來畝、二十畝。

周：這地方產量低，二十畝怎麼生活。

王：啊呀，沒辦法麼。那時候窮的什麼也沒有，慢慢地發展的，那年四川來人叫我回呢，我也不回，娃娃有了四個了，我說不回去了，我手續全有呢（拿出手續），這全的，本人不去，給辦的，公家給離了，我們就結了婚。

周：跟頭一個男人離了婚。

王：離了。公家給辦的。

周：一九九五年動員你們回去。

王：哦，不知道那是幾幾年，就是那叫回去，那年我沒回，就是那年辦的。

周：白辛莊是回去了幾個。

王：我看有個三根家，後頭五平何家，二個，西面學校後面有一家，這是三個，我外甥媳婦也走了，四個，還有呢，在城裡面鑽的不知算不算。

周：這四個是解救回去的，還是自個跑的。

王：不想在這鑽了。

周：那四個是不是騙來的。

王：也有騙來的。就是你老的，不同吧，兩個人不同。

周：搞不好關係。

王：就像我，關係破裂了哇。

周：就像你頭一個男人，打呀、罵呀的。

王：你老說誰也有個父母麼，誰也有個親的麼，他就不翻這個，翻不過來。就是覺意這，我也不是一定要，扔不下小孩哪能啦，為人娘的，實在是鞭的不行。

周：打的你不能忍受了。

王：給拿上點吃的，段到我半路不叫拿，甚至一年不讓我回我媽家，不叫我回去見我媽。你看，說起來，可慘了。

周：那個人比你大幾歲。

王：我也忘了，多年了。

周：他也是你們本地的。

王：本地的。他是三台（縣）的，他搬到翠前鄉（音），柳溝區，他是個包住村裡的。就像我從黑辛莊搬到白辛莊，就這麼個道理一樣。我是介紹去的。他本身老家是三台的，搬到翠前鄉的。

周：你們結婚幾年，三年。

王：反正那孩子兩歲了。

周：這叫什麼，家庭暴力。

王：就是家庭暴力，一年也不叫我見上一次，不叫去瞅。

周：村裡人沒人管。

王：誰管哩。你家裡面的事情誰管呢。清官難斷家務事。

周：你外甥媳婦去引人的時候，正好你覺得這日子沒法過了。

王：我媽也說一年也不回去看望她，老人們就盼望兒女們回去看看，買些吃的喝的，何必迎這麼。就是這麼一點矛盾，別的矛盾也沒有。

周：你剛來這也不是很好，從黑辛莊來白辛莊就是為看著你呢。

王：不好嘛，好什麼哩，唉，你老是說哩，尋這外地的齊是歲數大的，都是娶得外地的，殘疾的，沒本事的。一句話說哇，就是沒本事。

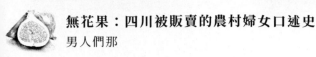

周：還怕你跑了。

王：跑了沒有了麼。

周：他那兩個姐姐就輪流看著你。

王：那個姐姐在那面住，就是這個姐姐，晚上出門就把門鎖正了，怕我溜了麼。早上人們行走了，日頭出來就把門打開了。他怕我走了，他家庭也不好，家窮的甚也沒有。齊是我四川來後，才辦下的（東西），受苦，都是苦命人。

周：等你有了第一個孩子才讓你自由些。

王：是了，有了這孩子就，意思是有了孩子拴住了。

周：你來這回過沒回過老家。

王：沒有，沒回個。主要我就不回，一來人家也不讓回，二來我也不回。因為啥我不回，我怕他打麻煩呢。

周：前夫打麻煩。

王：不想和他打麻煩，我是嫌這個呢，去年，前年，我哥哥在廣州打工，死了，他是腦溢血，我下去看了一下，去廣州，老家一便回去了。

周：父母還在不在。

王：父母死了吧。

周：臨死也沒見一面。

王：沒哇，沒有哇，說的是，和你老說給，有牽連的，怕人打麻煩，不想和他打麻煩。

周：因為這個人害的你連父母都沒見一面。

王：沒有哇，就是這一點點，四川那個孩子，前四、五年還來過。

周：還和你挺好。

王：來這裡看我。

周：是個男孩女孩。

王：男孩。現在也結了婚了，也不和他爸爸一起。

周：對他爸爸有意見。

王：嗯，有意見。我和我孩子說，不是媽的錯，和你老說的這段故事和他說了。這個孩子也說聽見人們說過，人們不怨我。我說對搭我也有錯，沒有撫養你，我也有責任。他說我不怨你，不怨媽。孩子可個好孩子。也是成了家了。

周：專門從四川來看你。

王：專門來看的。都好，這裡的四個孩子都孝順。小小最孝了，今年二十六了，有了娃娃了，數他最小。

周：都有娃娃了。

王：就是大的還沒有。北京這個，說是不忙哩。我說不可能，齊為你操心，也三十了。

周：男孩三十，不大。

王：還不大呀。你老說男孩子歲數大了好找，我看是女孩子歲數大了好找嘛。

周：城市裡頭男孩子如果有工作，歲數大點是寶貝，女孩子要是歲數大了不好找，和農村不一樣。農村是不管歲數大小，女孩子都能找到，是這麼個意思。城市大的女孩叫剩女，剩下的剩。

王：我看江蘇台，回回找對象，主要是要求的高，齊是大學的、師範的，多是要求的高不好找。我看電視裡齊是有文化的，挑這呀，挑那呀，挑的過屬害。我說這不能，看起來這不能。

周：現在年輕人和我們的想法完全不一樣。

王：不一樣。說媽大城市裡可多了，你們覺意歲數大了。我說是交待時候了，我也快六十了，他爸爸都平六十了，這是一天天翻這呢，覺意給他鬧這兩個錢，一說起人家幾十萬呢，說去那尋個呢。沒有資金來源。

周：你兒子自立了，讓他自己想辦法，不用給錢。

王：啊呀，不給錢不可能哇。

周：還得給。

王：不行，為父母的。

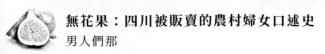

周：他要不要。

王：他也說你們老倆口把羊賣了，幹不行了。娃娃挺孝，幹不行了，不用了。

周：讓你們養老吧。

王：現在你是說問媳婦，五、六十萬，去那兒尋呢，農村人去那尋呢，沒個尋處。一說就是買房。我說一個農村家庭哪裡有那麼多錢。

周：你幾個兒子。

王：二個兒。

周：那個兒子都是你們老倆口花的。

王：是，花了二十五萬，全是我們老倆口花的。

周：得養多少隻羊。

王：慢慢出來，給他，給這個二兒子交待了，還有這個呢，給他鬧上兩個。不了，你老說我這辛苦，受的，不一樣嘛。當父母的誰也是一樣。你老多大歲數。

周：我七十了。你老漢就在這山上放羊。

王：哦，放羊，苦重哇，最辛苦了，我和你說，春季是日晒哩，冬季雪這麼厚也出個哩。說這個錢就不好鬧。

周：放羊這個活最苦。

王：就是，咱們就憑辛苦。

周：這兒女們要是不孝順有問題。下這麼大辛苦為他們。

王：啊呀，你老是說哩，現在不孝順的多，多的是。我們的娃娃基本上算孝順，還可以。就看以後，老了，老倆口不能自理了。

周：要靠他們養老送終了嘛。

王：不知道，啊呀，這個。

周：你們四川來的，你們家就不用說了，姐姐看著。村裡人對四川人怎麼樣。

王：啊呀，有些也寡搭，不好，尤其是我們這外來遷戶，你老明白這個事情，外邊出去說了話呀，別人就占你便宜。人家拿下眼看你呢。這就不一樣。這個村全是姓杜。

周：一家村。

王：一家村姓杜。

周：你老漢姓什麼。

王：姓韓。

周：單門小戶，受不受欺負。

王：欺負，倒是有他兩個姐姐，不是這兩個姐姐肯定是要欺負你，那還不欺負。

周：那兩個姐姐等於嫁給姓杜的。

王：嫁給姓杜的，齊是姓杜的。來的原因就是有兩個姐姐看著怕跑了，二來是有姐姐照顧。就這麼個事情。你老說不欺負，就是欺負呢，咋了不欺負，外來遷戶，單門獨戶就是欺負呢。放個羊呢，山坡也不是你的呀，水也不是你的呀，根本話上給你帶哩，就說你呢。人家不高興。那年這個村的一個支書，姓黃，現在他去了城裡了，說有他尿尿處，沒有我站腳處。你說這也不是文明話。你老說他就罵人哩，意思是說啥也沒我們的，人家就是罵哩。你看這。

周：就是欺負你們呢。

王：欺負嘛，全憑兩個姐姐，要不早就欺負走了，你就鑽不正，早就離這地方了。現在上頭還有個二姐夫，這個姐姐走了，人家下了城，我前年搬過來，看這個門來，我在那邊鑽的來，在當街。人家在城裡買下住處了，人家去了我給看門。二姐去北京給女兒哄娃娃去了，二姐夫在，有個外甥。

周：你來時，白辛莊剛分開地。

王：分開三、二年。苦哩，你老下來採訪呢。

周：有的真是打呀、罵呀。

王：有的是來這灰打哩。

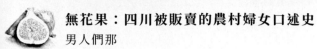

周：小川村有一個把人眼打瞎了。大泉溝也有一個，用鞭子抽。在大有坪訪問了三個大泉溝的。

王：家庭裡的事情誰管呢。

父兄送我上來

口述人：陳小芳（一九七五～）女，川籍

訪問地點：山西省朔州市平魯區顧家店村

訪問時間：二〇一七年十一月二日

周：你叫什麼。

陳：陳小芳。

周：你是什麼時候生人。

陳：我四十二了。

周：老家什麼地方的。

陳：四川蓬溪縣的，五方鄉，十一大隊山上。

周：家裡還有什麼人。

陳：就有哥哥、姐姐。

周：父親、母親呢。

陳：我上來三年頭上就沒有了。我來時二年我爸去世，三年時媽也去了。

周：你在村裡讀過書沒有。

陳：就念過小學。

周：小學畢業在村裡做點啥。

陳：我爸氣管炎，就和我媽種莊禾。

周：那時老家分開了沒有。

陳：分開了。

周：一家分多少地。

陳：啊呀，不知道。

周：是山區，還是壩子。

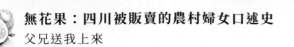

陳：山區。

周：種不種水稻。

陳：種哩，水稻、油菜、玉米、蕃薯。那麼是地不多。我們那是水淹戶，一遭了水災，四川雨大，雨大了，齊來河裡頭了，就淹莊禾呢，淹稻子呢，碰搭公家給補上點，就那麼個。

周：經常鬧水災。你來時有多大。

陳：我來時候十八了。

周：來了多少年了。

陳：來了二十五年了。那麼有大女子管著呢，今年二十四了，上來時是十月，第二年十月生下大女子，虛年二十五年了。

周：你是怎麼來的顧家店。

陳：大泉溝有個四川女人，她嫂嫂娶的我們村的女人，人家迎山西回四川，那會四川盡做鞋呢，咱不會做，愁呢，那會，說跟那地方可好呢，下雨不黏，鞋巴子也不做，說可好哩。我說要麼上個看看哇，要好的就鑽，不好就不用鑽。我媽、我哥送上來的。

周：大泉溝誰呀。

陳：賈二家。賈二家是我三大姑的小叔子。

周：賈二家叫個啥名字。

陳：不知道，她是中江縣的。打工不在，大有坪鑽的。有個表妹在吳家窯。

周：哦，是甘葉珍、甘葉華姐妹。

陳：吳家窯吳興明的老婆，是甘葉珍的表妹。

周：離婚了。

陳：離了。

周：離婚，在井坪開了個理髮館。

陳：開多年了。

周：她妹妹在麻黃頭。

陳：一個村的，在大泉溝。

周：不是，吳家窯的這個妹妹在麻黃頭，大泉溝的是甘家姐妹。

陳：哦，吳興明家的妹妹在麻黃頭。我不知道。

周：你是認識那個來的。

陳：就是你將將說的大泉溝姓甘的那個女子。那個介紹來的。

周：是她介紹的，是那個姐姐還是妹妹。

陳：姐姐介紹來的。

周：叫甘葉珍。

陳：我不知道叫什麼，那麼是中江縣的。

周：你們在四川認識不認識。

陳：不認識，沒見過。就是她的二嫂娶的是我們村的，就這麼個瓜葛。

周：就來顧家店了，你男人叫什麼。

陳：孔慶福。

周：他歲數有多大。

陳：比我大一歲，四十四了，虛歲。

周：你來這地方分開了沒有。

陳：分開了，承包了。

周：將分開。

陳：分開隊了，我承包了。我來的第二年秋天分開的。

周：一九八一年分的吧。你和你老漢分了多少地。

陳：一個人四垧地。

周：給你分了沒有。

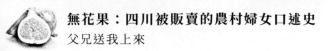

陳：就是秋裡。有聘出去的女兒，就給我分了四垧。

周：你們兩人加起來八垧。你老漢有沒有兄弟姐妹。

陳：有，他們姊妹五個，他是最小小。

周：你來後分家了沒有。

陳：我來前老大就分開了，和奶奶分開了，大的都聘了。

周：那你來時。

陳：就奶奶老倆口。

周：是你媽吧。

陳：迎娃娃們叫呢。

周：就是你婆婆。婆婆、公公都在。

陳：都在。

周：就是跟你們過，其餘的分了，或聘了。

陳：嗯。

周：你來第一年有個女兒，今年多大了。

陳：是，虛歲二十四了。

周：後來一共有幾個孩子。

陳：我有四個孩子。

周：都幹啥呢。

陳：這個小小都不念書了，咋也不念了。小子在長治念書。念專科。老大、老二都好。老大今年聘了。聘在朔州了。老二在北京打工呢。

周：兒子學的什麼專業。

陳：省不得，人家叫新能源，莊戶人省不得。

周：老四就是他。

陳：叫念書咋也不念了。

周：今年多大了。

陳：十六了。咋也不念，年前念的，今年開始念的，念了一個月，咋也不念了，打發不出個。

周：中學。

陳：初中，初三。

周：沒畢業。

陳：沒有。

周：輟學了。你們村退耕了沒有。

陳：退了哇。二〇一二年退的。

周：那你倆口子主要收入來源是什麼。

陳：就是養羊供娃娃們念書。

周：養了多少羊。

陳：養了二百個羊。

周：誰放呢。

陳：我老漢放。養羊掙不了錢，光跌價呢，不貴。今年比那強些。

周：漲價了，你不賣點。

陳：賣了不夠一群，賣些還得受這個罪，賣了也沒做的。

周：你是為錢，還是為了做。

陳：為了錢賣了，還得買，為了做。要是賣了，怕拿那兩個錢買不回來。

周：那你就是為了放。

陳：問題是為了賺錢，賣了就沒個做上的。

周：等機會，羊降價了你再買。

陳：你不知道，賣了就坐著呢，沒做的。

周：顧家店是不是多數都是養羊呢。

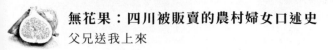
陳：老人們不放的。稍微不愣老的都餵羊的了，老的養不動。

周：年輕的不在了，打工去了。這村現在有多少戶。

陳：不知道。還不知道有沒有二十戶，左不來就那幾戶養羊的，還有老人們。不到一百人，六、七十人。

周：你蓋的這板房是國家資助的還是自己蓋的。

陳：個人蓋的。

周：那你為什麼不圈窯。

陳：蓋不起，連石頭也抱不動。

周：這村走的多了，回個家。

陳：問題是院不大，養羊放不下，不能。人家的院子咱得蓋棚子，沒頂頂不行，下雨，放羊呢。

周：主要是為了養羊。這板房冬天夠嗆。

陳：冬裡冷哩。

周：都是塑料的。

陳：薄薄一層，養羊沒辦法。

周：吊個頂，不然冬冷、夏熱。

陳：那得花多少錢。

周：石膏板很便宜。你來這生活不習慣。

陳：慢慢就好了。這個媽媽可好了，說我四川來的吃啥哩，頓頓給我做稻米，他們吃莜麵這些，給我做上一碗稻米。

周：你男人呢，對你咋樣。

陳：好呢

周：村裡人呢。

陳：村裡人也挺好。

周：這村四川的多不多。

陳：不多。

周：有幾個。

陳：三個，連春明家四個，一共四個。

周：這村原來分開時有多少人口。

（插話）有二百多人。

周：有沒有其它地方的。

陳：有一個長治的。

周：她是什麼時候來的。

（插話）一九八二年。

周：你老漢就是放羊，沒有其它收入。

陳：嗯。沒有。莊戶人沒有別的收入。

周：你來了以後回過老家沒有。

陳：來了二十多年回過二次。

周：第一次是什麼時候。

陳：是第三年頭上。

周：來時想不想家。

陳：想了哇，想家。

周：咋個想法。

陳：你思謀咋不想呢。

周：第二次啥時候。

陳：去年。

周：第一次回去見到父母了嗎。

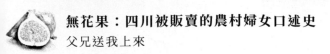

陳：見到我媽了，沒見到我爸。

周：你爸去世沒通知你。

陳：通知來哩。問題是那兩年窮，娃娃小的，吃奶的，不能，窮的沒錢。我媽是來第四、五年頭上沒了的。

周：也沒有回去。為啥。

陳：那會沒電話。人家三天頭上要打發呢，趕寫上信來我回去就遲了，早也沒通知。路上要走好幾天呢，趕回去就誤了。現在家裡有哥哥、姐姐。哥哥在廣州呢，打工，姐姐在四川也是打工。

周：你是老三。

陳：對。

入贅改姓頂門又都返回了

口述人：李小蘭（一九七四～）女，晉籍

訪問地點：山西省朔州市平魯區西泉溝村

訪問時間：二〇一七年十一月三日

周：先說你叫啥。

李：我叫李小蘭。

周：你是哪一年生人。

李：我也不知道我是哪一年生的，我今年四十四了。

周：週歲還是虛歲。

李：我也說不將來，我給你看戶口本。

周：行，還有戶口本。李小蘭，一九七四年出生的。現在農村都有戶口本了。

李：哦，沒戶口本還行。

周：過去沒有，都集體在公社登記。你老家是長治地方的。

李：長子縣[89]，石哲鎮張力村。

周：家裡還有什麼人。

李：就丟下哥哥、嫂嫂了，還有個弟弟。

周：父親、母親呢。

李：都去世了。

周：去世多長時間。

李：我爸爸明年十年了，母親可多年了，五十上就死了。我十四歲我媽死的。三十年了。

周：你在平魯前在村裡做什麼。

89　山西省長治市長子縣。

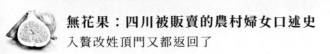
李：不再村裡，就在這兒。

周：原來。

李：原來在村裡。

周：你來時長治分開了沒有。

李：分開了，不知是哪一年，個人種個人的地。

周：你們家分了多少地。

李：種了六畝地。少，少的多呢。

周：長治是不是主要種麥子。

李：我小時候種，後來嫌產量低不種了，就是種點玉茭、穀子。我哥哥上班呢。

周：你哥哥做什麼的。

李：當煤礦工人。

周：是國營企業。那幾個呢。

李：嗯。我大姐也是個農民，嫁在別處了。

周：你多少歲數嫁到這。

李：我十九就上來了。

周：你咋就想起上這兒了。

李：我，家庭早早沒個媽了，家裡受氣呢，我姐招的，二姐夫頂的門。招的咱平魯的，一會這鑽，一會那邊，兩邊跑。我二姐是招的女婿，她也是有病哩，那年得了骨結核了，看病呢來這了，自看好病，再沒走。

周：是招到你們長治那邊了。

李：哦。

周：招的這個人是平魯什麼地方的。

李：西水界大石湖（村）的。

周：你們那兒的風俗是不是招的女婿，有了孩子隨母親姓。

李：是哩。我們那兒就是。

周：招女婿改姓在你們那兒就是你們村，還是周邊都是。

李：招上的都是。

周：長治招上的多不多。

李：多呢，可多哩，真多哩。

周：上門的一般都是什麼地方的。

李：哪兒的都有。那一年我還小，在大同整招了一批，真多哩，後頭起還上平魯搬，引上了，就不回個了。一般都鑽在那兒，就不要外地人了，不要平魯的人了，就要本地的了，東湖的了，石頭的，那兒的都有。

周：一開始外地的人，後來不招了，只招本地人。

李：不招了，一般又招本地的了。

周：本地的也是上門。這風俗是你們一個縣，還是周邊縣都有。

李：都有。我們那兒就那鄉俗，比如有兩個閨女沒兒的，都得招女婿。

周：家家如此，都得招。

李：家家如此。

周：如果有兩個女兒都得招。沒有出嫁走的。

李：也有了，兩個姑娘不是全部招，一個出嫁的，一個招，左不來她這個媽得給人頂門呢。

周：幾個女兒最少得招一個。

李：對。

周：叫頂門。

李：對，叫頂門。

周：你這個姐姐就是上門的。

李：給我二爹頂的門。我二爹是個光棍。沒兒沒女。

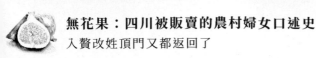
周：過繼給二爹。是她介紹你來的平魯。

李：嗯。

周：你尋的這個男人是那的。

李：西水界富足莊（村）。現在老的在村裡，年輕的都搬下來了。

周：你嫁來時他們家幾口人。

李：人家有三個姐姐，姊妹連他七個。

周：他們家生活怎麼樣。

李：人家也可以。都交待了，這不算可以。

周：你嫁的是老幾。

李：是老三，還有個老四，我娶過頭一年，老四第二年娶過了。

周：生活還可以，和你們老家比怎麼樣。

李：那裡都一樣，我看。

周：你什麼時候來的西泉溝。

李：孩子十一上來的，十二年了。

周：來西泉溝你男人就打工。

李：在北坪養殖。養牛、養羊。

周：主要收入靠這個。你出不出去打工。

李：我不，我給娃娃做飯，念書。

周：你幾個娃。

李：我兩個兒。大的二十三了，小的十九。

周：成家沒有。

李：他在聯通上班，沒成家。老二念高中。

周：你這個房是問的，還是自己蓋的。

李：是買的，三間，花了四萬多。

周：你來這個地方習慣嗎。

李：也習慣了。

周：像你這樣長治來的多不多。

李：我們村就我一個。四川的多。

周：你們村四川的有幾個。

李：想起來的有三個，都不在村裡了，也上來了。

周：跟你一樣也是給孩子做飯。

李：有打工的，會騎車的，打工。我啥也不會，不會騎車。

周：你還有個姐姐也在這。

李：我有個二姐在這兒。

周：就是你剛才說的姓高的。他是上門女婿，應該是和你二姐在長治，因為看病來這。

李：我姐姐腿病了，得了骨結核，真多花了錢，那會的錢花了七、八千，頂這會七、八萬。全憑我這個哥哥好。一改嫂嫂就吆喝哥哥呢。

周：招上的不叫姐夫，叫哥哥。

李：哥哥來這兒硬是借上錢，跟親友們借上錢，給我姐把病看好了。可是個好男人呢。真心好呢。

周：骨結核不好治。

李：走路都變了樣了，變形了，就像腿短了，可厲害呢。全憑尋了個好男人，不是好男人跌在我們那地面命沒了。

周：你哥哥靠什麼收入。

李：人家可辛苦哩，也是養殖。

周：你叫他哥哥，叫你姐姐啥。

李：還叫姐姐。他給頂門，就是兒了，所以叫哥哥。

周：有個孩子叫啥。

李：叫我姨姨。

周：不叫姑姑。

李：嗯，你看的怪了不。

周：長治這個習俗比較特殊。其它地方也有。

李：還是我們那個地方多，像這有兩個姑娘、三個姑娘，不招，全嫁了。我們那就招，非得有個頂門呢，不頂不能。

周：頂門就是不管有幾個女兒，最終是一個女兒頂門。

李：是。也傳宗接代，都嫁出去就沒有後代了。

周：這個頂門，比如是三個或四個女兒，哪一個頂呢，是老大呢，還是誰。不一定。

李：不一定。

周：碰上那個算那個，跟排行沒關係。

李：沒關係。就像我們家，我大姐姐她大，她就嫁出個了，我二姐就頂門了，非得有個頂門的，我還小。

周：你爸爸是老二。

李：我爸是老大。

周：你爸是因為有兒子，你大姐就嫁了，你二爹沒兒沒女，二姐就去頂門了。

李：人家有女兒就不用二姐去頂門了。

周：他就去招了。

李：對。

周：孩子等於姓姥爺的姓。

李：就是。吆呼爺爺，不吆呼姥爺。

周：姥姥也叫奶奶，不叫姥姥。

李：嗯。

周：當時去長治招的平魯人挺多，後沒有了。

李：後來不要平魯人了。

周：什麼原因呢。

李：人害怕，後來大部分都上來了。

周：不管出了什麼原因，大部分招的女婿都走了。

李：哦，就是害怕走了。

周：又都回到平魯了。

李：是哩，人家說頂門你就得待在人家那兒，你回來就沒意義了。

周：就開始招當地的了。這前後有多少年。

李：我看有十年。

周：十年前還要外地的，經十年後不要了。

李：不要外地人了。

周：那外地人為什麼都把當地女人引走了呢。

李：不知道。

周：說不上，各種各樣的。

李：像我二姐是因為生病，我二哥在當地沒有親人借不上錢，供不上治病，他才來這兒的。

周：比方說上門女婿有沒有這種情況，長治的，就像四川人嫁到平魯沒有娘家，等於男人在當地也沒有親友。

李：可能也有這種情況。

周：處境和來這兒的（四川女人）情況差不多。長治招上門女婿，對年齡呀，大小呀，和女方差別大不大。

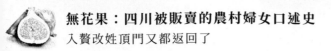

李：也有哩，像我二姐和這個哥哥差九歲。

周：誰大。

李：哥哥比我二姐大九歲。他瞞歲數呢，有時候下去瞞歲數。不知道人家多大，人家說多大就是多大。

周：把自己說的年輕一點好找。有沒有女的大，男的小。

李：那也不敢定有。

周：也可能有，一般是男的大。在下的多不多。

李：也有，少。

周：大部分在不下。農業社時的事情記不記得。

李：那會我小呢，記不清。

周：我的意思是農業社時候外地上門的多不多。

李：沒聽的平魯的去過。招本地的有呢。外地的沒有。

周：跟這情況差不多，農業社時不自由，有生產隊管著呢，外地來的幾乎沒有。

李：是。

周：一分地就自由了，來的就多了，是吧。

李：是，嗯。

周：你們當地招上門的也有這個問題。比如說有沒有這種情況，風俗是上門招，如果招不上，三個女兒最後都沒結婚。

李：招的上，還有招不上的，沒有那事。招上呢。

周：那為啥。這麼保險。

李：那啥東西，家裡沒兒的，三個姑娘非得有一個頂門的，非得招一個呢，就是那，那還招不上。

周：平魯這邊有這麼個情況，女的不管好賴都能找個男人，城裡就不同了，男的好找一些，女的找不上的叫剩女，就剩下來的意思，大齡，三十歲以上的，不好找的。

李：我們那兒大部分早早就尋下女婿了，沒有上大歲數的，就像這二十八、三十還不尋女婿，我們那兒十八、九就訂婚了，都招上女婿了，三十大幾的養娃娃的都沒有了，二十幾養一個，二個娃娃就做手術了，人家不叫多生，就限制你呢，全部做了手術。沒有上大歲數的。

周：結婚風俗，上門的是不是也是小時候訂親，過幾年結婚。

李：沒聽說小時候訂親的。

周：看好就行了。

李：是，看好就訂婚，就結婚。沒有訂娃娃親的。

周：不一定是娃娃親，先訂親，隔個一、二年結婚。

李：我周邊沒有，最多春季訂婚，秋天山藥下來就結婚了。沒有等個二、三年的。

周：這地方結婚辦事宴呢。長治咋辦。

李：女方家辦事宴，男方家也辦事宴。

周：如果男女方家都在當地，男、女方都辦。

李：兩頭都辦。

周：如果男方是外地的。

李：就不辦了。外地路程過遠就不辦了。就好比當天回不來的，先在這辦，再回到那家再辦，也辦，那還能不辦呢。

周：兩邊都辦，那男方叫什麼，找媳婦。

李：說不將來。

周：那女方叫什麼呢。

李：跟前有一個，新結婚了這兒辦了，男方的辦了，路過遠，停上兩天，她媽也要舉辦婚禮呢，那頭起又辦。

周：這是娶媳婦嘛，在女方叫回門，但是以男方為主，這麼辦。你這個是招的上門的。李：招的不了，對，招的就不了。我說的是娶媳婦兩頭都辦。

周：招的那頭辦。

李：在女方辦呢，不在男方辦。問這個，我沒翻清。

周：應該是以女方為主，你是叫哥哥麼。

李：是哩，就成兒了。

周：以女方為主，吃飯啦，女方家產等於留給這個上門女婿了。

李：是，對，就是。

周：女兒等於不離家。

李：是。

周：和西藏（地區）上門女婿情況差不多，如果沒有兒子，一代一代都是女兒，就是透過女兒傳承家產。

李：對，就是那個道理。

周：長治也是。

李：也是。

周：如果招上門還沒有兒子，是女兒就再招。

李：再招。

周：一代一代的。那住的房，還是窯。

李：這會都是樓，二層樓，都是。以前有平房的。

周：瓦房。

李：平房，我們那兒沒窯。沒這兒冷。人家住的可乾淨了，挺好，有自來水了。

周：比方蓋房，蓋二層樓，都是在女方家。

李：招的女婿，都是在女方家蓋。

周：蓋房，維持生活，都是女方。

李：哦。

周：要不要彩禮。

李：招到女婿，人家也是要錢了哇。要帶上兩個錢，比方說人家要五千，他就拿上五千下個了。

周：是上門的出啊。

李：咋了。

周：比方說，這兒是女方要彩禮，男方出。

李：要哩。

周：你們那兒是男方到女方家，那應是男方要彩禮才對。

李：也帶錢呢。

周：要男方的錢

李：哦。

周：有意思，你招的我呀。

李：女的招，還有男方要錢的啦。我也說不上來。

周：你沒翻過來。你看呀，比方說我有一個女兒，男方看中了，把她聘了，我得跟他要彩禮錢，你要不給彩禮錢，我這個女兒不一定給你。男方娶媳婦啦，女方就提條件了，要買樓，要買車。你這個是倒過來了，招女婿，家產都是女方出的。

李：他招下個了，房子肯定是女方的，他得帶兩個錢那哇，還能不帶錢了。

周：這錢叫啥錢呢。

李：我也說不上這叫啥錢呢。

周：這個錢帶多少，有沒有個說法。

李：像我二姐就是五千。

周：要這個男的五千。

李：嗯。

周：其他家呢。

李：咋那會是這行情，我也不知道，我那會小的了。

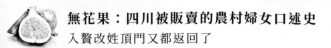

周：就像這兒，過去是一萬，現在二十萬了，條件變了，行情。男方也得出錢。這男方不就虧了嘛。

李：虧啥哩，一樣吧，在這兒娶媳婦也得花錢，那還虧呀。

周：我花五千，在這個地方娶媳婦上門。等於是我到你家給你當媳婦，結果還得出錢。

李：啊呀，我說不將來，不知道。

周：反正要出錢。

李：我也說不將來，反正要出錢，不會說。

周：拿著錢去到人家。你二姐招你二哥是五千，那現在會不會漲了。

李：啊呀，這會多了，這會好幾萬呢，我看。十來萬，不知道。我也不問我姐姐，不知道，我十九上到來了。

周：上門還要人家十來萬。

李：哦，上門得交錢啊。一樣，在這地方娶媳婦不得錢啊，他還要向女方要錢，那有這樣的道理。那就等於買他了。

周：沒弄明白這個事。

李：我也不明白，我也不知道。

周：你說是個啥道理。

李：說來說去不知道說了個啥。

周：不，了解你們長治這個鄉俗。我去年還去過你們村訪問，訪問過農業社時的一個支書，還有他老婆，他老婆的弟弟，叫侯存德。

李：侯存德我認識。他的兒媳婦也是四川拐騙賣來的，那會公安局來解救，讓她馬上走。她的娃還小，在炕上圍著呢，放不下，就不走。公安局說要走馬上走，不走就走不了，在那都是老漢。她就留下了。侯存德兩個兒，另一個小時候動電三輪車把腿碰著了，落下了殘疾。她有兩個兒，一個女，大兒二十了。

周：那她負擔重了，侯存德有七十多了。

李：就是，老人還活著，老倆口，小叔子殘疾，還有自己的三個娃娃，其中一個腦子也不好。她常給我發微信愁的不行，她也在井坪，打工，那能掙幾個。

周：她老公做什麼的。

李：裝卸工。

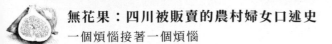

一個煩惱接著一個煩惱

口述人：夏秀紅（一九七四～）女，川籍

訪問地點：山西省朔州市平魯區井坪鎮出租屋

訪問時間：二〇一七年十一月三日

周：先說你叫什麼名字。

夏：我叫夏秀紅，夏天的夏，秀才的秀，紅顏色的紅。

周：你是四川什麼地方。

夏：成都金堂縣朱高鎮梁水村十四組。以前在廣州打工，回我們老家時候，遇到我們哥哥的朋友，我哥哥在北京人民大會堂當兵，想造成北京人民大會堂打工，被他騙的賣到山西了。

周：那你多大。

夏：二十一了。

周：你老家都有些什麼人。

夏：這個時候就有個媽，哥哥，有個妹妹。

周；來之前呢。

夏：爸爸、媽媽都在。

周：你爸爸去世多久了。

夏：有十來八年了。我在山西鑽了十年回去，回去我爸爸就已經有病了，我正月回來，六月爸爸肝硬化死了。

周：具體是咋騙你過來的。

夏：我哥哥在北京人民大會堂當兵，他來我們家耍，他和我哥哥是朋友，和我爸爸、媽媽說北京這也好，那也好，治安搞的挺好。這我也想去北京看看，廣州去過了，再想去北京看看。唉，去了以後叫人騙了賣到山西了。

周：原來說帶你去北京。

夏：哦，說帶我去我哥哥那裡，去打工。

周：你沒見到你哥哥。

夏：沒見到哇。

周：就到平魯了。

夏：哦。

周：就把你賣到富足莊了。

夏：哦。

周：就賣到侯存德家。

夏：侯存德，我是他兒媳婦。

周：大兒媳婦。

夏：嗯，二兒殘廢了。

周：侯存德大概有七十三、四了。

夏：七十多了，不知幾歲。賣過來了，那時我小哩，省不得，這會歲數大了，覺意到家裡負擔重了，孩子們都大了，也就是個這了。

周：你現在多大了。

夏：四十四了，虛歲。

周：來這二十三年了。

夏：你看，一九九五年來的。

周：老大多大了。

夏：也虛歲二十三了。

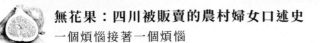

周：這是老二。（因病造成腦殘疾，隨夏秀紅生活）

夏：腦殘廢了。

周：你給孩子取的小名還是四川人的習慣，大毛、二毛。跟平魯人叫法不一樣。你到他們家一九九五年，日子過的怎麼樣。

夏：也不太好，反正我也啥也指不上，搬下井坪時啥也沒有，就搬下個水缸，搬下個電視，啥也沒有搬下來，就兩個人自己打工，掙上錢養活這些。

周：你老漢比你大多少。

夏：大五歲。

周：你們什麼時候搬到井坪的。

夏：十四、五年了，我兒還不大，還在手上抱著就下來了，我兒明年整整二十了。在這巷兒裡，由後面搬到前面來了，我和我老公人緣好，都不想叫走，一直就在這個巷巷鑽著。

周：你老公打工做什麼呢。

夏：當小工呀，逮住啥做啥，沒個正經活幹。我一直在飯店幹活，朔州的飯店。

周：也幹十幾年了。

夏：那幾年還當小工，後頭不當了，在飯店幹了五、六年。

周：那你們負擔這麼重，兩個老人管不管。

夏：老人現在還能種地，也不管，種地也受不行，收莊禾我們回去。今年我回去說，你把那大的地種下，受不行，著忙收不回來，我們回去收割，小地進不了收割機，著忙了收不完咋鬧呢。那兩天我們沒做的，要是有做的你們咋辦。用那收割機，雇上，不大一陣，花一百塊錢就收了。人收，那一天我們四個人，割胡麻，一垧還沒收割完。人還不如雇機器，雇咱們人費工，我說你把那大點的地種上，我們負擔重，不種也不能，我們只能顧自己，連自己也顧不下，兩個念大學的，這個不能動彈。我們兩個碰搭我沒做的，就他一個，他也掙不多，頂多一年收入二、三萬塊錢。動彈完了，我老公的錢還緊的要不回來。

周：工資拖欠。你是三個孩子。

夏：大的、二的是女兒，兒子最小。

周：老大、老三上大學。

夏：老三明年考大學，還念高中呢。老大在運城念大學。才念第二年。

周：那你負擔挺重。三個孩子都還沒獨立。

夏：負擔重，也沒人幫。沒有收入，兩個老人老了，有兩個帶殘廢的。

周：小叔子是殘廢。

夏：小叔子八歲頭上，那幾年沒車，他去看人家碾胡麻，人家開上四輪拖拉機碾胡麻，看見車稀罕，跟著人屁股後頭看，四輪車崩斷皮帶把頭打著了，把頭看好了，把個腿拐了，以後就不能自理了。這一個是那一年她爺爺，灶火煙的不能，他就給刨爛了。刨爛沒看日子，第二天她爺爺走路得要人拉上去，攙著走，就病了。她爺爺病了，醫院看還沒回來，又把我大女兒發高燒病的，退不下燒來，吃上藥退不下燒來，又執到縣醫院看，執到縣醫院還沒回來。我二女兒又發高燒退不下燒。一通就病下三個人。病三個人他們家人又暈，沒有尋神娘娘看一看，我二女兒就成這樣了。大女兒看好了。二女兒發燒好幾天，那幾年家裡也困，也思謀著這一個住院，那一個又住院，就沒有執下縣醫院看個，就耽擱了。也不知道是動著哪裡了，二的又發燒，她爺爺回來了，拿一個炮炸了一下，討死鬼才走了，那討死鬼一直在窯頭吊著。

周：是她爺爺放炮。

夏：放了一炮，討死鬼才去了。

周：那你這個小叔子也不能勞動。

夏：不能。小叔子不能勞動，公公老漢也不能勞動，七十多歲，一天光吃藥，這又下來輸液十幾天，花了七百來塊錢。那時候娃娃們小哩。那一年我四川爸爸上來尋來了，那會歲數小，愣的。他們也沒引我爸爸到他們家，把我爸爸放在招待所，公安局的來了，穿的是便衣。我還以為又是有人騙我來了，問我走不，我說不走。我說了一句不走了，人家說不走就不用走了。以後我沒走，這一下，看娃娃可憐，小哩，也走不了了。就是個這樣，一天天過來了。

周：等於你父親從四川來尋你，找你沒找到。

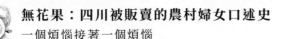

夏：我爸爸來山西，把人販子抓起來，打了一個多月才交待把我賣了，賣到山西。先說我個人走的，在火車站走丟了。一開始不承認，打了一個多月才承認。交待出來，把他抓起來，抓他那一天剛好是他結婚，結婚的時候把他抓起來的，打了一個多月才交待出來。尋我來了，我還以為又騙我來了，一貨沒走。我不走，那個人販子就沒罪了，又放了哇。這下人家說你自己願意在那兒。

周：這人還放了。

夏：我看是放了，我沒回個，人家就沒罪了。人家還以為是我自己願意在下的。後來來尋了，人家穿的是便衣，把我爸爸也沒引來，我也不知道是不是真的，假的，還是騙我來了，一貨沒走。

周：這個人把你賣了多少錢。

夏：才賣了三千七哇。那幾年三千七也值錢。

周：人販子也是你們村的。

夏：離我們好幾個村，叫個陳廣清，把我賣了這個人。

周：那會他也沒結婚。

夏：他也沒結婚。他也和我歲數差不多。

周：你來這後什麼時候回去的。

夏：我來十年了才回去。第一次回去，差不多十年了。

周：回去和你爸爸一說就真相大白了。

夏：剛剛一、二年時間就把他抓起了，我女兒還在身上抱得哩。

李小蘭：你不是跟我說娃娃還在炕上呢。

夏：叫我放下走呢，我又不相信，怕又是騙我呢，不敢走哇。後頭人家拿著刀子來，逼著我們這些人，說拿刀殺我們這些人，愣愣的我就怕了，叫嚇住了，就不走了。這下公安局的把我老漢叫到井坪招待所，把父親從四川接來。公安局人走了，我想走也走不了了。

周：拿刀嚇唬你們的是誰。

夏：小叔子。他二兄弟。

周：說敢跑就殺了你們。

夏：那個時候愣的，小的，叫人嚇住了。

周：剛來的時候是不是也關著看著。

夏：走到那裡跟到那裡，想跑也跑不了。村裡到處是路，也不知道從哪裡進城。那時候來了沒有手機，也不方便，跑也跑不了。像現在想跑，一下就跑了。這會想跑也遲了，嫁也嫁不了了。

李：都娃娃圪蛋了。

夏：你說負擔重了，去評個貧困戶，那一年去訪問我們家了，大人不在，就我和二叔、二女在家，訪問個半天也沒選上貧困戶。那一個村評貧困戶呢，說咱們村眼睛瞎了，看不見咱們兩個殘疾人不叫貧困叫啥呀。人家也沒給。

周：村裡人，當地人是不是欺負四川人。

夏：欺負倒是沒欺負。我剛來和婆婆不知吵啥架呢，我和老漢都睡下了，她坐在那兒翻呢，就說她是對，後頭就是和我說，叫她走也走。你看做的苦吧。人家硬和你嚷呢，錯也跟你嚷。

周：你婆婆。

夏：我婆婆，一天到晚罵我公公，這也沒做好，那也沒做好，一天盡罵哩，我來二十年了，聽見她罵二十年了。

周：罵你公公。

夏：哦，說這也沒做好，沒本事，啥也是她做的好。我說你這樣天天罵對家裡不利，今天死牲口哩，明天。那年泥窯面哩，泥住窯面了，也是沒看日子，那院子肯定也是老院子，沒幾天他們碾豌豆呢，不知誰哩，說我用三輪車給你碾哇，也是幫忙，我老漢把騾子攬在溝灣了，拿三輪車去碾了，碾完了去拉騾子，騾子就跌死了。你說不知是動著哪裡了。就是沒看日子動著了。好比放個騾子跌死了。真能死牲口呢，不是死羊，就是死牛。那一年好端端一個牛，臥下去就把腿弄斷了。我們家裡我來二十多年，不順。

周：公公、婆婆關係不好。

夏：他們兩個光嚷架。

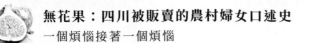
周：她罵你不罵。

夏：這是不再一塊鑽了，在一塊也擱不得。這回個我說你種地種個大的，種上兩片大地，你們也這麼大歲數了，種上小地地，明擺著割時誰也是腰節骨痛的，種上大的著忙了用收割機割，用幾百塊錢全割完了。另完人家還不高興。說你不想幹你回個哇，叫我回個。鑽在一搭，擱不得。這個婆婆可異樣了，厲害呢。這也是全憑我們搬下井坪了，鑽在一搭哪能擱得了。

周：你孩子生下來時，婆婆幫你帶過嗎。

夏：帶，大女兒一直是她帶呢。一出串門，黑了都不回來。帶上這兩個娃娃，一個人又哄娃娃又做飯，她回也不回來。我們在村裡鑽的時候，娃娃身上都捂出蛋子了，肚腰腰爛的也不待縫，後頭我就給換上，她也不管，人家去外面耍個了，也不回來，管也不管。我那婆婆可懶呢。

周：你公公怎麼樣。

夏：我公公到也挺好，他不罵人，就是婆婆厲害呢。

周：是不是因為農業社那會公公出身不好。

夏：不是。她就是那種天生好罵人，這也不對，那也不對，那有個十全十美，她咋罵他也不做聲。

周：我上次訪問他，看上去是一個很老實的人。

夏：你罵你的，我做我的。

李：你見沒見她老娘娘。

周：沒有，有他姐、姐夫，好像還有個什麼人，四個。

李：他姐姐也可好呢。

夏：別人一問她啥，和你翻鬧呢，不和你正正說話。

周：我記得上次去，侯存德不愛說話。

夏：嗯，不愛說話。

周：他姐姐還行，他姐夫也說的多。他姐夫好像當過村幹部。

李：不知道。

周：他姐夫歲數大了，侯存德都七十多了。他得八十了。

夏：這幾年貴賤不能做營生了，一做就氣喘虛虛的。都七十多了，那也是身體好，像我們現在上個炕呀，腿都不俐落了。我在飯店動彈呢，這半個手臂就動不了，這兩個手臂痛，做小工是站不行腿痛，做小工工資高了哇，一天一百四、五，我受不行，沒去受，去工地作了幾個月，一天一百塊錢，那地面冷，一下把手臂涼著了，在飯店做這個手臂不能著水，一著水就痛。

周：當小工主要幹什麼活，搬磚、搬石頭。

夏：搬磚，受不行。咱們女人們早早爬起，還得洗臉梳頭，男人們爬起就能走，就得比人家早起半個小時到一個小時，就瞌困睡眼的睡不醒。緊的栽樹啦，跟她二老爺栽了兩天樹，抱上樹秧子還打瞌睡呢，還擠著眼睛睡覺呢。有一次跟著咱們前山栽樹去了，栽了一天，太陽毒的晒的我，第二天就沒去了。那幾年受的，風吹的好像往倒跌呢。你尋的老漢有本事，我尋的這個老漢沒本事，受死了，一天。

李：我還受不行呢。

周：當小工一天幹多少個小時。

夏：十二個小時哇。

周：到飯店一天幹多少個小時。

夏：也得十來八個小時。飯店收攬住，沒人吃飯，能坐一下，那麼不用晒太陽，當小工又晒太陽又受罪。我估計要回四川呀，尋個飯店或當小工，當了兩天小工，咱們也認不得人，沒個動彈處，就在家裡坐一個月了。

周：那你當小工也不一定能找到。

夏：哦，也不一定能找到，人家也是久已能受的那些人，要那些人哩，人一看咱們不像受那個苦的要也不要。栽樹啥的，認不得人就不要你。這地面受苦也得有關係呢，沒關係還不好尋。人家受的一天也不誤呢，人娃就沒做的。

周：當小工也得人認識你，工頭認識你。

夏：工頭認識你，啥人認識你，知道你幹活能行，一天十幾個小時，站也站累了，受那不行。我就愁的，這會還年輕還能呢，老了兩個人身體又不好，那一個念大學的，

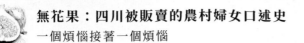

那一個小子，念出來也沒本事，我們倆口子也受大治了，你看那兩個老的，還有二兄弟，還有我這個二女兒，都是殘疾。我們倆人就受下大治了。要是那兩個兒女沒本事，他連他個人也顧不下，不給你我們哪來生活收入，我們動彈不行了。

周：將來負擔重了。

夏：哦，娃娃們沒本事，顧人家個人呀，還顧你花呀，你有本事他還給你兩個，富餘給你兩個，不富餘給啥呢。

周：關鍵都還沒畢業。

夏：你不叫念不行，想叫念念哇。我那兒身體也可單呢，瘦的，倒是吃飯可能吃呢，就是瘦的不行，我這二女不是殘廢吧，也好了負擔重，讓這二的。去年問了一年，也問不出個，對的不對，不對的不對。去年問出一個，那個娃娃眼睛有點毛病，在北京，按摩的，尋上人家，都說成了，給五萬八，我們彩禮錢一萬零一，一貨老漢喝醉酒了說成兩頭了，你給密碼我給存款單，一貨人家給了存款單不給密碼，不給我們往出取了，我說給我取出來我個人存，人家咋也不給取了。以後沒鬧成。我又怕人家給了這萬數塊錢，看見不好又給你退回來了，你一分錢也沒抓到手，女兒也成個大女兒了，也不好往出問了。又沒鬧成。

李：那會就不說二頭。

夏：我說也是，五萬八就五萬八，也不說彩禮錢，人一貨給說成二頭了，不給那四萬八了，要上這萬數來塊錢，怕人家看你女兒不能給你退回來，退回來你說咋鬧呀。退回來不是個大女兒，越發不好往出問了。去年問了一年，可多人來說，今年連有人說都沒人說。去年有毛病的基本都調上來看遍了，要麼沒有婆婆，咱們相信有婆婆的，不然生下個娃娃，她個人不會可以叫婆婆執，有些人家可有錢哩，人家是給幾十萬哩，帶我們倆口子哩，把我們倆口子也買死了，人家賺一把，咱們還不想去。

周：要求父母跟著一塊去。

夏：嗯，跟著這二女一塊去。

周：這是啥事呢。

夏：是叫去照顧二女呢。二女不會做飯，不會幹活哇。生下個孩子不會執哇。

李：你教她做。

夏：那天教她合麵哩，滿把手合，跟咱們正常人不一樣，貴賤教不會。合上了，壓餄餎，掏餄餎床她不會掏，她就鬧不了麼。

李：餄餎床還操作不了。

夏：操作了就好尋女婿了。合上面不會做，學也緊的學不下，掃個地，拖個地，對一下就拖不上，這還得我指把著，不指把拖不乾淨，疊蓋襖也是高稜稜的，像那邋遢女人疊的，像咱們兩個愛整齊，那裡也得整整齊齊，她就整齊不了，亂七八糟，亂套了。

周：她就是生活不能自理。

夏：不能自理哇，要是能自理就好尋對象了。要是能自理了我就不跟人要貧困錢了。兩個不能自理，兩個老的，兩個大學生。老的老了，那幾年還年輕不顯形，這幾年老的老了顯形了。我一天愁的沒活幹，頭痛的這咋能過了呢。

周：她尋不下人家得跟你們一輩子。

夏：哦，得跟我們一輩子。

李：尋下了。

夏：不好尋，尋下，人比你強的不想尋，不如二毛的還過不成，也不能尋。她這個就難尋呢。

周：尋不好，她去了也受罪。

李：她自理不了。

周：到時候欺負你呀。

夏：我們這能幹活的，還一下就罵你呢。我這裡回四川，我婆婆賣莜麥賣了七、八千塊錢，我回四川呀沒錢你給我兩個，給我尋上兩個。我對老漢講我回四川呀，你給我準備兩個錢，錢不夠。他媽咋說，哼，我這個錢不給你拿得了，看你兒考上大學了給你往出拿哇，你回四川個人想辦法，你尋不上錢不用回。

周：就這婆婆。

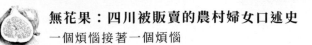

夏：不尋給。我說我兒考上大學早花遲花不是一樣，這時候花了，我給攢下了，花你的我的攢下了。那還不給我呢，人家一個還不給我呢。家裡打電話叫我回去辦醫療保險，十幾號就不辦了，這時候還沒湊夠錢呢，沒回個。

李：一個人多少錢。

夏：二百多。我昨天辦那個。

李：咱們沒有醫療。

夏：不知道咱們村，我是辦四川的。我戶還沒上哩，那一年回個辦戶個啦，一貨人家要村上、鄉里、鎮裡面，還要縣裡面的。

李：這是你的過，戶應該遷到這兒。

夏：就是那一年遷個了，沒遷上。

李：咋個沒遷上，給大隊送上兩個錢，咋就遷不上。你這年年跑。

夏：不。辦上個農村信用社卡的，年年入進個了。昨天我辦去了，身分證不知是咋鬧的，就是辦不上。

李：你娃都圪蛋的人了，你戶還在四川。

夏：我去辦理呀，不知能不能辦回來。

李：能辦回來呢。

夏：我那一年回個了，還要咱們太原省裡面的章。你說我還跑到太原去蓋個章啦，要省裡面的章呢。

李：啊。

夏：人家給我寫上要省裡計生辦的章，好幾個章。我又不是這生的，還要計生辦的章。

李：我教給你，人家開戶口是咋鬧呢，比如打在富足，叫富足大隊蓋上章，叫準遷證，一貨在四川，人家那頭准許你打戶口，人家四川鄉里一下把你戶口遷出來了。王三家不是就辦了，郭裡京家也是。

夏：那一年回個也是遷的時候叫給寫上，咱們村裡、鄉里章都蓋了，回個沒辦上。

李：鄉里辦戶口用不著花錢，我到成了人家這兒的人，是人家媳婦了，應該上戶。我戶口還在這裡（長治）還行啊，做啥事情人家要戶口、身分證，沒有這個就不行。

夏：昨天去辦個了，拿的舊身分證，就取消了，一去辦人家就給卡住了。

李：你就應該補辦。到西水界就補辦了。

夏：不，我是四川身分證，那個舊的沒取銷了，這個新的和舊的就不是一個人。

李：你就辦這個哇。

夏：就是辦這個。

周：第一代身分證，回四川買票都不賣給你。咋回四川呢。

夏：我有四川身分證，有個新的四川身分證。

周：第二代是四川的。

夏：哦，辦第二代身分證時第一代身分證他沒給取銷了。昨天辦一個農業銀行卡，辦不上，把人三個機子都卡死了。卡是出來了，輸六位數字密碼，輸密碼去了，一下按的咋也不行了。

周：當機了。

夏：退也退不回來，按也按不進個，又把機子退回個，也沒成功，去那個機子，又把那個機子卡了，還是不能，三個機子都不能。人家說網上系統上人家就不認我這個。

李：那咋呀。

周：用新的身分證就可以。

夏：有新的嘛，舊的網上就沒取銷。

周：舊身分證網上就沒有這個訊息。這個機器沒反應。現在不是人工，電腦識別。得用新身分證。

夏：我有新的身分證，它顯示的是舊的，新的沒顯示。舊的照的和新的照的這個人好像不是一個人，系統上說不認識，卡住了，就不給辦。不給辦，叫我拿四川的戶口本，比較看一看，押住才給辦這個銀行卡，後頭又說不用了，拿上駕駛證。

李：不管咋不咋，你把戶口遷上來，一貨就行了。

周：機器有問題，新身分證不給辦，不怨她，機器有問題。

李：是啊。

夏：別人辦沒問題。

周：我也說不好。

夏：新的身分證和舊的身分證就好像不是一個人。

李：那哇，人吃肉了，老了，不和年輕時一樣。

周：可能是兩個身分證人變化比較大，那他得給你想辦法解決，你不能說人變化大就不是這個人了。

夏：人家說系統上就不認識我。

周：那你又不是孫悟空七十二變。

夏：這就是那個新的，電腦顯示的還是舊的，舊的是小時候照的。

李：就像個小子。

周：這個是一九九〇年發的，這個沒寫什麼時候發，有，二〇〇一年發。

夏：讓身分證鬧的，想辦個銀行卡還辦不上。

怎麼賣過來的忘了

口述人：楊玉青（一九七七～）女，川籍（遵個人意願未拍照）

訪問地點：山西省朔州市平魯區東港村

訪問時間：二〇一七年十一月六日

周：你是四川什麼地方人。

楊：簡陽。這會規劃到資陽市，原來是簡陽縣，資陽管簡陽 [90]。

周：你多大離開的。

楊：十七、八了，十八了。

周：你叫個啥名字。

楊：我叫楊玉青。

周：你來之前家裡都有些什麼人。

楊：姐姐，別的姐姐都聘了，就丟下一個姐姐。還有我爸。

周：媽媽呢。

楊：媽媽去世了。

周：你媽媽去世時你多大了。

楊：十五了。

周：你媽媽去世兩年後你來的。你小時候在簡陽做什麼。

楊：念書哩，念出書來在家沒做的。

周：念了幾年級。

楊：小學。

周：小學畢業。

楊：沒，差了一年，念了五年級。

90　四川省成都市簡陽市。

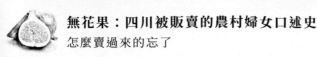

周：為啥不念了。

楊：不想念了。

周：那回家就是打豬草、拾柴。

楊：回家做營生了吧。

周：做啥營生。

楊：餵豬，做飯。家務活。

周：你是咋給騙上來的。

楊：說是打工騙上來的。

周：是不是成都荷花池人市場。

楊：我也忘了。

周：咋去的，簡陽離成都還有段距離。怎麼去的呢。

楊：坐車哇。

周：就說打工。

楊：哦，打工就騙上來。不離村誰能騙上呢，不離這地方騙不上，那會小。

周：就把你直接騙到平魯了。

楊：我還在成都打工了。

周：打了多長時間。

楊：打了兩個月。不幹了，又尋營生呢。

周：是咋騙到平魯了。

楊：我也不知道。

周：總有人拐賣你呀。人販子是那的。

楊：咋也是四川的。我也沒問。

周：說話你能聽出來。

楊：就是聽的是四川的。

周：就賣到東港了。

楊：我也不知道。

周：你（楊的男人）是從人販子手裡買的她。

楊：麻煩的快別說了。我忙的哩，顧不上。完了，賣到這地方了，過的挺好。
兩個娃娃，一樣一個，走哇。

那裡都一樣

口述人：周華珍（一九六八～）女，川籍

訪問地點：山西省朔州市平魯區西泉溝村

訪問時間：二〇一七年十一月三日

周華：我還覺得緊張的。

周：不用緊張。你先說個叫啥名字。

周華：我大名叫個周華珍。

周：跟我一個姓。

周華：華是這個華，珍是珍珠的珍。

周：你哪一年出生的嗎。

周華：我哪一年出生的忘記了，我個人媽死的早，我也不知道。

周：你多大歲數了。

周華：我多大歲數，我十二上我媽就死了。

周：你今年多大了。

周華：我今年四十六了。

周：是週歲，是虛歲。

周華：屬鼠的。

周：跟我一樣，屬鼠的。

周華：咱們可以把歲數報大一點。

周：不，不，你要一說假的就沒法查。說實話。

周華：實話就是四十九了。

周：週歲四十九。你那個家是什麼地方的。

周華：四川。你說叫個啥地方我也搞不清，出來這麼多年，當時叫白馬九大壩曹家灣[91]。

周：那個縣。

周華：哪個縣，就是遂寧吧。

周：是不是綿陽地區。

周華：我就知道白馬九大壩曹家灣。

周：你們那個地方是不是有白馬藏族。

周華：我不知道藏族不藏族。

周：你是漢族。

周華：漢族，我們是漢族。我是二十多年了，二、三十年了，拿給人家騙上來，也不知道。

周：騙你以前家裡有幾個人。

周華：家裡三個哥哥，我一個女兒。父親在哩，趕我騙上來的時候父親還在，母親早就死了。我母親得上那賴病了，癌症。

周：你是咋被騙上來的。

周華：咋被騙上來的，人家就說是去打工嘛，去北京打工，說到那裡飯店打工，說給多少多少錢，不是相跟上好多女人人家都賣了，一分錢沒拿，身不由己，不由你哇。

周：相跟上被騙的有多少人。

周華：趕我上來的時候，我一個，還有一個老的，咱們也不認識人家。

周：二個。

周華：連那個男的三個。

周：那個男的是人販子。

周華：嗯。

91　四川省遂寧市安居區。

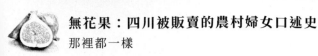

周：那個女人比你大。

周華：那個女的他沒敢賣，那個女的和他親的，是那個關係，他跟那女人的關係山西人叫串門子。

周：那就賣你一個。

周華：我一個。

周：當時賣你時有多大了。

周華：賣我時候不算大，也二十多了，你上來不由你，你不是沒錢。

周：賣到平魯了。

周華：賣到平魯雙碾扒齒溝，賣了三千塊錢。

周：你去了，到現在多少年了。

周華：我女兒今年都二十三了。我大女兒。

周：最少二十四年了。差不多是一九九三年。

周華：咱們腦子也不好使，也記不住，前腳人家說，後腳就忘了。

周：四川的你是不是算來的晚的了。

周華：趕我上來不算晚，後頭還有來的。

周：後面還有。

周華：後頭還有哩。

周：也是去扒齒溝嗎。

周華：不是四川的，是雲南的。人家雲南那面，人家她爸和她媽早就開上遷移結了婚了，人家有遷移證，跟咱們不一樣，想上哪個戶真難呢，咱們想上也沒有門路，花錢沒個花處，真個花錢咱們還沒錢。那個時候窮，窮的啥也沒有，小孩也小。

周：你在這生了幾個孩子。

周華：三個。老大二十三了，女孩。兩個女孩一個男孩。

周：你這三個孩子生活怎樣。

周華：小孩有戶呢。

周：小孩上戶了。

周華：就是我沒有。人家不給我上。

周：小孩的戶口應該隨母親的。

周華：小孩是這裡地方生的就可以給上，咱們外地的就不可以上，孩子上上了，我就沒有。我自己不怕你老笑話，我是黑人。

周：你這三個孩子是上學，還是咋的。

周華：我的兩個閨女在浙江打工，自己找了對象了，一個閨女嫁到河南，一個閨女嫁到浙江，那個兒子小麼，也是在浙江打工，今年回來了，我想讓他考個駕照。兒子十九了。我尋得老漢歲數大，今年六十四、五了。

周：比你大個十五、六歲。

周華：大到沒關係，管他呢，歲數大，反正有那兩個小孩呢。那裡也一樣，那裡也是雞叫狗咬黃土埋。是吧。咱們外地人心好，說實話。

周：那你四川原來有個丈夫。

周華：有哇，還有兩閨女。

周：四川那個丈夫對你好不好。

周華：唉，你叫我咋說呢，說好就是那麼個，不好也。

周：他打不打你。

周華：我們倒是經常吵架，他喝酒哩，也在外面嫖女人。他回來肯定要打架，為了個女人肯定是家庭不和嘛，他啥也不待做，幹活就是我去幹嘛，他又不去幹活。

周：等於是你養活他。

周華：對。

周：你走時那兩個孩子有多大了。

周華：趕我走的時候，大女兒才四、五歲，小的一、二歲。

周：就因為你這個家庭不和就跑出來了。

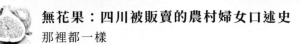

周華：不是家庭不和，這是一，二是人家說去那裡打工，拿給人家騙上。那個時候家庭窮，困難，還有婆婆，婆婆有點病。

周：婆婆對你好不好。

周華：唉，我對她好呢，她對我寡搭。我們公公也是不為仁，一個村莊的人沒人說他好，一個村莊的人罵他，他也黑嫌一個村莊的人。就像那女人們懷孕了，大肚了，他就去告呢，人家就恨他。就是我在他們家為仁呢，那個村的人對我可好呢，對我真好呢。他也不叫我和村裡人啦呱，不要我和人們說話。

周：你公公是不是村幹部。

周華：他也不是個村幹部，一說他是異樣，是個病氣嘎雜子。

周：那他告人什麼，人家懷孕告人什麼。

周華：他就腦子進水了。

周：不為仁。

周華：他們這家人就不為仁，一般人就和他們不共事，人家共事就和我共事。就像我們那做活路，四川做活路就是朋著做呢，今天你給我做，明天我給你做，打穀呀，栽秧呀，人家就是朋著做，山西人說是包工呢，這麼一回事。那夥人就是不願和我公公、婆婆共事，喜歡和我共事。和我共事不叫他們看見，看見就罵我，回去就打架。

周：你們那個村是一姓村還是雜姓村。

周華：唉，他們姓譚的多，他們譚家多。

周：你原來丈夫家姓什麼。

周華：就是姓譚，我姓周，我和他不是一個村子的，他們是白馬九大（隊）六（小隊），我們是白馬九大（隊）八（小隊）。

周：既然都姓譚，他還和人家關係搞不好。

周華：他們姓譚的也是和譚家嚷架，一嚷就是三天三夜，他們那裡罵人真難聽哩。

周：一嚷架三天三夜。

周華：他們那裡記仇，跟這裡人不一樣，說完罵完就沒事了，第二天看見又是嘻嘻哈哈，他們那裡記仇，還吐口水。

周：還記仇、吐口水。

周華：是，就和我的情況不一樣，唉，我全憑有三個好娃娃，我不怕你老笑話。

周：那會你就是尋錯人家了嘛。

周華：尋錯人家沒辦法了。日本人吃高粱麵箍的沒辦法。

周：你爸爸也沒給你挑個好人家。

周華：唉，挑啥好人家，我不怕你老笑話，我三個哥哥，我們家是換親的。

周：給老幾換的。

周華：給我二哥換的。老大娶了個啞巴。我們也是原來家庭窮，媽死的早。

周：關鍵是沒媽。

周華：沒媽，個人的媽死的早，我爸爸正氣、脆。

周：不會帶孩子。

周華：你說是不是嘛，我還是我原來奶奶帶大的，趕我從四川騙上來奶奶還活著。

周：啊呀，那你奶奶心疼壞了。

周華：我這人命苦，生的命苦。

周：後來你三哥成家了沒有。

周華：那兩個閨女成家了，就我那個兒還沒成家，兒子還小，他十九了。

周：你說是這兒的三個孩子，我說你四川的三哥成家了沒有。

周華：我三哥人家有了，有孩子呢。我三哥的兒子去年在河南鄭州當兵哩。人家工作也分配了。我二、三十年沒回了，情況也不知道，電話聯繫也聯繫不通。

周：那你這消息是怎麼知道的，當兵。

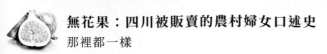
周華：那年不是走了嘛，給寫了一道信。自那哥哥再也沒回信，說侄兒在河南當兵。就這麼一回事，後頭打電話也不接，後來人家換了電話號碼，再也打不通。他怕我回個上戶要地嘛，一回去開走遷移地就沒有了。

周：地就收回去了。

周華：你老說是不是嘛。

周：你是說怕把地收回去是那個哥哥，還是三個哥哥都這樣。

周華：哥哥還好，嫂嫂不行。個人的妹妹，哥哥還好，主要是嫂嫂不行。我大哥是親我了，那兩個哥哥不親我。

周：那兩個哥哥不行。

周華：寡搭，我大哥親我。我在四川原來找了個男人嘛，我家庭窮，我爸爸活的時候，我們沒吃的，我爸爸也給我度擔，我哥哥也給我拿些錢，拿的東西，那麼有這個妹妹呢，怕妹妹，個人的人受了治。就是這麼一回事。我找人，命好苦。

周：換親，沒辦法。

周華：我這，苦的厲害呢。

周：你們那地方一人分了多少田。

周華：我們那裡連田和土地一共三畝地。

周：一個人，連田帶地三畝。

周華：一個人，哦，三畝。它四川本來就不多。

周：那你要開遷移證明地就收回去了。

周華：那年我哥哥說你要開遷移證明你拿一萬塊錢，我去哪找那一萬塊錢，我去偷啊。

周：開遷移還花錢。

周華：要哩，問我要一萬塊錢，我跑哪去尋那一萬塊錢，你老說，我三個小孩，自己還沒奶，餵奶粉餵大的，三個娃娃不怕你老笑話。

周：這一萬塊錢是你哥哥要，還是大隊要。

周華：我哥哥要，大隊啥也沒說。

周：你這個哥哥也是。

周華：沒辦法，上戶上不上。

周：是三個哥要，還是誰要。

周華：老大不要，從來沒說過，我二哥要。我們也是一個兄弟，四個妹妹，那家，我四川尋的那個男人。四個妹妹，一個、二個，就像對你說舌頭和嘴還咬著呢，是不是，我說婆婆，婆婆和我急屬害了，我就和她拌兩句嘴，咱們這人刀子嘴豆腐心，一點心也沒有，又是嘻哈哈笑呢。就那我哥哥還恨我呢，二哥恨我的還打我呢。

周：你說這關他什麼事。

周華：人家就這樣。恨我哩，還不和我說話，我說不說不要說，我也不去你家。

周：你二哥換親，你二哥老婆是這家的妹妹。

周華：哦，對，譚家的妹妹。

周：我說呢。

周華：他弟兄一個。我們家弟兄三個，我大哥娶了個啞巴。

周：譚家應該稀罕你，你是他家唯一的兒媳婦。

周華：他不稀罕。那家人家咋個叫我說麼，我也多年了，也是啞巴吃黃連苦在心裡，也不想說，過去的事情就過去了，沒必要。是不是嘛。

周：這個換親，你在譚家關係處的不好，可能你二哥起的作用有關。

周華：我們兩個換親，今個看過，三天頭上就結婚，你說還有這個事情。

周：見面三天就結婚。

周華：三天頭上就結婚，你說有意思嗎。

周：關鍵是不是你二哥著急。

周華：我也不知道他們誰著急。我那個時候還是個小女，愣的啥也省不得。

周：是不是你不結婚，人家也不來。

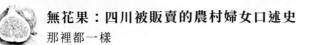

周華：我們同一天結婚，同時出嫁，同時結婚。

周：同一天，換親是同一天結婚。

周華：那個時候我還跑過呢，估的不去他們家，想走呢，後來說為了哥哥算了吧，我還是沒有走，順順利利嫁到他譚家。我四川那個老公，那年我給他打電話，你把我的遷移戶開上來，人家說不會給我的。我說戶到底在那兒。他說我們是換親的，誰的戶也不動。我的還在我們家，我二嫂還在二嫂家。

周：你的戶應該在譚家。

周華：人家不給。好幾年了，七、八年了，我給他打電話，給他打電話說把我的戶遷移上來，把戶口上我名字用快件打過來，你要一千塊錢我給你一千塊錢，可以嗎。人家說不可以。不可以就算了，就再也沒聯繫。

周：你原來的丈夫不願你走啊。

周華：他肯定不願意麼，他也家庭窮，也娶不到。我是人販子騙出來的，我也沒辦法，我也是身不由己，你說是不是。

周：是。你是身不由己，回不去了，但你讓他開呢，不一起過了，他就卡住你了。

周華：對，就這麼一回事。

周：你跟扒齒溝這家人有了。

周華：三個小孩。

周：你男人家兄弟幾個。

周華：一個，有個姐姐。

周：你男人對你好不好。

周華：好，管好。

周：你看他，真的，假的。

周華：歲數大點。好，總說好，誰家也有個吵架了，他就是零碎一點，我們家那個就是嘴碎，吶、吶、吶，我也不待理他，管他呢。他就是話多，這麼一個人。

周：扒齒溝有遷移到北坪的嗎。

周華：扒齒溝沒有，下井溝、荷葉溝有。我們村沒得。

周：對，荷葉溝牛兆彪就遷去了。

周華：我認識。荷葉溝我們有親友，下井溝我們有親友。

周：荷葉溝有親友，你和那一家是親友。

周華：荷葉溝范老金的范存仁，娶的我姑姑的女兒，表姐，他家也是二個兒子一個女，二個兒子打光棍沒老婆。

周：你過來時有沒有婆婆。

周華：有哩。

周：對你咋地個。

周華：我婆婆對我挺好，我對婆婆也好，她死的時候還死我手上。

周：哦。

周華：婆婆、公公都有哩。公公死了不多年，是個五、六年。婆婆去世的早。

周：你公公他們歲數也很大了吧。

周華：歲數大了，我公公原來也是地主老財。

周：扒齒溝的地主。

周華：不哇，我想叫你老看看，看看（材料）不知道有沒有用。

周：等說完的，地主一九七九年就摘帽子了。

周華：對，他成份不好。

周：是不是他成份不好找不到對象，慢慢歲數大了。

周華：對，他也不漂亮，不瞞你老說，他不大點。

周：個子很矮。

周華：很矮，像武大郎。

周：他有沒有殘疾。

周華：唉，他有殘疾哩，他也不能幹活了，我也不怕你老笑話，他那疝氣蛋，我也不知道叫啥，叫疝氣蛋，這麼大。

周：是疝氣。

周華：不是疝氣，痛也不痛，痛起來要命。

周：疝氣蛋。

周華：我也不知道叫啥，那麼大。

周：就是小腸疝氣。

周華：不是，他那個可大哩，我也還叫不上來，就這想辦個最低生活保障也辦不上。

周：上醫院看過沒有。

周華：唉，他不去。

周：那不丟人，是病嘛。

周華：我說引上去太原看看。說不能做手術，錢也沒有，又得問人借，麻煩呢。

周：他是不是不好意思。

周華：主要是窮的不能，不怕你老笑話，主要是窮。我來這地方也沒尋好。

周：他這個也不影響你們過日子。

周華：啊呀，痛起來要命。

周：那你怎麼會有三個孩子呢。

周華：他原來沒有。

周：原來沒長。

周華：後來才有的。

周：長了幾年了。

周華：我看有六、七年了。八、九年了。以前沒有。

周：這得看，如果是小腸疝氣可以縫上。

周華：你看，沒有錢，你是割掉、縫上，最少得五萬塊。你說咱人窮，拿不出這五萬塊。

周：多少錢得醫院說，你怎麼知道花多少錢。

周華：我們院兒有個女的，她老公這裡長了啥，長了個瘤子，人家割了一下，還花小二萬塊錢。

周：脖子上可能是淋巴。

周華：不知道叫什麼。你老能不能反映一下，我們這個戶能不能上。

周：你這個好像和政策沒關係，聽你說這個情況，主要是你們家庭內部的問題，恐怕得透過什麼人做做你前夫的工作。

周華：做過，不行的。

周：還有一個辦法，透過法律程序。

周華：法律你還得打官司。

周：就是。

周華：打官司你還得要錢。

周：要錢是這樣，主要責任是你丈夫的，就起訴你前夫嘛，法院判了，收的是訴訟費，還有律師費，一般是兩人分攤。

周華：付律師費最少五萬。

周：不。比如說你沒錢，律師有一種公助制度，專門有一種給窮人打官司的不收費。

周華：你說咱們半個字也不識，去那兒找。

周：這是個問題。另外過錯方是你前夫，費用他要多出。我估計你這個就得打官司，別人做工作他不聽，堅絕不給你開，你咋辦呢。打官司還有一個好處，你來這麼多年了，你這個夫妻關係就無效了，脫離了，已經不是夫妻了，法院承認你和他的夫妻關係不存在了。

周華：像我們那裡三年不回家就不是老婆了。

周：你這是俗話。是法律上已經承認你們不是夫妻關係了，他就阻攔不了你的戶口遷移，他就得開給你。你的戶口關係因當年換親已經到這裡了，現在因需要遷走。

周華：沒有戶口，沒有身分證，你買不到票，回不去。

周：回不去沒關係，你可以起訴嗎。可以去法院問問，事情發生在四川，易地平魯能不能起訴，能起訴平魯法院就會受理，不能起訴讓他們告訴你怎麼辦。

生活不了又過來

口述人：朱尕貴（一九七〇～）女，甘籍

訪問地點：山西省朔州市平魯區東港村

訪問時間：二〇一七年十一月六日

周：你叫什麼名字。

朱：朱尕貴。

周：尕麼，你這是西北的名字。你老家是什麼地方。

朱：甘肅臨夏的，碌曲縣 [92]。

周：家裡還有些什麼人。

朱：兩個姐姐。啥也沒了。

周：你媽跟你一起過來了，你是啥時候過來的。

朱：不知道。

周：你過來時多大了。

朱：二十三、四了。

周：今年多大了。

朱：四十七了。

周：來了二十三、四年了。你是咋過來的呢。

朱：他是招在甘肅，那裡生活不了，又過這裡了。

周：哦，你老漢叫個啥名字。

朱：馮雲。

周：你把他招到你們老家了。

92　甘肅省甘南藏族自治州碌曲縣。

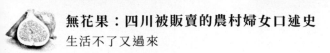

朱：哦，那邊生活不了，又過這邊了。

周：那邊生活困難。馮雲咋就找到你們甘肅了。

朱：有這邊人介紹過去的。

周：平魯這邊人介紹的。

朱：哦。

周：你男人比你大幾歲。

朱：大十五歲。

周：他就過去跟你過。

朱：過了六年，又返回這面過。

周：在那做什麼呢。

朱：啥也不做，他。

周：碌曲主要種點啥。

朱：麥子、山藥、大豆。

周：怎麼過不下呢。

朱：他又不習慣，沒個幹上的。

周：他招過去，比如孩子。

朱：兩個孩子都是那面生的。生下孩子，這面齊過來了。

周：都是那面生下的，孩子大的多大了。

朱：二十七了。

周：二的呢。

朱：二十五了。

周：你們都是出生在碌曲，你們來這兒習慣不習慣。

朱：慢慢鑽的也習慣了。

周：你們在那頭主要靠種地，過這邊還是種地。

朱：那幾年他下煤窯。

周：碌曲那面一人分了多少地。

朱：一個人七、八分地。包地少，人多。

周：這地方你們家種多少地。

朱：種十來垧。

周：這個村退耕了沒有。

朱：退耕了。又種別人的三、四垧。

周：回來下窯收入就多一點。這是老二。你母親有多大了。

朱：八十一了。

周：家裡就剩兩個姐姐了。

朱：甘肅就剩兩個姐姐了。

周：她們是嫁了，還是招女婿了。

朱：嫁了。

周：你們來這村裡人對你們咋地個。

朱：挺好。

周：是不是這個村甘肅的有好幾個。

朱：有五個。

周：上邊有一個，是招上去回來的。

朱：這邊也是招上去引下來的。

周：有三家是招上去的。

朱：有二家是自己引上來的。

周：她們來了多少年。

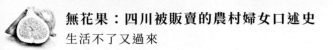

朱：也有二十來年了。

周：你們老家那邊是不是時興招女婿呀。

朱：沒兒子全招下了，招下過不了，全回來了，引上帶上。

周：過不了因為收入少。

朱：收入少。

周：甘肅那邊比這邊還少。

朱：少。

周：差多少。

朱：差的多哩。它人過多，地少，一人一、二分地。

周：你們招女婿，有了孩子是姓你們的姓，還是姓女婿的姓。

朱：姓男人的姓。

周：跟長治不一樣。

朱：嗯。

周：你們家三個女兒，兩個姐姐。

朱：嗯，我是老三。

周：兩個姐姐嫁了，剩下你就招一個。不改姓。

朱：不改姓。

周：生活上這地方跟那面有什麼差別呢。

朱：也差不多。

周：是不是有水呢。

朱：碌曲有水呢，水多。咱這沒水。

周：你小時候念過書沒有。

朱：沒有念過。

周：老大、老二念過沒有。

老大（朱尕貴大兒）：念過。

周：念到什麼程度。

朱：初中。

周：那你現在幹啥。

老大：檢修。

周：檢修什麼。

老大：電廠。

周：那個電廠。

朱：他那裡都去，亂跑。

周：檢修什麼呢。

老大：電機。

周：還行，有點手藝。老二呢。

朱：老二聘了。

周：聘在那了。

朱：聘在朔州（朔城區）了。

周：這是回來看你來了。有孫子、孫女沒有。

朱：沒有。

周：聘了多長時間了。

朱：今年是二年了。

周：聘給什麼人了，當地人嗎。

朱：當地人，福善莊（村）。

周：福善莊很平，我去過，那兒的生活是不是比這好。

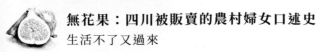

朱：差不多。

周：福善莊主要是種玉米，應該比這好點。這是回娘家來了。你女婿做什麼呢。

老二（朱尕貴女兒）：做買賣。

周：什麼買賣。

老二：啤酒。

周：這是不是回來幫你來了。

朱：打莜麥。

周：莜麥去年種了多少坰。

朱：去年種了三坰，今年種了五坰。

周：是自己吃，還是賣。

朱：那能吃那麼多，吃上一布袋夠了，其餘的賣。

周：能打多少布袋。

朱：今年還不賴呢，今年打三十來布袋。

周：能打那麼多，能賣多少錢。

朱：塊把錢（斤）。

老大：塊一毛。

朱：那幾年貴了，今年不行。

周：最貴賣多少錢。

朱：最貴賣塊半錢。

周：這兩年不行了。山藥也不行了。

朱：嗯。

周：福善莊玉米也不行了。糧食連續三年不行了。你除了莜麥還種些啥。

朱：山藥。

周：加起來一年能賣多少錢。

朱：不知道。

周：一布袋有多少。

朱：還沒有稱呢。

周：去年呢。

朱：去年賣也沒賣，種的少。

周：那餵些啥。

朱：餵些羊，羊全死完了。

周：羊死了，咋鬧的。

朱：不知咋的，一下死完了，得病了。

周：除了羊還餵些啥牲口。

朱：有兩個驢，再啥也沒有了。

周：去年死了多少羊。

朱：五十來個羊，死了三十來個。

周：那你這損失大了。

朱：哦。

周：你來這二十多年了，你這窯是圈的還是買的。

朱：住別人的，我沒有家。去年女兒病了，賣了家。

周：賣了，原來自己圈了窯。

朱：嗯。

周：因為女兒病了，看病賣了窯。

朱：沒有錢，賣了。這是住的別人的家。

周：花錢不花錢。

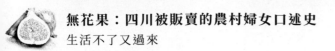

朱：不花錢。

周：女兒得了啥病。

朱：乳腺瘤。

周：良性的，惡性的。

朱：惡性的。

周：這麼年輕得這個病。

朱：花了十來萬。

周：你這女兒多大了。

朱：二十二得上的，今年二十五了。花了十來萬，看那病。太原看的。

周：三年了，看上去還行。

朱：她養的，還行。

周：看上去不錯，割的比較徹底。乳房癌要割掉乳腺。

朱：割的多。怕犯了，齊割掉了。

周：這麼年輕。

朱：咱莊戶人花這十來萬。

周：你這十來萬從哪弄啊。

朱：那幾年攢下的，娃娃得了病一下花完了。

周：那會結婚了沒有。

朱：還沒結婚。

周：你一共攢下多少錢。

朱：這幾年才打完饑荒。

周：全部花光了，還借了錢。

朱：家也賣了。

周：什麼時候還完債。

朱：去年才打完。

周：那你這個，得病打擊很大了。

朱：哦。

周：就怕得病。

朱：哦。

周：攢點錢，那你肯定沒娶媳婦呢。

朱：沒了哇。兒也問下媳婦了，為了給女兒看病，媳婦也沒娶過。

周：問下了。

朱：搞的大同的一個女兒。一下沒有錢了，娶不轉了。

周：成不了家。你自己找的。

老大：嗯。

周：小夥子長的也精神，長得帥。那你接下來咋辦，結婚花錢又多。

朱：買樓房呀，啥呀。

周：是。啊呀，老倆口還得給兒子攢錢。

朱：是呀，女兒不得病也寡搭，還行哩，這一下得了病。

周：這今年種的多跟這有關係。

朱：想多掙兩個，莜麥價格低。

周：靠糧食這東西。

朱：靠糧食不行。

周：還得想辦法打工。

朱：打工還行，種莊禾不行。

周：老大收入穩定不穩定。

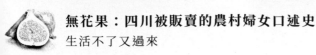

朱：他靠打工。

周：是這幹兩天，那幹兩天。不固定。你老漢今年多大了。

朱：六十二了。

周：也下不了窯了。

朱：嗯。

周：身體怎麼樣。

朱：寡搭，也久已難活呢。

周：得想辦法，這小夥子。

朱：找下啥也要錢哩。

周：花錢。你今年是多大了。

老大：二十七。

周：你這技術是那學的。

老大：跟上師傅學的。

周：你師傅是那的。

老大：我大爹的兒子。

周：你大爹就是東港的。

朱：嗯。

周：你二女兒上過學嗎。

朱：上過。

周：她身體恢復的怎麼樣。

朱：還行哩。

周：還能幫你幹活，這恢復的相當好了。

朱：重的不叫她幹營生。輕的幹點。

周：參加沒參加農村醫療保險。

朱：參加哩，那幾年參加，藥貴的報不了。

周：有的不能報。

朱：藥貴的不能報。便宜的報一些。

周：能報一半嗎。

朱：那一年一戶扣一個，鄉里恰恰把女兒給扣了，一分錢也沒報。

周：你說鄉里扣了是啥意思。

朱：不知道。

周：一家去掉一個。

朱：是，不知咋的，一家去掉一個。

周：去掉一個參加醫療保險的人。

朱：嗯。

周：那年正好把你女兒去掉了。

朱：哦。

周：你女兒病了，就沒有報銷了。

朱：一分錢都沒有報。

周：唉，你們家其他人病還可以報。

朱：其他人還能報。

周：就這個女兒不行。

朱：把她扣了。

周：是不是你女兒那年沒交保險。

朱：交來哩。

周：不要。

表姊妹招的兄弟倆

口述人：范翠蘭（一九六八～）女，甘籍

訪問地點：山西省朔州市平魯區東港村

訪問時間：二〇一七年十一月六日

周：你叫什麼名字。

范：范翠蘭。

周：今年多大。

范：平五十了。

周：你老家啥地方。

范：臨夏的。

周：臨夏縣[93]。

范：富漢。富漢鄉，橫陽村（音）

周：家裡有些什麼人。

范：家裡就是一個兄弟，媽。

周：父親呢。

范：沒了。

周：啥時候沒的。

范：七十四沒的，今年五年了。

周：你來時在家裡做啥呢。

范：他願意。

周：你男人是招上去的，還是。

范：招上個，男人他招上我們那頭，又和我下來。

93　甘肅省臨夏回族自治州臨夏縣。

周：招上那年你多大了。

范：平二十了。

周：那就三十年了。

范：哦。

周：在臨夏生活了幾年。

范：二年、三年。

周：咋就想起回平魯。

范：他說還有個弟弟，弟弟長大攔不得，回這頭住下，和弟弟賃家呀，快回這頭住下哇。

周：是因為你那個弟弟。

范：我有個弟弟呢。

周：你弟弟那時多大了。

范：有十二、三了。他小。

周：在那二、三年有沒有孩子。

范：有了大的，八個月了，我回來抱著。那頭出生的。

周：在臨夏時你們地多不多。

范：一人一畝地。我們是平川，地不多。

周：你招上女婿他又沒有地。

范：他沒有，沒有地。

周：只有你的一畝地。那收入不行。

范：一畝地種的小麥，一畝地打八百斤，那頭產量高。

周：比這頭高。

范：是水地，那頭能上水。

周：那你們收入有多少。

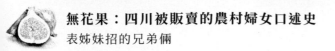

范：四、五千，那麼夠吃。

周：有沒有錢花。

范：種那點地也不誤打工。

周：你們在甘肅還打工。

范：打工哩哇。

周：打什麼工。

范：在磚瓦廠。那幾年磚瓦廠多。

周：一個月掙多少錢。

范：不多，一天有六、七十塊，七、八十塊。二十多年了，那幾年錢緊，掙不多的。

周：還有那點地。

范：肥料呀，化肥，娃娃們念書，學費，寡搭，自己的錢沒有。

周：沒有富餘的錢。你來這兒又生了幾個孩子。

范：這裡回來又生了三個孩子。

周：一共四個，老大多大了。

范：老大今年二十八了。

周：男孩女孩。

范：大的是女孩，二個女孩，二個男孩。

周：女孩也聘了吧。

范：聘了，娃娃也有了。

周：那你當姥姥了。

范：孫子也有了。兩個兒齊有孫子了，一個孫子，一個孫女。

周：兩個兒都成家了。在哪兒。

范：齊成家了，一個在村裡，一個在城裡。

周：老大在村裡，老二在城裡。老二在城裡幹啥。

范：也是打工。

周：老大在村裡跟你們種地。

范：老大蓋房跌下來，跌著手了，出外頭不能。

周：殘疾了。

范：不能拿。打工由六樓上摔下來。

周：六樓，人還沒事。

范：人沒事，就是小腕摔著了。醫生省不得，手腕震著了，血脈不走了，就凝下了黑塊塊，割了黑血放了，手腕縫呀，縫不正，腫的縫不正，又從腿上割的皮黏正了，但不愣活套了，就不能出去打工了，不要他。

周：幹不了了，就這個手，正手。

范：就這個小腕。

周：那就打不了工了。

范：治的不能拿，老闆嫌的不能，他就不能出外頭。

周：他在村裡能不能幹農活。

范：輕的行，鐮刀也不行，不能割，拿不了，碰搭做些營生能哩。

周：那他媳婦能不能幹。

范：媳婦能哩。有娃娃，孫子也有了，半個生日了。

周：他媳婦哪兒的。

范：朔縣（朔城區），上泉關（村）的。

周：老二媳婦那的。

范：擔子山（村）的，老家是那兒的。

周：他們是在井坪。

范：我給買下家了，要的家，在北坪。

周：花多少錢。

范：四、五年了，花了二十二萬六呢。

周：唉喲。

范：貴多了，這會使不下那麼多了。

周：還降價了。

范：房價跌了。那兩年房價貴，房價貴的那年買的家。

周：唉，老大在村裡結婚花銷就少些。

范：還沒結婚呢，老二也沒結婚，歲數不夠，老二喜事辦了，大的還沒辦。

周：大的多大了。

范：二十七了。

周：那怎麼沒結婚呢。

范：他引回來了，有了娃娃了，那頭才訂了婚了，十月才辦的。

周：就是上個月。

范：哦，十月十九日辦的（農曆）。

周：還沒到呢。

范：丟下一個月了。

周：就可以辦事宴了。

范：他娃娃也有了，叫辦了。

周：老大花的多不多。

范：也多了哇，要的十二萬呢。

周：是女方要的。

范：女兒要的，還要叫買家。

周：還叫買家呢。

范：哦。

周：在那兒買呢。

范：你不買人家叫買呢。

周：老二是歲數小。

范：老二屬雞的，臘月二十七的生日，二十四了哇。

周：那也可以結婚了。

范：他歲數夠，是女方歲數不夠。

周：女方多大了。

范：二十了。

周：二十不夠，是公家認為不夠。

范：哦。

周：多大才叫結婚。

范：二十二。歲數不夠不叫結，結不了。

周：還有這麼一說。那你兩個女兒都聘了，二女兒聘在那兒了。

范：叫四會子（音）。

周：女婿做啥呢。

范：啥做的也沒有。

周：種地呀。

范：人家不種地，買的樓房，打工的哩。

周：哦，也是買的樓房。

范：我四個孩子齊交待了。

周：你男人叫個啥。

范：趙金祥。

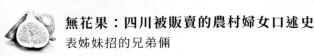
周：比你大多少。

范：比我大五歲。

周：你們這倆口子還挺能幹的嘛。四個孩子都安排了，還花了不少錢。

范：你說花了不少錢，就是死受哩，莊戶人家死受的哩。不死受，人家要的不能，你沒辦法。

周：你們收入就靠地，賣糧食。

范：養的那兩個羊，年年掛玉茭，買玉茭，鬧草，種的八坰地。

周：種的啥。

范：種了六坰莜麥，兩坰山藥，別的啥也沒種。

周：六坰莜麥打了多少。

范：三十二袋子。餵羊。

周：羊餵了多少。

范：二百七、八。

周：那還行。

范：別的牲口沒有。

周：價錢去年不行。今年是不是好點。

范：這會羊價也不貴。一個羊多不過賣八、九百塊錢。

周：哦，也不行。

范：你看能收入啥呢，收入不下。

周：收入不行，要是把羊賣了。

范：能賣個十來萬，買家，還有饑荒了哇，還塌下四萬饑荒。

周：幾萬的饑荒。

范：四萬的饑荒。

周：這四萬的饑荒咋拉下的。

范：那二的娶的時候借下的。

周：哦，買房子。

范：人家要的十萬，買房子二十二萬，還得裝（修）呢，裝家花了五萬。

周：三十八萬，都四十萬了。

范：大的要的十二萬哩。

周：孩子多了這負擔就。

范：光打工你能鬧下這麼多，還得受。

周：聘倆女兒能要點錢。

范：大女兒就要了三萬塊錢。人家不給，人家婆婆不問。

周：老二呢。

范：要來了六萬八，還有二萬沒給，跟婆婆要錢不給，她跑了不在了。

周：你女兒跑了。

范：哦，你不給這二萬我不跟你兒過了，我走呀。跑她姥姥家再沒回來。

周：跑臨夏去了。

范：哦，兩個月了還沒回來。婆婆要下六萬八，還有二萬不給。你看這，女兒能要下個錢啦。

周：她姥姥多大歲數了。

范：七十幾了。

周：身體好不好。

范：還好。弟弟有三個孩子，大的十五、六了，那兩個小的還不大，八、九歲，二個女孩，一個小子。

周：這房子是你們新買的。

范：不是，別人的，人不在，我放些東西。給看門呢。

周：你們自己住的房子也是這。

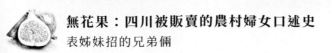
范：也是這。

周：這個房自己出多少錢。

范：一間房個人出五千塊錢。我的不出錢，他們鏟了我的窯，蓋起的房。

周：鏟了你的窯在原地蓋的房，就不要你的錢。裝修誰出錢。

范：個人出的。

周：鏟了你的窯蓋了幾間。

范：蓋了八間。兩個兒，一個兒三間。

周：還給他們留著呢。

范：他們城裡有房，回來時住。剩下兩間我們老倆口住。那麼咱們大人公公道道的，兩個兒一樣樣的。回來有個鑽處，大的給了，二的也有個鑽處。打架麻胡，麻煩的不能。你說對不對。

周：對的，兩個兒公平的。你原來有多少窯。

范：五間窯，還有三間窯的地勢。

周：你老漢兄弟幾個。

范：三個。

周：他是老幾。

范：老二。

周：老大和老三呢。

范：老三開的小賣部。老大在朔州。也是圈的六間窯。老三是舊窯三間，蓋的房有三間。

周：他的房就交錢了。

范：不交。

周：是自己蓋的，不是扶貧房。

范：是，一間交了五千，要了三間，萬五。婆婆給看門。

周：你來時公公還在不在。

范：在哩。

周：公公、婆婆都在，你這公公叫什麼。

范：陳萬先。婆婆叫馬什麼。

周：和你關係怎麼樣。

范：也還湊和哩。

周：老大和老三娶的媳婦是本地的。

范：老大媳婦是本地的，老三媳婦是甘肅的，和我是表姊妹。

周：也是臨夏來的，是不是老二、老三一塊去的臨夏。

范：我招上他，他引上我表姊妹給他弟弟了。

周：表姊妹。

范：表姊妹的媽這會也在這。

周：帶過來了，剛才我看朱尕貴的媽也在這。

范：朱尕貴也是招下的，爸爸沒了，媽就帶來了。兄弟也引來了，在朔縣，打工。

周：她女兒那麼年輕得了乳腺癌。你的孩子身體還好。

范：都還好。

周：婆婆跟著老三。你是二十歲結婚，待了兩年來東港，來了二十八年了。你來了以後回去看看沒有。

范：我來五年頭上次去了。

周：你們家除了表姊妹還有沒有其他人過來了。

范：再沒有了。

周：你覺得和你們臨夏比哪頭好。

范：那頭比這頭強，交通就強，平川。

周：生活呢。

范：這會不賴。那兒也有窮的，也有肥的，有本事了肥，沒本事了窮，那兒也一樣樣的，看你鬧將不鬧將來。有本事鬧的多，沒本事鬧的少。就是這。

周：你們在村裡算個中上等。

范：中常，不肥，也不算窮的厲害。

周：那還是不錯。

母女一塊嫁到這地面

口述人：賈桂花（一九七五～）女，甘籍

訪問地點：山西省朔州市平魯區東港村

訪問時間：二〇一七年十一月六日

周：你叫什麼名字。

賈：賈桂花。

周：多大了。

賈：四十三。

周：是週歲，還是虛歲。

賈：週歲，屬兔的。

周：你老家是臨夏什麼地方的。

賈：和政縣 [94]。

周：什麼鄉。

賈：忘了。那會人小呢，都沒了。

周：你多大來的。

賈：我來時十六了。

周：跟你姐姐來的。

賈：那會跟我媽來的。我轄死了，趕我十歲我轄就死了。我媽嫁這地面了，我來謀我媽來了，我就留下了，我表姐介紹來這。

周：你媽嫁那個村了。

賈：我媽嫁侯港了。

周：在不在村裡。

94　甘肅省臨夏回族自治州和政縣。

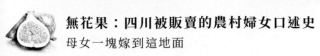

賈：在哩，我媽不會說話，是個啞巴。

周：她咋就自個上來了。

賈：是我那個表姐夫引上來的，他招上甘肅了，是我舅舅的女婿，沾點親。

周：所以你管她叫表姐。

賈：表姐說讓我媽上來看看，下來了，他謀正給他兄弟，我那會十六了，省也省不得。

周：當時是想給他兄弟介紹，那會你媽有多大了。

賈：我媽那會，這陣有七十幾了，我媽也不愣大呢。

周：來了有多年。

賈：我媽來的比我多二年。

周：你來多少年了。

賈：我十六來的，今年四十三了。

周：二十七年了。你媽比你多兩年，二十九年了。你媽今年多大了。

賈：我也不知道，我媽屬鼠的。

周：今年六十九了，來了二十九年，來的時候四十了。又重新找了個老伴。你家裡還有什麼人。

賈：家裡有個兄弟

周：比你小多少。

賈：比我小五歲哩，屬猴的。

周：你媽和你走了，他才十一歲，能做啥呢。

賈：我三爹經留大的。這會成家了。長遠叫我去謀謀他，等場面完了我就去。

周：你來了以後回去過沒有。

賈：回去一遍。

周：你弟弟想姐姐了。

賈：嗯。他有家了，下不來，叫我去，三爹叫我上去謀謀他，他老的走不動了，想見見我，他也沒女兒。他們弟兄三個，我鐵是老二，大爹啥也沒有，三爹有二個小子，沒女兒。

周：你三爹多大了。

賈：有七十了，老了嘛。

周：你是一個弟弟。

賈：兩個弟弟，一個在甘肅，一個我媽帶著。這會回甘肅了，沒影了。說是找個媳婦。一年通次話，我說你回來呀，說回來呀。再沒訊息了。小的那個弟弟。在臨夏呢，不知在那兒呢。不和我大兄弟來往，找了個回族媳婦。

周：臨夏回族多。

賈：回族多。

周：也不和哥哥來往。

賈：一年頭上給我打個電話，一年打一次。說你好了哇。我說好了，你在那兒呢。唉，我在那那電焊哩，上海哩，北京哩，動彈呢。我說你不回來謀謀，謀謀媽。他說我回個呀，三天、兩天回個呀。二年也沒回來。

周：就是說那麼個話。你媽在侯港過的怎麼樣。

賈：也行哩，尋了個繼父。

周：你那個繼父老漢有沒有孩子。

賈：沒有。

周：你媽又生了沒有。

賈：沒生。

周：老倆口做伴了，你繼父比你媽大多少。

賈：小，小個一、兩歲。

周：當年他們還是壯年呢，一個四十，一個三十八。

賈：我們老二給引上來的。

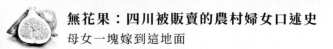

周：沒孩子也好，沒負擔。

賈：我媽養老金也有了。分了戶，那老漢打的要戶口呢，他要他花呀，給我媽上戶，我給我媽買吃喝呀，人家不叫，叫我全給給人家，人家個人買呀。

周：就這個繼父。

賈：不親。人家吼的跟我要，打我哩。

周：啊喲，那會他把戶口放在你這了。

賈：我給花錢上的。他沒兒沒女，上我這。就我一個女兒。

周：你將來還要養老送終了嘛。

賈：我糊弄的上了戶，他不依。

周：繼父不依，要遷走。

賈：人家要走了，老漢是侯港的，我媽是這村的。

周：戶口在這村。分開的。

賈：我媽沒結婚。

周：就是一塊過。沒有辦什麼結婚手續。

賈：沒有。

周：你嫁在東港，有幾個孩子。

賈：有三個。兩個小子，一個女子。

周：小子負擔重。

賈：一個還沒交待，負擔重。大大都二十六了。

周：也沒成家。老二呢。

賈：老二在上海呢，人家念成書了，在上海機場上班呢。

周：老二是個女兒，她在機場。

賈：老二是小子，老三是女兒，在朔縣藥廠呢。

周：聘了沒有。

賈：沒有。下午回來呀，說媽我回來謀你呀。

周：按這兒的風俗，小子結婚得花不少錢。

賈：啊呀，我都給人家買下樓房了。

周：都提前準備好了。

賈：準備好了，還沒問下媳婦呢。

周：你說老大。

賈：老二人家有工作了，自己找下一個，還念書呢。

周：他們當年是同學吧。

賈：同學。

周：那不賴，挺好。老大樓房也買下了。在那買的。

賈：井坪哩。

周：花了多少錢。

賈：花了二十來萬。

周：現在沒樓房人家也不來。不這個表姐跟你是。

賈：舅舅的女兒。二女兒。

周：當年是把你二哥招去了，你等於十六歲就結婚了。

賈：叫有明子。

周：老三。你這房是自己蓋的。

賈：買的。是姐夫買的三間房，又賣給我。

周：老二。

賈：人家三個姐姐，老二排老三。還有個妹妹。

周：他家七個。你現在開了小賣部，開幾年了。

賈：多年了，十來年了。

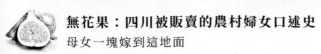

周：賣點啥呢。

賈：亂七八糟的，泡麵、鹽、酒、火腿、雞脖子、雞爪子。

周：能有多少收入。

賈：寡搭，沒人了，年輕的沒了，老人們不買。賣個醬油錢。

周：村裡人都走了，就沒什麼人買了。一開始還行。

賈：開始人多，不行了。

周：今年你種了多少地。

賈：八、九坰莜麥。

周：種點山藥。

賈：一坰山藥。

周：你們倆口子種地，開小賣部，靠這些收入。

賈：還養了兩個羊。

周：養了多少羊。

賈：百十來個羊。餵兩個豬子。

周：羊價今年不好。

賈：今年不好。好幾年了，去年也不好。

周：收入主要靠養羊收入。

賈：哦，養羊，餵豬。糧食收入寡搭。二小子念書可多花了。

周：學費貴。

賈：今年不花了，去年還花著，去年畢業。今年八月工作的。

周：剛工作兩個月。

賈：找到工作還從我這拿走二萬。

周：有工作還拿你的錢。

賈：租這麼大的一間房三千塊錢。

周：上海房租貴。一個月工資多少。

賈：加上加班，一個月五、六千塊錢。

周：在機場，他上學學的什麼專業。

賈：修飛機哩。

周：修飛機那工資高了哇。

賈：他是將去。

周：將來有前途，這個工作好。

賈：是啊。

周：現在剛開始幹，幹個十年、二十年，有前途。你這放羊是每天下午。

賈：再停一陣就走呀。平時早上八、九點走，這兩天場面執不回來。

周：這兩天是因為收拾場面。往日就是早上就走了。放羊就是苦活。

賈：為打工掙兩個，羊就是我放呢。

周：主要就是你放呢。

賈：這兩天沒營生了他放呢，他還動彈了哇，娃娃供念書要學費。

周：他出去打工，幹點啥。

賈：有啥活幹啥活，小工，搬磚。

周：放羊辛苦，風吹日晒。

賈：兒要娶媳婦，小子念書要錢了，一年得二、三萬塊錢。

周：飛機維修好工作。

家：秋了畢業，年前剛上班。這不問我要錢了。不要錢了，又要給大兒娶媳婦呀，你說咋鬧呀。

周：啊呀，你說這日子。

賈：那天又給我抓了兩個豬子，讓我餵呀。

周：幹不完的活。一年一年又一年。

賈：那個四川的三個兒，我兩個兒。

周：三個兒負擔更重。

賈：那個兒送四川了，人家四個兒哩。

周：我聽說送回四川一個。姥姥給養。

賈：前面有三個呢。

周：過去人們都想要兒子，現在看來兒子多了還不行。

賈：啊呀，太原那面，那年我給娃娃看病去了，說你幾個娃娃，我說三個。說啊呀呀，你要下那些些幹嘛呀。人家最多一個。我說還有四個兒的，還嚇正人家呢。

周：原來更多，城裡人負擔更重，現在是一代更比一代少，將來更少了。

賈：這會個人就不想要了。我二十二就做手術了。

周：你不做手術鬧不好也四個、五個。

賈：那個四川的賈明家做手術嚛的。

周：她是想多生。

賈：她是想跑哩。不想在這鑽的。

周：訪問時說了，她們倆跑過。

賈：甘肅的省[95]不得跑。甘肅的幾個人全在呢。

周：我估計甘肅和這裡環境差不多，西北，這也有關係。四川氣候、習俗相差太大。來了受不了就想跑。

賈：我們那會來，他平二十了。

周：比你才大四歲。他也小哩，年輕。他和你能過的一塊，打不打你。

賈：咋了不打，灰打哩。小時候打架吃不倒人家。

周：那會你小，現在敢不敢打了。

95　懂、理解。

賈：現在不打了。

周：他要打你，你打他。

賈：那會可能吼哩，初來，娃娃小，說你吼娃娃不做飯你幹啥呀，盡和我吼。

周：那會也是年輕，沒經驗。人到老了才知道是個伴。

賈：娃娃大些就不吼了。我那二的，說姐姐呀摁好，我氣的嚎呢，打哇，還能打疼了，笑了，說以後不能打了。三個娃娃打他們轄呢。我氣的嚎呢，三個摁著打他轄呢。說用勁摁著，說你好好打那個狗的。

周：孩子們向著媽。

賈：他本來打我，我吃不倒人家。這會不吼了，連嚷架都不嚷了。這會娃娃們說呢，你們光嚷架呢，趕緊走呀，現在不嚷了。

周：大了有經驗了，越老越好。

賈：那會小省不得。

周：你十六，他二十。不知道過日子。

賈：盡想弄兩個錢呢。

周：老二有前途。

賈：咱們的娃在家幹慣活了，在單位開完會了他知道收拾凳子，打掃的乾乾淨淨了，領導說這個小子幹活行，挺會幹，有眼力。說這娃行哩。誇獎哩。說媽領導誇獎我呢。

周：你們五個都是臨夏的，不是一個縣的。

賈：我是和政縣，老二家是臨夏縣，朱尕貴離我們不遠。

周：都不遠。

哥哥暴虐下的妹妹

口述人：賈英（一九七三～）女，甘籍

訪問地點：山西省朔州市平魯區西泉溝村

訪問時間：二〇一七年十一月三日

賈：從不大大開始，一歲半死了父親，六歲、七歲死了母親，姊妹六個，老大是個哥哥，再剩下三個姐姐，我上面還有個二哥，數哥哥最大，犯了點錯誤，犯了啥錯誤呢，哥哥已經娶過媳婦，他在外面，雲南。我也太小記不清，我姐姐們和我幾媽向我提起，說這個話。他都結了婚了，去雲南販茶葉，又帶個女的，還是結了婚的，有丈夫呢，他帶回來犯了重婚罪，坐了，說一個女子判五年，兩個女子判十年。十年以後，我父親也走了，我母親也走的早，我二哥比我大兩歲。我六歲到七歲，我二哥就是個八、九歲，就沒人管嘛。哥哥坐牢了，數哥哥大了，三個姐姐大一個走一個，人家找對象都走了。我們姊妹兩個沒人管，我老家有一個三媽，三媽說這個家庭沒襯了，老二這個兒子太小了，叫嫁出去的女兒收留我們姊妹兩個。還說我大姐有氣管炎，有病，她不行，也是一個兒子，她不去，她不能尋走。最後叫我三姐來，三姐家姊妹六個，弟兄六個，數三姐夫弟兄們多。那麼你們姐姐得回來一個照顧我們姊妹倆。我三姐夫說，家產，我母親是個寡婦也沒有什麼東西，沒有什麼值錢的，就是有兩間破房子，後來我三姐夫說，啥也沒有我也不回來，我也不到你們村子養活你們倆，叫我養活就把你們齊帶走，帶走可以，我就不回這地方了。三媽和二姐說，你們都不回來我回來，不能叫這個兄弟、妹妹沒人管餓死了。父母全走了，哥哥坐牢了，你說這些姊妹誰管呢。我二姐一個好心，把個人房子甩掉了，走的時候什麼也沒帶，帶走兩個孩子。帶過兩個小孩來，把我媽後事辦了，打發了，出嫁的女兒了麼，我二姐又返回來，為了我們姊妹兩個又返回來。返回來，我也記不清，我也沒上過學。那會連個人活著的收入都沒有，就沒有讀過書上過學，沒錢。後來，過了，你看我哥坐了十年牢，叫我說十年也多，他說坐了十年，我媽媽死了，二姐搬回來，又蓋起新房子，經留著我們姊妹兩個，過的也挺好的。後來我哥哥出獄了，回來把個家庭搞的就沒有個家庭樣了，不知聽上誰的話了，我們小

這個事情也不清楚，回來剛開始也挺好的，和我二姐、二姐夫關係搞的挺好的。二的也長大了，你也回來了，蓋的這三間房也住不開，咱們弟兄三個再蓋，個人有的一片地。蓋起著一面房子，光正房八、九間，還有一院子平房，數起來，有十六、七間房子。蓋起這房子生活也過的挺好的。

後來，我哥就不知不覺變性了，他走的時候蹲大獄的時候孩子都有兩個了，老二還沒生下，我嫂子還是大肚，我們侄女歲數比我還大，他走了我嫂子也嫁人了，帶上孩子嫁人了，等不到他麼。這蓋起房子，和我二姐夫他們蓋起這一院房子。我嫂子聽見我哥出獄了，出獄二、三年，我哥又找我嫂子，又把我嫂子找回來。找回我嫂子，以後慢慢的就變性了，在家裡也不聽這些妹妹們，任何人他都不聽，打的我二姐，家庭裡就不要他們，拿上菜刀打的。以後我二姐沒有辦法，我們歲數小呢，在沒有辦法的情況，背上孩子，兩個女孩，連夜偷跑。我也不敢回家，我也就十一、二歲，十二、三歲，打的我二姐，遭人命呀，拿著菜刀砍這個片那個。

周：因為什麼。

賈：我也不清楚因為什麼。我二姐她又沒有錯，把我嚇的衝大門跑了，跑在房後聽他們吵，聽他們打，嚇的不敢回家。後來到我們房後，有個叫姨姨的老太婆，就去她家睡，不敢回家，早上起來回去，家裡一個人都沒了，我就一個人哭，哭的我姨姨過來，說小孩你哭什麼，我說我哥他們都不在了，家裡連孩子都沒有了。（哭泣）我姐姐他們全走了，一個人都沒有。我哥把個人反鎖在一個屋裡，在屋裡睡覺呢。我一個人就到處找他們，找我二姐、二姐夫他們。後來我找到我二姐夫他老家去，老家沒有回去，有一個村子有我二姐夫的二哥，他弟兄們多，有一個招門女婿，他招在那個村子。我連夜找他，尋到這個村子裡，硬把他們找到。我二姐他們都不敢回來，說大哥變性了，要殺人呢，連孩子一起逃出來。二姐說你跟我麼帶不了你了，我有兩個女兒，連性命都不保，還在外面，我就沒有辦法，你不用找二姐了，你就回去吧，回去找大哥去，再咋他還是咱們的大哥，他不會害你的，不會殺你的，你回去。

我不敢回去，可沒有辦法。我和我哥一個屋子裡住，他就不親人麼，那個活苦就給他幹那個活。後來找回老婆來，侄女比我大四歲，開始親她，就不親這個妹妹，啥活苦就幹啥活，啥活累就幹啥活。後來過的一年又一年，過的心裡太苦了。十七歲那年，皆因我哥有五塊錢，嫂子說床底下壓五塊錢沒有了，說我偷了。我就沒拿他的錢呀。他就拿上繩，背東西用的那麼粗的繩打我，把房子反鎖正，在屋子裡打我，

我嫂子在門外站著，門上有兩塊玻璃，她從玻璃朝起頭看，也沒進來說求大哥不用打她，她沒有錯。後來我心裡越想越苦，我死的心裡都有，死了算了吧，也沒有牽掛的，父母親他們把我扔下不管我，（哭泣）我都沒有牽掛的人。後來我死的想出路，我們姨姨說，你別朝這麼想，你都十七歲了，你個人也能生存了，和小時候不一樣了，你可以離開這個家。最後，個人沒辦法，打的身上滿身都是青。

我是甘肅的，不是四川的。我們那兒有一條叫白龍江的河，我和姨姨說，姨姨、姨姨，我沒有說話的人，我只是不想活了，我沒有牽掛。姨姨說，孩子你不能朝這麼想，你想的開一點，你都十七歲的人了，個人一個人走出去可以一個人生活了，你媽媽把你扔下是沒辦法，個人可以走麼，可以離家出走麼，走的遠遠的，讓你哥哥一輩子都找不到你。我姨姨就朝這麼說我。後來一天一天，咱們女孩膽子又小，一天學也沒上過，沒個文化，也沒個去處，沒個親戚，沒個走處。後來我想我們房後我三媽那個媳婦，給我介紹個對象，找了對象把我問出去，說你個人自己生活吧。在風鬥地的，訂了婚，我又不喜歡這個人。我哥說可以，把她問出去。離我們老家也不遠，就是二、三里路吧。四月初八問出去的，風鬥地的，家庭特別窮，我也沒父母，訂了婚，那個地方買些衣服啊，買蓆子呀，我一件也沒有穿人家的。因為啥，我一個女孩穿了人家的還不清，我沒有穿，一件也沒有穿。我待在這地方，我哥這樣對待我心酸的，我想見他。後來我說我不去了，讓我哥把人家禮物還回去，我又沒有收人家的禮物，只是買了幾件衣服，我一件都沒有穿，送你的煙，送你的酒，都還回去，煙呀、酒呀，我沒吃他們的。我哥罵我，你不用去，我打斷你的腿，打斷你一條手臂，我養活你一輩子。哎呦，我的心特別的酸。最後怎麼辦呢，我就撒了一個謊，說謊話，說你也不用娶我，我也是沒有娘老子的人，把衣服拿回來我和你過吧。這不就把衣服全給男方抱回去了，抱回去把衣服放下。三天以後，我們三天一逢集，趕集，我山西這個老公正好下到我們甘肅找對象呢，下來兩個人，是我二姐的一個女孩在我們鄉里住校念書，我和二姐謀孩子去，看孩子去了。我山西這個老公兩個人，還帶著一個人，他們也在我二姐孩子這個學校住呢。後來我們鄉里有個人叫趙建軍，就介紹呢，問我二姐，說山西有兩個找對象的，你手底下有沒有女孩們願意去山西的。我二姐說沒有啊。最後我就想，那年我十七歲了，歲數小。我就和山西來的那個後來是我老公的人說，你看行不行，要我了不。他說行啊。他還以為我跟他開玩笑呢，說你跟我開玩笑呢，你這麼個女孩這麼膽子大問我這種問題。我說就是啊，你要要我就跟你走吧。他都笑呢，你跟上那個人。他們一塊是兩個人。他年齡比我大，他先找下對象我再找，我歲數小我好找，他歲數大不好找，

叫我先看那個，他跟我開玩笑呢，說你跟上那個哇。我說年齡大不行，我年齡太小，差的太多了。他在我們鄉里住了一個月，三天一趕場，去我二姐女兒這兒，一來看孩子。他說你跟我說的那些話是當真的，還是開玩笑，你當真願意去我們山西。我說怕什麼，有。過了幾天，我就跟他來這兒了。

來到這兒，那個時候啥也別想，一路上走了三天三夜，那也沒去過，三天沒有喝過一口水，沒有吃過一頓飯，人家給你吃呢，是自己心慌吃不進去，吃不下去這頓飯。到了武都縣[96]住店哩，人家住在房裡都呼呼的睡覺呢，我一個睡也睡不著，吃也吃不下，晚上買的米飯，人家吃呢，米飯放在桌子上，挖上多少還是多少。我麼老公說你咋不吃飯。我說我不餓，我就不想吃。走了三天，走在我們縣城裡，我們是武都縣。三天沒吃飯，一個十七歲的小孩，跟上人家走，一天一天，火車一天天走，白天走，黑夜走，我心上就害怕。來這裡又上他們老家，他媽媽生病了，他們弟兄三個，有一個姐姐。我老公是老三。老大也是娶的山西的，老二是換親的。公公、婆婆對我也是挺好的。上來我婆婆就生病了，是子宮癌。我是臘月初七來到這兒的，我們婆婆是正月十四死的，我來沒有一個月去世的。婆婆去世以後，山西的飯我也不會做，莜麵，不會做，一個人心裡不舒服，不舒服就哭嘛，一個人心上又著急。尋的家庭也窮，就是尋了一個人，房子也是老房子。

周：是窯洞吧。

賈：對呀，三間窯洞連泥也沒泥，就是用石頭搭起來住進去了。我心裡頭想，這日子過的太苦了。後來一天一天，公公對我太好了，把我慣的像他的小女一樣，說你不喜歡咱們山西吃的，山西不好吃莜麵嘛，家庭窮嘛，你不喜歡吃莜麵，我給你買上白麵、稻米，你個人喜歡什麼就個人做上，家裡買上小吃放在你面前，公公做上飯也是放在你面前，你吃麼，你吃麼，慢慢就習慣了。待得四年、五年，我們都有女兒了嘛，我就給我哥寫信，我不識字，沒上過學，給我哥寫信說你不用找我了，我在那兒那兒，我現在過的挺好的，寫上這兒的地址。我寫了一封信。我哥他上來了，上來看了我一回。他不來我也不生氣，他雖是我親哥，可他幹的那些事傷了我的心。來也好，他再怎麼對待我也是我親哥，來我門上看我，我給他好吃的，好喝的，家也窮嘛，我盡力量啥好給他買的吃啥，他還好喝酒，買上酒。上來沒待上幾天，他倒回去了。回去以後，過了幾年我也下去看他們，去就是開這個戶嘛。劉井溝就

96　甘肅省隴南市武都區。

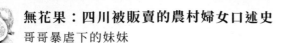
是公公和他兩個人的地，我都又有我們的兒子了，我四個孩子，三個閨女一個兒子。孩子們都是吃奶，我沒有奶水，就是買奶粉餵孩子。家庭太困難。

五年、四年我就回老家看我哥，把我的戶辦上來。回去了，我哥不同意，說要戶也可以，他要錢麼。我說我哪來的錢呀，我三、四個孩子我餵都餵不轉，你問我要錢，我沒有錢，連回來的路費都是問人們借的。迎這裡大隊、鄉里開上證明壓上章，上去開戶麼，下去兩次都不給我。我哥也沒說問我要錢，我三媽活的哩，說你還回來幹嘛呢，要我走了就不回來了，你苦日子還沒有過夠麼，三媽說我麼。我說三媽不是這麼回事情，走到山西我沒有戶，孩子們的戶也沒有，我五口人沒有戶，我也沒有什麼工作，還問我要錢，我就沒有錢麼。就說我聽你哥說過，就是不給你這個戶，你帶上錢來他給你開上戶，你帶不上錢來他不開給你。開了兩次，去了兩次，他都沒給，不同意給我。後來我就不去了。最後他就把我的戶銷了。他的閨女們一出嫁，那面土地少，一出嫁土地就跟上戶走，土地裡栽的都是果樹，花椒樹，全是收入麼。他就不想給戶，遷戶就得分走地。慢慢的五年頭上就把我的戶銷了。

我十七歲就來了，今年都四十五歲了，我閨女今年都二十八了，他都不給我這個戶。後來給戶口本，換戶口本，把四個孩子的戶上了，我的戶一直沒上，擱著呢。前幾年（二〇〇九年）村幹部說給上呢，上一個戶要五百塊錢，我騎上摩托車去鄉里了，說不行不可以上，說為什麼呢，你是哪裡人就到那裡開戶，回來你就可以上了。我給人解釋說那面沒戶了，那面都銷了，來了幾十年了，為什麼還不能上呢。人說不可以，啥時候從那面開過來啥時候上吧。那面沒親你的人辦這個事，就一直沒有上。去年我二姐也得了風溼性心臟病，我二姐也去世了，我給二姐夫打電話，說你去鄉里給我看一下，我的戶究竟是銷了沒有。二姐夫說可以我給你去查麼。查了就是沒有，鄉幹部都換了幾茬人，都沒有你這個戶。沒有怎麼辦呀，這面沒給上，那面沒有了，我說怎麼辦，你從那面給我開個證明行不行。他說行。那面鄉里開了證明，派出所壓了章。來了這面還是不可以上，鄉里尋了二次，就說不行。為什麼不行啊。說回去補戶去，回你老家補戶。老家沒有人呀，也沒有身分證回不去。我二姐夫倒是說了，鄉政府換了幾茬人了誰給你補呀。就一直這麼擱著。

去年又去井坪戶籍股，也是派出所，又去那兒。拿上這個證明，也是這話，這不行回去補戶去，補上戶再遷過來，就可以上了。從小就不知道自己沒有戶，我聽我三媽說有戶，從小有過，我在的時候連身分證也沒照過，就沒有身分證，也沒有照過。我記住我在二姐家給哄孩子，記得派出所在村裡照身分證，我還說我可不可

以照，說你今年多大了，我那年好像十四、五歲，說你年齡小不可以照，你歲數不夠。趕十七就來了山西了。什麼都沒有，就是這個情況，那都沒有戶，那都沒人管。就是這麼個情況，比較下來到山西還行，老公對我也不錯，孩子們也挺孝順，大閨女今年都二十八歲了，也出嫁了，跟前已經有兩個小孩，雙胞胎，一對兒子。就是家庭窮，只要你心裡舒服，丈夫對你好，孩子們對你好，你心裡就特別舒服。村子裡有三間窯。原來老公在村裡種地，只有他父親和他兩個人的地，我和小孩們，七口人，他們一個人三畝地，就是九畝地，兩個人就是十幾畝地。十幾畝地養活不過，老公就開山地，可多刨了山地，開荒地，年年種上收回來夠生活，沒有來錢的經濟。四個小孩全是吃奶粉，吃到最後又上學麼，念小學，念初中，念到初中沒畢業來縣城住校，住校我公公來給孩子們做飯，孩子們全在城裡住校，沒人管。公公不叫出來，就我們老公一個人種地養活不轉麼，生活不了，說你別出去，就我們兩個人在村裡種地。孩子們在井坪住著，回家也沒有車，禮拜下不想在學校待，孩子們想媽媽，我那個兒子步走回家呢，下雪呢，回到家頭上戴著個雪帽子，這麼高，哎呦，我心裡面太傷了。我和公公說，孩子們在外面念書，你不惜把他們扔在外面念書。不行也沒有辦法，還叫孩子們住校。住校住的孩子們都累倒了，他就不想上學了，公公也不叫我出來。陪他麼。三個兒子，別人不管，那兩個兒子都不管，都娶的是山西的，都不管他爸，就是和我在一塊生活。我也沒有親人，在山西就我一個，就和親爸爸一樣，衣服髒了我給洗衣服，吃飯吃好也好吃賴也好都跟上我們吃，後來也是得病，得了賴病，是肺癌。他們兩個兒子沒人管，就我一個，人活一輩子就這一次，一個老人沒人管我管無所謂，我說我管，端屎端尿我管，誰也有一天老了麼，沒辦法。我們公公到後來難活，他那種病來的快，上太原檢查，說是肺癌晚期，回來就在家裡面養，左不來給他洗涮，端屎端尿，做飯麼。伺候一年來的他就去世了。辦了後事，把他父親安排了。

以後村裡就退耕還林，我也沒有多的地，就是開出的山地。村裡的地不叫種了，就出來打工，栽樹呀。我也有病，幹活苦太重了，手臂也腫，手腕也腫。父母去世早，小時候沒人管，疼的得了關節炎。後來公公也去世了，地也退了，就搬出來，在縣城租房子，打工。一個月一百六十塊房租，那也得租。

周：你老公也來了。

賈：他也在麼，他也是打工。我老公也沒有念過書，和我一樣，都沒有文化麼，沒有文化也無謂，對我挺好的。打工了，飯店裡，賓館裡，打掃衛生，沒有身分證

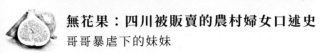

還不接收你。飯店裡這也去過，賓館裡我也去過，要你身分證呢。這兩年栽樹啦，幹累活，掙的也不多。就這麼生活，沒有辦法。

周：你現在四個孩子怎麼樣。

賈：四個孩子。大女兒出嫁了。二閨女和三閨女在朔州呢，書都沒念成，在朔州飯店呢，在收銀台，兒子是念個初中，還有一季沒念完，就因為外面下雪孩子在外面住校麼，下雪他就不去了，來回要由井坪走回我村子。

周：井坪離你們村子得有五十里。

賈：差不多吧。孩子啥時候走開的不知道，到村子裡天黑的就是人影才回來，大雪地往回走，戴的這麼高的雪帽子。我就下來做飯，公公不叫，沒有辦法，他就輟學了。就一直在外面打工，就蓋樓房裡的小房房，今年六月就回家了。回家在考駕駛本，考住駕駛本，半年了沒幹活。說我出去找點活幹，就我爸爸掙的那點錢不耐花，現在又在上海，到上海電子廠，做手機那個，給打工麼。

周：多大了。

賈：我兒子今年二十五歲了。在電子廠打工。沒有辦法，有什麼辦法呢。

周：成家了嗎。

賈：沒有呢。兒子沒有成家，二個閨女也沒有，一個二十四了，一個二十三了。一個比一個大一歲。大的比兒子大三歲，他們說虛歲，週歲就是大兩歲。這三個就是大一歲。不吃人奶嘛，全是餵奶粉。出來那兩年先住一個小房子，不大點，也是兩間窯房。我年紀不大，經歷太多。

周：你多大。

賈：今年四十五了。

周：對，剛才說了。

賈：甘肅省武都縣外納鎮井平村。

周：那個地區，市。

賈：我沒有文化，不曉得這個。從小，縣城裡我們近麼。我雖然年齡小，經歷事太多。

周：關鍵是你們老家這個哥哥真是。

賈：我還沒有跟你說呢，唉，我二哥，太苦了。他就像瘋子一樣打人，我哥。

周：他是不是得了神經病。

賈：沒有啊。他不是病人，不知道，是不是坐牢坐的，出來都沒有人性。

周：是，他還來看過你。

賈：說沒有人性還來看過我。怎麼個事情我也說不清楚。

周：那你二哥呢。

賈：最後叫我哥打的。

周：二哥也挨打。

賈：打麼，弟弟也打。沒有父母，人家沒有父母的哥哥照顧呀。

周：長兄為父。

賈：他就不行，就打麼。就像晚上我們吃完晚飯，孩子們就一塊玩麼，結果是女孩們不叫出門，就在家裡待著，門都不叫你出。好比一個村子裡的慣，叫我出去，他不叫我出去要一會，我就跟上出去了，回來就是打麼。我二哥也是，一個男孩家在家他都不叫出門，他最後打我二哥打的不行。將蓋的房子沒有裝修，堆的是橡木什麼的，他就拿皮帶打我二哥麼，打的我哭也不敢哭，哭了還打我麼，用皮帶打完，又用這麼粗的酒瓶子打我二哥。我不敢跟二哥說麼，說你趕緊逃，趕緊迎窗戶裡跑。我二哥就踩著木頭從窗子裡跳到院子裡，那時幾月份，玉米還沒熟呢，跑呀，跑，一直跑，跑進玉米地，玉米葉子響，他還以為是有人追呢，他就一直跑，跑到我們鄉政府，在大油路上一個人坐在那兒。自那跑了就沒有回家，沒有回家，跑了好多年。個人出外面打工。他跑的那年也就十四、五歲，歲數不大。自那我們姊妹分開，我再沒見過他。

周：自那次跑了，你沒見過他。

賈：沒見過。後來走了好多年，在外面打工，我聽二姐說他在外面打工挺好的，後來攢了些錢，攢錢娶媳婦麼，娶上媳婦引回來我哥都不要，蓋起那麼多房子都沒有我二哥住的，他都不要。說哪來哪去。這裡的屋子沒有你的份。我二姐說我不要你的，我原來蓋的三間房給我兄弟住。說和他一個院子不要。後來不要沒辦法。我

二姐說那個房子是我蓋的，說你沒回來我就蓋起了，沒有你的份，我給兄弟住。就住在我二姐的那三間房子。個人打工攢錢娶的媳婦，有兩個女孩，日子過的也苦的。我二哥他也是心上的勁，心上也是苦的，不愉快麼。有一次，他媳婦生病了，那兒都看不好，拉到縣城看不好，拉到市裡看不好。他看病的時候把家產都變賣光了，外頭還欠下債，向人們借麼，硬把媳婦這個病治好。媳婦病好了，在家帶孩子。他個人壓力大，借下好多債，他就出去打工。我們甘肅有個成縣[97]，有個石礦，在那幹活，打鑽桿。為多掙兩個錢，給人們還債麼，結果債沒還上，把個人的命送到那裡了。

周：哎呦。

賈：說起我太苦了。

周：去世時多大了。

賈：就是三十歲左右。自分開沒見過，誰也沒見過誰。有時候三姐打電話說回來看看，我去了心裡太不好受了，不想回去。現在我二嫂帶著孩子又找了個女婿沒有走，我哥就為了騰那三間房子，就攆我二嫂走，罵我二嫂一個寡婦趕緊走哇，你老公也死了，你還在這屋裡待著，待什麼。我二嫂就不走，說再咋我不走。說我老公就因為我換了條命，不是我哇他活的哩，因為我的病看好送了他一條命，我心裡對不起他，我就當活著哩，我給他頂門呢，我就不走。二嫂又攬了個女婿。二哥跟前有兩個閨女，現在都大了，都二十多歲了。有時候我不提這些東西，心裡想不起這些也就是那麼個，一提起來心裡邊就難受的。

周：是。你這個名字叫什麼。

賈：也是姓賈，村裡人不叫我大名，都是佛英，我叫個佛英，三女叫個佛女，我叫個佛英，我大姐叫個潤女，跟上叫，我大名實際叫賈英。我的老公也姓賈，就是劉井溝這個，他叫賈世榮。

周：劉井溝你聽說過廖淑蘭的事情嗎，王永華的老婆。

賈：我們來的時候他們搬走了，不在村裡住。我們搬進城裡見過王永華，他老婆不多見。我們上來的遲，他們都六十多歲了，我來他們劉井溝才十七歲。他們不在劉井溝住，劉井溝有他們一個侄女，老婆的侄女，四川的，在我們村裡，現在還在，她老公姓劉，小名叫個四平。

周：男的叫四平，她是四平家。

賈：對，她侄女叫廖六芬。

周：有多大了。

賈：五十左右，比我們大兩歲，也大不多。

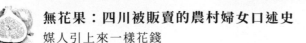
媒人引上來一樣花錢

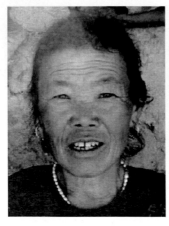

口述人：陳友瓊（一九六〇～）女，川籍

吳發會（一九六九～）女，川籍

訪問地點：山西省朔州市平魯區東水窪村

訪問時間：二〇一七年十月二十九日

周：你幾幾年出生的。

陳：我是屬虎的。

周：今年多大了。

陳：我拿身分證。

周：我看看，你是一九六〇年生人。你老家什麼地方的。

陳：我老家是武勝縣新龍公社七大隊七小隊陳家溝。

周：四川的。

陳：南充專區。（現屬於廣安市）

周：在村裡時家裡幾口人。

陳：我們家裡三個哥哥，一個妹妹，一個我，爸爸、媽媽，七口人。

周：小的時候在村裡做什麼。

陳：割草、打豬草，餵豬，那些亂七八糟的。

周：在村裡讀過書沒有。

陳：讀過。

周：讀過幾年。

陳：讀過小學。

周：你在村裡時搞沒搞包產到戶。

陳：在時還沒分開土地，碰的人們餵蠶子，四川人餵蠶子。栽桑葉。

吳：我是耍呢。

周：還是集體生產隊，還沒分開。那時你們隊一個工分多少錢。

陳：記不住。沒多得，很少，不多。

周：你家七口人能不能吃飽飯。

陳：哪能吃飽，吃不飽。小時候吃不飽，碰的爸爸編簸箕賣，不夠吃，賣那些買米。

周：你什麼時候離開的。

陳：二十二歲來這個地方。

周：二十二歲，就是一九八二年。

陳：我是一九八五年上來的。

周：那你來之前四川也搞包產到戶了。

陳：也分開了，我走之前分開了。

周：這兒是一九八一年。

陳：按說都一樣。

周：各省不一樣，你們那晚些。有的地方晚，我去過四川一些地方。你來之前你們家生活是不是好一點。

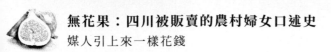

陳：等我上這，生活管好了，哥哥他們騎上摩託賣煙那些亂七八糟的，到處做生意。

周：你來之前三個哥哥都做生意。

陳：齊做生意，齊娶過媳婦，他們養活他們那一家人。趕我走時，我是正月來的，二哥娶女人，三個哥哥都結婚了。

周：你妹妹呢。

陳：妹妹還沒有，在家裡。

周：那時他們生活開始好些，那你是怎麼過來的。

陳：我過來是人家下去引的。

周：誰去引的。

陳：我們家下去引的，二文元引的。

周：二文元去四川引的，他怎麼想起去四川你們村的。

陳：四雨成家是四川大英縣的，四雨成家媽家問的，在我們下頭有個老人說媒，是她說的引的。

周：四雨成家也是四川的，她媽做媒人引你的。

陳：哦，我不是人販子騙將來的。

周：花了多少財禮錢。

陳：我們那時候沒花過錢。

周：那不給你們財禮錢。

陳：花也寡搭，我也不知道。有兩個我也不知道。

吳：你不給人家就不讓引。

陳：給也是幾百塊錢，不像現在七、八萬。

吳：也有五千塊。

陳：幾百塊。還有路費，最少七、八百塊，你問二文元。

周：那時幾幾年。

陳：一九八五年。

周：你來這生活習慣不習慣。

陳：不習慣，不好，生活不習慣。

周：都有什麼不習慣。

陳：啥也不習慣，說話聽不懂，吃的也不習慣。一天坐在炕上，一個人思謀著哭的，哭的想爸爸上來，也認不得人，他們就吃莜麵。

周：你爸爸來了。

陳：不知咋的，他和三哥就想起上來了，他也是覺意我這不好，上來瞅瞅，我們的老鄉有個在下乃河村，我們一個大隊的，他們說給我爸爸在這不習慣，就上來瞅瞅。

周：你們村引來的多不多。

陳：我們村就我一個，縣上有三個，武勝縣的。

周：那兩個你認識不認識。

陳：不認識，來了以後認識，跑串的認識。

吳：聽說話，你是哪裡的，我是哪裡的，就認識了。

陳：她們是我爸、三哥引上來的。

周：引上來幾個。

陳：三個。介紹到我們村兩個，計家窯村一個。

周：你來多久你爸爸來的。

陳：我是正月來的，一年時間。

周：一年內。

陳：哦。她們爸爸都認識俺們爸爸。嫌不躁呢，一個人在這鑽的，沒人啦呱，躁的，聽不懂。

周：你來時二文元多大了。

陳：二十八、九。

周：慢慢怎麼習慣的。

陳：慢慢有了娃也就習慣了。

周：你們幾個孩子。

陳：三個，一個女子，兩個小子。

周：啥時候有的孩子。

陳：我是一九八五年來的，一九八六年有的女子。

周：現在孩子做什麼。

陳：我們小子打工哩，大小子在露天煤礦，二小子在山東東瀛油田。

周：來了三十多年了。

陳：我們大女子虛歲三十二了。

周：來了第二年有的，週歲三十一了，後來回過老家嗎。

陳：我久已回老家，經常回去，正月也回去了。

周：每年回去過年。

陳：也不是，碰碰搭搭，我們哥娶媳婦，大姑媽過九十大壽呀，我們就回去，大姑媽今年九十一了。

周：你父親呢。

陳：爸爸去世了。

周：經常聯繫。

陳：哥哥、妹妹經常電話聯繫，我忙的顧不上，他們打電話聯繫，問問搭搭，做啥哩。

周：從什麼時候開始聯繫。

陳：自有了手機，我捨不得打，嫂嫂、娃娃經常打過來。

周：這裡有手機大概是一九九五、六年了吧。

陳：以前沒手機，寫信聯繫，家裡有急事就打電報那些。

周：你上過學，可以寫信。

陳：多半是二文元寫。

周：二文元念過幾年。

陳：二文元念過高中，人家寫，我寡搭，不寫。

周：你的孩子回過沒有。

陳：三個孩子齊回過四川。

周：回過姥姥家，孩子和他們聯繫嗎。

陳：我女兒經常和姥姥聯繫，她歲數大了，聽不懂，還和舅媽她們聯繫。

周：四川來的不論是引的還是賣來的，開始習慣不同，語言也不通，怎麼慢慢的融洽呢。

陳：慢慢地，一天一天，再回四川不能哇，有了那些娃們了，不能，到也可以回去哩，扔下娃娃可憐。

周：放下娃娃想走也可以走。

陳：後頭也能走。

周：捨不得孩子。

陳：女人們齊是，有了娃們扔下不能，可憐，也有扔下娃娃走的，可多哩。

吳：有一半。

陳：一半也多。

吳：這村原來有二、三十個四川的。

陳：我們村四川的多哩，可多走了。

周：現在留下的有多少。

陳：數算的，從東頭算，三完家、三三家，下來，三小家，四兩成家、賈四家、三雨成家，我們兩個，八、九個沒走，還有小霞，多兩個呢。

周：走了有一半沒有。

陳：走的可多哩，像墊形溝那媳婦有了四個娃娃還走了。

吳：走了有趙海寬家、三蒙眼家，兩個。六成家。

陳：還有四來寬家在呢。

周：走了是啥原因。

陳：不知道。

吳：原來尋的不跟心。

陳：男人不跟心，還有人販子拐上來的。公公道道說這裡不如四川，不如，個人有了娃娃，扔下娃娃可憐。

周：這裡的生活不如老家。

陳：頂不住老家，老家生活比這強，我三個哥哥過的也是好光景。

周：你有三個哥哥呢，光景應該不錯。你說除了走的是拐賣的，引來有走的嗎。

陳：有。

周：走的，主要是不跟心。

吳：她尋的男人歲數大，像潤才家比她大二十歲。

陳：她不走就不能。

周：這一走孩子也不要了，回去怎麼辦。

陳：又尋下人家。

周：你說走的這些和她們留下的孩子。

陳、吳：不聯繫。

周：割斷了。

陳：嗯。

吳：潤成家，趙海寬家全不聯繫。

周：像你們四川來的人，東水窪人歧視不歧視你們。就是欺倒不欺倒你們。

陳：也有欺倒的哇。你尋的男人慫了也有欺倒哩。倒是現在齊分開了，他們欺倒咱們不和他來往也能了哇。和原來農業社種莊稼不一樣。

周：意思是說東水窪的人對你們和本村的人不一樣，有沒有。

陳：有哩。

周：比如叫你們侉子，也是一種歧視嘛。

陳：哦，一般都吆喝我們老侉子，那來吆喝你的名字。

周：連名字都不叫。張侉子，李侉子。

陳：是哩。

周：這種歧視年頭長了是不是好點。

陳：叫慣了，就習慣了。

周：不光是名字。你們有了孩子，孩子也大了。

陳：全都可以了，現在到也沒人欺倒，全是吃穿個人，莊稼也分產到戶了，不來往，也就不欺倒了。咱們不吃他們的，能躲他們了哇。

周：跟包產到戶有很大關係，各家幹各家的，各家吃各家的，想欺倒也不容易。

陳：是了，想欺倒也不容易，咱們和他不來往。

周：你說從四川嫁到這裡和包產到戶有沒有關係。相對自由了，農業社那會不能亂竄。

陳：農業社不能亂竄。

吳：相對自由了。

周：拐賣可能也有關係，有這個空間了，農業社出門要證明。

二文元（陳的丈夫）：那會沒有拐賣的，現在可以自由流動。

吳：從四川騙來的，也是說到那裡打工，那裡打工好。歲數小。

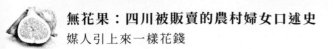

二文元：騙出來就身不由己了。

吳：歲數小，把你賣了你都不知道。

周：有人說成都有個人市，離火車站不遠。

陳：成都有哩。

周：很多人說拐賣女人就是從那個勞動市場賣的。

二文元、陳：嗯，有哩。

吳：我記得三完家，讓人帶上來，有兩個人販子騙上來，說在這給她找下男人了，人家就說給這兩個騙子多少錢，這女人就辯過來了。

周：發現了。

吳：是發現了，她就跟那個男人說不要給他們錢，我是他們騙上來的。那會三完子就沒給他們拿，頂多拿了幾個路費，不然那些騙子就回不了四川了。三完家是騙上來的，她就不叫三完子拿。最後這兩個人還說要帶上她走了哇，她說我不跟你們走了。

周：怕他們再騙。

吳：不光是騙，還打你呢，打你叫再到一個人家不許你說了，不敢說了。我記三完家跟我學呢，我那會比她上來早些。

周：三完家最後還是留下了。

吳：留下了，男人死了，又嫁了。

陳：結婚到右玉了。

周：三完家是販來的，那怎麼沒跑呢。

吳：她不跑了，她尋的三完子，對她也挺好，男人是個好男人。

陳：一般跑的都是男人歲數大，老的。家裡人對待不好，不跟心就跑了。

周：一般對她好的不跑。三完家男人去世了。

吳：車禍死的。

周：三完家在這村待了幾年。

吳：也沒多鑽的，大兒屬羊的，生下那年她男人死的，屬羊到今年二十七年了，她走了有二十七年了，在這村就鑽了三、四年，那會計劃生育，做手術，躲在外面怕手術。

周：三完家就是被拐騙的。

吳：拐騙的多。

周：引上來的少，拐騙的多。

吳：引上來的沒幾戶，基本上都是拐騙來的。像她那樣的少。

陳：哦。

周：很多都是親友。

吳：哦，親友也多。

周：你叫啥。

吳：吳發會，來這兒人家給叫成吳華會，今年四十九了，虛歲，週歲四十八。

周：你老家什麼地方。

吳：四川中江縣南山鄉。

周：那會你家幾口人。

吳：我六歲我媽就死了，姊妹三個，二個兄弟，我是大的，就我爸爸一個。我上來時候，修起住處，我爸也是窮的沒錢，聽見人們說山西還給錢呀，說這麼好那麼好，他聽見人們騙的。喬溝村張三也是娶四川的，她大兄哥是中江縣城裡賣肉的，不知咋的就和我爸認識了，說他妹妹在山西喬溝，雙碾鄉喬溝，騙我爸說山西這麼好那麼好，我爸就引上來。那會她舅舅在劉井溝村，說我在劉井溝，人家要錢那哇，這娃就說給我爸，我爸聽見了，只給我爸一、二千塊錢，他們就跟人家要了四千塊錢，劉井溝那家人家，我爸爸就不給了。他（吳發會丈夫）二表兄在劉井溝，叫他去看的。還不叫告訴我爸爸多少錢，就這麼騙呢，就不由我爸爸了，引不回去了。那會咱們上來，我爸也沒文化，我也沒文化，就鬧不清，尋也尋不見，也沒錢，就回不去了，就來這裡了。

周：連路費也沒有。

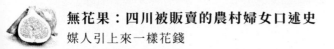

吳：那會連路費也沒有，說哇就是二、三十塊路費，沒有，人家把你支到這地面，就箍住你了，那家就說好多少錢，只給你一部分，人家拿多少，就這樣。

周：引你上來的那個人。

吳：在中江賣肉，喬溝這個人娶的是中江賣肉人的妹妹，他騙我爸，我爸聽上他的話，就把我引上來了。

周：最後給你爸多少錢。

吳：也就是一、二十塊錢。

周：都是中間人拿了。

吳：就是中江那個，還有喬溝這人，他們拿了。

周：就是他妹妹嫁給喬溝那個人。

吳：哦，他們好幾個。

周：那會你來多大了。

吳：十七了，我來了有三十幾年了。

周：三十一年。

吳：我大兒都三十了，週年二十九了。

周：你來的時候這裡已經分開了。

吳：早就分開了。比她遲一年。我來她都生下那個大女兒了。

陳：都說來這不受苦，可比四川受個灰。

吳：他騙我爸說來山西不用受。

周：瞎說呢。

陳：齊是瞎說。

吳：四川一年四季種，菜呀啥的，能吃菜呀，現在娃娃大了，碰得買些菜吃，那會那有菜，種的是山藥，一年四季就是吃山藥。

周：這地方我知道，吃什麼菜，頂多醃點酸菜，胡蘿蔔。

陳：是哩。

周：生活不如你們那裡。

吳：差的可遠哩。上來咱們就不習慣吃夜麵那些。

陳：四川就是稻米，乾飯、稀飯。

吳：青菜，啥菜都有。自個能種了哇，刨的種上這一把把菜，那一把把菜。多會有水，澆上，啥菜也能種。

周：中江比這好，是壩子。

吳：中江是個平縣，可平哩。

周：南充主要是山區，比武勝好些。

吳：中江是綿陽地區。這會改成綿陽市了。我們坐火車就在德陽下，倒客車，坐客車就到中江縣城裡了，我們離中江城二十里地。

周：小的時候在中江讀過書沒有。

吳：沒有。我媽死的早，就我爸一個，我們姊妹三個，大兄弟初中也沒畢業，我和小兄弟就沒有念書。那會沒錢、沒勞力，供不起。

周：那你小時候就幹活了。

吳：哦，連做飯都是三個輪著做，姊妹三個，這頓你做，下頓我做。不做就打架了哇。輪到誰做誰就做，我爸一天出去，在外邊幹活，勞動，做生意，吃不飽哇，吃不上，人家吃乾飯，人家小娃娃有時吃點好吃的，就是看人家吃，賴的也沒有，連乾飯也吃不上，就是吃稻米稀飯。掙不上人家那工分，我記正農業社我小小時，不大大些，背上個竹簍簍撿棉花，棉花熟了，變（裂）開了，就一把一把抓上，撿回去給稱斤，撿的多掙的多，撿的少掙的少。

周：從小就掙工分了。

吳：不大大些，不動彈不能，一年到頭，冬裡也沒鞋穿，買不起，凍的腳都裂了，就是光腳，衣服也是爛了補上。

周：你六歲母親就去世了。

吳：我那個小兄弟才兩歲。

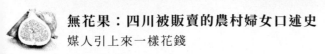

周：你爸爸沒有再找個人。

吳：找上怕卡搭我們呢，他就不能找，加上家庭也不好，找上沒結婚的人家不嫁，找上結婚的人家也帶著娃娃，就養活不轉。

周：你來時十七，比他小七、八歲。

陳：她來時有個婆婆。

周：二文元媽不在。

陳：她有關節炎啥也做不了，腿痛的。有時從炕上就跌到地腳了。

周：那你跟婆婆關係怎麼樣。

陳：她主要是關節炎，個人來利不了，還行。就像我們在外頭做了，回來飯就熟了。不痛的時候，吃上止痛藥。

周：你婆婆對你咋樣。

吳：就是那麼個，她就這麼一個兒子。叫郝斌龍，有三個女兒。一直守著我們過。

周：那這婆婆就對你好。

吳：中常。

周：婆媳關係是不是好的不多。

吳：不多。

陳：好的不多。

吳：平時一個家裡待了時間多少年越發不行。

陳：媳婦在外頭，婆婆在村裡，回來齊好，久已在一搭，嘴唇和牙齒時間長了對著就咬著了。

周：你是幾個孩子。

吳：也是三個，二個兒子一個女兒。我那個小女兒，也二十幾歲了。

周：三個孩子是在那上大學。

吳：一個是東北大學，一個是瀋陽農大，女兒是運城學院。

周：那你下了很大辛苦。

吳：哦。他們那會讀書都得花錢，現在念初中、高中不用花錢，國家不收錢了，那幾年得自個花錢，我們那三個正好趕上，都花錢。女兒今年大四了。他們都趕上花錢。女兒明年畢業。大的畢業上班都五年了，在福建，走的可遠了。

周：回來看你們老倆口嗎。

吳：回來，還沒結婚呢，今年國慶節回來鑽了八天，請了三天假，路上用了三天，回來坐飛機，回去坐的火車。

周：培養成了。

吳：培養啥呢，這會大學生不稀罕。

周：他們對你們好不好。

吳：不賴。他們都沒有成家，還沒結婚哩。

周：老二呢。

吳：老二這兩天在太原呢，找些營生。

周：他們結婚是自己想辦法，還是你們老倆口出。

吳：自己想辦法，給他們負擔不起，自己找錢吧，供他們念書後就沒這個能力了。

周：你們單幹種了多少地。

吳：他家分了五、六個人的地，我來了不給分，走的也不收，娶回的也不給，不增加。

周：原來有個五十多畝地。

吳：六十來畝。

周：那六十來畝地供孩子念書得占多大。

吳：那會下城的多，走了，我們把他們的地租上種上，也有四十來坰，有一百多畝。

周：真夠辛苦的，種一百多畝。

吳：養上兩個牛，一個騾子，每年種的夠他們念書。

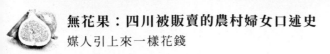

周：啊呀，這三個孩子，那麼一年種這麼多地有多大收入。

吳：也沒多大收入，如果天年好的話，一年收入三幾萬，二、三萬。

周：二、三萬拿出多少給孩子念書。

吳：在城裡租了個家，他奶奶給做飯。

周：初中、高中都是在井坪念的。

吳：小學、初中都是租家，高中就自個出去租了家，租個不大大小房房。

周：大學學費更貴。

吳：大兒是貸款，學校給貸上，貸上學費，住宿費，個人畢業了跟他舅舅借了二萬五，每年用六、七千，還有工作也掙，還了。

周：跟四川舅舅借的。

吳：舅舅他們也在外頭打工。

周：你也是和四川老家有來往，你的兩個弟弟還支持你。

吳：一個弟弟在江西，娶的那兒的媳婦，還買的住處，娃娃也是念書。大兄弟娃娃四歲就離婚了，小子就是我帶的，經留的，今年也是高三了，明年考大學。

周：你大弟弟的孩子送到東水窪村來了。

吳：是，我沒有媽，沒有人給他帶，爸爸也去世了，也有七、八年了，就在這兒念書，在井坪念書。

周：你大弟弟在哪兒。

吳：在潮州，他又結婚了，有了娃，他供那個娃念書。

周：你們三個四處處，一個山西，一個江西，一個廣東。

吳：見一面可難呢。

陳：你寫那個書。好好寫，寫的苦一點。

周：關鍵不是我寫，是你們說出來，你們怎麼說我怎麼寫。

陳：是這樣，寫一本書公家給一點錢不。

周：沒有。

陳：花那麼大辛苦出來。

周：我母親就是計家窯村人，我又回來這插隊，就想寫這兒的農民，他們過的日子，什麼樣的日子，讓城裡人知道，城裡人不知道，體會不到咱們農民的生活。

陳：是哩，咱們農民真苦哩，掙上兩個錢，吃不吃，喝不喝，不像人家上班的人，咱們老百姓就是過的這日子。

周：你說幹了一年，一斤糧食賣個四、五毛錢。

陳：掙不了兩個錢，苦的是老百姓。

周：這次就是寫這些川籍婦女，這些人是個特殊的群體，從某種意義說比當地人還苦。

陳：就是比當地人苦，外地來的。

周：背井離鄉嘛，離開家鄉親人，沒法交流。

陳：你說我們回一趟家鄉得花多少錢，有那麼多兒，娶個媳婦花幾十萬，想回也不成，得攢錢給兒娶媳婦，經留他們，不給他們安個家也不行哇。外地人來這兒真苦哩，比本地人苦的多的多。人們說啞巴吃黃連苦在心裡，個人不能說了。

周：四川人和當地人比苦在什麼地方。

吳：那麼找個男人不跟心。

陳：不跟心。

吳：本地人娶不過才找外地的，如男人精明強幹的，本地的不愁娶，鑽山西的娶不過，花個二、三千，也不多，娶外地的。娶上一個先看著你，怕你跑了，趕你有個娃娃，知道你扔不下娃娃，才給你自由哇。

周：怎麼關呢。

吳：也不是關，這家裡有弟弟、妹妹哇，你走到那裡出去就跟你去那裡，串個門呀，跟老鄉坐坐呀，人也和你相隨了哇。

周：怕你跑了。

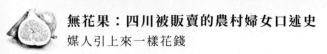

吳：那會也沒那個條件，車也不方便，個人手裡還沒有錢。

陳：將來的時候，我們個人呢手裡那有個錢。

吳：沒有文化，也不知道迎那裡坐，迎那裡走。

周：也跑不了。

陳：也想不起個跑。

吳：想起跑也尋不見，和有文化的人不一樣，這跑那跑。

陳：將來時坐人家拖拉機進城，還有人跟著哩，還給開拖拉機那人說，別叫給跑了。

吳：來那一年，就是步走的，去的劉井溝。

周：你來的時候。

吳：就是那一天。

陳：是臘月，大冬天的又冷。

吳：臘月二十幾。

周：你來的時候是臘月二十。

吳：我爸走的時候是臘月二十三、四。

周：井坪鎮到劉井溝有四十里地吧。

陳：四十里也多。你老想寫書好好寫，寫的苦點。咱們四川人來這管苦哩。

吳：那會我記正，在朔縣下火車，到井坪有客車，到井坪後就沒客車了，沒有到山上的車，住井坪嫌花錢吧，就去劉井溝舅舅家，我們走到劉井溝就黑了。

陳：就步走，你看大冬天的有多冷。

周：給你們吃頓飯沒有。

吳：寡搭，就是吃了碗削麵。

周：朔縣到井坪只有一趟是早上。

陳：我們來的時候哪裡有客車，就沒得客車。

周：到這兒肯定沒有。

吳：我記得劉家窯村去井坪有，早上下去，晌午回來。

陳：沒有，哪有呢。

周：你們一九八五、八六年來，劉家窯沒有，就是有個拖拉機。你還得認識他，不然不拉你。

陳：是哩，沒客車。

吳：我沒記正坐拖拉機。

周：你們是走的。

陳：我們經常坐的是拖拉機。

吳：我那時一年也不下個城。

陳：坐拖拉機還得安頓那個人別叫跑了。

周：那會也有心思回去，就是沒辦法。

陳：哦，沒辦法。

吳：回不去。

周：也想家。

陳：尋不上路，回不去。要像現在，咱們給跑熟了，說走就走了。將上來知也不知道路在哪兒。

周：就是瞎跑。四虎老婆也是四川的，在陶村也跑了，亂跑不知道，又給人抓回來了。現在和四虎離婚了，前天回來我還見了，在長沙打工。那兩個孩子跟媽好，知道媽在哪，把媽叫回來了。

吳：娃娃們就是跟媽好。

周：計家窯有個黃春榮認識不。四川的，孩子也是上大學了。當媽的經心呢。

陳：潘井溝村的。

周：不是，潘井溝的叫尤術春，孩子也上大學了，也是四川的。

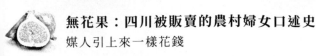

吳：你說大名一般不知道，說她男人的名字就知道。

周：尤術春的男人是白天璽，黃春榮的男人是李三。

陳：知道了，老黃。

周：老黃也是在外邊打工，前年我見她。按她說她比較有眼光，在外邊打工，供女兒念大學，二個女兒都上了大學，現在都不錯。

陳：她有兩個光棍幫她忙，人家連受苦都不受苦，那裡像我們，我和她都是受苦。

周：我知道，我經常回去，黃春榮在村裡一般不幹活。

陳：我們兩個真累呢。

周：她們家光棍多，吃飯還專門給她煮碗掛麵，其他人都照顧她。你們就不行了。一般在山西受苦比四川重嗎。

陳：比家鄉苦重的多。

吳：這地面要說受起來就是兩、三個月，受的嗆不住，四川是日久天長，每天就那麼一點活，不多，這地面就說莜麥呀，熟了，種的多，天沒亮了就歡會兒起來，做家裡的營生，吃了早起飯趕緊出地出外邊，割莜麥呀，割胡麻呀。

周：五月份種，鋤的時候輕鬆些。

吳：種的多，鋤也苦重。

周：你們倆都種的多。

陳：種的少了不能。我比她種的也多。

周：種的多就是為了多收入點。

陳：我們租人家的地。

周：除去進城打工的，留在村裡的普遍種的多。

陳：齊也種的多。

吳：你進來時看到的就是我老漢，這會有病哩，不能受了。

周：今年六十歲了，比你大。

吳：大個十二、三歲。

陳：她管累呢，管苦重哩。

周：你丈夫身體不好。

吳：停了三、四年了，不能幹活了。在家裡做點輕的，在外邊做重活就不行了。

周：你三個孩子兩個工作，能不能支持些，你少幹點的。

吳：他們是讓我們少幹點，這會我們種的也不多了，種十來坰地。

周：我聽尤術春說，她在潘井溝也不種了。

陳：她們都不如我們倆偏個苦重，她原來種的不多，她信耶穌了，今年下了城了。人家是一個兒，她是兩個女兒，我也是兩個兒。一個兒子好安排。現在娶媳婦七、八十萬，要樓房，種的少了不能。

周：你兩個兒子還供他們結婚呀。

陳：哦，都結了，今年五月結了一個，二的，老大是前年五月結的。

周：他們結婚的錢都是你們出的。

陳：哦。

周：每個人花多少錢。

陳：大的花四十來萬也多，老二三十五萬。

周：就靠你們老倆口。

陳：種地，碰搭養兩個牲口。

周：你們的孩子不能自立呀。

陳：打工掙不下多少。

周：你們比打工收入多啊。

陳：多。

吳：多不了。

周：關鍵是你們省吃儉用，一年一年攢下為了孩子。比打工掙的多不可能。

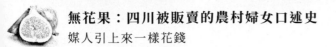

陳：孩子們也攢些。

周；父母都是心疼孩子，為了孩子，觀念就是這樣。

陳：哦。

周：你要是不管他，自個也可以成個家。

陳：不管他自個也能成個家。

周：你們辛苦一輩子就是為了孩子。

陳：瞧那大人齊是，齊是為了孩子。

周：家家戶戶都是為了孩子。

陳：不為孩子的稀少，為個人好活不為娃娃攢錢的也有，少。

周：多數都是為了孩子，像你們兩家都是這樣。為三個孩子上大學，種一百多畝地，真是，幹了三十多年。

吳：開始沒有那麼多，後頭一些人進城打工，我們才有地，才能租上。

周：開始沒那麼多地。

陳：我攏共有兩個人的地，他和他媽。

吳：一開始種不多，連車也沒有，就是用連枷打，驢碾，她家就是用連枷打。

周：那就很落後了。

吳：一開始打莜麥。

陳：久已用連枷。

周：你們用連枷打了多少年。

陳：打了多年，現在我們家還有，不知她家有沒有。

吳：那會她養不起牲口，用連枷打了很多年。

陳：窮的，我尋他管窮哩，啥也沒，他轤死了，有個關節炎的媽。真窮哩，人家尋上的比我肥。

周：她比你稍微好些。

陳：我連個牲口也沒，就用連枷打，她家有牲口。

周：那耕地怎麼辦。

陳：牲口都叫哥哥分走了，還賣了，說得多少錢。買牲口的認識二文元，露了。他媽的東西我啥也沒得。

周：分家了。那種地沒牲口怎麼辦。

陳：租人家的。慢慢地個人買上。那會種的不多，人們齊在村裡。

吳：各家就是分幾畝種幾畝。

陳：這是人們走了，我們租上，這才種的多了。

吳：我種多的地，就是四、五年時間。

陳：我來時候還開地呢，用鍬蹬，一鍬一鍬，開荒地。在溝灣用鍬刨的。我來時辛苦哩。

周：我二○○八年來看溝灣的莜麥長的好。

吳：這會也種的不少。

陳：我們久已用連枷打，不過一年過的比一年強了，買了牲口，拉上車。

周：現在你們還是用牲口。

陳：還是用牲口。

周：東水窪搞沒搞退耕還林。

吳：搞了，和計家窯一樣。

周：那你們還種不種地。

陳：種的哩。

吳：平地種成苜蓿了，餵羊哩。坡地空下了，他們沒種苜蓿的我們種莊禾。

陳：不種不能啊。

周：收入主要靠這，養沒養上羊啊，豬啊。

陳：我養的牛，肉牛，養了七個。

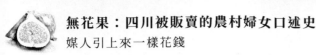

周：一頭牛能賣多少錢。

陳：萬數來塊錢。

周：養多長時間賣。

陳：不賣，下下賣小牛。

周：小牛賣多少錢。

陳：也說大小，七、八千，萬數塊錢。

吳：正月下下的，趕這幾天就賣七、八千，萬數。

周：養七頭牛多長時間了。

陳：一、二年。

周：牛好賣不好賣。

陳：好賣的，肉的好賣，不肉不好賣。

周：田二虎養的驢。

陳：驢比牛貴。驢也省草料。牛餵麻生（餅）。

周：七頭牛得多少麻生。

陳：一年得稱萬數塊錢的麻生。一萬也不夠。

周：榨油廠出來的。

陳：得到井坪買。

周：剛才你說當地人娶四川的彩禮錢要比娶當地人的彩禮少，一般是家裡窮的找四川的。

吳：還有歲數大的，鑽這地面娶不過的，沒人找，還有有毛病的，這毛病那毛病，不精明的，這些個。

周：年齡大的，有殘疾的，家裡困難的。

吳：都是從各方面。就是說好的娶外地的不多，有，少。有的當家人孩子多，兒多，外地人沒靠，本地人異樣，要的就多，當家人給不了，吃不倒人家，都是人家說了算。

周：娶四川的好管。

吳：肯定，當地的有娘老子，姊妹也幫她哩，就是公公婆婆也是幫她哩，他就吃不倒本地媳婦，外地媳婦就是對你不好你也不走。

周：沒靠。

吳：各方面也是一樣，你慢慢想就是這麼回事情。

周：所說的受歧視就是這些個。

吳：哦。

周：各方面和當地人無法比，人家有娘家。

陳：都一樣，我也是一樣，分個牲口也沒有，是大哥的，齊是。我們外地人不要說別人，當家人就小看你呢。

吳：弟兄們多，姊妹多，當家人就另眼看你。

陳：對你不好，另外看待。

讓我說心上還不好哩

口述人：漆玉蘭（一九七〇～）女，川籍

訪問地點：山西省朔州市平魯區東水窪村

訪問時間：二〇一七年十月二十九日

周：先說叫個啥名字。

漆：我叫漆玉蘭，油漆的漆，三點水。

周：幾幾年生人。

漆：幾幾年。

周：多大歲數吧。

漆：好像是二十一（歲）上來的。

周：今年多大了。

漆：今年四十八了。

周：來了二十七年了。

漆：哦。

周：老家是什麼地方的。

漆：四川，大英。

周：大英縣，家裡還有些什麼人。

漆：家裡還有個老母親，有個弟弟。

周：你走時候父親就不在世了。

漆：我走時候父親還在世，有弟弟，有個妹妹，大姐在安徽，二姐在北京。

周：那還不少嘛，七個人。

漆：對呀，我們家人多呢。

周：你來時候家裡主要靠什麼生活。

漆：就靠種地。

周：你來時候大英分開沒有。

漆：好像沒有。大英還叫蓬溪。

周：那你家是農戶還是居民戶。

漆：農戶。

周：農戶包產到戶沒有。

漆：已經到戶了。好像是一九八〇年到戶了，或者一九八一年，就這兩年。

周：那時家裡過的怎麼樣。

漆：啊呀，家裡過的日子太苦了，太辛苦了。

周：怎麼個苦法。

漆：讓我說，心上還不好活呢。

周：慢慢說。

漆：我都忘了。

周：怎麼能忘了呢。

漆：怎麼能忘了呢，我從六、七歲開始打豬草，就是割草餵豬，幹家務。我十歲時，家裡窮，把我姐姐介紹到安徽，遷移到安徽，我爸有肺結核，氣管炎，還有哮喘病，我媽也有病，有肝炎，有頭瘋，就是腿痛，一說腿痛一下就不能走了。就說家裡窮不過了，我二姐我爸介紹到安徽，安了個家。那幾年分那點地是種水稻，難活的不能，結果住了不到一年，是一九八〇年，支書就打電話說你回來哇，咱們這包產到戶分地呀，你要不回來就沒有你的地。我爸在安徽住了十個月就回四川了，啥也沒有了吧，想要一點點東西也沒有了，走的時候賣的賣了，給人的給人了，劈廢了沒有了。回去，村長是我們姨哥，把豬圈，集體時蓋的豬圈，棚棚，豬棚棚，有一間，賣給我們了，百十來塊錢。我們六口口，姐姐不在了，安家了。我們六口就是餵豬的那個棚棚住的。苦哩，說起來我就，（哽咽不住，停頓，擦淚）太苦了。

周：那會是你們全家去了安徽，是你二姐嫁到安徽了。

漆：是大姐。

周：都去了。

漆：都去了，我爸我媽病的不能，又回來。他們先去的時候把我和二姐攤在四川，我那會十歲，那一年還沒有包產到戶，我都記正了，給我們分的二百斤玉茭，還是一百斤玉茭子，姊妹兩個就沒個吃上的。（哭泣）反正我們姊妹兩個，隊上栽了點蕃薯，碰碰搭搭我們就掏上一窩，人家就罵呢，那還不罵。正好我爸回來了，我就難活的真厲害呢，差一點就死了，唉，我真苦哩，說起（哭泣）。一九八〇年回個了，就在豬棚住下了，我們、我媽真辛苦哩，就是種點地，地給我們分下了，分的那全是坡地，平地基本上我們就沒有，全叫人們分了，種些，起早貪黑，半夜才睡，說起叫你們笑話哩，我們小時候就拾糞，種地得要糞了，早起天不亮，忽能看見一點點亮就出了山裡頭，拾糞了哇。啊呀，說起來就。念書，我十一歲開始念一年級，大姐不在了，二姐才比我大二歲，我念書，多會人上了坡我才走了，家裡做不完的營生，做完營生還要幫帶弟弟，我媽本來就有病哩，幫一陣陣，聽見人上課了，趕緊跑過去，就這樣爸爸媽媽箍的把小學念完了。

那會我二十一了，出去打工哇，家裡走不了，做營生，幹活。二十一，往出問呀，我不在，我出外邊呀，聽他們說你們山西地面好，種莊稼就種一季。我就來這地面，也不是說叫人家騙上來的，為了逃出那，一樣樣的，跟上人家真窮壞了，啥也沒有。

周：怎麼就想起來山西呢。

漆：在四川幹活都是人刨、擔，你看挑糞，我兩個膀肩挑的真痛，天亮就出地，黑洞洞回不了家，受的，就想離開，聽旁人說山西好，我爸爸把我往外出問呀，我就跟上來了，來了這地面依然一樣的。

周：怎麼來的東水窪村。

漆：我二姐有個朋友，就是乾姊妹，她兄弟回去說這地面好，說種莊稼種一遍。

周：二姐乾姊妹在山西待過。

漆：她姐姐就在雙碾呢，就這麼來的。

周：她姐姐嫁到雙碾了。

漆：哦，她（家）離我們那兒就像計家窯這麼遠些。

周：就這麼介紹，說山西好。

漆：對，就跟這個好字來山西了，跟上這受苦受罪。

周：可能還不如你們家鄉呢。

漆：我覺得比我們家鄉好。

周：比大英好。

漆：我們也是在山上，要是在縣上也不賴，也是山區。

周：你們那個村子也是在山區，沒有壩子。

漆：也是種玉茭子、蕃薯，水稻很少。一家才有二分田，三分田，就這麼點田。

周：你知道大英縣你們周邊的來山西的多不多。

漆：有哩，多哩。

周：你來的還算晚的。

漆：我來的遲些。

周：你是包產到戶十年以後來的，這十年當中你們家的生活也沒有大的改善。

漆：這十年當中，倒是好點，強點。

周：能吃飽嗎。

漆：就是那蕃薯、玉茭麵糊糊，碗裡還能照見面呢，就那樣。

周：還是不行。

漆：嗯，就是說我爸我媽比較勤勞能吃飽，要說吃的好點沒有，那會我還好，小孩子肚饑吃不了多少，吃多了媽要罵呢，吃多了下頓沒有了，小孩子省不得多少，做多了就叫我爸我媽罵呢，說起來那會窮的。

周：你做飯，做多了你爸你媽就罵。

漆：肯定罵呢。一天兩頓玉茭子吃下，下一頓上哪尋呀。你看我爸有多辛苦呢，半夜一點，十二點開始，我們那吃的不夠，我們那牛皮菜，相當於這裡糖苗，娃娃們多，吃的不夠，第二天要趕集，一、三、五，二、四、六趕集，十二點開始從家裡走，去集上，有二、三十里地，擔上一擔要去買，買回來讓娃娃們吃飽，就吃那。

周：得去買。

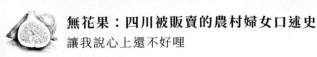

漆：娃娃們多，買回來吃。

周：就是一種野菜。

漆：餵豬也吃那，是人種的，山西拿這榨糖。

周：哦，糖菜苗。

漆：不是糖苗（莖），是葉子，寬寬的。

周：不是根。

漆：根是榨糖，是葉葉，吃葉子，吃苗。

周：也可以吃，便宜。

漆：煮，可以吃。不好吃。

周：你爸半夜去集上往返幾十里就是買回來給孩子們吃。

漆：對，就這麼苦。

周：糧食不夠。

漆：肯定不夠。

吳發會：我小時候，我家是把蕃薯皮磨成麵，涮糊糊。

漆：她說的那個，就是把臭了的蕃薯皮削下，晒乾，用大磨推成麵，摻上說的那個牛皮菜，水滾了，把它調起，打上麵，圪蛋蛋，吃那個。我們小時候，嫌臭哩，本來就臭了，爛了，我們不吃，我爸叫我們吃，餓了，你不知道有多難活，咽也嚥不下。

吳：那會就是。

漆：我們小時候省不得，那東西就是不好吃，我爸就叫吃那，不吃餓的不能。

周：肯定很難吃，別說皮了，蕃薯肉晒乾磨成麵也不好吃。

漆：好蕃薯還可以，但是臭了，晒乾，磨成麵，放菜裡頭，鹽也沒有，啥也沒有，你說那能好吃啊。

周：包產到戶十年後還吃那東西。

漆：慢慢好些，自己種的蕃薯，種的玉茭，養點豬。說起那年我們養的豬，死的一乾二淨，那就一個豬也沒活，大英傳豬子，那年餵了十來個豬子。我爸和我媽做買賣了，販豬子，販回病豬子，這就挨正一個個病死了，又跌下來了，窮的啥也沒了。

周：你們那個村包產到戶是不是地少呀。

漆：說起還多點，一人一畝地。

吳：我們村是一人八分地。

周：四川地少。有的地方一人也就二、三分地。

漆：對。我們那兒還多點。田是一人二分地。我們是地多田少。人家說四川是天府之國，那要說地方，成都那地方就是好。就像我們那山區，分地方，不一樣。你不能說四川好就都好，山西也有好地方，一出川底不比咱們這強，山西侯馬那一帶，那一帶好哇，咱們這就不好了哇，咱們這有礦的也比這好，咱們這啥也沒。

周：各地不一樣，你到這就成家了。

漆：哦，二十一上，二十七年了。

周：有幾個孩子。

漆：三個，二個男孩，一個女孩。

周：和她們（吳發會、陳友瓊）一樣，三家都一樣。

漆：這個是老二，書沒念成，也是打工，老大也是，小女子也沒念成。

周：小學沒畢業。

漆：初中沒念完，打工呢。

周：來這後回老家看過沒有。

漆：以前哇，隔上五、六年回去一次。

周：家裡人現在怎麼樣。

漆：我弟弟、妹妹也是出外打工。（家裡人叫漆出去幹活）

周：地裡的活還沒了了。

漆：前日有些莜麥，沒有弄完，讓下雨下的，沒拿回來。

周：你們種了多少地。

漆：我們的地退了，種的也不多。退耕還林了，就是還沒栽樹呢，種些。

周：現在家裡主要收入靠什麼。

漆：種點地。

周：你們退耕還林幾年了。

漆：有五、六年了，人說八年呢，不知以後咋呀。前頭（每畝）一百六，這裡減成九十了。

周：九十也給八年。

漆：不知道，不知道給幾年。

吳：鑽在村裡就不知道政策。

漆：八年以後就不知道。

周：有的村就剩一年了，二〇〇二年退的。

漆：我們也是。

周：就剩一年了。

漆：後頭不知道人家還給不給。

周：糧補還給不給。

漆：我們退了就不給了。沒退的給補。

周：東水窪是全退了。

漆：全退了。

周：那就是沒人管還種。

漆：對，他沒栽上樹，我家還種，他栽上樹的咱就不敢種了。

周：除了這啥收入也沒有，養牲口沒有。

漆：我養了兩個牛。

周：跟陳友瓊一樣，她養了七頭牛。倆兒子成家沒有。

漆：大的成了，二的沒有。

周：大兒成家在哪兒，村裡，井坪。

漆：在朔縣。

周：大兒成家是不是也是家裡花錢，花多少錢。

漆：哦，花三十幾萬。你不花錢人不來，現在買房、買車，沒有，不來，這窮山溝溝誰來呢。

周：大媳婦哪的。

漆：離我不遠，五里地，顧家店的。

周：你給他在朔縣買的房。

漆：不好，五、六十米。

周：他們住朔縣就靠打工。不買房，買車，媳婦就不來。

漆：找不來。

周：兒子媳婦就靠你們老倆口掙。

漆：是哇，就是我們掙呢，費勁呢，娶不下，這都二十五了。

周：就是沒錢，對象有沒有。

漆：對象是有了，就是沒錢，買房、買車，上哪尋個呢。

周：娶到家裡不來。

漆：不來。

周：你是自找對象，和她們倆不一樣。

漆：是。

周：陳友瓊是引上來的，吳發會等於你爸爸把你賣了，我說的對不對。

吳：是。

周：她們家經濟困難，窮嘛，她爸爸朋友說喬溝好就賣到這兒了，你這個算什麼。

漆：我這算什麼呢，是我自願上來的，不是騙來的。

周：你嫁的丈夫叫什麼。

漆：賈雲祥。

周：你這收不收彩禮。

漆：沒有，我這收啥呢。

周：就你一個人，你是偷跑出來的。

漆：是，我是偷跑的。

周：你父母不知道。

漆：知道，還不叫來呢。

周：跟你丈夫關係怎麼樣。

漆：也行哩。

周：你來的時候有婆婆沒有。

漆：婆婆、公公都有。

周：你婆婆對你咋樣。

漆：也行，可以。

周：婆媳容易有矛盾。

漆：我們沒有，挺好。

周：賈雲祥有沒有兄弟姐妹。

漆：有，多哩，他們家九個呢，五個女的，四個小子。

周：賈雲祥老幾。

漆：他老四。他下頭還有五個妹妹。他排老八。老大落了，沒有了。

周：那他們家負擔也夠重的。

漆：這就靠眾人幫助，個人哪能娶起媳婦呢，娶不起。

周：你來這住哪，自己蓋了窯。

漆：沒有，我是住老大家裡，老大搬走了，不在村裡，那三間小窯窯就是老大的，那三間窯塌了，我又圈的新家。

周：你來幾年蓋的。

漆：我來十年以後圈起。

周：那你這日子還不錯，比原來好點。

漆：比原來好點。

周：有了三間窯，三個孩子，來了二十七年，一九九〇年來的，平魯那時也好了些。

漆：不行，還是窮，窮壞了，那些日子說起來還是窮，那三個娃娃全是吃奶粉長大的，種上那點地，十幾垧，啊呀，也怪窮的。

周：比以前強，還能吃上奶粉。

漆：就是吃紅旗牧場（生產）的奶粉，別的吃不起，紅旗牧場的奶粉兩塊錢一袋，後頭吃成三塊，最後吃成六塊。

周：你來這生活習慣不習慣。

漆：將上時候肯定不習慣，慢慢地，也是窮苦人出身，粗茶淡飯的，都是苦出來的，就習慣了。

周：你原來說四川話，怎麼就改成說平魯話了。

漆：改成他們平魯話是吃了他們的井水，吃了他們的飯，所以就說成他們的話了。（有人插話：你還會說四川話嗎）

漆：說了一輩子，改不了。

周：鄉音改不了。

賈雲祥：有時候我還省不得。

周：你們是不是有意學平魯話。

漆：對呀，有時候就是學呀，你不學，光說四川話就不能哇。

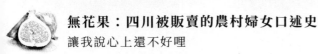

周：不能交流。

漆：說話就不方便。

周：我接觸幾個，聽不出是四川人，標準的平魯話。陳友瓊還有點四川味，像潘井溝的尤術春，一口標準的平魯話。孩子們回過姥姥家沒有。

漆：回過。他們打工就是跟上舅舅去打工，這跑那跑。

周：跟舅舅聯繫。

漆：裝修就是跟舅舅學的。

周：親友來往，互相幫助。

漆：我們親友都是互相幫助，能幫的都幫，實在不能幫的也沒辦法。

周：那你父母還在世嗎。

漆：父親去世了，去世二十多年了，二十六年了。

周：你來的第二年。

漆：對，我來七個月頭上。

周：母親還健在。

漆：是。

周：那還不錯。

漆：母親盡是病。

周：年齡大了。

漆：七十四了。

周：你母親來過這看過嗎。

漆：來過，看過，但是意見太大了，現在也意見大，說你們那就不好，我就不去你那。你不來，我也省心。意見大，她不來，說咱這不好，氣候也不適應，生活也不習慣，各方面。

周：對，生活方式和四川完全不一樣。你走時也沒和她商量。

漆：商量還來的成啊，她就不叫走。

周：來了幾次。

漆：兩、二次。

周：不錯了。

漆：娘了哇，娘多會都掛念兒女呢，兒女有時候就不掛念那個娘。

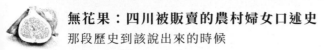

那段歷史到該說出來的時候

口述人：李小霞（一九七三～）女，川籍

訪問地點：山西省朔州市平魯區井坪鎮細水小

區

訪問時間：二〇一七年十一月二十日

周：先說你啥名字。

李：李小霞。

周：你老家什麼地方。

李：四川中江縣的。

周：又是中江的，中江的很多。

李：盡是中江老鄉。

周；你來之前家裡都有些什麼人。

李：我是一九八八年上來的，那年十五了。

周：一九七五年生人。

李：對。當時家裡有爸爸、媽媽、哥哥、姐姐，都有。

周：小時候在家鄉上過學沒有。

李：上過，剛上初中。

周：已上初中了，沒有念完。念了幾年。

李：念了一年。

周：怎麼給弄到平魯了呢。

李：唉，當時哇，怎麼說呢。

周：你就實話實說。

李：（哭泣），是受了那個時代的影響了哇。（中斷）

周：那會生活也苦，想離開家，打工，不是。

李：就單一個我來說，生活並不是想像的那麼苦，因為四川我那個家庭生活條件是比較好一點的，比我同齡人說。主要當時受那個，也是風氣哇，社會風氣。山西當時娶四川女人相當多，就給人販人造成鑽空子的機會，加上我們那個時候年齡小，不懂事。當時出來的時候也並沒有想四川苦呀，山西好呀，想擺脫那個困境呀，沒有。當時腦子裡是一片空白，個人沒有任何那個想法，如何、如何。就是那種很幼稚的、很無知的那種感覺。就是這種情況。

慢慢到了這邊以後，一開始吧，好多事情，好多東西，不能稱心如意哇。當時我到他們這邊，他們的家庭有一個母親，他的父親就在我來前，一九八七年出了車禍。當時很同情他們的家庭，雖然說我小，我還是一個未成年的，但他們家庭挺可憐的，（邊哭泣，邊敘說）一個母親，我們老公是老大，當時他二十一歲了。當時他的實際年齡二十一了，還數他大。是個頂梁柱。還有三個弟弟，一個妹妹。從我那時候那麼小，又添合到他們這個家庭裡頭，可以說當時那個心情很複雜。慢慢地兩個人互相的那種適應，他適應我，我適應他。其實是一種，我是被騙了，他是被騙人，我也是被騙的，都是人販子造成的這種事情。我們兩個可以說同病相憐走到一起。

這些話和老鄉們從來沒說過。差遠了遇上這種情況，這些話，包括我的實際年齡，這地方人從來不知道我的實際年齡有多大，從來沒和人說過，包括我的子女，他們都不知道我的實際年齡多大，我就沒說過。我就不喜歡提起這些事情。慢慢以後，一九九〇年有了我的大女兒了，生下我的女兒，在這個時候，我和我老公兩個，人家對我也是相當好，在這期間，一開始他也不知道我的實際年齡，我個子長的有點大，再一個對於我們同齡人來說，我比她們懂事要早，屬於那種。從一九九〇年冬天就有了我那個大女兒了，慢慢有了娃以後，兩個人各方面感情呀挺好的，而且那個時候我雖然是個未成年，還是個娃娃，但是對他們這個家庭，他是頂梁柱，我也是處處為他們家庭著想哩。因為他爸爸出車禍了，媽媽是寡婦，可以說是一些孤兒寡母。

家庭就是這種情況。慢慢能走到今天這個樣子，（哭泣）昨天那個誰，老鄉打電話說呢，說你老來，雖然沒有見過面，那次照相（二〇〇八年）看見過，我就滿口答應了，我說能行過來哇。這麼多年了，反正都成了過去時了，該說的也應該說一說。（哭泣）娃娃們現在，就像我剛才說的，埋在心裡這麼多年話，就給我大女

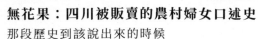

兒說過。我三個小孩，二個女子，一個兒子。剛才說的那麼話，只跟大女兒說過，二女兒、兒子就從來沒有提起過。（哭泣）這些事情已經三十年了。也是說出來的時候了，再也沒啥個，（哭泣）時間長了，（中斷）不知從那個時候說起。

周：三十年了。

李：三十年，半輩子過去了。而且像我們這種人哇，就（中斷）。說起來，去年，她姥姥是那一年過來的，二〇一五年特高壓從內蒙西到天津在平魯做工程的時候，也是有我們的兩個老鄉。中江是屬於德陽管，他們是屬於南通市管的，也是見了我們幾個老鄉，人家是過來搞工程的。和我坐在一起吃了一頓飯，之後聊了一會，那就心裡頭，可說不出來那種滋味。三十年了。

周：被騙到內蒙比山西的還早。

李：就像我們那年，一九八八年，就是受社會風氣，我們無意中當，也不知道從哪一年開始，慢慢地就把這風氣打下了。

周：我估計是跟這個有關係，實際上七十年代，在內蒙你們們還沒出生的時候就有，那會農村都是生產隊，人民公社，有各種各樣的組織，管理的很嚴格，所以這種事還沒到這個程度。四川開放早一點，一九八〇年，土地分開，山西是一九八一年，生產隊、人民公社一解體，解體以後村裡的農民就比較自由了。自由就沒人管理了麼。

李：對，與這個也有關係。

周：我覺得沒有人約束這是一個原因。還有一個原因，開放了很明確就是為自己幹了，為了賺錢有些人發現了這個捷徑，乾脆賣人。賣人在西方十八世紀就有，是販賣黑人，中國也有這個情況，在明、清時候廣東那邊，把人販賣到南美。咱們這個，一九八〇年農民包產到戶放開了，有點像資本主義初期，首先想到的就是賣人，賣其它產品，糧食啥的，沒有。賣人是一個比較快的捷徑，這個方法越演越大。這個方法也不是想像的那麼簡單，我訪問了五十多個，有職業的人販子，這種現象很少，其實並不很多，往往是互相之間，比如說有認識的，甚至有自己被騙到平魯了，又接著騙賣自己的親友。為什麼呢，一個是從當時價錢來說，是比較來錢比較快的方法，二、三千塊，訪問中最低的一千八，多的有五千。這筆錢對當時來說，是賺錢比較容易的一個方法。其中手段就多種多樣了，介紹對象啦，打工啦，等等。這個事情做起來不像其它事情，說難也難，說容易有時候很容易。相對說比較

容易，整個就形成了那麼一個風氣。從一九八一、八二年，這個地方最早來的都是三十一、二年。恰恰就是包產到戶以後，解體了沒人管了。

李：對，解體了。

周：過去不行，這裡管理的很嚴，出門探親訪友都得請假，說我到那個村串門，得隊長批准，還不要說幹這種事了。後來生產隊解散了，人民公社撤消了。你說的一九八八年就更沒什麼了，人民公社一九八三年撤銷的。你看現在鄉里的幹部，你們年輕不太了解，過去村村都有下鄉幹部，那會的幹部常年下鄉，和農民在一起，現在的幹部他那認識村裡人，村裡人也不認識他，根本就不來往。體制就不一樣。這有很大原因。另一個原因就是為了賺錢。四川賣人不光賣女人，還有賣男人的，數量相對少一點，男孩子相比不那麼好擺佈，賣到黑煤窯啊，黑磚窯啊，幹活的也有。女的有很多弱點，從身體到心理上有弱點，他把你賣了，你說你跑，人又小，身體又弱，人生地不熟，把你看著關著什麼樣都有，你跑起來很困難。還有，昨天我訪問一個，她本身就是想來騙錢的，因為年齡太小不懂事，人販子就勸他，我把你賣瞭然後接走，結果她一去一看不是那麼回事，錢騙到手了，但她人很善良，本性是善良的，結果一到這個家庭，啊呀，這不把人坑了，這家有老人，頭一家她就沒敢答應，第二家是老師她又沒敢答應，心裡還想著跑，不就等於把人騙了，一直到了第三家陰差陽錯留下了。留下以後，她所謂的丈夫對她挺好，感情上感動她了，加上年齡小，最終下定決心沒有跑，也是因為有了孩子。跟你說的是一樣的。她沒有地方傾訴，她跟誰傾訴呀，也沒告訴孩子，沒有這個機會，有了這個機會還得有人願意聽。當地很多人不理解這個東西，不願意聽，他跟你站的位置不一樣，立場不一樣，他覺得我花錢了。想法不一樣，就很難有機會傾訴。

李：對了。

周：為什麼很多歷史到了老年才說，就是要有機會，還要有人聽。你說子女，他是隔代的，對這個事不理解，不願意聽，而且還煩。

李：有這種情況。

周：我問一下七、八十歲的人，講三查時候的事，周圍的子女聽到了覺得非常吃驚，說還發生過這樣的事。

李：他自己也不想提。

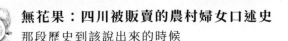

周：他覺得他的兒子對他的話沒興趣。好不容易有個人來主動問他。全村人都不知道他這個歷史。

李：像我們這種情況也是這樣。你找不到合近的人，比方在外頭，三個、五個女的，這一派話說出去就沒用，只能讓她們去嚼舌根，起不到任何作用。在一個對本人、個人來說她也不想提起這個。

周：是，傷心地事，誰願意說呢。

李：對。

周：實際上，這個事情想清楚了也很難。

李：親歷的人有時也想不明白，想不清楚。聽的人想不清楚，說的人連這個坎也過不去。

周：普通人的普通生活，實際上是很有價值的。多數人不這麼看，這包括那些說的人，說我這個事沒什麼可說的，就是家常理短嘛。實際上是很有價值的，你想麼，是整個一代人，你在平魯，誰也說不清這個數字，估計有二、三千人，大部分村子都有。

李：有。

周：現在至少還有一半。我也訪問一些政府的當事人，雁北整個十三個縣，忻州整個十三個縣，咱不說內蒙的咱不清楚，平魯是最小的縣，你想一想有多少人。不光是你們四川的，像朔縣有湖南的、湖北的非常多，貴州的。

李：甘肅的。

周：這是整個社會歷史的現象，在那個背景下，突然放開了，出現了這麼一種社會現象。要想弄清楚，必須透過每個人的經歷才能證明。人家說你有什麼根據，這就是價值所在的地方。我去訪問很多人願意說出來，可能有各種原因，少數人拒絕不願意說，其實她就是不理解，說我這個日子沒法說，全是苦日子，沒什麼可說的，連我自己都後悔。其實不是，價值在於可以警醒我們，人類的腳步為什麼會出現這個情況，很多人都是親人，你賣我，我賣你。

李：就是。

周：很多人不理解。實際上，人類並不是什麼都是好事，人類也幹壞事，人類也幹正確的事情，也幹錯誤的事情。人類也有個自己調整的過程。你們的這個歷史，貢獻出來，口述出來可以警醒他人。我前年訪問過一個人，今年又遇上她了。村裡人就說她是個愣子什麼也不懂，我跟她談過一個多小時，她被賣過三次，賣到河北，又到了平魯，她很能說，經歷記得很細緻。

李：村裡人理解不了。像我們這個事情，我考慮像我同樣的老鄉，不止我一個，多之又多，這個話差遠今天在這說，如果向任何一個人說，這個話就提不起來，沒法提起來，不知從那個地方說起，包括以前。有這麼個笑話，那個兒子，現在已經成家了，我開玩笑呢，我兒子叫高歡，我說高歡媽百年之後想吃點啥，你上墳的時候給媽拿上就行了，高歡說媽我連你真實歲數都不知道。一下說的我，心裡就真不舒服哩。自己的兒子都不知道媽的真實歲數。

周：這種心痛可以理解。

李：差不多了，也是是時候說了。三十年了，該叫孩子們知道所有的歷史，不管他理解的深理解的淺，他們自己覺悟多少，是時候讓他們知道了。

周：說明你呀想的比較清楚了。昨天那個雖然講的很細，但現在沒有和孩子們說過，所以她不希望給她拍個照片。為什麼呢，她說這個書一出版我兒子就知道我的歷史了，她不希望知道。

李：就是她過不了自己這個坎。

周：但是她跟你說，還說的非常細。她說我怕我兒子知道這個歷史。

李：人哇，也是一個緣分問題。我從四川當時走的那一刻起，也沒打算真正找個女婿過日子。但是，一開始人販子把我騙到山東，去過河南，他都沒得逞。為啥沒得逞，咋說呢，當時我已經被人控制了，必須得聽人家的，但是聽人家的，那買賣雙方來說，買方表面上要聽你親口答應，人家才交這個錢。第一次走到山東，大概就是二十五、六歲這麼個後生，去了以後我就沒看對，感覺和誰就是走了一過場，說白了就是一個騙局，但我也沒看對，我掉頭馬上就走，走的那個時候連地方也不知道，車的路線也不知道，反正走了很久很久，腳也痛，腿也痛，不知道又走到啥地方了。當時你不答應人販子也沒辦法，也要跟上你走。那兒沒成了，最後人販子和我們東水窪有個關係，有一家和我們一個村的，最後又走到東水窪。到東水窪第一個就是看的他。我說行，這個人還行哇。現在我經常還和他開玩笑，我說就是一

眼看對了。壓根說，說白了也是一種騙局，為什麼還要看對哩，其實也是一種緣分。壞人作了好事了，可以說就是這種樣。我們當時上來那個樣。

周：不是壞人和好人的概念。作為你本身是很善良的，那時大家都很想賺錢，何小紅來這之前去雲南、成都都打過工，掙的工資很少，一個月三十塊錢。人販子找來了，說去山西可以掙很多錢。她年齡小實際不懂得婚姻的價值，就想掙幾千塊錢，去了一見大活人了，這跟錢是兩回事了，她一看人家有七、八十歲老太太，還有一大家人，她就下不了手了。說明她沒有害人之心，目地就是為了賺錢。到了第三家才同意。

李：表面性的你要本人同意。

周：本來商量好了，把錢騙了，你來接我，我一跑。結果一看這家人這麼窮，把五千錢騙走了這家人怎麼過呀。

李：當時我們一九八八年來了以後，一九九〇年生下那個閨女，一九九一、九二年這兩年時間，打拐風氣相當嚴重，解救了一批像我們這種被騙的，平魯政府也是只要你想回的哇，當地政府就一律解救你呢。在這個期間我的爸爸、媽媽就上訴人販子，就告的想往回執我呢。因為當時他們也不了解這個情況，在四川的謠言，四川傳的謠言比這要惡劣，買下的人純粹就不是娶回個人，買下的媳婦就關住不叫走呀，反正是打呀、罵呀，用繩子拴住不叫走。在四川當地就是這種謠言，父母就不給盤好腸，一味的就要往回執我哩，最後我的一個老姐夫，我們姊妹五個數我小，姐夫相當一個長輩，姐姐比我大相當二十歲，姐夫就和爸爸媽媽說，這個事情小妹左一封信右一封信，說她在那面不錯，再一個我們也考驗了高文和，不要叫小妹寫，叫他寫，不管是叫代筆也好，還是自己寫，還是有點教育程度，不是那種，說不忙，你們不要硬性的往回執，因為執回個她是個女女，搞過這麼一場事情以後該如何交待她呢，咋不咋咱們先上個謀謀再說。後頭，一九九一年，爸爸媽媽就把哥哥、嫂嫂派過來，打探一下實際情況究竟是怎麼回事，到底是人們傳言的那樣，確實也還行哩，意思也是過來徵求一下我本人的意見。徵求我本人意見的時候，高文和家的情況我剛才說了，我雖然歲數小可很會設身處地的為人著想，像別人思考的那個樣。從來就是這個樣子，我就想我如果走了的話，他們的家庭現狀是怎麼個樣子，我走了這個家又是個啥樣子。當時就是個人心軟。那個時候要走完全可以走，光靠政府就可以走，根本不用靠四川那頭，靠平魯當地就能了。

周：當時解救了二百多人。一九九五年。

李：差不多就這個時候。那個時候我們村裡連電也沒有，一九九五年才通的電。那個時候透過寫信。通訊設施相當差，就靠寫信、發電報。慢慢後頭通了電。

周：哥哥、嫂嫂來了以後，回去和你父母一說。

李：哥哥、嫂嫂來我已經表態了，我說我不回了。我的適應能力也相當強。我爸爸是當兵的，我像我爸。當兵的那種人適應能力就強，走在那兒也隨便，你們能坐我就能坐，你們能躺我就能躺。我爸爸的性格也是很直爽，軍人那種直爽性格。哥哥、嫂嫂上來我就表態說不回了，那個時候已經有一個小孩了，回個給爸爸媽媽說吧，有時間了我下個去看他們，兩個老人，表了態了。哥哥、嫂嫂走了以後，打拐辦的人親自上門，政府人員問你呢，還有一次排查呢，挨個排查，問你回不回，個人咋安排的。這個情況有，也並不是走過場，是真的，只要你說回，馬上就能執走你。那個時候你要死心塌地的話。我這個性格像我爸爸，按平魯的算法今年九十二歲了。現在還健在，媽媽沒有了。

周：你們什麼時候搬來井坪了。

李：二○○七年。

周：十年了。這個房子買下多長時間了。

李：二○一四年買下的。

周：三間房，你們現在生活還可以。

李：只能說將就的過得去。

周：可以了。

李：現在生活說可以了，只能說將就過得去，是說那個時候不可以，其實那個時候也可以說可以，因為都窮，如果拿那個時候和現在比的話，簡直就是寸步難行。

周：而且沒有比較性。

李：我就說沒有什麼可以不可以，因為那個時候都窮，我印象最深的一次，我們村裡頭一個人，他的媽媽過世了，那個時候沒有任何通訊設施，必須個人坐客車下井坪。那時候從東水窪下井坪的客車兩塊錢，這家人家連兩塊錢都沒有，人們就笑話他，看某某如何如何，他媽下世以後，他連下井坪兩塊車費都沒有。我聽見這

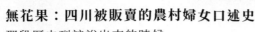

話就悄悄跟我們老公說，家裡沒事了就不顯山不露水，家裡有事了就顯水露水了，咱們家這陣陣也沒有兩塊錢。這是我印象最深的一次。因為那個時候人們都窮。

周：不用現金，需要的時候才知道。

李：有了事才知道，有了事咱們家也是連兩塊錢也沒有。就是這種情況。

周：過去。

李：昨天老鄉和我說，想來和你坐一坐，我滿口答應下，我說行我等著，實際上心裡一晚上就像又從頭回到那個，雖然說兩口子關係那麼好，高文和對我真是不錯，一開始他不知道我實際年齡，後頭慢慢知道了，就像對待自己一個妹妹那樣，真的就是那種樣，有時候就是那種難以啟齒的好。

周：呵護。

李：所以就沒有選擇了，只有好好一輩子跟他了。就是兩個人的關係那麼好，在當時那個情況下，你知道山西人的枕頭都是蕎麥皮做的，剛生下的月娃娃，鋪的那個皮袋子也是用那個蕎麥皮，小娃娃尿的尿可以穿過袋子那面。我來那年每天晚上哭，哭的眼淚就可以從蕎麥皮的枕頭流到那一面。這是我親身的經歷。但是白天人們從來沒看到小霞流眼淚啥的。就是過的那種日子。

周：很多四川女孩都經歷過這種煎熬。

李：就是小娃娃鋪的那種皮袋子，不知你老知道嗎。

周：我知道。

李：就地方是那種，上頭尿到下頭，一翻又乾了，枕頭晚上就哭溼了。就過過一年那種日子。她們有時候出去說四川人可皮了如何如何。這種話你就根本無法回答。還有一個講法，人們好爭論，不管是四川人也好，還是山西人也好，真喜歡爭論是四川好呀，還是山西好。我就最不喜歡聽這個話題。因為啥，不管山西好也好，四川好也好，地方都有人家的特點，靠山吃山，靠水吃水，從上來到現在為止，我就不評判是山西好，還是究竟四川好。

周：那是。

李：個人的眼光就不是那種說法。

周：就是心理感受。

李：唉，心裡感受。到現在我們那個寡婦婆婆也還健在，今年七十二了，我這個人相當開朗，經常和婆婆說哩，她是四十一上守寡，三十多年了，我經常說這人活在世上，書面上說是幸福哩，本地土話是說好活不好活，我說個人好活不好活純粹是由個人決定，外界沒有任何因素，你要是一天天哭哭啼啼的，說我真不好活哩，真不舒服，這、那，那你就一輩子沒有一天好活，如果個人感受管他的呢，老漢扔下這些，那會那個條件也兒孫滿堂了，也挺好吧。如果你拿這種心態活的話，你還好活十來年啥問題也沒有。我經常用這種觀點說別人，也是說我個人。沒辦法，咋說呢，哪個時候他們經常說我眼硬呢，我一般不嗥，一搭相跟出去的人，她們能嗥下，我嗥不下。因為啥，我經歷的事情感受到這些經歷無所謂了，這有個啥哩，對於我個人來說也是個小事情了。

周：你過去的經歷已變成你的精神財富了。

李：算不算精神財富最起碼得到一點，對教育我的子女才得到一點點積累哇。我離家出走的時候，我對我三個小孩說，任性東西，你們在父母面前真沒有任性東西，但是有一點，不要挑戰我，用山西土話說你們嗔的，一下就嗔下了。因為啥，媽媽就吃虧在這個嗔下了。那會姊妹們多，我們一共姊妹五個，一個哥哥，三個姐姐，我是老小，相對說哥哥姐姐就慣的屬害，這一慣的屬害就出相了。我帶害就是這個。到現在你們不要挑戰媽媽這個，你們咋任性也行，你們嗔下就一下勾起我這心裡頭不舒服，因為我個人吃虧，我不後悔我沒念成書，也不後悔來山西，就是跟上這，家裡頭慣的屬害，就嗔下跑出來了。現在相對來說，個人的命也不算太差，也行哇。我經常說我的娃娃們，你們咋任性千千萬萬不要嗔下，哪怕你有啥事情，噼噼啪啪說出來也行，但你不要嗔下，因為你嗔下別人不知道，你咋嗔我們又不知道，害的是你自己。慢慢地說起，以前我那個二女，現在上高三了，明年高考，以前我那個二女不管啥一下就嗔下，不吃飯呀，或者跑出外頭躲個了。我就很反感她這種性格。我說你們沒吃過虧，受過害，你感覺這是嗔誰哩，嗔父母那，嗔哥哥、姐姐呢，我說這是害你個人呢。

周：這種性格孩子時還好說，長大成家這樣就不好。

李：就是，你做啥也行，但你們嗔下了，噼噼啪啪有啥說啥，趕緊給我說出來，心裡頭不能有個什麼。其實就像我們這種人，內心深處都有什麼，就像剛才說的那些話，如果遇不上你的話，這些話到死就帶到土裡頭去了，不出了。

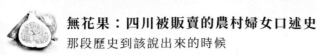

周：沒有機會傾訴。

李：沒有機會，也沒有人耐心來聽你傾訴。再一個，你既便傾訴出來，他的理解和你當時那個情況純粹是兩回事。沒必要了，說不清楚的事情何必要說，還不如不說。事情要說就說清楚。

周：還是要說，說不清楚也要說。對別人來說也是一個比較、對照，他也受啟發。你的經歷不僅僅是你個人精神財富，對其他人也是一個啟發。

李：也有這種情況。

周：歷史也不是天天變樣的，有時是在不斷的重複。如果別人再遇到你這個情況，就知道怎樣應付了。販賣人口明朝、清朝都有麼。就拿平魯來說，一九二九年、一九四八年、一九六〇年就發生過販賣人口，六〇年這次從甘肅賣到平魯有一百多人，當時是很大的事情，到了八十年代，不斷地發生這個事情，到八十年代規模更大了。如果過去事情都公開、公佈，後來的人就可能不犯這個錯誤，當時都是政府檔案保密，不說。一九六〇年從甘肅來的人大部分已經去世了，你想有多大年紀了。我還訪問到一個北坪的，說當時從甘肅來的沒什麼條件，給口飯吃就行了，這就傳出去了，平魯、朔縣就有很多人去甘肅引女人，用糧票、幾十塊錢，到張掖，那裡鬧災，在火車站專門就有，人很多，你要不要，人你領走吧，錢也不用花，最多一個人花了一百四十斤糧票，什麼樣的都有，結過婚的，沒結婚的，小孩未成年的，就來朔縣、平魯。縣裡向地委報告怎麼處理。當時是保密，檔案壓在那裡，幾十年了，前幾年我才在檔案局裡發現這個，我就順著這個線索去找，找到一個，北坪有一個，他老婆就是當年從張掖來的，但是已經死了。

李：現在歲數。

周：都比我大，你想是一九六〇年的事情。到現在五十七年了。

口述人人像圖索引

涂桂琴　　　　羅淑蓮　　　　唐正芬

劉世愷　　　　張璧云　　　　漆淑珍

陳光秀　　　　陳玉蘭　　　　熊力瓊

趙占明　　　　　　林麗芳　　　　　　甘葉珍

甘葉華　　　　　　曹淑蓉　　　　　　李素英

蔣艷春　　　　　　譚華珍　　　　　　杜海義

盧枝英　　　　　　　李小英　　　　　　　唐紅英

陳滙榮　　　　　　　孫天謀　　　　　　　王倫會

吳代眞　　　　　　　劉小富　　　　　　　鄭　貴

盧芝蘭　　　　　　陳　英　　　　　　黃春榮

李鮮榮　　　　　　陳書華　　　　　　朱　珍

李翠青　　　　　　邱冬蓮　　　　　　廖六芬

劉　汀　　　　　龍紅葉　　　　　陳萬秀

唐　耀　　　　　阮小翠　　　　　劉鳳明

李桂枝　　　　　尤術春　　　　　雷金蘭

賈　雄　　　　　蔣維秀　　　　　杜吉瓊

張小梅　　　　　郭應仙　　　　　張玲玲

王遞珍　　　　　陳小芳　　　　　李小蘭

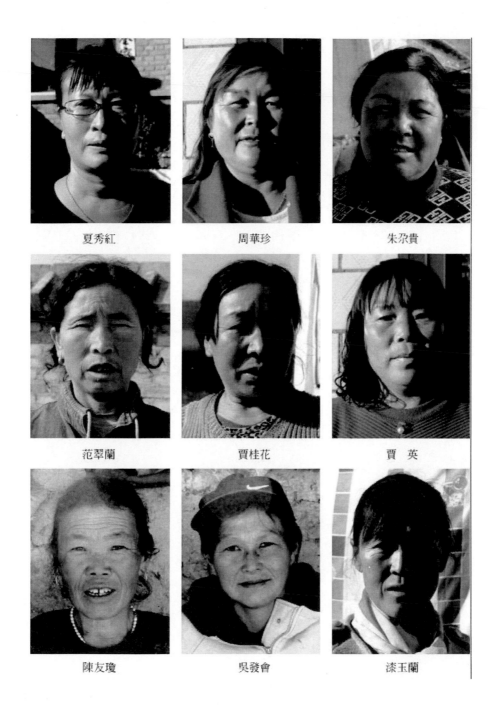

夏秀紅	周華珍	朱尕貴
范翠蘭	賈桂花	賈　英
陳友瓊	吳發會	漆玉蘭

李小霞

口述人名單、訪問地點、時間索引

塗桂琴（一九六七～）女，川籍

訪問地點：山西省朔州市平魯區井坪鎮出租屋

訪問時間：二〇一七年十一月二十一日

羅淑蓮（一九六五～）女，川籍

訪問地點：山西省朔州市平魯區井坪鎮出租屋

訪問時間：二〇一七年十一月二十日

唐正芬（一九六九～）女，川籍

訪問地點：山西省朔州市平魯區劉井溝村

訪問時間：二〇一七年十一月九日

劉世愷（一九五七～）男，晉籍

訪問地點：山西省朔州市平魯區劉井溝村

訪問時間：二〇一七年十一月九日

張璧雲（一九七二～）女，川籍

訪問地點：山西省朔州市平魯區大有坪村

訪問時間：二〇一七年十月三十日

漆淑珍（一九六四～）女，川籍

訪問地點：山西省朔州市平魯區大有坪村

訪問時間：二〇一七年十月三十日

陳光秀（一九六五～）女，川籍

訪問地點：山西省朔州市平魯區井坪鎮

訪問時間：二〇一七年十一月十八日

陳玉蘭（一九六六～）女，川籍

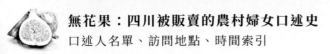

訪問地點：山西省朔州市平魯區井坪鎮出租屋

訪問時間：二〇一七年十一月十八日

何小紅（化名）（一九七二～）女，川籍（遵個人意願未拍照）

訪問地點：山西省朔州市平魯區井坪鎮出租屋

訪問時間：二〇一七年十一月十九日

熊力瓊（一九六九～）女，川籍

訪問地點：山西省朔州市平魯區井坪鎮

訪問時間：二〇一七年十一月二十日

趙占明（一九六七～）男，晉籍

訪問地點：山西省朔州市平魯區井坪鎮

訪問時間：二〇一七年十一月二十日

林麗芳（一九六六～）女，川籍

訪問地點：山西省朔州市平魯區九坪梁村

訪問時間：二〇一五年九月十八日

甘葉珍（一九六九～）女，川籍

訪問地點：山西省朔州市平魯區大有坪村

訪問時間：二〇一七年十月三十日

甘葉華（一九七二～）女，川籍

訪問地點：山西省朔州市平魯區大有坪村

訪問時間：二〇一七年十月三十日

曹淑蓉（一九七二～）女，川籍

訪問地點：山西省朔州市平魯區大有坪村

訪問時間：二〇一七年十月三十日

李素英（一九六四～）女，川籍

訪問地點：山西省朔州市平魯區大有坪村

訪問時間：二〇一七年十月三十日

蔣豔春（一九七二～）女，川籍

訪問地點：山西省朔州市平魯區大有坪村

訪問時間：二〇一七年十月三十日

譚華珍（一九六八～）女，川籍

訪問地點：山西省朔州市平魯區白辛莊村

訪問時間：二〇一七年十一月二日

杜海義（一九五八～）男，晉籍

訪問地點：山西省朔州市平魯區白辛莊村

訪問時間：二〇一七年十一月二日

盧校英（一九六六～）女，川籍

訪問地點：山西省朔州市平魯區土圈溝村

訪問時間：二〇一七年十一月二日

李小英（一九七〇～）女，川籍

訪問地點：山西省朔州市平魯區西泉溝村

訪問時間：二〇一七年十一月四日

唐紅英（一九七〇～）女，川籍

訪問地點：山西省朔州市平魯區井坪鎮文苑小區

訪問時間：二〇一七年十一月十九日

陳匯榮（一九六〇～）女，川籍

訪問地點：山西省朔州市平魯區東水窪村

訪問時間：二〇一七年十一月七日

孫天謀（一九五〇～）男，晉籍

訪問地點：山西省朔州市平魯區東水窪村

訪問時間：二〇一七年十一月七日

王倫會（一九六八～）女，川籍

訪問地點：山西省朔州市平魯區井坪鎮

訪問時間：二〇一七年十一月十八日

吳代真（一九六八～）女，川籍

訪問地點：山西省朔州市平魯區井坪鎮出租屋

訪問時間：二〇一七年十一月十七日

劉小富（一九七〇～）女，川籍

訪問地點：山西省朔州市平魯區井坪鎮出租屋

訪問時間：二〇一七年十一月十七日

鄭 貴（一九八三～）女，滇籍

訪問地點：山西省朔州市平魯區井坪鎮出租屋

訪問時間：二〇一七年十一月十七日

盧芝蘭（一九七二～）女，川籍

訪問地點：山西省朔州市平魯區井坪鎮出租屋

訪問時間：二〇一七年十一月十八日

陳 英（一九六九～）女，川籍

訪問地點：山西省朔州市平魯區井坪鎮出租屋

訪問時間：二〇一七年十一月十八日

黃春榮（一九六五～）女，川籍

訪問地點：山西省朔州市平魯區計家窯村

訪問時間：二〇一五年九月二十三日

李鮮榮（一九七〇～）女，川籍

訪問地點：山西省朔州市平魯區劉井溝村

訪問時間：二〇一七年十一月九日

陳書華（一九七二～）女，川籍

訪問地點：山西省朔州市平魯區楊家窯村

訪問時間：二〇一七年十一月九日

朱　珍（一九五五～）男，晉籍

訪問地點：山西省朔州市平魯區楊家窯村

訪問時間：二〇一七年十一月九日

李翠青（一九六九～）女，川籍

訪問地點：山西省朔州市平魯區劉井溝村

訪問時間：二〇一七年十一月九日

邱冬蓮（一九六六～）女，甘籍

訪問地點：山西省朔州市平魯區潘井溝村

訪問時間：二〇一七年十一月十一日

廖六芬（一九六九～）女，川籍

訪問地點：山西省朔州市平魯區劉井溝村

訪問時間：二〇一七年十一月十四日

劉　汀（一九五九～）男，晉籍

訪問地點：山西省朔州市平魯區劉井溝村

訪問時間：二〇一七年十一月十四日

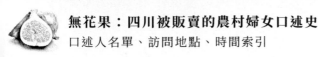

龍紅葉（一九六九～）女，川籍

訪問地點：山西省朔州市平魯區井坪鎮出租屋

訪問時間：二〇一七年十一月十九日

陳萬秀（一九六九～）女，川籍

訪問地點：山西省朔州市平魯區井坪鎮出租屋

訪問時間：二〇一七年十一月十九日

唐 耀（一九五六～）男，晉籍

訪問地點：山西省朔州市平魯區井坪鎮出租屋

訪問時間：二〇一七年十一月十九日

阮小翠（一九七二～）女，滇籍

訪問地點：山西省朔州市平魯區井坪鎮出租屋

訪問時間：二〇一七年十一月二十日

彭華茹（一九六七～）女，川籍（遵個人意願未拍照）

訪問地點：山西省朔州市平魯區井坪鎮

訪問時間：二〇一七年十一月二十日

劉鳳明（一九七〇～）女，川籍

訪問地點：山西省朔州市平魯區西中牌村

訪問時間：二〇一七年十一月二十一日

李桂枝（一九六五～）女，川籍

訪問地點：山西省朔州市平魯區西中牌村

訪問時間：二〇一七年十一月二十一日

尤術春（一九六六～）女，川籍

訪問地點：山西省朔州市平魯區井坪鎮兆星賓館

訪問時間：二〇一七年十一月二十二日

雷金蘭（一九六五～）女，陝籍

訪問地點：山西省朔州市平魯區九坪梁村

訪問時間：二〇一五年九月十八日

賈 雄（一九五八～）男，晉籍

訪問地點：山西省朔州市平魯區九坪梁村

訪問時間：二〇一五年九月十八日

蔣維秀（一九六八～）女，川籍

訪問地點：山西省朔州市平魯區東港村

訪問時間：二〇一七年十月三十一日

杜吉瓊（一九六二～）女，川籍

訪問地點：山西省朔州市平魯區東港村

訪問時間：二〇一七年十月三十一日

張小梅（一九七〇～）女，甘籍

訪問地點：山西省朔州市平魯區東港村

訪問時間：二〇一七年十月三十一日

郭應仙（一九五八～）女，滇籍

訪問地點：山西省朔州市平魯區顧家店村

訪問時間：二〇一七年十月三十一日

張玲玲（一九七七～）女，川籍

訪問地點：山西省朔州市平魯區西泉溝村

訪問時間：二〇一七年十一月一日

王述珍（一九六二～）女，川籍

訪問地點：山西省朔州市平魯區白辛莊村

訪問時間：二〇一七年十一月二日

陳小芳（一九七五～）女，川籍

訪問地點：山西省朔州市平魯區顧家店村

訪問時間：二〇一七年十一月二日

李小蘭（一九七四～）女，晉籍

訪問地點：山西省朔州市平魯區西泉溝村

訪問時間：二〇一七年十一月三日

夏秀紅（一九七四～）女，川籍

訪問地點：山西省朔州市平魯區井坪鎮出租屋

訪問時間：二〇一七年十一月三日

楊玉青（一九七七～）女，川籍

訪問地點：山西省朔州市平魯區東港村

訪問時間：二〇一七年十一月六日

周華珍（一九六八～）女，川籍

訪問地點：山西省朔州市平魯區西泉溝村

訪問時間：二〇一七年十一月三日

朱尔貴（一九七〇～）女，甘籍

訪問地點：山西省朔州市平魯區東港村

訪問時間：二〇一七年十一月六日

范翠蘭（一九六八～）女，甘籍

訪問地點：山西省朔州市平魯區東港村

訪問時間：二〇一七年十一月六日

賈桂花（一九七五～）女，甘籍

訪問地點：山西省朔州市平魯區東港村

訪問時間：二○一七年十一月六日

賈 英（一九七三～）女，甘籍

訪問地點：山西省朔州市平魯區西泉溝村

訪問時間：二○一七年十一月三日

陳友瓊（一九六○～）女，川籍

訪問地點：山西省朔州市平魯區東水窪村

訪問時間：二○一七年十月二十九日

吳發會（一九六九～）女，川籍

訪問地點：山西省朔州市平魯區東水窪村

訪問時間：二○一七年十月二十九日

漆玉蘭（一九七○～）女，川籍

訪問地點：山西省朔州市平魯區東水窪村

訪問時間：二○一七年十月二十九日

李小霞（一九七三～）女，川籍

訪問地點：山西省朔州市平魯區井坪鎮細水小區

訪問時間：二○一七年十一月二十日

無花果
四川被販賣的農村婦女口述史（修訂版）

作　　者：周浙平

發 行 人：黃振庭

出 版 者：崧燁文化事業有限公司

發 行 者：崧燁文化事業有限公司

E-mail：sonbookservice@gmail.com

粉 絲 頁：https://www.facebook.com/
　　　　　sonbookss/

網　　址：https://sonbook.net/

地　　址：台北市中正區重慶南路一段六十一號八
　　　　　樓 815 室

Rm. 815, 8F., No.61, Sec. 1, Chongqing S. Rd.,
Zhongzheng Dist., Taipei City 100, Taiwan

電　　話：(02) 2370-3310

傳　　真：(02) 2388-1990

印　　刷：京峯彩色印刷有限公司（京峰數位）

律師顧問：廣華律師事務所 張珮琦律師

國家圖書館出版品預行編目資料

無花果：四川被販賣的農村婦女口
述史 / 周浙平著 . -- 修訂一版 . --
臺北市：崧燁文化事業有限公司，
2022.03
　　面；　公分
POD 版
ISBN 978-626-332-190-8(平裝)
1.CST: 人口販賣 2.CST: 中國
542.132　111002945

定　　價：850 元

發行日期：2022 年 03 月第一版

◎本書以 POD 印製

電子書購買

臉書